Raumwirtschaftliche Betrachtung der industriellen Standortwahl am Beispiel Baden-Württembergs

Martin Lempe

Die vorliegende Arbeit wurde an der Fakultät Wirtschafts- und Sozialwissenschaften der Universität Hohenheim als Dissertation zur Erlangung des Grades eines Doktors der Wirtschaftswissenschaften (Dr. oec.) eingereicht und am 16.10.2015 angenommen.

Datum des Promotionskolloquiums: 14.12.2015.

Dekan: Prof. Dr. Dirk Hachmeister

Prüfungsvorsitz: Prof. Dr. Alfonso Sousa-Poza
Lehrstuhl für Haushalts- und Konsumökonomik
Universität Hohenheim

Betreuer / Erstgutachter: Prof. Dr. Michael Ahlheim
Lehrstuhl für Umweltökonomie sowie Ordnungs-,
Struktur- und Verbraucherpolitik
Universität Hohenheim

Zweitgutachter: Prof. Dr. Andreas Pyka
Lehrstuhl für Innovationsökonomik
Universität Hohenheim

Berichte aus der Volkswirtschaft

Martin Lempe

Raumwirtschaftliche Betrachtung der industriellen Standortwahl am Beispiel Baden-Württembergs

Shaker Verlag
Aachen 2016

Bibliografische Information der Deutschen Nationalbibliothek
Die Deutsche Nationalbibliothek verzeichnet diese Publikation in der Deutschen
Nationalbibliografie; detaillierte bibliografische Daten sind im Internet über
http://dnb.d-nb.de abrufbar.

Zugl.: Hohenheim, Univ., Diss., 2015

ISBN 978-3-8440-4426-3
ISSN 0945-1048

Shaker Verlag GmbH • Postfach 101818 • 52018 Aachen
Telefon: 02407 / 95 96 - 0 • Telefax: 02407 / 95 96 - 9
Internet: www.shaker.de • E-Mail: info@shaker.de

Diese Dissertationsschrift entstand während meiner Tätigkeit als wissenschaftlicher Mitarbeiter am Lehrstuhl für Volkswirtschaftslehre, insbes. Umweltökonomie sowie Ordnungs-, Struktur- und Verbraucherpolitik an der Universität Hohenheim.

In erster Linie danke ich meinem Doktorvater, Herrn Prof. Dr. Michael Ahlheim, für die Unterstützung meiner Promotionsidee, die wissenschaftliche Betreuung der Dissertationsschrift sowie die wertvollen fachlichen Anregungen und Diskussionen. Bedanken möchte ich mich darüber hinaus bei Herrn Prof. Dr. Andreas Pyka für die Erstellung des Zweitgutachtens. Herrn Prof. Dr. Alfonso Sousa-Poza danke ich für die Übernahme des Vorsitzes im Promotionskolloquium.

Danken möchte ich ferner allen Kolleginnen und Kollegen am Lehrstuhl sowie am Volkswirtschaftlichen Institut der Universität Hohenheim, mit denen ich über unterschiedliche Bezugspunkte während meiner Tätigkeit und durch diese Dissertationsschrift verbunden war; namentlich hervorheben möchte ich hier Christine Clement, Brigitte Güney, Dr. Antonia Heinke, Britta Möller, Dr. Sonna Pelz, Jasmin Ritter, Katharina Schmid sowie Joachim Bertsch, Dr. Tobias Börger, Dr. Julian Christ, Prof. Dr. Oliver Frör, Dr. Felix Geiger, Dr. Arash Molavi-Vasséi, Jan Neidhardt, Dr. Oliver Sauter, Lukas Scheffknecht, Sebastian Sinn, Dr. Nopasom Sinphurmsukskul, Peter Tannenberger, Dr. Andreas Wengner, Sebastian Will, Dr. Erdal Yalcin und Andreas Zahn.

Mit besonderem Dank wende ich mich an Prof. Dr. Georg Müller-Fürstenberger und Dr. Christoph Heible, zwei Personen, die mir vor, während und auch nach dieser Dissertationszeit als enge Freunde zur Seite standen und heute noch stehen. Die ehrlichen, konstruktiven und unterstützenden Gespräche mit Euch während der Promotionsphase werden mir stets und gern im Gedächtnis bleiben.

Mein außerordentlicher Dank gilt meinen Eltern, die mich während meiner schulischen und universitären Laufbahn fortwährend und uneingeschränkt unterstützten. Abschließend gilt mein Dank meiner lieben Frau für die permanente Unterstützung während meiner Promotionsphase; dass Du mir unermüdlicher Mut- und Kraftspender warst, werde ich Dir nie vergessen. Dir, Melanie, ist diese Arbeit gewidmet.

Stuttgart-Hohenheim, Dezember 2015

Martin Lempe

Inhaltsverzeichnis

Abbildungsverzeichnis

Abkürzungsverzeichnis

BBSR	Bundesinstitut für Bau-, Stadt- und Raumforschung
BGBl	Bundesgesetzblatt
CA	Herstellung von Nahrungs- und Genussmittel, Getränken und Tabakerzeugnissen
CB	Herstellung von Textilien, Bekleidung, Leder, Lederwaren und Schuhen
CC	Herstellung von Holzwaren, Papier, Pappe und Waren daraus; Herstellung von Druckerzeugnissen
CD	Kokerei und Mineralölverarbeitung
CE	Herstellung von chemischen Erzeugnissen
CES	Constant Elasticity of Substitution
CF	Herstellung von pharmazeutischen Erzeugnissen
CG	Herstellung von Gummi- und Kunststoffwaren sowie von Glas, Glaswaren und Keramik; Steinverarbeitung
CH	Metallerzeugung und -bearbeitung, Herstellung von Metallerzeugnissen
CI	Herstellung von Datenverarbeitungsgeräten, elektronischen und optischen Erzeugnissen
CJ	Herstellung von elektronischen Ausrüstungen
CK	Maschinenbau
CL	Fahrzeugbau
CM	Sonstige Herstellung von Waren, Reparatur und Installation von Maschinen und Ausrüstungen
DESTATIS	Deutsches Statistisches Bundesamt
DIW	Deutsches Institut für Wirtschaftsforschung
EDTA	Ethylendiamintetraessigsäure
EEA	European Environment Agency
EFRE	Europäischen Fonds für Regionale Entwicklung
GG	Grundgesetz
IW	Institut der deutschen Wirtschaft
IWH	Institut für Wirtschaftsforschung Halle
IWRM	Integrierten Wasserressourcenmanagements

KPI	Konsumentenpreisindex
LSDV	Least Squares Dummy Variables
LUBW	Landesanstalt für Umwelt, Messungen und Naturschutz in Baden-Württemberg
NACE	Nomenclature Statistique des Activités Économiques dans la Communauté Européenne
NUTS	Nomenclature des Unités Territoriales Statistiques
OECD	Organisation for Economic Co-operation and Development
ROG	Raumordnungsgesetz
STALA	Statistisches Landesamt Baden-Württemberg
UGR	Umweltökonomischen Gesamtrechnungen
UMBW	Umweltministerium Baden-Württemberg
VEA	Bundesverband der Energieabnehmer
WG	Wassergesetz
WHG	Wasserhaushaltsgesetz
WPI	Wasserproduktivitätsindex
WZ	Wirtschaftszweig
ZEW	Zentrum für Europäische Wirtschaftsforschung

I   Einführung

1.1 Motivation und Zielsetzung der Arbeit

Die Standortwahl von Unternehmen im Raum steht seit jeher im Kerninteresse der Wirtschafts-geographie [vgl. *CHEN* et al. (2013)]. Nach ihrer Lehrmeinung determiniert vor allem der umge-bende Raum mit seinen natürlichen Merkmalen die Unternehmensansiedlung. Dieser Linie folgte lange Zeit auch die Raumwirtschaftstheorie, die im Vergleich zur Wirtschaftsgeographie jedoch explizit ökonomische Gesetzmäßigkeiten im Raum untersucht und die eigene Forschung dement-sprechend ausrichtet [vgl. *REDDING* (2009)]. Im Zuge der Entwicklung der klassischen Raum- und Standortmodelle erschöpfte sich deren Erklärungsgehalt allerdings. Problematisch war, dass die partialanalytischen Standortmodelle der Raumwirtschaftstheorie in vielen Fällen keine Antwor-ten auf aktuelle raumwirtschaftliche Phänomene geben konnten. Erst seit den 1990er Jahren wurde die Raumwirtschaftstheorie seitens der Ökonomie wiederentdeckt und thematisch erneut beansprucht. Die Rekonzeptualisierung dieses Wissenschaftszweiges der Ökonomie vollzog sich durch den Ökonomen Paul Krugman und seine nobelpreisgekrönte „Neue Ökonomische Geogra-phie".

Die Wiederbelebung und Neuorientierung der Raumwirtschaftstheorie entwickelte sich inmitten des Wechsels vom 20. auf das 21. Jahrhundert, und damit zu einer Zeit, in der der Wunsch nach einem kontextbezogenen Theorieunterbau zur Erklärung von Phänomenen im Raum sehr groß war. Im Kerninteresse stand und steht, wie sich die Konzentration wirtschaftlicher Aktivität in einer Region theoriegeleitet und vor allem gesamtwirtschaftlich erschließen lässt. Krugman selbst konstatiert: „Step back and ask, what is the most striking feature of the geography of economic activity? The short answer is surely concentration" [*KRUGMAN* (1991b), S. 5]. Der 'Manufacturing Belt' der USA sowie die 'Blaue Banane' in Europa, beides langgestreckte Ballungen von Industrie-unternehmen im Raum, konnten etwa theoretisch bislang nur schwach anhand der vorherrschen-den Ressourcenausstattung der jeweiligen Regionen begründet werden. Das 'Silicon Valley' in Ka-lifornien, Konzentrationsraum weltweit führender Dienstleistungsunternehmen der Elektronik-, Informations- und Telekommunikationsbranche, entstand in einer kaum besiedelten und trocke-nen Talregion; auch hier versagten die traditionellen Erklärungsansätze der partialanalytischen Raumwirtschaftstheorie [vgl. *KLEPPER* (2009)].

Konzentrationen wirtschaftlicher Aktivität können auch allumfassend als Agglomerationen ein-gestuft werden. Die Existenz und die Auswirkungen dieser Phänomene der Globalisierung sind weithin bekannt. Weltweit steigt die Zahl sogenannter Mega-Cities, Großstadträume mit mehr als 10 Millionen Einwohnern, rasant an. Zudem besitzen viele dieser Mega-Cities den Status einer *functional primacy*, da alle wichtigen Verwaltungs-, Bildungs- und Geschäftseinrichtungen in ihr beheimatet sind [vgl. *CHESHIRE* (1999)]. Die Aktualität und Relevanz raumwirtschaftlicher Frage-stellungen zeigt sich nicht zuletzt auch darin, dass sich der World Development Report der Welt-bank aus dem Jahr 2009 unter dem Titel „Reshaping Economic Geography" exakt diesen Frage-stellungen in aller Breite annahm [vgl. *WORLD BANK* (2009)]. Vor allem die Neugründung und

Verlagerung von Industrieunternehmen mit nur geringer standörtlicher Verwurzelung, soge-nannte *footlose industries*, sind eine allgegenwärtige Erscheinung unserer Zeit [vgl. BROUWER et al. (2004); CAVES (1998)]. Im Kerninteresse der Raum- und Regionalforschung steht die Frage, wel-chen Gesetzmäßigkeiten eine unternehmerische Standortwahl exakt unterliegt [vgl. ARAUZO-CAROD et al. (2010)]. Ferner wird die Frage verfolgt, anhand welcher ökonomischen Kriterien eine unternehmerische Standortwahl aus regionalpolitischer Sicht gefördert werden kann.

Aus unternehmerischer Perspektive wird die Standortwahl industrieller Unternehmen durch den Zugang zu verschiedenartigen Produktionsfaktoren und zu den Absatzmärkten bestimmt. Die klassischen Standortmodelle der Raumwirtschaftstheorie geben unterschiedliche Erklärungsan-sätze für eine optimale Standortwahl auf Basis dieser zentralen Kriterien. Sie setzen Unterneh-mensstandorte immer in einen raumrelationalen Zusammenhang und unterstreichen die große Bedeutung von Transportwegen und Transportkosten. Die raumwirtschaftlichen Modelle „2. Ge-neration" folgen keiner Metrik und verzichten gänzlich auf den Erklärungseinfluss der natürlichen Faktorausstattung im Raum. Sie führen eine Standortwahl vor allem auf die Existenz von räumli-chen Externalitäten zurück. Eine Standortansiedelung und -verlagerung wird aus diesem Blick-winkel maßgeblich durch Lokalisations- und Urbanisationsvorteile bestimmt [vgl. ILLY et al. (2009); ROSENTHAL/STRANGE (2003)].

Ziel dieser Arbeit ist es, die unternehmerische Standortwahl im industriellen Sektor vor dem Hin-tergrund beider Theoriegebäude empirisch zu prüfen. Es sollen nicht nur die klassischen Stand-ortfaktoren untersucht werden, sondern explizit auch wasserspezifische. Die Ressource Wasser steht aufgrund ihrer hohen Bedeutung für die beiden Theoriegebäude deshalb gesondert im Inte-resse. Sie fungiert einerseits als ein wichtiger Erklärungsbaustein in den Standorttheorien „1. Ge-neration", da sich der Naturdeterminismus in der industriellen Standortwahl auch stark auf die Ressource Wasser bezieht. Andererseits ist zu erwarten, dass mit dem Bedeutungsabstieg der na-türlichen Faktorausstattung bei der Standortansiedelung auch die Standortnähe zu der Ressource Wasser weniger bedeutsam wurde. Der Einfluss im Modellrahmen „2. Generation" bleibt daher ungewiss. Für einzelne Industriezweige erweist sich eine Entkoppelung von natürlichen Wasser-vorkommen im Raum als denkbar, für wasserintensive Industriezweige erscheint dies fraglich.

Der Standortfaktor Wasser ist aus einer Vielzahl von Gründen von hohem industriellem und regi-onalpolitischem Interesse [vgl. RENZETTI (2005); RENZETTI/DUPONT (2003)]. Die Ressource Wasser erscheint als indirekter und direkter Faktor essenziell für die industrielle Produktion. Zudem stellt Wasser eine kleinräumig charakterisierte Ressource dar. Das reine, naturgegebene Was-serdargebot in einer Region lässt sich grundsätzlich kaum beeinflussen. Wasser ist nicht oder nur unter hohem Aufwand über weite Strecken handelbar. Einer schwachen räumlichen Verfügbar-keit von Wasser kann unternehmensseitig kaum begegnet werden. Ein knappes Wasserdargebot erhöht das Risiko von Produktionsausfällen; es steigert den Investitionsdruck in – allerdings sich selbst erschöpfende – Wassereinsparungs- und Wasserkreislauftechnologien. Wasser kann als Produktionsfaktor grundsätzlich nur gespart, nicht aber substituiert werden.

Neben der reinen Quantität ist bei einer Unternehmensansiedelung auch die Qualität des Produk-tionsrohstoffes von hohem Interesse [vgl. BÖHM/HILLENBRAND (2003)]. Auch die Wasserqualität besitzt eine eindeutig regionale Dimension [vgl. *BADRI* (2007); *BOWER* (1964)]. Durch die unterschiedliche Belastung von Wasser mit Schad- und Verschmutzungsstoffen wird die prinzipiell homogene Ressource zu einem heterogenen Standortfaktor. Insbesondere für wasserintensive Industrien und innerhalb sensibler Produktionsbereiche besitzt die Wasserqualität eine herausragende Bedeutung als Standortfaktor. Liegt es in unzureichender Qualität vor, muss es über industrieeigene Wasseraufbereitungstechnologien vorgereinigt werden, bevor es in den Produktionsprozess gelangt [vgl. *CHAO-HSIEN* et al. (2006)]. Die Wasseraufbereitung selbst erweist sich typischerweise als fixkostenintensiv.

Abschließend ist die Ressource Wasser aus unternehmerischer Perspektive als Transportform von großer Bedeutung [vgl. *COMTOIS* et al. (1997)]. Die räumliche Nähe zum Wassertransport zeigte sich schon immer als ein entscheidender infrastruktureller Standortfaktor bei der Ansiedelung von Unternehmen. Zudem zählt der Transport von industriellen Gütern und Zwischenerzeugnissen auf Wasserstraßen bis heute zu den kostenärmsten Transportformen.

In die Untersuchung geht die Ressource Wasser auf Basis ihrer vielfältigen Bedeutung für die Industrie ein. Zur genaueren Abbildung der Relevanz dieser Ressource dient die Aufteilung des industriellen Sektors in die einzelnen Wirtschaftszweige. Um verlässliche Ergebnisse für die einzelnen Wirtschaftszweige zu erhalten, beläuft sich der Untersuchungszeitraum auf 30 Jahre. Auf Basis der empirischen Überprüfung wird untersucht, ob sich der raumwirtschaftliche „Generationenwechsel" bei der Auswahl an Standortfaktoren zeigt. Hierzu geht die Ressource Wasser fünffach in den Standortfaktorenkatalog ein. Die Ergebnisse der wasserspezifischen Standortfaktoren sind von besonderem Interesse. Vor allem für die Industrie bzw. das produzierendes Gewerbe liegen nur wenige Rohstoffe ubiquitär und in homogener Qualität vor; die meisten industriellen Rohstoffe besitzen eine sowohl räumlich konzentrierte, als auch räumlich begrenzte Verfügbarkeit. Vor diesem Hintergrund kann erwartet werden, dass die empirische Auswertung zeigt, dass die Theoriewelt „1. Generation" im Hinblick auf die Ressource Wasser noch immer zentral ist. Dem gegenüber besteht die Vermutung, dass sich in den letzten Jahren eine Art Entkoppelung von Industrieunternehmen im Hinblick auf die Ressource Wasser vollzog und die Standortentscheidungen nun eher das Ergebnis räumlicher Externalitäten sind. Vor allem bei wasserintensiven Industrien wird es interessant sein zu sehen, ob Lokalisations- und Urbanisationsvorteile von größerer Relevanz sind, als die natürliche Faktorausstattung im Raum. Die wissenschaftliche Einordnung ist in diesem Punkt uneinheitlich. Obwohl Alfred Weber in der Theoriewelt „1. Generation" die Ressource Wasser als ubiquitär einstufte [vgl. *WEBER* (1909/1998), S. 51], finden sich viele Vertreter der Theorieweilt „2. Generation", die – untypisch für diesen Theoriezweig – die ungebrochen hohe Bedeutung der natürlichen Ressourcenausstattung bei der Standortwahl industrieller Betriebe herausstellen [vgl. *BOSKER* et al. (2010); *ALFREDO-MINERVA* (2007); *ELLISON/GLAESER* (1999), *ELLISON/GLAESER* (1997); *GALLUP* et al. (1999)].

1.2 Aufbau der Arbeit

Das erste Kapitel führt in die Raumwirtschaftstheorie ein. Es dient dazu, ein konzeptionelles Verständnis für diese Wissenschaftsdisziplin zu entwickeln. Gegenstand in diesem Kapitel sind ein kurzer Abriss über die Entwicklungsgeschichte sowie die inhaltliche Trennung zwischen einer Raumwirtschaftstheorie ökonomischer und geographischer Prägung. Im Folgenden werden die Eckpfeiler der ökonomischen Theoriewelt systematisch wiedergegeben. Das anschließende Kapitel richtet sich auf den zentralen Akteur in dieser Arbeit aus. Es erläutert die Grundzüge der Standortwahl von Unternehmen. Eine besondere Bedeutung bei der Ansiedelung von Unternehmen spielen Standortfaktoren, die in diesem Kapitel zusammenhängend erläutert und abgegrenzt werden.

Nachdem die Grundlagen der Raumwirtschaftstheorie erörtert wurden, erfolgt in Kapitel 2.4 die Darstellung der zentralen Standorttheorien von Unternehmen. In der Evolution der Raumwirtschaftstheorie sind bis heute drei Theoriewelten von zentraler Bedeutung. Den Startpunkt bildet die Theorie der Landnutzung nach Heinrich von Thünen. Dieser Theoriezweig spielt deshalb eine bedeutende Rolle, da er den Standortfaktor Boden in einen für das Unternehmen ökonomischen Raumzusammenhang setzt. Der zweite Meilenstein in der theoretischen Untermauerung einer Standortansiedelung von Unternehmen ist die Theorie nach Alfred Weber. Sie orientiert sich einerseits an der natürlichen Faktorausstattung des Raumes und andererseits an den Transportdistanzen. Die Theorie der industriellen Standortwahl nach Weber erweist sich auch deshalb als einschlägig, da sie das Standortkalkül um die räumliche Nähe zum Absatzort erweitert. Die dritte klassische Theorie der Standortwahl orientiert sich direkt an Absatzzentren im Raum. Die Autoren Christaller und Lösch geben in ihr einen Begründungszusammenhang, warum eine industrielle Standortansiedelung auch einer gewissen räumlichen Ordnung und Zentralität unterliegt. Die methodischen Grundlagen aller drei Theorien werden systematisch wiedergegeben und zueinander diskutiert.

Der sich anschließende Gliederungsblock III ergänzt die Entwicklung der Raumwirtschaftstheorie im Hinblick auf Agglomerationstheorien. Nach den klassischen Standorttheorien erfolgt der Sprung zu den Standortmodellen „2. Generation". Das Startkapitel innerhalb dieses Blockes bezieht sich deshalb zunächst auf die Rolle und Relevanz räumlicher Externalitäten, dem maßgeblichen Unterscheidungskriterium. Aufbauend darauf, stellt das folgende Kapitel die für die unternehmerische Standortwahl zentralen Externalitäten vor und erörtert diese auf Basis der etablierten Systematiken zueinander. Eine besondere Bedeutung bei Standortwahl industrieller Unternehmen besitzen Urbanisationsvorteile und Lokalisationsvorteile, die zu externen Erträgen führen. Räumliche Externalitäten führen zu agglomerativen und deglomerativen Kräften und damit zu einer Verdichtung wirtschaftlicher Aktivität. Um diese Konzepte für die spätere Anwendung herauszuarbeiten, werden fünf ausgewählte ökonomische Agglomerationstheorien im weiteren Sinne vorgestellt. Die Wachstumstheorie nach Perroux setzte als erste einen systematischen Theorierahmen für Konzentrationsprozesse im Raum. Den zweiten Meilenstein bildet die Theorie zirkulär-kumulativer Verursachung aus dem Jahr 1957; sie ist für das spätere Theorieverständnis der Neuen Ökonomischen Geographie elementar. An zeitgeschichtlich dritter Stelle wird die Theorie flexibler Spezialisierung (1985) vorgestellt. An vierter Position: die Evolutionstheorie (1989), die die Pfadabhängigkeit der Modelle der Neuen Ökonomischen Geographie besser verstehen lässt. Zum Abschluss werden die ökonomischen Agglomerationstheorien im weiteren Sinne durch die Theorie räumlicher Wettbewerbsvorteile ergänzt. Diesen Theoriezweig brachte Ende der 1990er Jahre Michael Porter in die Diskussion ein; seine Grundlagen bereiteten die Neue Ökonomische Geographie vor.

Im folgenden Kapitel wird das Basismodell der Raumwirtschaftstheorie „2. Generation" vorgestellt. Das Kern-Peripherie-Modell ist ein allgemeines Gleichgewichtsmodell und sehr verflochten. Die folgenden Gliederungspunkte tragen dieser Komplexität Rechnung, indem sie zunächst die Nachfrage-, anschließend die Angebotsseite und schließlich die Transportform strukturiert erläutern. Das anschließende Kapitel beschäftigt sich mit der Normierung des Modells, außerdem mit der Herausstellung und Erörterung der räumlichen Externalitäten. Abschließend erfolgt eine Darstellung und Besprechung der Modellergebnisse auf Basis einer vorangegangenen Modellsimulation. Aufgrund seiner umfangreichen Struktur ist das Modell in Gänze im Appendix dargestellt.

Der Gliederungsblock IV hat die empirische Prüfung der zuvor systematisch vorgestellten Theorien zum Ziel. Zentral in dieser Anwendung ist die Prüfung allgemeiner und wasserspezifischer Standortfaktoren bei der Standortwahl von Unternehmen des industriellen Sektors. Da insbesondere der Einfluss der Ressource Wasser im Erkenntnisinteresse steht, wird zunächst die raumwirtschaftliche Bedeutung der Ressource erläutert. Die folgenden Kapitel zeigen auf, dass Wasser eine elementare Bedeutung für die Industrie als indirekter und direkter Produktionsfaktor sowie als Transportmittel besitzt. Die sich anschließenden Abschnitte bereiten die empirische Auswertung vor, indem die Untersuchungseinheit und der Untersuchungsraum konkret definiert und abgegrenzt werden. Da die Anwendung sich auf das Bundesland Baden-Württemberg bezieht, wird mit einer kurzen Einleitung zur deskriptiven Statistik der Wassergewinnung und -verwendung der Industrie im Anwendungsgebiet begonnen.

Das folgende Kapitel setzt die ökonometrischen Grundlagen für die empirische Auswertung. Zunächst wird die Methodik vorgestellt; die empirische Analyse basiert auf einem Panel-Datensatz, der als *fixed effects* - Schätzung für alle Wirtschaftszweige des industriellen Sektors geprüft wird. Die sich anschließenden Kapitel beschreiben dazu die allgemeinen und wasserspezifischen Standortindikatoren noch einmal kurz und operationalisieren sie für das Verfahren entsprechend. Aus der Aufstellung der Prädiktoren, die bei der industriellen Standortwahl von unterschiedlicher Bedeutung sind, werden anknüpfend die Hypothesen gebildet. Das folgende Kapitel stellt die Ergebnisse der *fixed effects* - Schätzung dar. Jedes Modell prüft nicht nur den geschlossenen Paneldatensatz, sondern auch *time lag* - Modelle. Im folgenden Kapitel werden die Modellergebnisse und die Modelle selbst kurz ökonometrisch besprochen.

Der Gliederungsblock V bildet den Abschluss der Arbeit. Er fasst die zentralen Ergebnisse der empirischen Auswertung zusammen und unterzieht die allgemeinen und wasserspezifischen Standortfaktoren einer zusammenhängenden Interpretation. Darauf aufbauend enthält das folgende Kapitel eine wirtschaftspolitische Einordnung der zuvor interpretierten Ergebnisse und gibt

Handlungsempfehlungen für die Regionalpolitik. Die Arbeit schließt mit einem Ausblick auf zukünftige Anknüpfungspunkte einer raumwirtschaftlichen Forschung in diesem Bereich.

II Grundlagen und Bedeutung der Raumwirtschaftstheorie

2.1 Kapitelüberblick

Die Entwicklung der Raumwirtschaftstheorie ist zeitgeschichtlich untrennbar mit dem Aufstieg von Nationalstaaten im 19. Jahrhundert verbunden, in dessen Zuge sich, neben der geographischen Landschafts-, parallel eine volkswirtschaftliche Länderkunde etablierte. Spätestens seit dieser Zeit rücken die räumliche Ausprägung wirtschaftlicher Aktivität und die Organisation ökonomischer Prozesse zwischen Akteuren auf nationalstaatlicher Ebene verstärkt in das Erkenntnisinteresse. Im Unterschied zur Nachbarwissenschaft der Wirtschaftsgeographie nehmen gesamtwirtschaftliche Verflechtungen aller Akteure in der Raumwirtschaftstheorie eine zentrale Rolle ein. Beide Wissenschaftsdisziplinen sind also in gewisser Weise miteinander verflochten, offenbaren aber auch deutliche Unterschiede im methodischen Unterbau und der wissenschaftlichen Forschungsausrichtung. Aufgrund dieser Verbundenheit wird die Genese beider Wissenschaften mit einem kurzen historischen Exkurs zur Wirtschaftsgeographie und zur räumlichen Ökonomie dargestellt. Dieses Kapitel stellt die für das weitere Verständnis zentralen Grundlagen der Raumwirtschaftstheorie vor, indem es wichtige Konzepte genauer bestimmt und abgrenzt. Exemplarisch hierfür stehen die für den weiteren Verlauf der Arbeit wichtigen Begriffe „Raum" und „Region". Insbesondere der letzte Begriff ist von hoher Bedeutung, da sich in der Entwicklung der Raumwirtschaftstheorie das Erkenntnisinteresse zunehmend weg von aggregierten Betrachtungen auf nationalstaatlicherer Ebene und hin zu kleinteiligen Raumphänomene auf Mikroebene verschob. Diese disaggregierten Ebenen werden klassischerweise in Regionen gesehen.

Das anschließende Kapitel fokussiert sich auf den für die Arbeit zentralen Akteur: das Unternehmen. Es bereitet dem Leser die Grundzüge der unternehmerischen Standorttheorie in knapper Form auf und dokumentiert die konkreten Determinanten der Standortwahl eines Unternehmens im industriellen Sektor. Gut erkennbar wird in diesem Zusammenhang, dass sich die früheren statischen Standortmodelle der Raumwirtschaftstheorie den wirtschaftsgeographischen Herangehensweisen sehr nahestanden. Elementar für das weitere Verständnis der Arbeit sind Standortfaktoren. Deshalb erfolgt eine kurze Vorstellung des Konzepts und der grundlegenden Trennung zwischen harten und weichen Standortfaktoren. Aus der Modellwelt „1. Generation" werden anschließend drei Einzelmodelle herausgegriffen, um den Leser die klassischen Herangehensweisen zu verdeutlichen. Die drei ausgewählten Modelle werden in ihren jeweiligen Annahmen, im Inhalt und in den Ergebnissen detailliert vorgestellt und zueinander verglichen. Es handelt sich um das Modell der Landnutzung und Bodenrente, um das Modell der industriellen Standortwahl sowie um das Modell räumlicher Ordnung und Zentralität. Für das Folgekapitel bilden diese Theoriezweige eine elementare Grundlage.

2.2 Entwicklung und inhaltliche Abgrenzung der Raumwirtschaftstheorie

Die Raumwirtschaftstheorie ist eines der ältesten Lehr- und Forschungsgebiete innerhalb der Wirtschaftswissenschaften [vgl. *SCOTT* (2000)]. Ihrem Ursprung entsprechend, stellt sie eine Synthese aus Geographie und Ökonomie dar. Die geographische Raumwissenschaft und Raumforschung als Basis der Raumwirtschaftstheorie besitzt eine ganz eigene und weit zurückreichende Tradition [vgl. *GARRETSEN/MARTIN* (2010)]. Kennzeichnend für diesen Wissenschaftszweig ist vor allem seine starke Praxisorientierung [vgl. *BADRI* et al. (2007)]. Für die Wirtschaftsgeographie, der wohl bekanntesten unter den zahlreichen Teildisziplinen der Geographie, trifft dies im besonderen Maße zu. Die Wirtschaftsgeographie kennzeichnet, dass sie sich an ganz konkreten Bezugspunkten im und deren Verhältnis zum realen Raum orientiert; im Kerninteresse liegen vor allem die wirtschaftlichen Interaktionen im Raum. Darüber hinaus ist kennzeichnend, dass durch sie nicht nur eine Inwertsetzung des Raumes erfolgt, wie es beispielsweise in der Bewirtschaftung von Agrarböden zum Ausdruck kommt, sondern sie auch den sektoralen wirtschaftlichen Wandel dokumentiert. Die Wirtschaftsgeographie legt, ihrem Wissenschaftsverständnis nach, einen allumfassenden Raumbegriff zugrunde. So berücksichtigt sie Einflüsse von Bevölkerung, Wirtschaft, Klima, Vegetation und Topographie, bis hin zu Faktoren wie Kultur und Religion; aufgrund dieses universellen Untersuchungsanspruches wird sie auch als Lehre aller physischen und anthropogenen Geofaktoren bezeichnet [vgl. *UHLIG* (1970), S. 22 - 27].

Bei der Wirtschaftsgeographie handelt es sich um eine Wissenschaftsdisziplin, die außerordentlich stark mit anderen Fachbereichen verbunden ist. Dies ist vor allem der dogmatischen Freiheit und dem umfassenden Erklärungsanspruch geschuldet; beides lässt eine Öffnung zu Nachbardisziplinen auf relativ einfachem Wege zu. Ein erstes Verständnis über die Vernetzung der Wirtschaftsgeographie gibt Abbildung II-1, die jedoch nur als schematischer Entwurf ohne Anspruch auf Vollständigkeit anzusehen ist.

Abbildung II-1: Teildisziplinen der Wirtschaftsgeographie

Quelle: Eigene Darstellung und Erweiterung in Anlehnung an HAGGETT (1991), S. 750.

In der Abbildung sind vor allem die Verbindungswege der Wirtschaftsgeographie zu den drei eigenständigen Wissenschaftsgebieten der Politikwissenschaft, der Soziologie sowie der Wirtschaftswissenschaft gut zu erkennen. Die vielen Teildisziplinen, durch Knotenpunkte im Netz verbildlicht, entstanden durch die Integration angrenzender Nachbardisziplinen und der Adaption ihrer jeweiligen Forschungsansätze und Forschungsmethoden. Insofern charakterisieren die verschiedenen Lehr- und Forschungspositionen in der Wirtschaftsgeographie auch und vor allem das Ergebnis der Verbindung zu verschiedenen Denkschulen [vgl. SMITH (1971)].

Die heterogene Ausrichtung der Wirtschaftsgeographie stößt aber auch an Grenzen. Im Spannungsfeld stehen hierbei die nicht nur argumentativ, sondern auch fachspezifisch abzugrenzende „Wirtschaftsgeographie geographischer Prägung" und „Wirtschaftsgeographie ökonomischer Prägung".[1] Der bis heute andauernde Streit beider Wissenschaften und Schulen erstreckt sich nicht nur über die unterschiedlichen Zugänge und Methoden, sondern auch über die Führerschaft und Überlegenheit in der wissenschaftlichen Ausrichtung [vgl. BOSCHMA/FRENKEN (2006), S. 274; MARTIN (1999)]. Sowohl die Geographie als auch die Ökonomie schieben innerhalb der Wirtschaftsgeographie der jeweils anderen Disziplin gerne eine propädeutische Rolle zu [vgl. BRAKMAN et al. (2011)]. Aus Sicht der Wirtschaftswissenschaften beschränkt sich die geographische Wissenschaft zu stark auf deskriptive Analysen über die Individualität des Raumes und seiner heterogenen Raumstruktur. Viele wissenschaftliche Arbeiten beziehen sich auf länderkundliche Untersuchungen und verfolgen in dieser Form nicht selten nur das Ziel der reinen Dokumentation. Die Ablehnung der an Natur und Erdoberfläche orientierten Wirtschaftsgeographie wurde schon früh vom Geographen Alfred Rühl selbst kritisiert; nach ihm „können nur die wirtschaftlichen Erscheinungen selbst Untersuchungsobjekt der Wirtschaftsgeographie sein" [RÜHL (1938), S. 56].

---

[1] Das in Abbildung II-1 dargestellte Bindeglied der „Regional Science" konnte sich trotz aller Versuche und Vorstöße zur Neuorientierung in den 1950er Jahren nie als eigenständiges und uniformes Wissenschaftsgebiet etablieren [vgl. ISARD (1956); ISARD (1960); FUJITA (2010)].

Problematisch im Wissenschaftsverständnis zwischen Ökonomie und Geographie ist neben dieser naturdeterministischen Orientierung auch die begriffliche Bestimmung und Abgrenzung eines Untersuchungsraumes bzw. einer räumlichen Bezugsgröße. Dies liegt vor allem darin begründet, dass Geographen ihre Studien sehr stark an kartographisch nachbildbaren Untersuchungsräumen ausrichten. Das Hauptmerkmal der akademischen Kontroverse besteht jedoch darin, dass das wissenschaftliche Verständnis der Geographen von keiner in sich geschlossenen Theorie- und Modellbildung geleitet ist.

In der Gegenüberstellung beider Wissenschaften darf nicht unerwähnt bleiben, dass sich die Wirtschaftswissenschaften im Vergleich zur Geographie erst verhältnismäßig spät wirtschaftsgeographischen Fragestellungen öffneten. Bis Mitte des 20. Jahrhunderts galt in der Ökonomie der Raum schlicht als „wonderland of no spatial dimension" [*ISARD* (1956), S. 25]. Die dominante Lehrmeinung in der Ökonomie umging raumwirtschaftliche Bezüge, indem sie Unterschiede im Raum als zwischenzeitliche und bedeutungsarme Nuancen betrachtete, die letztlich durch Gleichgewichtskräfte wieder ausgeglichen würden. Märkte waren an keinem Raumpunkt lokalisiert, sondern nur durch einen Zeitpunkt gegeben. Die neoklassische Theorie blendete Akteur-Raum-Beziehungen vollständig aus. Jedem Wirtschaftsakteur lagen zu jeder Zeit vollkommene Rauminformationen vor. Zudem bestanden keinerlei Hemmnisse in der Mobilität von Akteuren und Produktionsfaktoren.

Der Paradigmenwechsel in Form des Einbaus raumwirtschaftlicher Zusammenhänge in das Theoriegebäude der Neoklassik ist untrennbar mit dem Gründervater der *Regional Science Association*, dem US-Ökonom Walter Isard verbunden; „yet who can deny the spatial aspect of economic development: that all economic processes exist in space, as well as over time? Realistically, both time and space must be vital considerations in any theory of economy" [*ISARD* (1956), S. 24]. Die Neoklassik als orthodoxe Lehr- und Forschungsrichtung der Wirtschaftswissenschaften besaß drei direkte Anknüpfungspunkte zur Wirtschaftsgeographie. Zum einen konnte aus der Gleichgewichtsperspektive abgeleitet werden, dass räumliche Disparitäten, also eine Ungleichverteilung wirtschaftlicher Aktivitäten, das Ergebnis räumlicher Ungleichgewichte bzw. einer räumlich differenzierten Faktorausstattung waren. Zum anderen konnten die maßgeblichen Zielfunktionen in der Nutzenmaximierung rational handelnder Individuen und in der Gewinnmaximierung rational handelnder Unternehmen um Einflüsse des Raumes ergänzt werden. Der Raum wurde zum exogen gegebenen Parameter im Entscheidungskalkül eines Akteurs [vgl. *MCCANN* (2002); *MCCANN* (1999)].

Anhand dieser Grundüberlegungen entwickelten sich die ersten modelltheoretischen Zugänge zu raumwirtschaftlichen Fragen. Der Raum wurde zum ökonomisch determinierten Raum, die Theorie der Wirtschaftsgeographie neoklassischer Prägung zur „Raumwirtschaftstheorie". In ihren Grundzügen ist die Raumwirtschaftstheorie entweder isotroper Natur, besitzt also auf einer homogenen Fläche zu allen Richtungspunkten gleiche Eigenschaften, oder setzt die Eigenschaften des Raumes in einen systemischen und ausschließlich ökonomischen Zusammenhang. Im zweiten Fall, der die natürliche Beschaffenheit des Raumes vollständig berücksichtigt, finden die Merkmale des Raumes in Form explizit ökonomischer Kausalitäten Verwendung. In beiden Fällen können raumwirtschaftliche Betrachtungen mit Theorien direkt gestützt werden. Stets liegt ein begleitender Einfluss des Raumes vor, sei es als (Transport-) Kostenfaktor oder zur Erklärung räumlicher Angebots- und Nachfrageunterschiede. Gemäß dem neoklassischen Paradigma wird allerdings die Grundannahme getroffen, dass allen Akteuren im Raum alle Informationen über räumliche Externalitäten vollständig und zu jeder Zeit vorliegen.

Das Anwendungsfeld der Raumwirtschaftstheorie ist beinahe unerschöpflich [vgl. *SELTING* et al. (1995)]. Zumindest deckt es die gesamte Breite der neoklassischen Wirtschaftswissenschaften ab, sofern der Transfer eines Versatzstückes dieser Theorie in einen räumlichen Kontext gelingt [vgl. *McCANN* (1999)]. Allgemein kann attestiert werden, dass die konstitutiven Annahmen der Neoklassik, allen voran die rationale Entscheidung von Individuen, natürlich auch immer den Vorteil haben, dass sich aus ihnen allgemeingültige Erklärungszusammenhänge im Raum ableiten lassen. Die neoklassischen Annahmen erfüllen damit in gewisser Weise die Funktion einer Ex-ante-Standardisierung. In dieser Form entwickelt die Raumwirtschaftstheorie vergleichbare Gesetzmäßigkeiten über Standorte und Standortstrukturen sowie deren räumliche Interaktion. Ziel ist es vor allem, allgemeingültige Aussagen und Gesetzmäßigkeiten zu finden, die über die Beschreibung von Einzelphänomenen in der sozioökonomischen und natürlichen Raumstruktur hinausgehen.

Schlussendlich verkörpert die Raumwirtschaftstheorie eine klar modellbasierte Wirtschaftsgeographie, in der reale Zusammenhänge beinahe ausschließlich mathematisch formalisiert wiedergegeben werden. Sie verfolgt eine konzeptionell und theoriegeleitete Herangehensweise an raumwirtschaftliche Fragen über stilisierte Fakten [vgl. *McCANN* (2007), S. 1210; *CLARK* (1998), S. 74 f.]. Den abgeleiteten Verallgemeinerungen der komplexen Zusammenhänge geht zwangsläufig eine Vereinfachung der objektiven Realität einher. Die Vielzahl an Theorien in der Raumökonomie unterscheidet sich deshalb schon allein über die getroffenen Annahmen, welcher Raumaspekt als erklärende Variable fungiert und welcher Effekt der Realität ausgeklammert oder nachrangig verfolgt wird. Der Vorteil dieser theoretisch geleiteten Wissenschaft liegt nicht zuletzt auch darin begründet, dass sich eine Vielzahl von raumwirtschaftlichen Theorien damit synthetisieren lässt.

Die Raumwirtschaftstheorie selbst lässt sich grob in zwei Richtungen aufgliedern; in die statische und die dynamische Raumwirtschaftstheorie. Ersterer Theoriezweig befasst sich mit Standortentscheidungen von Unternehmen und Haushalten und der sich ergebenden Raumstruktur. Darüber hinaus verfolgen statische Raumtheorien auch das Ziel, Interdependenzen zwischen diesen Akteuren und Phänomenen der Raumordnung wie Siedlungsmuster oder Standortstrukturen zu untersuchen. Veränderungen in der Raumstruktur erfolgen durch den Vergleich zweier Raumzustände und damit in der komparativen Statik [vgl. *HEAPS* (1982)]. Die dynamische Raumwirtschaftstheorie befasst sich, ihrem Namen abgeleitet, mit Wachstumsprozessen von wirtschaftlichen Einheiten, Raumpunkten oder ganzen Regionen. Eine Kernfrage in diesem Teilgebiet besteht darin, ob sich die wirtschaftliche Divergenz zwischen Regionen im Zeitverlauf vergrößert oder verkleinert. Auch Fragen nach dem Wachstum, der Stagnation oder der Auflösung von Agglomerationen fallen in dieses Untersuchungsfeld. Die zweite Ausprägungsform hat demnach vor allem zum Ziel, Kausalitäten für die Entwicklung von Wirtschaftsräumen und Gründe für deren intertemporales Wachstum und die einhergehenden unterschiedlichen Intensitätsgrade der wirtschaftlichen Aktivität herzuleiten. Sie steht damit rein fachlich der Wachstums- und Außenhandelstheorie sehr nahe.

Eine passgenaue und allumfassende Definition der Raumwirtschaftstheorie ist abschließend kaum darzustellen. In sehr einfacher Form könnte man sie als neoklassische Wirtschaftstheorie in einer räumlichen Dimensionierung kategorisieren. Etwas ausschmückender kann sie als „Wissenschaft von der räumlichen Ordnung und der räumlichen Organisation der Wirtschaft" [SCHÄTZL (2003), S. 21] verstanden werden, die sich auf „die Verteilung ökonomischer Aktivitäten im Raum [...], die räumlichen Bewegungen von Produktionsfaktoren, Gütern und Dienstleistungen [...] sowie deren Entwicklungsdynamik [...] als interdependentes Raumsystem" [SCHÄTZL (2003), ebd.] bezieht.

2.2.1 Raumwirtschaft aus regionaler Perspektive

Raum beschreibt einen gänzlich wertneutralen Begriff. Grundsätzlich wird unter dem Begriff eine Zwei- oder Dreidimensionalität sowie die Konzentration auf einen konkreten Untersuchungsabschnitt und damit auf einen Teilbereich des Gesamtraumes [vgl. MAIER et al. (2012), S. 13] verstanden. Räume und ihre Beziehungen untereinander sind verschiedenartig definierbar. Das Raumverständnis der Geographen unterscheidet sich etwa sehr stark von anderen Wissenschaften wie der Mathematik und Physik, die diese Bezeichnung ebenfalls in ihre Fachsprache integriert haben. Die Ökonomie orientiert sich in ihrem Raumverständnis vorrangig an der Geographie und nimmt den physischen Raum, dessen Eigenschaften und Wirkungen sie nicht als neutral einstuft, zum Ausgangspunkt. Durch diese Herangehensweise wird der Raum als solches ein Erklärungsfaktor für ökonomische Phänomene; der Raum steht im direkten oder indirekten Kausalzusammenhang.

Innerhalb der Wirtschaftswissenschaften bestehen vier wesentliche Zugänge zum Raumbegriff; man unterscheidet zwischen „Absoluter Raum", „Relationaler Raum", „Ordnungsstrukturraum" und „Gesellschaftlicher Raum" [vgl. BLOTEVOGEL (2005)]. Innerhalb der vier Ausprägungsformen besitzt der relationale Raumbegriff die mit Abstand größte Bedeutung, da er Zusammenhänge im Raum und zwischen Räumen über eine Metrik und damit über physische Distanzen wiedergibt. Demnach konstituiert sich ein Gesamt- oder Teilraum über die Ordnung koexistierender Elemente; spatium est ordo coexistendi. Die Metrik kann über ein kartographisches Raumraster oder rein mathematisch über ein kartesisches Koordinatensystem wichtiger Raumbezugspunkte gegeben sein. Auf diese Weise besteht die Möglichkeit, auch dreidimensionale Merkmale, wie topographische Profile oder räumliche Verdichtungen, von Akteuren besser zu berücksichtigen. Aus Perspektive der Raumwirtschaftstheorie basieren die relationalen Distanzen im einfachsten Fall auf Transport- und Zeitkosten zur Raumüberwindung.

In Abgrenzung zu aggregierten Analysen, in denen Volkswirtschaften häufig nur als Punktwirtschaften modelliert werden, betrachtet die Raumökonomie eine Vielzahl von Raumpunkten. In den häufigsten Fällen greift sie auf Teilräume einer übergeordneten Raumeinheit, Regionen genannt, zurück. Die Region als Untersuchungseinheit der Raumwirtschaftstheorie bildet ein so zentrales Thema, dass zahlreiche Lehrbücher und Veröffentlichungen sie auch als „Regionalökonomie" im Titel tragen. Eine Spezifizierung zwischen Raumökonomie und Regionalökonomie ist daher bestenfalls semantischer Natur. Auch verwenden die Autoren die Bezeichnungen Region und Standort nicht selten wechselseitig, was auch verständlich erscheint, da es eine noch stärkere

Ausdifferenzierung in Richtung einer Sub-Region erspart. Die Fokussierung auf Regionen als zentrale Untersuchungseinheit der Raumwirtschaftstheorie wird seit den 1990er Jahren durch einen zu verzeichnenden Trend zur Regionalisierung sogar noch weiter intensiviert [vgl. *SCOTT/STORPER* (2003), S. 581]. Den zunehmenden Bedeutungsgewinn regionaler Standortfragen leitet Paul Krugman auf Basis zweier Überlegungen her: „First, the location of economic activity within countries is an important subject in its own right. Certainly for a large country like the United States, the allocation of production between regions is an issue as important as international trade *[...]*. Second, the lines between international economics and regional economics are becoming blurred in some important cases. One need only mention 1992 in Europe: as Europe becomes a unified market, with free movement of capital and labor, it will make less and less sense to think of the relations between its component nations in terms of the standard paradigm of international trade. Instead the issues will be those of regional economics" *[...]* [vgl. *KRUGMAN* (1991b), S. 8]. Nicht nur die von Krugman angesprochene außenwirtschaftliche Verflechtung von Regionen gewinnt weltweit an Stellenwert, sondern auch unterschiedliche Wachstumsprozesse werden seit den 1990er Jahren zunehmend regional abgegrenzt [vgl. *CHISHOLM* (1990), S. 58]. Der Aufstieg regionaler wirtschaftlicher Betrachtungen ist nicht zuletzt auch der Tatsache geschuldet, dass die Außenwirtschaftstheorie von Volkswirtschaften im Erklärungsgehalt zurückging. So zeigt sich, dass Regionen als Teilräume einer Volkswirtschaft in ihren Interaktionen – intranational aber auch international – bisweilen deutlich intensivere Wechselbeziehungen aufweisen [vgl. *HARRISON* (2006)]. Zusammenfassend gesagt, steigern Raumbetrachtungen ihre Aussagekraft, wenn sie auf eine Mikroebene heruntergebrochen werden können. Diese Mikroebenen sind typischerweise keine einzelnen Akteure selbst, sondern Regionen.

Die aus Sicht der Ökonomie disziplininterne Abgrenzung einer Außenwirtschaftstheorie zwischen Makro- und Mikro-Ebene ist schwimmend; der Außenwirtschaftstheoretiker Bertil Ohlin konstatierte deshalb schon vor langer Zeit, dass internationale und interregionale Faktormobilität und Standortbestimmung nur verschiedenartige Ausprägungen prinzipiell gleicher Ursachen sind [vgl. *OHLIN* (1968), S. 97]. Raumeinheiten können vor allem dann in Regionen untergliedert werden, wenn in den wirtschaftlichen Interaktionen zwischen ihnen Transportkosten anfallen. Damit bilden sie den entscheidenden Unterschied zwischen einer Außenwirtschaftstheorie und einer regionalen Raumtheorie [vgl. *SCHÖLER* (2010), S. 3 - 5]. Als zweites, weniger starkes Abgrenzungskriterium zwischen Nation und Region wird der Mobilitätsgrad von Produktionsfaktoren gesehen; interregional liegt eine relativ hohe und international eine eher schwache Mobilität vor [vgl. *MCCANN* (1995); *KALDOR* (1970), S. 338].

Wie die unscharfen Bezeichnungen Raum und Teilraum, so lassen sich auch Regionen nur schwer definieren und zueinander abgrenzen. Ganz allgemein stellt sich bei einer Operationalisierung die Frage, wo Regionen beginnen und wo sie enden, wo ein Startpunkt in der Erfassung dieser Raumeinheit liegt, welche Struktur sie kennzeichnet und wie sie sich gegenüber anderen Regionen plausibel abgrenzen. In der wissenschaftlichen Literatur haben sich erwartungsgemäß verschiedene Definitionen von Regionen herausgebildet. Alle Definitionen und Ausdeutungen des Begriffes Region eint, dass sie sich an bestimmten Merkmalsträgern im Raum orientieren. Aufgrund der Fülle von Merkmalen, schließt sich damit aber gleich die Folgefrage an, ob etwa ein räumlich stark ausgeprägter Unternehmenssektor schon als Region eingestuft werden kann, oder ob doch eher ein besonderer geographischer Raumbereich mit physischen Merkmalsträgern, wie Gebirgskämme oder Flussläufe, zur Grenzziehung geeigneter erscheint. Problematisch wird die klare Abgrenzung von Regionen natürlich dann, wenn sich Regionen aufgrund eines gemeinsamen Merkmalsträgers sogar überlappen.

Erleichtert wird die Begriffsbestimmung einer Region, wenn ein etablierter Referenzpunkt vorliegt; im Fall einer Nation wäre eine Region als subnationale Raumeinheit klassifizierbar. Am verständlichsten „wird der Begriff Region verwendet für Teilräume einer nationalen Volkswirtschaft, die größer sind als urbane Siedlungen" [SCHÄTZL (2003), S. 99]. Der große Vorteil dieser Definition liegt darin, dass sie neben der Volkswirtschaft auf der Makro-Ebene auch auf der Mikro-Ebene einen Abgrenzungspunkt beinhaltet – in diesem Fall also eine Siedlungs- und Stadtgröße. Diese Abgrenzung wird von Vertretern der Stadtökonomik favorisiert, einer ganz eigenständigen Teildisziplin der Raumwirtschaftslehre [vgl. O'SULLIVAN (2012), S. 7 - 11].

Neben der Begriffsabgrenzung auf Basis von Referenzpunkten wird häufig der Weg verfolgt, Regionen indirekt abzugrenzen; zu beschreiben, was eine Region nicht ist und in wieweit sich eine Region von anderen physischen Raumeinheiten unterscheidet. Der große Vorteil im indirekten Definitionsweg besteht darin, dass eine Abgrenzung nach dem Ausschlussprinzip immer über Abgrenzungskriterien erfolgt. Die herangezogenen Merkmale können unterschiedlich sein, wie z. B. historische Herausbildungen, politisch verfasste Raumeinheiten, rein ökonomisch geprägte Teilräume oder soziologisch determinierte Gebiete. Die für diese Arbeit maßgebliche Definition stuft eine Region ein als „einen aufgrund bestimmter Merkmale abgrenzbaren, zusammenhängenden Teilraum mittlerer Größenordnung in einem Gesamtraum" [SINZ (2005), S. 919].

Dieser Begriffsdefinition folgend haben sich in der wissenschaftlichen Literatur drei Unterteilungen manifestiert [vgl. PARR (2008)]. Bei der „Regionalisierung nach dem Homogenitätsprinzip" werden ähnliche oder identische Eigenschaften des Raumes oder der in ihm lokalisierten Akteure als Region abgegrenzt. Die Abgrenzung erfolgt über Kennzahlen und Messwerte vorher festgelegter Raummerkmale. Topographische und pedologische Eigenschaften sind als Abgrenzungskriterium ebenso möglich wie die Ressourcenausstattung. Der Homogenitätsgrad einer Region kann sich aber auch durch eine einheitliche Währung, ein einheitliches Rechtssystem oder durch eine gemeinsame Verfassung konstituieren. Selbst sozioökonomische Merkmale, wie die Arbeitslosenquote oder das durchschnittliche Pro-Kopf-Einkommen, können eine Region bestimmen und abgrenzen. Eine homogene Region ist demzufolge immer dann gegeben, wenn einzelne Raumpunkte und Raumakteure bezüglich eines Merkmalsträgers bzw. einer Auswahl an Merkmalsträgern gleiche Eigenschaften aufzeigen.

Die „Regionalisierung nach dem Funktionalprinzip" grenzt eine Region auf Basis der kennzeichnenden Wechselbeziehung zwischen den Akteuren in einem Raum ab. Die funktionale Verflochtenheit der Akteure dient hier als Zusammenhangsmaß. Grundlage dieser Verfasstheit von Regionen bildet nicht selten ein Gravitationskern oder ein funktionaler Verbund zwischen den Akteuren. Eine Funktionalregion mit einem Gravitationskern zeigt sich exemplarisch bei vielen

Zentrum-Umland-Situationen. Hier prägen das Angebot an öffentlichen Gütern, wie Kultur- und Bildungseinrichtungen, die medizinische Versorgung oder die öffentlichen Dienstleistungen, sogenannte „zentralörtliche Verflechtungsbereiche" [*SINZ* (2005), S. 921].

Die dritte und letzte Unterteilungsmöglichkeit kann durch eine „Regionalisierung nach dem Verwaltungsprinzip" erfolgen. Diese Regionen können einfach aus den Verwaltungseinheiten und institutionellen Anordnungen im Raum abgeleitet werden. Sie sind fast immer historisch gewachsen oder politisch determiniert. Durch die Aufgaben und Kompetenzen werden diese Verwaltungseinheiten auch als Jurisdiktionen bezeichnet. Aufgrund der historischen Vorprägungen sind die administrativ geformten Regionen in nur wenigen Fällen deckungsgleich mit den zuvor genannten Ähnlichkeits- und Funktionalräumen. Um föderal verfassten Staaten, in denen das Verwaltungsprinzip auf den Ebenen sehr stark ausgeprägt ist, und zentralstaatliche Nationen in regionalökonomischen Analysen besser vergleichbar zu machen, wurde in den 1980er Jahren die bis heute elementare NUTS-Klassifizierung vom Europäischen Amt für Statistik eingeführt, die sich in der regionalen Gliederung an dem Verwaltungsprinzip orientiert. Die „Nomenclature des Unités Territoriales Statistiques" (Statistische Systematik der Gebietseinheiten) verfolgt seither das Ziel, die Regionalstatistik in Europa vergleichbar zu machen.

Die raumwirtschaftliche Forschung auf Basis von NUTS-Regionen ist wissenschaftlich breit akzeptiert. Der Vorteil der sowohl methodischen, als auch empirisch geleiteten Forschung über Regionen liegt in der sehr einfachen Handhabbarkeit. Auch lässt die Betrachtung von Regionen eine sehr einfache Darstellungs- und Analyseform zu: die eines einfachen Zwei-Regionen-Modells. Bereits aus der Wechselwirkung zweier Regionen ergibt sich ein hoher Erkenntnisgewinn. Eine Erweiterung zu einem Mehr-Regionen-Ansatz und damit zu komplexeren Modellen ist schrittweise möglich und verhältnismäßig einfach. In der Vielzahl der Fälle reicht aber die Betrachtung von nur zwei Regionen, um Erkenntnisse interregionaler Interdependenzen belastbar zu ermitteln [vgl. *BEHRENS/THISSE* (2007), S. 462]. Der große Vorteil, den die Wirtschaftswissenschaft im Vergleich zu anderen Wissenschaftsgebieten besitzt, liegt sicherlich darin, dass sie den Regionenbegriff je nach Anwendungsgebiet dehnen oder passend formen kann. In sehr abstrakten Modellen etwa finden deshalb nach wie vor Raumpunkte und Punktökonomien Einsatz.

2.2.2 Akteure, Methoden und Techniken der Raumwirtschaftstheorie

Im Erkenntnisinteresse jeder raumwirtschaftlichen Theorie liegen zwei Phänomene. Zum einen interessiert man sich für die Motive der Standortentscheidung von Haushalten und ihren Anreizen für eine Wanderungsentscheidung zwischen Regionen. Zum anderen wird versucht, mehr über die Einflussgrößen auf die unternehmerische Standortwahl und Argumente einer Standortverlagerung zu erfahren [vgl. *MAIER/TÖDTLING* (2012), S. 9 f.]. Da eine gesamtwirtschaftliche Modellbetrachtung bis zum Aufkommen der Neuen Ökonomischen Geographie nicht vollkommen und mit geringer Aussagekraft gelang, beschränken sich die meisten Studien in der Raumwirtschaftstheorie auf nur einen der beiden Aspekte. Die deutliche Mehrzahl der Beiträge rückt die unternehmerische Perspektive in den Vordergrund [vgl. *ARAUZO-CAROD* et al. (2010); *BLAIR/PREMUS* (1993)]. Mit ihr lassen sich viele Erscheinungsformen im Raum, wie etwa Wettbewerbsformen, Marktsegmentierungen und Ressourcenverbrauch, deutlich besser über das mikroökonomische Unternehmenskalkül erklären [vgl. *PORTER* (2000b)]. Darüber hinaus können Haushaltsentscheidungen letztlich immer indirekt abgeleitet werden, sei es über die Konsumnachfrage, die Arbeitsnachfrage der Unternehmen oder die regionale Nominallohnhöhe. Entsprechend dem Funktionalprinzip in der Regionalisierung grenzen sich auch die räumlichen Wirkungsbereiche der Akteure ökonomisch ab. Dies gelingt über ökonomische Interaktionsmerkmale. Wirkungs- und Einflussbereiche bilden sich so exemplarisch über Angebots- und Nachfragereichweiten der Unternehmen und Haushalte, die unterschiedlichen Mobilitätsgrade sowie über die Verfügbarkeit von Ressourcen auf Basis verschiedenartiger Transportkosten und -reichweiten. Aufgrund dieser waren- oder kommunikationsspezifischen Verbindungswege baut sich ein Verbindungsgeflecht auf, das eine regionale Dimensionierung der wirtschaftlichen Aktivitäten und damit der Akteure selbst erlaubt.

Unternehmen stehen mit der sie umgebenden ökonomischen, sozialen und natürlichen Umwelt in vielfältiger Relation. Eine enge Beziehung besteht zum Markt der Produktionsfaktoren und zum Absatzmarkt. Die Produktionsfaktoren umfassen typischerweise Rohstoffe, Vorprodukte, Hilfsgüter sowie verschiedenartige Dienstleistungen [vgl. *CHERTOW* (2007)]. Auf der Absatzseite bietet das Unternehmen Konsumgüter und Dienstleistungen für andere Unternehmen oder öffentliche und private Haushalte an. Neben Gütern und Dienstleistungen werden auch direkt und indirekt Informationen über Marktlagen und Technologien ausgetauscht [vgl. *GALLAGHER* (2013)]. Bestehende enge Beziehungen zu anderen Unternehmen können auch zu informellen Absprachen und Eigentumsverflechtungen führen. Neben der Verzahnung mit anderen vor- und nachgelagerten Unternehmen prägt auch das politische Umfeld die Geschäftspolitik. In diesem Rahmen üben auch gesellschaftliche und sozioökonomische Normen eines Standortes Einfluss auf die Tätigkeit des Unternehmens aus [vgl. *GRABOW* (2005)]. Ferner steht das Unternehmen in einer Wechselbeziehung, die von einer interregionalen bis zu einer internationalen Ebene reicht [vgl. *MANJON-ANTO-LIN/ARAUZO-CAROD* (2011); *BERLEMANN/GÖTHEL* (2008)]. Auch über die in der Forschungsausrichtung eher nachgelagert behandelten Haushalte lassen sich derartige Verbindungen ziehen. So wählen Haushalte diejenigen Raumpunkte, die ihren Nutzen maximieren oder eine Kostenkomponente, wie etwa Pendlerkosten, minimieren. Das Bild der Akteure im Raum wird durch den Staat komplettiert. Er ergänzt das interdependente Geflecht. Staatliche Institutionen, Instrumente und sein Gesetzesrahmen bilden klassische Beispiele für seinen räumlichen Einfluss. Aufgrund der Triade aus Unternehmen, Haushalten und Staat kann grundsätzlich jedes Kreislaufmodell der Grundlagenökonomie in einen Raumzusammenhang gesetzt werden.

Die Raumwirtschaftstheorie wird sowohl methodisch als auch empirisch beforscht, wobei die empirische Herangehensweise an regionale Fragestellungen deutlich häufiger vorzufinden ist. In der methodischen Herangehensweise auf Basis von Modellen greift man notwendigerweise auf stilisierte Fakten zurück, da eine Totalerhebung aller ökonomisch, ökologisch und gesellschaftlich relevanten Raumindikatoren nicht möglich ist [vgl. MCCANN (2007)]. Die Modelle beschränken sich daher nur auf einen Teilbereich der Realität und auf isolierte Einflüsse.

Der empirische Forschungszweig greift vor allem auf Kennzahlen der Primär- und Sekundärstatistik zurück. Da vor allem erstere standardisiert erhoben werden, dienen sie hervorragend der Vergleichbarkeit und Beurteilung von Regionen. Primärdaten zur Auswertung wissenschaftlicher Hypothesen liegen für die Makro-Ebene sehr umfangreich vor und ermöglichen es somit, sie problemlos über die entsprechenden Institutionen zu beziehen. Vergleichsdaten und Indikatoren, wie das Bruttoinlandsprodukt, das Pro-Kopf-Einkommen, die Export- und Importquote, die Währung sowie die Steuertarifierung der Arbeits- und Gütermärkte, fungieren als vielverwendete Anhaltspunkte. Um Nationen und größere Gebietskörperschaften zu vergleichen, sind diese Daten sehr hilfreich. Der Anspruch der Raum- und Regionalökonomie liegt aber vor allem darin, kleinteilige Raumphänomene zu analysieren und zu bewerten [vgl. FRITSCH et al. (2004); MEYER-STAMER (1999)]. Hier besteht die Schwierigkeit, geeignete Datensätze in disaggregierter Form zu erhalten. Die auf die Raumwirtschaftstheorie aufbauenden, wissenschaftlichen Hypothesen auf kleiner Ebene können deshalb nur selten eindeutig verifiziert oder falsifiziert werden. Dieses Grundlagenproblem in der empirischen Forschung teilt sich die Raumwirtschaftstheorie mit vielen weiteren Teildisziplinen der Wirtschaftswissenschaften. So werden Mikrodaten der Haushalte aufgrund der Persönlichkeitsrechte und des Privatschutzes nur selten veröffentlicht; weiterhin bestehen Geheimhaltungsbestrebungen der Unternehmen und damit auch bei diesen Wirtschaftsakteuren erhebliche Daten- bzw. Wissensmängel für eine wissenschaftliche Operationalisierung auf kleinster Ebene. Beide Akteure aber liegen im Erkenntnisinteresse, da sich die Mobilität von Unternehmen und Haushalten erwiesenermaßen im Kleinen vollzieht [vgl. PIEPER (1994)]. Insofern trägt die regionale Raumwirtschaftstheorie in Abgrenzung zu den weiteren Teildisziplinen der Ökonomie ein Problem exklusiv. Zwar finden sich gesamtwirtschaftliche Daten über Wachstum, Produktion, Konsum und Konjunktur auf volkswirtschaftlicher, supranationaler und globaler Ebene, allerdings liegen nur in den wenigsten Fällen diese Daten disaggregiert für kleinteilige Untersuchungsräume und Regionen vor [vgl. FRITSCH et al. (2002)]. Einzelne Datensätze sind zwar auch auf Länderebene erhältlich, am Beispiel der Bundesrepublik Deutschland etwa über die Statistischen Landesämter oder die volkswirtschaftliche Gesamtrechnung der Länder, allerdings erweisen sich selbst diese Größeneinheiten für viele Problemstellungen als zu groß und damit als ungeeignet. Darüber hinaus muss kritisch hinterfragt werden, ob diese politisch-historisch gewachsenen Raumeinteilungen wirklich geeignete Wirtschafts- und Untersuchungsräume widerspiegeln.

In der quantitativen Forschung erfolgt in den meisten Fällen der Rückgriff auf statistische Primärdaten. Die dazu notwendigen Erhebungen lassen sich jedoch nicht immer leicht bewerkstelligen [vgl. *HU* et al. (2008); *WEDER* (1996)]. Allerdings sind sie bei vielen Forschungsfragen, welche spezielle Untersuchungsabsichten verfolgen, unumgänglich. Exemplarisch bildet eine Sekundärstatistik nicht direkt die konkreten Motive eines Unternehmens zur Ansiedlung an einem Standort oder zur interregionalen Umsiedlung ab. Sie können häufig nur über eine qualitative Forschung gewonnen werden. Disaggregierte Primär- und Sekundärdaten müssen für eine belastbare Aussage stets einheitlich und damit standardisiert vorliegen. Diese Notwendigkeit ist etwa immer dann gegeben, wenn man einen Vergleich von mehreren Regionen eines obergeordneten Untersuchungsraumes unternimmt.

Die Ergebnisse der Raumwirtschaftsforschung sind von großer Bedeutung für die Regional- und Strukturpolitik [vgl. *MAIER* et al. (2012), S. 143 - 152]. Aus ihnen lassen sich direkte wirtschaftspolitische Implikationen sowohl für einzelne Akteure im Raum als auch für eine gesamte Raumplanung ableiten [vgl. *KARL* (2012)]. Die Raumwirtschaftsforschung ist damit elementar für die Unterstützung und praktische Umsetzung regionalpolitischer und verwaltungstechnischer Entscheidungen. Im Interesse aller regionalpolitischen Entscheidungsträger steht vor allem, mit welchen Instrumenten der Entwicklungsprozess einer Region gesteuert und wie eine interregionale Disparität überwunden werden kann. Klassischerweise stellt man den raumwirtschaftlichen Effizienzaspekten auch Gerechtigkeitsmaßstäbe beiseite, wobei letztere eher politisch determiniert sind. Regionale Disparitäten können vielfältiger Natur sein, typischerweise werden sie über ökonomische Indikatoren, wie die regionale Arbeitslosenquote oder das regionale Pro-Kopf-Einkommen, bemessen. Die Leitziele einer räumlichen Verteilungsgerechtigkeit und eines Abbaus regionaler Ungleichgewichte sind in der Bundesrepublik Deutschland auch gesetzlich verankert. Neben dem Artikel 72 GG, der gleichwertige Lebens- und Arbeitsverhältnisse in der Bundesrepublik Deutschland zum Handlungsgrundsatz macht, trifft dies auch auf das Raumordnungsgesetz aus dem Jahr 1965 zu, das diesen Kerndanken direkt in den ersten Paragraphen übernommen hat. Nach dem Raumordnungsgesetz besteht die normative Zielvorgabe nach einer „[...] großräumig ausgewogenen Ordnung mit gleichwertigen Lebensverhältnissen in den Teilräumen" [§1 Abs. 2 ROG]. Die Gesetzespasssage stellt damit heraus, dass eine gesamtgesellschaftliche Wohlfahrtssteigerung nur erreicht werden kann, wenn die Verteilung von Wirtschaftsaktivitäten im Raum einer gewissen Verteilungsgerechtigkeit unterliegt. Regionen dürfen nicht unberücksichtigt bleiben, oder diskriminiert werden. Der Ausgleich räumlicher Disparitäten ist zugleich ein bedeutsames Aktionsfeld der Europäischen Union und drückt sich exemplarisch im Europäischen Fonds für Regionale Entwicklung (EFRE) aus, der neben anderen Kohäsionsfonds die Konvergenz zwischen den europäischen Regionen steuern soll [vgl. *KARL* (2012), S. 282 f.]. Mithilfe der Raumwirtschaftstheorie kann der Mitteleinsatz und die Zweckmäßigkeit regionalpolitischer Instrumente kritisch geprüft oder bewertet werden. Instrumente wie der EFRE, der allein mit einem Volumen von jährlich über 300 Mrd. € ganz erhebliche Geldmittel aufweist, zeigen eindrucksvoll, welche Gestaltungsmacht der Raum- und Regionalpolitik zukommt [vgl. *HOSPERS* (2006)]. Die Raumwirtschaftstheorie und -forschung kann in diesem Zusammenhang eine große Hilfestellung geben, woran sich eine Förderpolitik orientieren soll und wie eine Förderung exakt auszugestalten ist [vgl. *SEITZ/KEMPKES* (2012); *FRANZ/SCHALK* (1995)].

2.3 Unternehmerische Standortwahl und die Bedeutung von Standort-faktoren

Eine Standorttheorie des Unternehmens als Teil einer Raumwirtschaftstheorie kann grundsätzlich unter einem positiven und einem normativen Gesichtspunkt entwickelt werden [vgl. MCCANN (2007), S. 1213]. Die positive Theorie stützt sich auf getroffene Grundannahmen, über die vereinfachte Kausalmodelle aufgebaut und allgemein gültige (Modell-) Aussagen gewonnen werden können. Im Mittelpunkt stehen also Wirkungszusammenhänge zwischen Unternehmen und der von ihnen besiedelten Region. Demgegenüber verfolgt die normative Raumwirtschaftstheorie das Ziel, einen optimalen Unternehmensstandort bei einer gegebenen Raumstruktur zu bestimmen. Dabei orientiert sie sich an der Zielfunktion des Wirtschaftsakteurs, im Fall des Unternehmens etwa an der Gewinnfunktion, der Produktionsfunktion oder der Kostenfunktion [vgl. MAIER/TÖDT-LING (2012), S. 24 f.]. Der Standort im Raum resultiert demzufolge aus den jeweiligen Unternehmenszielen oder ist sogar selbst ein eigenständiges Unternehmensziel.

In der klassischen Raumwirtschaftstheorie sind Standort- und Allokationsprobleme gewöhnlich Optimierungsprobleme auf Basis von Bezugspunkten. Aus einer Vielzahl geeigneter Standorte im Raum ist derjenige zu bestimmen, der den speziellen Erfordernissen und Restriktionen am besten entspricht [vgl. BRIXY/NIESE (2004)]. Standort- und Allokationsbestimmungen liegen sowohl Raumrestriktionen als auch Effizienzkriterien zugrunde, aus denen sich das Optimierungskalkül ableitet [vgl. PFLÜGER/SÜDEKUM (2005)]. Aus den zu berücksichtigenden Einflüssen ergibt sich ein breites Anwendungsgebiet für raumrelationale Modelle und damit auch für mögliche Zielfunktionen und -variablen. In der einfachsten Form folgt die Standortwahl dem Gewinnmaximierungskalkül; hier ergeben sich Raumstandort und Raumstruktur aus dem standortabhängigen Wechselspiel zwischen Erlösen und Kosten eines Unternehmens [vgl. MAIER et al. (2012), S. 19]. Räumlich differenzierte Kosten und Erlöse, die zu unterschiedlichen Erlös-Kosten-Spannen im Raum führen, bestimmen dann den optimalen Standort [vgl. MCCANN (2002)]. Dabei sind sowohl der Mobilitätsgrad des Unternehmens als auch der Zugang zu benötigten Produktionsfaktoren von entscheidender Bedeutung. Bei nicht oder nur sehr schwer zu transportierenden Produktionsfaktoren grenzt sich der potenzielle Raumstandort zwangsläufig ein.

Auswahlkriterien für die Wahl eines geeigneten Unternehmensstandortes werden als Standortfaktor bezeichnet [vgl. SCHÖLER (1995)]. Es sind Eigenschaften des Raumes, denen bei der Standortentscheidung eine zentrale Bedeutung zukommt, da sie sich unmittelbar auf die wirtschaftliche Aktivität auswirken [BADRI et al. (2007)]. Der Begriff selbst entstammt der Standorttheorie Webers, der ihn deutete als einen „seiner Art nach scharf abgegrenzten Vorteil, der für eine wirtschaftliche Tätigkeit dann eintritt, wenn sie sich an einem bestimmten Ort oder auch generell an Plätzen bestimmter Art vollzieht" [WEBER (1909), S. 48 f.]. Insofern könnte statt der allgemeinen Bezeichnung Standortfaktor auch der Begriff Standortvorteil verwendet werden, da sich ein Standortfaktor letztlich über die inhärenten Vorteile bestimmter Raumlagen begründet. Bei der räumlichen Verteilung dieser Faktoren ist, aufbauend auf die grundlegende Klassifizierung von Weber, zwischen räumlich ubiquitären und räumlich konzentrierten Faktoren zu unterscheiden. Nur letztere Faktoren treten in Umfang und Qualität raumdifferenziert auf und steuern damit die

Standortwahl eines Unternehmens. Man unterscheidet also zwischen einer lokalisierten und einer dispersen Faktorausstattung des Raumes. Ein Unternehmen wird sich etwa an dem Standort ansiedeln, der seine unternehmensspezifischen Erfordernisse nach Arbeit, Energie, Ressourcen, Transport oder Marktorientierung am besten berücksichtigt. Die Liste möglicher Standortvorteile ist beinahe unerschöpflich. So können neben der Ressourcenausstattung auch prinzipiell randständige Einflüsse, wie klimatische Verhältnisse oder der Zugang zu Weg- und Wasserstrecken, für einzelne Unternehmen besondere Standortkriterien darstellen. Allgemein lassen sich Standortvorteile der physischen Geographie und der Erdoberfläche gegenüber nicht-natürlichen und damit menschlich geschaffenen Raummerkmalen abgrenzen [vgl. SCHÖLER (1995), S. 923]. Die räumliche Verteilung beider Faktorenklassen steuert die Standortwahl, wobei die Trennung zwischen ihnen nicht immer scharf vorgenommen werden kann. So entstanden Handels- und Verkehrsknotenpunkte dort, wo die Transportmedien wechselten oder wo es geographisch günstig war, zu siedeln.

Standortfaktoren sind auch immer in einem zeitgeschichtlichen Kontext zu sehen. Zu Zeiten der Begriffsprägung durch Alfred Weber war die Schwerindustrie vorherrschend. Im Zuge der Tertiarisierung und des auch räumlich beobachtbaren Strukturwandels hat sich die Bedeutung einiger Standortfaktoren verschoben. Durch die aktuelle Dominanz des tertiären Sektors ließ die Bindung von Unternehmen an Rohstoffquellen nach, andere Standortfaktoren traten an deren Stelle. Aus der Perspektive der Wirtschaftsgeschichte können daher traditionelle und modernere Anforderungen an einen Standort mittels einer zeitgeschichtlichen Nachverfolgung von relevanten Standortfaktoren herausgearbeitet werden.

Standortfaktoren lassen sich kaum generalisieren und systematisieren. Dies liegt nicht nur an ihrem jeweiligen Bedeutungsaufstieg und -abstieg innerhalb der Zeitgeschichte, sondern vielmehr an ihrer Vielfältigkeit [vgl. BADRI (2007); BLAIR/PREMUS (1987)]. Eine Quantifizierung von Standortfaktoren konnte sich bis heute genauso wenig in der Wissenschaft etablieren, wie eine länderübergreifende Kategorisierung, die neben der Quantität auch die Qualität von Standortfaktoren beinhaltet. So wird aus rein betriebswirtschaftlicher Perspektive häufig nur zwischen Standortfaktoren der Inputseite eines Unternehmens und solchen der Outputseite differenziert [vgl. SCHÄTZL (2003), S. 32]. Mitunter sind auch die relevanten Standortanforderungen für Unternehmen einer Branche zusammenzufassen. Für beinahe alle Industriezweige ist näherungsweise eine Zusammenfassung von Standortanforderungen entsprechend ihrer Hauptausrichtung möglich [vgl. BADRI (2007); SCHILLING (1968)]; man unterscheidet dabei in ressourcen-, arbeits-, kapital- und/oder wissensintensiv.

In der Unterscheidung von Standortfaktoren hat sich das Begriffspaar der „harten" und „weichen" Standortfaktoren durchgesetzt [vgl. GRABOW (2005)]. Diese Klassifizierung ist deshalb breit akzeptiert, da sie unter harten Faktoren alle direkten und indirekten Produktionsfaktoren subsummiert, die in die Produktionstechnologie und damit in die Produktionsfunktion des Unternehmens eingehen. Es handelt sich um physische und monetär bewertbare Größen. Alle zusätzlichen Nebeneinflüsse, die die Standortwahl eines Unternehmens im Raum zusätzlich mitbestimmen, ergeben die weichen Standortfaktoren.

Zu den harten Standortfaktoren gehören die klassischen Produktionsfaktoren Boden, Arbeit und Kapital. Diese werden in der Raumwirtschaftstheorie ergänzt um Transportkosten, die als pekuniäre Größe beim Zugang zu den Produktionsfaktoren und zu den Absatzmärkten anfallen. Der Produktionsfaktor Boden, zu dem auch die natürliche Ressourcenausstattung eines Raumes zählt, liegt unterschiedlich verfügbar und zu einem unterschiedlichen Preis vor. Der Produktionsfaktor Kapital kann als raumdifferenzierter Standortfaktor in Richtung Sachkapital oder in Form von Prozesskosten, wie Energie, gedeutet werden. Der Standortfaktor Arbeit wird maßgeblich durch die Verfügbarkeit qualifizierter Arbeiter bestimmt [vgl. *STEIL* (1999)] und damit auch indirekt durch das Angebot an öffentlichen Gütern. Ein Standortvorteil für eine wissensbasierte Industriebranche stellt etwa die Nähe zu spezialisierten Arbeitskräften oder Bildungs- und Forschungseinrichtungen dar. Die klassischen Produktionsfaktoren können in der Betrachtung auch um intermediäre Produktionsfaktoren, wie Zwischengüter, ergänzt werden. Entscheidend ist in jedem Fall der direkte Einsatz des jeweiligen Produktionsfaktors in der Produktion und damit in der zugrundeliegenden Technologie.

Die klassischen harten Standortfaktoren besitzen einen hohen Erklärungsgehalt für Standortentscheidungen von Unternehmen des industriellen Sektors. Im Zuge der Tertiarisierung wurden zunächst nur in der Wirtschaftsgeographie und später auch in der Raumwirtschaftstheorie um weiche Standortfaktoren ergänzt. Diese Klasse an Standortentscheidungen gilt maßgeblich für Unternehmen im Dienstleistungsbereich. Das wesentliche Unterscheidungskriterium besteht darin, dass harte Standortfaktoren in tangibler und/oder pekuniärer Form vorliegen. Es handelt sich also um klar quantifizierbare Einflüsse auf den Unternehmensstandort im Raum. Weiche Standortfaktoren indes werden von Seiten der Akteure wahrgenommen, sind allerdings nur sehr schwer messbar und damit kaum generalisierbar.

Das Hinzuziehen von weichen Standortfaktoren muss vor allem als Reaktion auf die ursprüngliche Ausblendung sozialwissenschaftlicher Nebeneinflüsse verstanden werden, die ebenfalls eine Standortwahl determinieren können. Insofern stellen weiche Standortfaktoren vor allem eine Ergänzung der traditionellen Sichtweise um zeitgenössische Einflüsse dar. Unter dieser Prämisse werden Unternehmen als soziale Einheiten verstanden, die wie ein eigenständiger Akteur und auf vielfältige Art und Weise inner- und außerbetrieblich handeln und sich organisieren. Neben dem Primärziel der Gewinnmaximierung bestehen noch weitere und weniger dominante Ziele, die sich für eine Ansiedlung im Raum verantwortlich zeigen [vgl. *BRÜDERL* et al. (2007)]. Infolgedessen gehören etwa gesetzliche Rahmenbedingungen, die Nähe zu politischen Institutionen sowie der Humankapitalbestand in einer Region genauso zu den weichen Standortfaktoren, wie Umweltbedingungen und die soziale Lebenssituation der Mitarbeiter am Unternehmensstandort. Im Mittelpunkt steht stets der soziale und institutionelle Zusammenhang bei der Standortwahl.

Weiche Standortfaktoren sind kaum stichhaltig zu quantifizieren. Die Wechselbeziehungen zwischen Akteuren kann in vielen Fällen zwar nachgewiesen, ihr Umfang und ihr Wirkungsgrad auf die Gewinnfunktion aber nicht quantifiziert werden. Die Subjektivierung der weichen Standortfaktoren ist ihr zentraler Nachteil; sie entstammen allesamt empirischen Erhebungen, sind selten durch eine Theorie gestützt und damit auch nicht universell einsetzbar. Exemplarisch zeigt sich dieser Punkt am weichen Standortfaktor „Image der Region". Als problematisch in Abgrenzung zu harten Standortfaktoren erweist sich auch, dass eine weitere Ausdifferenzierung und Gewichtung der weichen Faktoren misslingt. Insofern überrascht es wenig, dass in der grundlegenden Dichotomie nur zwischen harten Standortfaktoren und weichen Standortfaktoren als nicht erfassbare Restmenge an positiven Gründen einer Unternehmensansiedelung unterschieden wird. Der Erkenntnisgewinn aus weichen Standortfaktoren grenzt sich zusätzlich auch durch die relativ schnelle Änderung sozioökonomischer und institutioneller Begleiteinflüsse ein.

Der Rückgriff auf inhärente Vorteile einer bestimmten Raumlage zur Beschreibung von Unternehmensansiedelungen, gleichgültig ob über harte und/oder weiche Standortfaktoren, ist der typische Forschungsansatz der Raumwirtschaftstheorie [vgl. *THISSE* (1987)]. Die statische Sicht auf Standortfaktoren wurde in den letzten Jahren um die dynamische Charakterisierung ergänzt. Vor allem im Kontext der Agglomerationstheorien sind dynamische positive und negative Standorteffekte von zentraler Relevanz bei der Erklärung von wirtschaftlicher Verdichtung und Entleerung im Raum [vgl. *BEHRENS/THISSE* (2007)].

Abschließend kann zusammengefasst werden, dass die empirische Forschung über harte und weiche Standortfaktoren, trotz der kaum vorhandenen theoretischen Durchdringung, nach wie vor stark ist. Dies liegt vor allem darin begründet, dass die Wirtschaftsgeographie über die Standortfaktorenlehre den regionalpolitischen Entscheidungsträgern zuarbeitet [vgl. *KRUMM* (2001)]. Im Rahmen einer regionalpolitischen Beratung besitzen klassifizierte Standortfaktoren den Vorteil der leichten Nachvollziehbarkeit. Allerdings besteht fast immer die Schwierigkeit in der regionalpolitischen Umsetzung [vgl. *PFLÜGER/SÜDEKUM* (2005); *KRIEGER-BODEN* (1995)]. So liegt in vielen Fällen kein Konsens vor, wie man die aus einem Standortvorteil abgeleitete Erkenntnis auf einen anderen Raumort übertragen könnte und welches Instrument zum Einsatz kommen muss, um einen Standortfaktor weiter zu entwickeln. Bei zahlreichen Standortfaktoren handelt es sich schlicht um geschichtliche Prädispositionen, die in einer Ex-post-Analyse nicht mehr eindeutig und trennscharf zugeordnet werden können.

2.4 Standortmodelle der „1. Generation"

Mit dem Bewusstwerden um die wirtschaftliche Bedeutung des Raumes begann die Suche nach ökonomischen Gesetzmäßigkeiten, die die optimale Standortwahl von Unternehmen im Raum zuverlässig und allgemeingültig bestimmen. Interessanterweise gründet das dogmengeschichtliche Theoriegebäude zur Standorttheorie fast ausschließlich auf Fundamenten deutscher (Wirtschafts-) Wissenschaftler. So finden sich die knapp 180 Jahren zurückreichenden Anfänge bei Johann Heinrich von Thünen (1826), Alfred Weber (1909) sowie Walter Christaller und Alfred Lösch (1944). Alle vier gelten als Gründerväter der Raumwirtschaftstheorie und sind folgerichtig in jedem einschlägigen Werk zu dieser Thematik den neueren Entwicklungen vorangestellt [vgl. *McCANN/SHEPPARD* (2003)].

Die klassische Bodennutzungstheorie geht auf von Thünen (1783 - 1850) zurück. In seinen Arbeiten setzt er die unterschiedlichen landwirtschaftlichen Bodennutzungsformen in einen Begründungszusammenhang zur monozentrischen Raumstruktur. Alfred Weber (1868 - 1958) entwarf als erster eine allgemeingültige und übergreifende Standorttheorie einer industriellen Unternehmung. Aus heutiger Perspektive gilt das „Weber-Modell" nicht nur als erste formalisierte Theorie, die die Standortwahl von (Industrie-) Unternehmen zum Gegenstand hat, sondern zugleich auch als erster Ansatz, über den sich Agglomerationsphänomene im Raum zumindest in Teilen erklären lassen. Seine Pionierleistung auf dem Gebiet der industriellen Standorttheorie führte überdies die bis heute gebrauchte Nomenklatur von harten und weichen Standortfaktoren ein. Als Begründer der moderneren Raumwirtschaftstheorie gelten Walter Christaller (1893 - 1969) und August Lösch (1906 - 1945), die unternehmerische Standortfragen mit konkreten Marktformen und Raummustern wirtschaftlicher Aktivität verknüpften. Das Raummuster aus Nachfrage- und Produktionszentren bildet sich infolge eines unternehmensspezifischen Nachfrage- und Produktionsumfangs.

Allen drei Theoriesträngen ist gemein, dass sie einen eigenen konzeptionellen Schwerpunkt besitzen, aber keinen Anspruch auf eine vollumfängliche Agglomerations- und Raumwirtschaftstheorie erheben. Aus der Entstehungsgeschichte heraus und vor dem Hintergrund der einzelunternehmerischen Fragestellungen wäre dies auch nicht möglich gewesen. Im Erkenntnisinteresse der Modellwelt der „1. Generation" stand vielmehr der Bedarf nach einem Begründungszusammenhang für die optimale Standortwahl einzelner Unternehmen unter exogen gegebenen Faktoren und Einflüssen. Alle drei Theoriegebäude stützen sich auf Partialmodelle und auf die komparative Statik als Analyseform. Alle Modelle vereint, dass ihnen eine Vielzahl restriktiver Annahmen vorausgeht und ökonomische Rückschlüsse nur aus der Veränderung einzelner oder mehrerer Parameter abgeleitet werden. Obwohl die Modelle erste Schritte in den Bereich der formalisierten Ökonomie setzten und damit Generalisierungen zumindest in Teilen ermöglichten, erreichten sie keinen umfassenden Begründungszusammenhang für raumwirtschaftliche Phänomene. Die wenigen formalen Arbeiten auf diesem Gebiet finden sehr schnell den Weg raus aus der originären Standorttheorie und gehen in die Produktionstheorie der Neoklassik, oder weichen der Ökonomie ganz aus und basieren auf einer Raumtrigonometrie. Auf diese Weise werden zwar innerbetriebliche Gesetzmäßigkeiten erklärt, die Auswirkungen auf den Raum und andere Akteure in ihm verschwimmen aber häufig. Dies lässt sich auch daran erkennen, dass sich die partialanalytischen Modelle nicht selten an zentralen Orten und Raumpunkthierarchien als definierende Bezugspunkte im Raum orientieren. Alle Modelle der „1. Generation" sind statischer Natur und berücksichtigen keine dynamischen Begleitprozesse, die einer unternehmerischen Standortwahl in der Realität einhergehen. Statische Modelle untersuchen den Raum nur anhand spezieller Eigenschaften und Strukturen, die Unternehmen und Haushalte zu einer Ansiedlung veranlassen. Dynamische Modelle hingegen untersuchen Wachstums- und Entwicklungsprozesse im Raum oder zwischen Räumen, in deren Folge wirtschaftliche Konvergenz oder Divergenz erklärt werden kann. Solche Aspekte, wie etwa die Wachstumsprozesse von Branchen oder die Folgewanderungen anderer Unternehmen und Haushalte infolge der getroffenen Standortentscheidung eines Unternehmens, wurden erst sehr viel später modellendogen eingebunden.

Die drei Raum- und Standorttheorien entwickelten sich parallel zu der Herausbildung der volkswirtschaftlichen Sektoren. In dieser Form versuchte jedes Standortmodell, den epochenprägenden Erscheinungen im eigenen Erklärungszusammenhang gerecht zu werden. Die bedeutsamen

Variablen im unternehmerischen Gewinnmaximierungskalkül und damit in der unternehmerischen Standortwahl der früheren Zeit lagen auf Seiten der Faktor- und Absatzmärkte sowie in den Transportkosten. Exemplarisch zeigt sich dies in der Entwicklung vom von Thünen- hin zum Weber-Modell. Während das erste sich gänzlich am Produktionsfaktor Boden und damit an der landwirtschaftlichen Ertragsfläche orientiert, richtet sich das Weber-Modell an der räumlichen Lokalisation produktionsbedeutender Rohstoffe aus. Entlang dieser Entwicklungslinie wurden Standortfragen also zunächst verstärkt auf den landwirtschaftlichen Sektor bezogen. Später dann, im Zeitalter der Industrialisierung und des Aufstiegs der Schwer- und Stahlindustrie, zielten die Fragen auf die optimale industrielle Standortwahl von Großindustrien mit erheblichem Rohstoffbedarf. Im Zuge der Etablierung des Dienstleistungssektors, also ab dem Zeitalter der Tertiarisierung, wurde die Raumwirtschaftstheorie, insbesondere im Zusammenhang mit Handels- und Dienstleistungsstandorten, diskutiert und letztlich sogar auf den Standort öffentlicher Einrichtungen und sogar auf ganze Stadtentwicklungen ausgeweitet.

Da diese drei Grundmodelle einen so prägenden Einfluss auf die Raumwirtschaftstheorie haben, stellt sie diese Arbeit im Folgenden vor, diskutiert sie und unterzieht sie einer kritischen Würdigung. Selbstverständlich kann nicht auf alle Strömungen der Raumwirtschaftstheorie im Detail eingegangen werden, so auf das Raumpreismodell von Harold Hotelling, das unternehmerische Standort- mit Preissetzungsfragen, unter Berücksichtigung eines räumlichen Wettbewerbes, verbindet [vgl. *HOTELLING* (1929)]. Auch mit dem räumlichen Stadtstruktur-modell von William Alonso, das eng an das von Thünen-Modell angelehnt ist, beschäftigt sie sich nicht explizit [vgl. *ALONSO* (1964)].

2.4.1 Das Modell der Landnutzung und Bodenrente

Johann Heinrich von Thünen gilt bis heute als Begründer der Raumwirtschaftstheorie. Seiner Standorttheorie lag ein neuer methodischer Zugang zugrunde, der zahllosen Weiterentwicklungen auf dem Gebiet der räumlichen Ökonomie Richtung wies. Die Bedeutung seines Wirkens beschreibt Samuelson trefflich und kurz mit den Worten: „Among geographers and location theorists, Thünen is a founding God" [*SAMUELSON* (1983, S. 1468)]. In von Thünens 1826 veröffentlichten Buch „Der isolierte Staat in Beziehung auf Landwirtschaft und Nationalökonomie" wurden zum ersten Mal formale und damit generalisierende Darstellungsformen in die Raumwirtschaftstheorie einbezogen, um räumliche Bodennutzungsstrukturen zu erklären.

Die Standorttheorie nach von Thünen erläutert in einer einfachen aber erklärungsstarken Modellform die Position des landwirtschaftlichen Unternehmens im Raum. Diese entsteht durch das Wechselspiel zwischen den Transportkosten und dem Preis des Gutes am Absatzmarkt. Über diese partielle Gleichgewichtsanalyse lässt sich indirekt darauf schließen, welche landwirtschaftlichen Güter in Bezug zur Entfernung zu einem Zentrum angebaut werden. Die Anbauabfolgen, in Form konzentrischer Ringe um das Zentrum, sind in der Literatur seither als „Thünen'sche Ringe" bekannt. Weiterhin prägte von Thünen den Ausdruck der „Bodenrente", einem ganz wesentlichen Erklärungsbaustein in seinem Modell [vgl. *MCCANN* (2001), S. 93]. Dieser Begriff bezeichnet den Restbetrag, der dem Landwirt nach dem Verkauf der Güter im Zentrum und abzüglich der dazu erforderlichen Transportausgaben letztlich noch zufließt. Es ist mit anderen Worten der Flächen-reinertrag des Landwirtes und damit eine Art Bodennutzungsentgelt. Im Sinne der mikroökono-mischen Produktionstheorie handelt es sich um die „Entlohnung" des Produktionsfaktors Boden und damit um sein (Wert-) Grenzprodukt. Die optimale Standortwahl lässt sich demnach aus der Maximierung des Grenzproduktes des Bodens, also seinen produktivsten Beitrag, bei unterschied-licher Güterpreiskonstellation im Zentrum ableiten [vgl. BECKMANN (1972)]. Der von Thü-nen'schen Modellidee folgend, ist die Bodenrente die abhängige Variable und die Distanz der Pro-duktionsstätte zum Zentrum die unabhängige Variable.

Modellannahmen

Dem von Thünen-Modell liegen konstitutive Annahmen zugrunde. Im Originaltext heißt es zu den Prämissen: „Man denke sich eine sehr große Stadt in der Mitte einer fruchtbaren Ebene gelegen, die von keinem schiffbaren Flusse oder Kanale durchströmt wird. Die Ebene selbst bestehe aus einem durchaus gleichen Boden, der überall der Kultur fähig ist. In großer Entfernung von der Stadt endige sich die Ebene in eine unkultivierte Wildnis, wodurch dieser Staat von der übrigen Welt gänzlich getrennt ist" [VON THÜNEN (1842/1966), S. 11]. Der Raum als solcher wird bei von Thünen folglich in abstrakter Form als homogene und kreisrunde Landfläche betrachtet. Physi-sche oder geographische Raummerkmale bleiben vollkommen ausgeblendet. Entsprechend dem Buchtitel bleibt der Betrachtungsraum von der Außenwelt völlig isoliert, es liegen somit keine Austauschbeziehungen zu anderen Regionen oder Nationen vor. Der gesamte Raum besitzt eine einheitliche Bodenqualität und wird ausschließlich landwirtschaftlich genutzt. Im Zentrum dieser Fläche ist ein zentraler Absatzmarkt lokalisiert; dieser Ort der Nachfrage im Kreismittelpunkt stellt damit zugleich auch die einzige Absatzstätte für Agrarprodukte dar. Alle Verbraucher, die Agrarprodukte nachfragen, sind in diesem Zentrum konzentriert.

Von Angebotsseite gestalten sich die Kosten der Produktion im kreisrunden Raum, aufgrund der Homogenitätsannahme, überall identisch. Die für die landwirtschaftliche Produktion notwendi-gen Faktoren können sich frei auf der Ebene bewegen, ohne Kosten zu verursachen. Angebotssei-tig folgen alle landwirtschaftlichen Unternehmen dem Gewinnmaximierungskalkül. Die Markt-preise und die Marktnachfrage der landwirtschaftlichen Güter im Zentrum sind bekannt und gegeben, gleiches gilt für die jederzeit räumlich mobilen Produktionsfaktoren. Der erwirtschaftete Überschuss aus lokalspezifischen Kosten und Erlösen wird als Rente, exakter gesprochen als Bo-denrente, bezeichnet. Es sind die landwirtschaftlichen Erträge, die „der Boden an sich gibt" [VON THÜNEN (1842/1966), S. 23]. Synonym finden sich auch die Begriffe Landrente und Lagerente in der Literatur. Das von Thünen-Modell folgt angebotsseitig weiterhin der Annahme, dass Land-wirte den Boden nicht im Eigentum haben, sondern ihn pachten und eine Pacht an den Landbesit-zer abtreten müssen. Der Pächter verpachtet seinen Grund und Boden an denjenigen Landwirt, der den höchsten Pachtbetrag entrichten kann. Der Pachtbetrag selbst ist das Ergebnis der Kon-kurrenz um die Flächennutzung aller interessierten Landwirte; im Überbietungswettbewerb wird die maximale Zahlungsbereitschaft eines Landwirtes letztlich dem Betrag entsprechen, den er dem Pächter maximal abtreten kann. Hieraus bildet sich der Bodenpreis, über den gleichgewich-tigen Flächenreinertrag, aus der Nutzung des Faktors Boden. Mit anderen Worten; die Bodenrente gleicht exakt dem Betrag, der als Pacht an den Eigentümer des Bodens entrichtet werden muss. Die Bodenrente wird verständlicherweise in Geldeinheiten gemessen [vgl. *McCann* (2001), S. 94 f.]. Aufgrund der Tatsache, dass die Produktionsfaktoren für die Landwirte gleich und gegeben sind, liegen gleiche Faktorpreise vor und es bestehen keine Unterschiede in den Kostenfunktionen.

Die Transportkosten in Form von Streckenkosten der landwirtschaftlichen Güter zwischen Produktionsstätte und Absatzmarkt, nehmen eine zentrale Stellung in diesem Modell ein. Sie gelten als entfernungsabhängig und steigen proportional mit der Distanz zum Absatzmarkt. Die Transportkosten im Raum sind aufgrund der homogenen Landfläche prinzipiell gleich; sie variieren lediglich mit der Entfernung. Als streckenabhängiger Kostenfaktor wirken sie sich zugleich auf die am Absatzmarkt erzielbaren Erträge des Landwirtes aus. Die Transportkosten sind für unterschiedliche Agrargüter verschieden. Das unternehmerische Kalkül im Modell beruht nun auf dem Wechselspiel zwischen der Bodenrente und den entfernungsabhängigen Transportkosten. Ein Landwirt, der weiter entfernt zum Markt lebt, zahlt weniger Pacht und hat zugleich größere Transportkosten und vice versa. Im Ergebnis teilt sich die landwirtschaftliche Produktion der verschiedenartigen Güter in konzentrischen Ringen um das Zentrum auf. Jedes Produkt wird in dem Ring produziert, der die höchste Lagerente erzielt. Auf diese Weise erfolgt eine optimale landwirtschaftliche Verwertung der homogenen Landfläche unter der gegebenen konzentrischen Produktionsstruktur.

Modellgrundzüge

Das Modell drückt die landwirtschaftlichen Erzeugnisse in Produktionsmengen x_i (mit $i = 1,2, \dots, n$) je Flächeneinheit aus. Die Preise der Erzeugnisse am Standort des Anbaus werden mit p_i^s indiziert; für die Preise am zentralen Absatzort gilt p_i^z. Die zur Produktion von x_i verwendeten Faktoren werden mit y_j (mit $j = 1,2, \dots, m$) angegeben, sie stehen in unbegrenztem Umfang zur Verfügung. Die zugehörigen Faktorpreise werden mit q_j angezeigt. Die Produktion unterliegt dem neoklassischen Grundsatz abnehmender Grenzerträge wonach

$$\frac{\partial x_i}{\partial y_j} > 0 \quad \text{und} \quad \frac{\partial^2 x_i}{\partial y_j^2} < 0 \quad [\forall j] \tag{II-1}$$

gilt [vgl. *Schöler* (2005), S. 139].

Die Transportkosten im Modell leiten sich direkt aus der zu überwindenden Wegstrecke ab. Sie stehen mit der Entfernung im direkt proportionalen Zusammenhang. Für die Distanz zwischen beiden Raumpunkten gilt d^{sz}. Der konstante Frachtsatz τ_i wird je Mengeneinheit des zu transportierenden Gutes festgesetzt. Alle Argumente der sich ergebenden Preisdifferenz

$$p_i^z = p_i^s + d^{sz} \cdot \tau_i \tag{II-2}$$

sind dem Landwirt bekannt und können als gegeben angesehen werden. Die Transportkosten stellen in dieser Form einen Preisaufschlag auf den ursprünglichen Güterpreis am Ort der Produktionsstätte dar; der (notwendige) Transportkostenaufschlag schmälert den erzielbaren Preis des Gutes am Absatzmarkt. Die Wertschöpfung durch den Transport T, gemessen in Geldeinheiten, kann durch eine einfache Umstellung mit

$$T = d^{sz} \cdot \tau_i = p_i^z - p_i^s \tag{II-3}$$

dargestellt werden. Über alle landwirtschaftlichen Erzeugnisse sind die Transportkosten je Entfernungseinheit gleich groß. Es bestehen lediglich Unterschiede in den güterspezifischen Transportkostensätzen τ_i. Von Thünen's Gedanken zum Transport lassen sich klassisch auf ein Fuhrwerk mit Wagen und Zugtier übertragen. Ein Teil der zum Markt transportierten Ware wird auf dem Weg vom Zugtier verzehrt. Diese „ox cart cost" [CLEMENT (2004), S. 12] entsprechen dem Verlust an produziertem Getreide und finden ihren Niederschlag im Preisdifferenzial.

Das zentrale Optimierungsproblem im Modell gestaltet sich nun derart, dass der Pächter des Landes versucht, seine erzielbare Bodenrente r je Bewirtschaftungsfläche zu maximieren. Die Bodenrente ist abhängig von der Entfernung zum Absatzmarkt; es gilt $r(d^{sz})$.

Ausgehend von dem Gewinnmaximierungskalkül je Flächeneinheit über

$$\max_{x} \pi = [(p_i^z \cdot x_i) - (d^{sz} \cdot \tau_i \cdot x_i)] - C(x) - r(d^{sz}) \tag{II-4}$$

mit

$$C(x) = \min_{y} \{y_1 q_{i1} + \ldots + y_m q_{im} \mid x_i = F(y)\} \tag{II-5}$$

lassen sich genauere Aussagen über die Funktion der Bodenrente treffen [vgl. SCHÖLER (2005), S. 142]. Denn, betrachtet man nur den Produktionsfaktor Boden, womit $m = 1$ gilt, so verkürzt sich der Ausdruck (4) mit Kenntnis von (5) nach Umstellung zu

$$r = \max_{x} \{(p_i^z - d^{sz} \cdot \tau_i) \cdot x_i(y) - (y_1 \cdot q_{i1})\} \ . \tag{II-6}$$

Die sich durch die Entfernung zwischen Standort und Zentrum ergebende Bodenrente ist demnach in doppelter Hinsicht abhängig vom Boden; zum einen durch die erzielbaren Umsätze aus der Agrarfläche, zum anderen durch die Kosten dieses Produktionsfaktors. In diesem Zusammenhang sei noch einmal hervorgehoben, dass Substitutionen der Produktionsfaktoren untereinander nicht zulässig sind. Der Produktionsfaktor Boden kann im Zuge einer durchaus denkbaren Variation der Produktion nicht gegen einen anderen Faktor ersetzt werden.[2] Aufbauend auf das Ergebnis in (6) führt die Ableitung der Bodenrente nach dem Faktor Boden zu

$$\frac{\partial r}{\partial y_1} = (p_i^z - d^{sz} \cdot \tau_i) \cdot \frac{dx_i}{dy_1} - q_{i1} \stackrel{def}{=} 0 \tag{II-7}$$

---

[2] Spätere Abhandlungen über das von Thünen-Modell berücksichtigen auch neoklassische Produktionsfunktionen vom Cobb-Douglas-Typ, der zusätzliche Erkenntnisgewinn ist jedoch eher gering [vgl. BECKMANN (1972); DUNN (1954)].

oder anders angeordnet, zu

$$\frac{\mathrm{d}x_i}{\mathrm{d}y_1} = \frac{q_{i1}}{\left(p_i^z - d^{sz} \cdot \tau_i\right)} \quad . \tag{II-8}$$

Gleichung (8) zeigt auf, dass jede Bodeneinheit in der Intensität genutzt wird, bis sich das Preis-verhältnis und der Grenzerlös gleichen. Aus dem Ausdruck (8) folgt die Erkenntnis, dass sich die Bodenrente, als maximale Zahlungsbereitschaft für eine Pacht, aus der Differenz zwischen dem Wert der produzierten und transportierten Menge und den dazu erforderlichen Produktionskos-ten ergibt. In räumlicher Dimension lässt sich aufbauend auf (6) abschließend auch analysieren, dass die Rentenfunktion immer einen negativen Kurvenverlauf der Form

$$\frac{\mathrm{d}r}{\mathrm{d}d^{sz}} = -\tau_i \cdot x_i < 0 \tag{II-9}$$

mit einer Steigung von $-\tau_i$ aufweisen muss [vgl. *CAPELLO* (2007), S. 43]. Die Rentenkurve wird in Abbildung II-2 dargestellt, die die zuvor erläuterten Zusammenhänge zwischen Rentenhöhe und Distanz zeigt.

Abbildung II-2: Bodenrente bei einem einzelnen Produkt

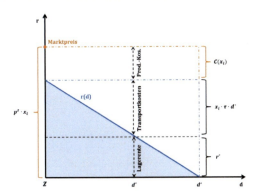

Quelle: Eigene Darstellung in Anlehnung an SCHÄTZL (2003), S. 65.

Aus der Abbildung wird direkt ersichtlich, dass mit steigender Distanz d der Grenzerlös des Land-wirtes sinkt. Der Rentengradient $r(d)$ ist monoton fallend. Der negative Zusammenhang reicht bis zur Nullstelle auf der Abszisse, nur bis zu diesem Punkt d' wird eine positive Bodenrente erreicht. Bei einer größeren Distanz würden Verluste realisiert, da sich jenseits der Bewirtschaftungs-grenze keine Marktpreise für den Produktionsfaktor Boden herausbilden. Liegt der Standort hin-gegen im Koordinatenursprung Z, also zentral und deckungsgleich mit dem Absatzmarkt, so fallen keine Transportkosten an. Das Integral unter der Kurve entspricht dem landwirtschaftlichen Ge-winn. Die Transportkosten bestimmen darüber hinaus nicht nur die Höhe der Bodenrente, son-dern zugleich auch die Lage der Kurve. Je größer sie sind, desto steiler verläuft die Funktion. Senkt sich hingegen der Frachtsatz τ_i so verläuft die Kurve flacher. Weiterhin bestimmen auch die Absatzpreise im Zentrum die Lage der Funktion. Steigen diese, so vergrößert sich die Angebotsmenge, in dessen Folge der erforderliche Bodenbedarf steigt und sich die Rentenfunktion nach außen verschiebt. Ein Sinken der Absatzpreise im Zentrum führt zu einem gegenläufigen Effekt. Werden aufbauend auf Gleichung (6) auch in Abbildung II-2 die übrigen Produktionskosten vernachlässigt und nur der Produktionsfaktor Boden analysiert, so schrumpft der Sockelbetrag und somit der Marktpreis auf das maximale Niveau der Lagerente.

Aus der Erkenntnis im Fall mit nur einem Agrarprodukt kann direkt auf einen Fall mit mehreren Erzeugnissen geschlussfolgert werden. Verschiedenartige Agrarprodukte führen zu verschiedenartigen Rentenfunktionen. Durch die Konkurrenz der gewinnmaximierenden Landwirte tritt das Ergebnis zutage, dass auf jeder Fläche nur das Agrarprodukt angebaut werden wird, das im Vergleich zu anderen Erzeugnissen den größten Ertrag erreicht.

Erweitert man Abbildung II-2 um eine Darstellung mit drei Produkten, so ergibt sich eine gestaffelte Anbauform, entsprechend der erzielbaren Renten, wie sie in Abbildung II-3 skizziert ist.

Abbildung II-3: Rentenfunktionen im Drei-Güter-Fall

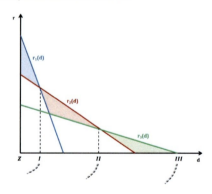

Quelle: Eigene Darstellung in Anlehnung an SCHÄTZL (2003), S. 68.

Die Anbaugrenzen der einzelnen Güter lassen sich über die Schnittpunkte der jeweiligen Rentenfunktionen erfassen. Die Entfernungen zueinander bzw. die Anbaubreiten können auf der Abszisse abgetragen werden. Im frei konstruierten Fall von drei Gütern baut man zwischen dem Zentrum und dem Punkt *I* das erste Gut in der Menge x_1 an, da es für dieses Intervall die höchste Rente aufweist. Zwischen *I* und *II* wird schließlich das zweite Gut in der Menge x_2 und im Bereich *II* bis *III* das dritte Gut im Umfang x_3 angebaut. Der Landwirt mit der Rentenfunktion $r_3(d)$ ist somit Grenzproduzent.

Die äußeren Streckengrenzen in Abbildung 3 bilden in kreisrunder Form um das Zentrum die Thünen'schen Ringe. Über sie können Rückschlüsse auf die jeweilige Flächengröße je Agrargut und damit auf die Anbaumenge geschlossen werden. Allgemein gilt, dass die zentrumsnahe Bodenfläche einem intensiveren Wettbewerb ausgesetzt ist, als die weniger knappe Bodenfläche in weiter entfernten Regionen [vgl. *McCann* (2001), S. 103]. In der konkurrierenden Nutzung um den Boden wird immer das Agrargut angebaut werden, welches den lokalspezifisch höheren Wert an Bodenrente aufzeigt. Die farblich hervorgehobenen Flächen in Abbildung 3 zeigen diese Differenzen auf. Da $r_1(d) > r_2(d) > 0$ bis zum Schnittpunkt I Gültigkeit besitzt, wird das Agrargut x_1 dem Agrargut x_2 vorgezogen. Im Mehr-Produkt-Fall nimmt die Anbauintensität eines Gutes zur äußeren Grenze hin ab, da im Schnittpunkt der Bodenrentenfunktionen die Nutzungskonkurrenz am größten ist. Sollte für beliebige Agrargüter der Fall $r_i(d) < 0$ auftreten, so würde diese Bodenfläche gänzlich unbearbeitet bleiben.

Die Bodenrente als Grenzprodukt des Bodens kann, wie Abbildung II-3 zeigt, an keinem Ort höher sein, stellt also den oberen Gesamtstreckenzug über die drei Rentenfunktionen dar. Höher liegende Rentenfunktionen würden bei der gegebenen Preiskonstellation einen Anbau nicht lohnenswert machen. Wichtig ist, dass alle Rentenkurven ausnahmslos einen fallenden Verlauf besitzen. Würde auch nur eine Bodenrentenfunktion einen steigenden Verlauf aufweisen und damit zentrifugal wirken, so könnte sich keine monozentrische Struktur bilden [vgl. *Schöler* (2005), S. 139].

Die Variable d kann im Modell auch weiter gefasst und interpretiert werden; es muss sich nicht zwangsläufig um die Distanz handeln. Aus rein theoretischer Sicht, könnte dieser Parameter für einen beliebigen und alle Güterarten betreffenden systemischen Einfluss stehen. Wählt man beispielhaft die Interpretation von d als Zeitfaktor, so wäre das Basismodell von von Thünen in ein Modell zeitlich-räumlicher Preisstruktur übertragbar. In jedem Fall zieht die Integration mehrerer Güter in das Raummodell verschiedene Bodenrentenfunktionen mit verschiedenen Steigungen nach sich. Integriert man lineare und streng konvexe Bodenrentenfunktionen in ein Schaubild, tritt sogar der Fall ein, dass ein Agrargut in mehreren Ringen angebaut wird. Dies geschieht immer dann, wenn eine lineare Rentenfunktion eine konvexe Funktion zweimal schneidet.

Unabhängig von der genauen funktionalen Form der Bodenrentenfunktion sind die Transportkosten die maßgebliche Bestimmungsgröße für einen Agrarstandort. Je dominanter sie für ein Gut sind bzw. je höher die Verderblichkeit eines Agrarproduktes, desto stärker wird es zum Zentrum des Modells gezogen. Die Art der Bewirtschaftung mit landwirtschaftlichen Gütern hat demgemäß einen maßgeblichen Einfluss auf den Standortring. Thünen selbst analysiert in seinem Werk sein eigenes Landgut in Tellow bei Rostock und ermittelte im deduktiven Verfahren sieben Ringe. Im ersten Ring lokalisiert er Gemüsesorten und Milchprodukte. Sein zweiter Ring wird bestimmt durch Forstwirtschaft; die relativ nahe Lage dieser Güter am Zentrum begründet er mit dem vergleichsweise hohen Gewicht des Rohstoffes Holz und seiner einhergehenden hohen Transportanstrengung. Im dritten Ring setzt von Thünen die Fruchtwechselwirtschaft, im weiteren Sinne also Getreidesorten, an. Koppelwirtschaft charakterisiert den vierten Ring, ehe er im fünften Ring die Dreifelderwirtschaft ansiedelt. In den sechsten und vorletzten Ring setzen die von Thünen'schen Analysen die Viehwirtschaft und die entsprechenden Begleitgewerbe, wie Gerbereien. Nach dieser Grenze besteht implizit ein letzter siebter Ring, der das weite Umland um die Kreisregion bildet. Nach von Thünen stellt diese Grenze den Übergang zur kultivierbaren Wildnis dar. In diesem

Kreisring sind letztlich nur noch Jäger angesiedelt, die etwa mit dem Pelzverkauf in Kontakt mit dem Zentrum treten. Die Abbildung II-4 wurde seinem Werk nachgezeichnet und illustriert das Ergebnis des von Thünen-Modells.

Abbildung II-4: Von Thünen'sche Bewirtschaftung von Agrarland

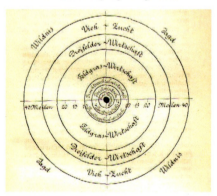

Quelle: Roscher (1903), S. 179.

Schlusswort

Zusammenfassend muss das von Thünen-Modell als die Geburtsstunde der Raumwirtschaftstheorie angesehen werden. Auch wenn die kreisförmig um ein Zentrum gelagerten Produktionsstrukturen die Realität nicht präzise abbilden, so besitzen die Arbeiten von von Thünens knapp 180 Jahre später noch immer einen hohen Stellenwert innerhalb der Raumwirtschaftstheorie [vgl. *Fujita* (2010); *Clement* (2004); *McCann* (2001), S. 100]. Seine Vorstellung einer monozentrischen Raumstruktur war der Grundgedanke vieler Weiterentwicklungen innerhalb der Regional- und Raumökonomik. Hervorzuheben ist, dass von Thünen mit dem Boden einen noch heute raumprägenden und standortbestimmenden Faktor erstmalig in ein ökonomisches Modell einbezog. Er ordnete die Standortwahl als Ergebnis ökonomischer Kräfte zwischen einem Produktions- und einem Konsumort ein. Sein geschlossener Modellansatz, in dem die Annahme vollkommener Konkurrenz elementar ist, und sein Marginalprinzip wurden schon früh in ein partielles Gleichgewichtsmodell integriert, das sich mit nur wenigen Handgriffen in ein allgemeines Gleichgewichtsmodell überführen lies [vgl. *Samuelson* (1983), S. 1482]. Eine für die damalige Zeit herausragende Leistung. Für eine Überführung von einer partialanalytischen zu einer totalanalytischen Betrachtung allerdings müssten heutzutage unter anderem die Präferenzen der Nachfrager sowie die Qualität des Produktionsfaktors Boden mitberücksichtigt werden.

Es ist auch der große Verdienst von Thünens, das Konzept der Bodenrentenfunktion bzw. *bid rent* entworfen zu haben. Neben der Weiterentwicklung der funktionalen Abhängigkeiten, weg von einer linearen und hin zu einer konvexen Bodenrentenfunktion, erfolgte auch ein Transfer auf andere Sachverhalte, etwa auf Stadtstrukturmodelle [vgl. *ALONSO* (1964); *CLARK* (1945)]. Eine weitere große Leistung von von Thünen besteht auch darin, dass er schon weit vor den wegweisenden Arbeiten von Chauncy Harris auf dem Gebiet des *market potentials*, die zentrale Bedeutung von Absatzmärkten für die Standortwahl von Unternehmen herausarbeitete [vgl. *OTTAVIANO/THISSE* (2005), S. 1714]. Die Idee des *market potentials* basiert auf dem Grundgedanken, dass Standorte der Produktion sich vorrangig an den Absatzmärkten und nicht unbedingt an den Faktormärkten orientieren. Standorte, die nahe an den Nachfragern liegen oder sogar einen direkten Zugang zu ihnen ermöglichen, sind bei der Standortwahl aus Sicht des Unternehmens immer attraktiver [vgl. *HARRIS* (1954), S. 321]. Den Kern im von Thünen-Modell bilden die Transportkosten, die er implizit in das Modell einbaute. Die Idee von Transportwegen ohne Dimension und Transportkosten ohne eigenen Wertschöpfungssektor wurde von Paul Krugman in seiner Neuen Ökonomischen Geographie wieder aufgegriffen. Seine Eisbergtransportkosten sind ein Replikat des Transportansatzes von von Thünen. Schlussendlich besitzt das Bodennutzungsmodell die Eigenschaft, dass es, ganz im Sinne von Adam Smiths unsichtbarer Hand, eine ringförmige Bodennutzung von allein herausheben lässt; „the concentric rings will emerge even if no farmer knows what anyone else is growing, so that nobody is aware that the rings are there" [*FUJITA* (2010), S. 6].

Die vielen restriktiven Annahmen im Modell unterliegen dem zeitgenössischen Kontext. Von diesen wiegt wohl am stärksten, dass die Preise für Agrarprodukte im Zentrum gegeben und konstant sind; damit wird eine vollkommen unelastische, eher realitätsferne Nachfrage unterstellt. Das von Thünen-Modell umgeht den Effekt der vollkommenen Konkurrenz über die Bodenrentenfunktion, die sich so lange verschiebt, bis dieser Ausgleichseffekt über den Boden erreicht wird. Bei von Thünen spielt das vollkommen unelastische Angebot an Land in diesem Zusammenhang eine entscheidende Rolle [vgl. *McCANN* (2001), S. 99]. Kritisch ist weiterhin zu sehen, dass neben den Absatzpreisen auch die Kosten des Produktionsfaktors Boden und die Kosten des Transportes exante gegeben und allseits bekannt sind. Auch die Fokussierung auf nur einen einzigen Produktionsfaktor bleibt ein kritischer Aspekt in der Betrachtung. Die typische Trennung zwischen Fixkosten und variablen Kosten in der Produktion wurde nicht einbezogen. Kurzum; die von von Thünen unterstellten Produktions- und Transporttechnologien erweisen sich aus heutiger Sicht als weitestgehend überholt. Ein Hauptkritikpunkt im von Thünen-Modell bezieht sich auch auf die Lage des Zentrums, das wie die gesamte Landfläche auch in sich dimensionslos ist. Vor allem die Tatsache, dass dieses Zentrum bereits existiert, wirft Fragen auf, warum und auf Basis welcher (ökonomischen) Gründe, sich dieser so bedeutsame Nachfragepunkt zuvor eigentlich entwickelte [vgl. *FUJITA* (2010), S. 3]. Vereinzelte Kritik richtet sich auch auf die Nichtberücksichtigung von Betriebsgrößeneffekten und räumlichen Externalitäten. Interne und externe Skalenvorteile werden nicht zur Erklärung herangezogen, obwohl schon zu damaliger Zeit insbesondere innerbetriebliche Skalenerträge in der Landwirtschaft vorzufinden waren. Zuletzt berücksichtigt von Thünen keine strategischen Interaktionen zwischen den Pächtern. Auch diese Annahme, nach der die Landwirte vollkommen unabhängig agieren, wäre aus heutiger Sicht nicht mehr zeitgemäß.

Erkennbar schränken die zahlreichen festgelegten Parameter und Zusammenhänge im von Thünen-Modell eine umfassendere Diskussion der Ergebnisse ebenso ein, wie eine Rückprüfung der empirischen Gültigkeit. Das lehrgeschichtlich berühmte Modell von Thünens ist vielmehr als ein

in sich geschlossenes Idealmodell der Bodennutzung zu verstehen; von Thünen plante, der Über-
lieferung nach, ursprünglich sogar selbst die Titelbezeichnung „idealer Staat" statt „isolierter
Staat" [vgl. *SALIN* (1926), S. 416].

2.4.2 Das Modell der industriellen Standortwahl

Alfred Weber erfährt unter allen Raumtheoretikern besondere Bedeutung, da er als erster die
Produktion eines Unternehmens als Determinante in die industrielle Standortwahl integrierte.
Sein Ansatz berücksichtigte, neben den Absatzmärkten, auch die räumliche Verfügbarkeit der notwendigen Produktionsfaktoren. Im Weber-Modell sind es diese räumlich fixierten und exogen gegebenen Punkte der Faktor- und Endproduktnachfrage, die den Standort eines Unternehmens bestimmen.

In seiner ersten Abhandlung „Über den Standort der Industrien", erschienen 1909, zeichnet der
Autor die theoretischen Grundzüge seiner Standorttheorie. Dabei stellt er die rein technischen
und ökonomischen Zusammenhänge heraus, die zu der Standortentscheidung einer industriellen
Unternehmung führen. In seinem zweiten Werk „Kapitalistische Theorie", aus dem Jahr 1922, ergänzte er diese isolierte Betrachtung um eine die Unternehmung umgebende Wirtschaftsordnung.
Das zweite Buch stellt insofern eine wichtige Ergänzung dar. Weber selbst räumt ein, dass Industrieansiedelungen stets in einem zeitgenössischen Kontext zu analysieren sind und eine statische
Betrachtungsweise allein nur schwache Aussagekraft besitzt. Aus heutiger Perspektive steht das
erste Buch nachvollziehbarerweise ganz im zeitgeschichtlichen Kontext der industriellen Revolution. Am Beispiel der Eisenverhüttung trat der Standortvorteil vor allem über die Nähe zu räumlich konzentrierten Eisenerzlagerstätten, zur Gewinnung von Roheisen und Steinkohlefördergru-
ben zur Koksgewinnung auf. Die Weiterverarbeitung zu Stahl erfolgte entweder nahe diesen
Lagerstätten oder direkt an einem Absatzmarkt im Raum.

Weber war der erste Raumwirtschaftstheoretiker, der die Bedeutung von Standortfaktoren für
die unternehmerische Standortwahl explizit hervorhob und sie in einer frühen Grundeinteilung
in die Diskussion einführte. Auf seine Standorttheorie geht die Klassifizierung in „natürlich-tech-
nische" und „gesellschaftlich-kulturelle" Standortfaktoren zurück [vgl. *WEBER* (1909/1998), S. 16],
wobei letztere nur im Kontext einer bestimmten Wirtschafts- und Gesellschaftsordnung hervortreten. Weber deutet einen Standortfaktor allgemein als einen „seiner Art nach scharf abgegrenzten Vorteil, der für eine wirtschaftliche Tätigkeit dann eintritt, wenn sie sich an einem bestimmten
Ort oder auch generell an Plätzen bestimmter Art vollzieht" [*WEBER* (1909/1998), S. 48 f.]. Produktionsspezifischen Standortfaktoren kommen zwei Eigenschaften zu; zum einen sind sie Aus-
wahlkriterium in der Entscheidung für einen geeigneten Unternehmensstandort, zum anderen
tragen sie stets einen Kostenvorteil in sich, der vom Unternehmen bei seiner Standortwahl aus-
geschöpft wird. Die natürlich-technischen Standortfaktoren differenzierte Weber weiter in räumlich generell verfügbare und räumlich konzentrierte. Erstere sind Eigenschaften, die den Raum in
genereller Weise kennzeichnen und die in Art und Umfang in allen Raumpunkten beinahe identisch vorzufinden sind; Weber bezeichnet sie als „ubiquitäre Standortfaktoren"

[vgl. *WEBER* (1909/1998), S. 61]. In Abgrenzung dazu werden „spezielle Standortfaktoren" als Einzelmerkmale des Raumes herausgehoben. Sie bilden die klar abzugrenzenden Standortvorteile für eine Unternehmensansiedelung.

Durch die ubiquitären und speziellen Lokalisationsvorteile des Raumes unterscheidet sich das Weber-Modell maßgeblich von dem von Thünen-Modell, indem eine gänzlich homogene Landfläche unterstellt wird. Die für die Produktion entscheidenden Raummerkmale, wie die natürliche Ressourcenausstattung und die topographischen Vorteile einer bestimmten Raumlage, werden im Weber-Modell zu einem wesentlichen Erklärungsbaustein.

Modellannahmen

Dem Weber-Modell liegt eine Vielzahl an konstitutiven Annahmen zugrunde. Unterstellt wird etwa, dass die produktionsspezifischen Ressourcen an einem bestimmten Raumort zu einem einheitlichen Preis und in nicht beschränktem Umfang vorliegen. In gleicher Weise ist der Absatzmarkt des Fertigproduktes dem Unternehmen bekannt und zugänglich. An diesem Konsumort können die Endprodukte zu einem dem Unternehmen bekannten Absatzpreis und zu einer gleichfalls bekannten Nachfragemenge abgesetzt werden.

Weber stützt sich in seinem Basismodell auf zwei dominante Einflüsse, die für die unternehmerische Standortwahl entscheidend sind. Zunächst kommt dem reinen Gewichtsaspekt in der Güterproduktion eine bedeutungsvolle Rolle zu. Dies gilt einerseits für das Gewicht des zum Absatzmarkt zu bringenden Endproduktes w_i^{EP}, andererseits für das Gewicht der Rohstoffe w_i^R, die der Produktion zugeführt werden müssen. Der zweite Faktor im Entscheidungskalkül stellt die Distanz d_i dar. Dies gilt für die Transportstrecke des Endproduktes zum Konsumenten, wie auch für die Transportdistanzen der Rohstoffe zum Unternehmen. Die Verbindung dieser beiden Faktoren erreichte Weber mit der Aufstellung eines simplen Kostenindexes zur Raumüberwindung, dem Tonnenkilometer. Basierend auf diesen Modellgrundzügen, liegt der optimale Unternehmensstandort an dem Punkt im Raum, dessen Gesamttonnenkilometer aller spezifischen Distributions- und Produktionsprozesse minimiert ist. Die Vorteilhaftigkeit eines möglichen Unternehmensstandortes bestimmt sich allein über die Gesamtzahl der aufsummierten Tonnenkilometer, da unter den getroffenen Prämissen sonst keine Unterschiede in den regionalen Produktionskosten bestehen. Der Ort im Raum mit der geringsten Transportkostenbelastung für das Unternehmen, ist der beste Standort zur Ansiedelung.

Der Transport von Rohstoffen zum Produktionsstandort, sowie der Transport von Fertigerzeugnissen zum Absatzmarkt verursachen im Weber-Modell lineare Transportkosten. Sie sind über den gesamten Raum entfernungsabhängig gleich. Es liegt demgemäß eine einheitliche Transportbelastung in der Raumüberwindung zugrunde. Die von dem Unternehmen zu berücksichtigenden Gesamtkosten des Transportes ergeben sich in funktionaler Form aus dem Gewicht der Rohstoffe und Fertigprodukte sowie der Transportentfernung. Alle weiteren Kosten des Unternehmens werden vernachlässigt oder vereinfacht als zusätzliche Gewichtskomponente ausgedrückt. Die raumdifferenziert vorliegenden, natürlichen Produktionsfaktoren unterteilt Weber in zwei Gruppen. Er unterscheidet die Produktionserzeugnisse in „Reingewichtsmaterialien" und „Gewichtsverlustmaterialien" [vgl. *WEBER* (1909/1998), S. 60]. Beide Ausprägungsformen geben zum einen

Auskunft über den Grad, wie stark sich das Endproduktgewicht vom ursprünglichen Rohstoffgewicht unterscheidet und lassen zweitens auch Schlüsse zu, welchem Industriezweig ein Unternehmen zugeordnet werden kann. Bei Reingewichtsmaterialien geht der Rohstoff mit seinem ganzen Gewicht in das Endprodukt ein. So verkörpert beispielsweise Wolle ein Reingewichtsmaterial, da es vollständig in der Textilproduktion verarbeitet wird und kein Gewichtsverlust im Produktionsprozess auftritt. Bei Gewichtsverlustmaterialien hingegen treten Unterschiede zwischen dem Rohstoffeinsatzgewicht und dem Gewicht des Fertigungsproduktes auf. Beispielsweise ist bei der Kristallzuckerraffinade aus Zuckerrüben das Gewicht des Rohstoffes etwa achtfach so groß wie das des Kristallzuckers nach dem Extraktionsprozess. Auskunft darüber, inwieweit eine Branche rohstofforientiert ist, gibt der Materialindex MI, der beide Gewichtszustände, also das Gewicht aller eingesetzten Rohstoffe w_i^R und das Gewicht des Endproduktes w_i^{EP}, in ein Verhältnis setzt:

$$MI = \frac{w_i^R}{w_i^{EP}} \quad . \tag{II-10}$$

Die Relation beider Größen lässt nun folgende Aussagen zu; gilt $MI < 1$, so liegt der Unternehmensstandort tendenziell näher oder direkt am Absatzmarkt. Tritt hingegen der Fall $MI > 1$ ein, so liegt der Unternehmensstandort tendenziell näher oder sogar direkt an einer Rohstofflagerstätte. Sollte sich die Konstellation ergeben, dass $MI = 1$ gilt, so ist der optimale Unternehmensstandort freistehend. Er kann in diesem Fall direkt an der Rohstoffquelle, direkt am Markt oder an einem beliebigen Punkt dazwischengesetzt werden. Dieser Fall eines beliebig intermediären Standorts erweist sich in der Praxis aber eher als unwahrscheinlich.

Auf Produktionsseite wird mit limitationaler Produktionstechnologie operiert, es liegt demnach ein festes Faktoreinsatzverhältnis an Produktionsrohstoffen vor. Die Produktion selbst ist in allen Raumpunkten möglich und identisch; räumliche Unterschiede in der Produktionstechnologie bestehen nicht. Dies begründet auch die letzte Annahme, nach der das zur Produktion notwendige Arbeitskräfteangebot über den gesamten Raum gleichverteilt und immobil ist. Lohndifferenziale zwischen verschiedenen Raumpunkten treten ebenso wenig auf, wie ein möglicher Arbeitskräftemangel und -überschuss infolge von Migration. Die Lohnhöhe bleibt im Basismodell im gesamten Raum konstant, das Arbeitskräfteangebot sei nicht begrenzt.

Modellgrundzüge

Bei der näheren Betrachtung des Modellaufbaus nehmen die bereits erwähnten Transportkosten eine Schlüsselfunktion ein. Die gesamte Modellausrichtung bezieht sich zusammenfassend auf die Suche nach dem Transportkostenminimalpunkt im Raum [vgl. CAPELLO (2007), S. 20]. Im einfachsten Fall, mit zwei Rohstofflagerstätten R_1 und R_2 und einem Konsumort K, begrenzt sich der Standortraum auf ein Dreieck, das diese drei Punkte miteinander verbindet, dem sogenannten Weber-Dreieck. Wie in Abbildung II-5 illustriert, lassen sich im zweidimensionalen Raum die einzelnen Raumpunkte auch vereinfacht in ein kartesisches Koordinatensystem mit y als Ordinaten- und x als Abszissenbezeichnung überführen, um einen Lösungsweg zur Bestimmung des optimalen Unternehmensstandortes zu bilden. Der optimale Standort des Unternehmens muss stets innerhalb dieses Dreieckes liegen. Jeder Standort außerhalb dieser Raumfiguren wäre nicht transportstreckenminimal. Auch bei mehr als drei Bezugspunkten liegt ein Unternehmensstandort immer innerhalb des von den Raumeckpunkten eingeschlossenen Standortpolygons.

Abbildung II-5: Das Weber Dreieck

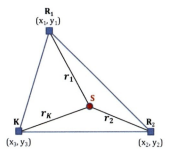

Quelle: Eigene Darstellung.

Eine Entfernungsbestimmung zwischen den Koordinatenpaaren (x_i, y_i) der Eckpunkte und des transportkostenminimalen Raumpunktes und damit des optimalen Unternehmensstandortes (x^*, y^*) erfolgt über die direkten Strecken r_i und damit über die euklidische Distanz in der Form

$$r_i = \sqrt{[(x_i - x^*)^2 + (y_i - y^*)^2]} \ . \tag{II-11}$$

Das vom Unternehmen zu berücksichtigende Gesamttransportgewicht T ergibt sich nun, indem die drei Einzelgewichte w_i (mit $i = 1, 2, 3$) mit den zugehörigen Distanzen zu

$$T = \sum_{i=1}^{3} w_i \cdot r_i \tag{II-12}$$

verknüpft werden.

Im Weber'schen Basismodell liegen durch die unterstellte limitationale Produktionsfunktion konstante Inputkoeffizienten vor, aus denen sich das Gewicht des aus R_1 und R_2 bezogenen Produktionsfaktors ableiten lässt. Das Gewicht des Fertigproduktes am Konsumort K ergibt sich aus der dem Unternehmen bekannten Güternachfrage am Absatzmarkt. Input- und Outputmengen werden mit ihrer jeweilig zu überwindenden Raumdistanz verknüpft. In allgemeiner Darstellungsform ergibt sich das Standortoptimierungskalkül des Unternehmens

$$\min_{x,y} \left\{ T(x, y) = \sum_{i=1}^{n} w_i \sqrt{[(x_i - x^*)^2 + (y_i - y^*)^2]} \right\} \ . \tag{II-13}$$

Das Gesamttransportkostenminimum erreicht man über die partiellen Ableitungen der stetigen und konvexen Gesamttransportfunktion T mit

$$\frac{\partial T}{\partial x^*} = \sum_{i=1}^{3} w_i \frac{x_i - x^*}{r_i} \stackrel{\text{def}}{=} 0 \qquad (\text{II-}14)$$

und

$$\frac{\partial T}{\partial y^*} = \sum_{i=1}^{3} w_i \frac{y_i - y^*}{r_i} \stackrel{\text{def}}{=} 0 . \qquad (\text{II-}15)$$

Infolge dieser Aufstellung entstehen zwei Gleichungen mit zwei Variablen, aus denen sich in einem simultanen Lösungsverfahren der optimale Standort (x^*, y^*) berechnet. Ein weiterer analytischer Lösungsweg allerdings ist unmöglich, da sich in beiden Ausdrücken die Variablen x^* und y^* nicht vollständig isolieren lassen. Mithilfe iterativer Näherungsverfahren kann eine Lösung gefunden werden. Alternativ stehen trigonometrische Verfahrenswege zur Lösung des Problems für einen graphisch-rechnerischen Lösungsweg als Ansätze zur Verfügung [vgl. PICK (1909/1998); TELLIER (1972); TELLIER/POLANSKI (1989)]. Diese geometrischen Ansätze stehen einer mechanisch-praktischen Problemlösung über einen Varignon-Apparat, den Weber selbst als Lösungsoption vorschlug, sehr nahe. Bei dieser Anwendung, in Abbildung II-6 dargestellt, werden die Eckpunkte des Dreieckes oder eines Polygons maßstabsgerecht auf eine Scheibe projiziert. Über Bohrungen an den Eckpunkten werden Fäden eingelassen, die als eine Art Fadennetz in der Mitte der Scheibe verknotet sind. An die Enden der einzelnen Fäden befestigt man schließlich wie bei einer Balkenwaage das entsprechende Transportgewicht für diesen Eckpunkt. Die Lösung dieser Versuchsanordnung ist nun intuitiv; im Gleichgewicht der Kräfte balanciert sich der mittlere Knotenpunkt aus und bestimmt damit zugleich den optimalen Unternehmensstandort [vgl. WEBER (1909/1998), S. 65]. Aus dieser Systematik heraus kann schnell die Erkenntnis gewonnen werden, dass Raumpunkte mit hohem oder wachsendem Gewicht transportkostensteigernd und damit produktionsanziehend wirken. Dieser anziehende Effekt besteht ebenfalls, wenn der Transportaufwand bezüglich eines Rohstoffes wächst.

Abbildung II-6: Varignon'sche Apparatur

Quelle: WESOLOWSKY (1993), S. 14.

Diese Apparatur war lange Zeit wesentlicher Kritikpunkt der Theorie, da sie sich einzig auf die mechanische Physik stützt und aus der Perspektive der mathematisch fundierten Wirtschaftswissenschaften unbefriedigend war. Aus heutiger Perspektive kann Weber unterstellt werden, dass er mit dieser Versuchsanordnung lediglich eine praktische Herangehensweise verfolgte und sie zu Verständniszwecken und zur Illustration sogenannter „Standortfiguren" empfahl.

Die am häufigsten verwendeten Lösungswege sind iterative Techniken, die ihren Ursprung in der Arbeit des Wissenschaftlers Weiszfeld haben und daher auch nach ihm benannt wurden [vgl. *OTTAVIANO/THISSE* (2005), S. 1709; *WEISZFELD* (1936)]. Aufbauend auf die partiellen Ableitungen in (14) und (15) werden die Werte x^* bzw. y^* zunächst isoliert und nicht als Bestandteil von r_i weiterverfolgt. Über beide Variablen wird anschließend eine neue Iteration $(k + 1)$ gebildet und diese der alten Iteration (k) gegenübergestellt:

$$\left(x^{(k+1)}, y^{(k+1)}\right) = \left(\frac{\displaystyle\sum_{i=1}^{n} w_i \frac{x_i}{r_i\left(x^{(k)}, y^{(k)}\right)}}{\displaystyle\sum_{i=1}^{n} \frac{w_i}{r_i\left(x^{(k)}, y^{(k)}\right)}} \, , \, \frac{\displaystyle\sum_{i=1}^{n} w_i \frac{y_i}{r_i\left(x^{(k)}, y^{(k)}\right)}}{\displaystyle\sum_{i=1}^{n} \frac{w_i}{r_i\left(x^{(k)}, y^{(k)}\right)}} \right). \qquad \text{(II-16)}$$

Das Näherungsverfahren setzt nun ein Startwert (x^0, y^0), etwa die Schwerpunktkoordinaten, in den rechten Ausdruck der Gleichung in (16) ein, wodurch sich auf der linken Seite ein neues Koordinatenpaar (x^1, y^1) ergibt. Diese Verfahrensschritte enden, wenn die Koordinaten einen vorher festgelegten Schwellwert oder eine gewünschte Genauigkeit erlangen. Die Schwerpunktkoordinaten, als der empfehlenswerte Startpunkt einer Iteration können über

$$x^0 \equiv \frac{\displaystyle\sum_{i=1}^{n} w_i \cdot x_i}{\displaystyle\sum_{i=1}^{n} w_i} \quad \text{und} \quad y^0 \equiv \frac{\displaystyle\sum_{i=1}^{n} w_i \cdot y_i}{\displaystyle\sum_{i=1}^{n} w_i} \qquad \text{(II-17)}$$

gewonnen werden. Sie kennzeichnen die Bedeutungsstärke eines Raumpunktes im Vergleich zu allen anderen Raumpunkten. Da der optimale Unternehmensstandort nicht zwingend mit einem bereits gegebenen Raumpunkt zusammenfällt, etwa wenn das Bezugsgewicht aus einer Rohstofflagerstätte besonders hoch ist, empfiehlt sich eine Modifikation dieses Ansatzes [vgl. *MIEHLE* (1958)]. Um zu vermeiden, dass im Nenner der Brüche in (14) und (15) eine Null auftritt, hängt man mit ϱ eine beliebig kleine, positive Konstante an, die gegen Null approximiert wird.

Mit diesem Fehlerterm wandelt sich (13) zu

$$\min_{x,y} \left\{ T(x,y) = \sum_{i=1}^{n} w_i \sqrt{[(x_i - x)^2 + (y_i - y)^2] + \varrho} \right\} \qquad \text{(II-18)}$$

um und führt zu einer Lösung des Standortproblems.

Um sein Basismodell näher an der Realität auszurichten, erweiterte Weber seine Standortanalytik um zwei „Deviationen" [vgl. WEBER (1909/1998), S. 34]. Eine dieser Variation ist die Abkehr von den bislang im gesamten Raum identisch gehaltenen Arbeitskosten.

Sollten annahmegemäß unterschiedliche Arbeitskosten im Raum vorliegen, so würde das Unternehmen dies bei seiner Standortwahl als zusätzlichen Parameter mit in Betracht ziehen müssen. Jede Verlagerung des Unternehmensstandortes aus dem optimalen und die Gesamttransportkosten minimierenden Punkt wird jedoch zwangsläufig zu einer Transportkostenerhöhung führen und deshalb nur dann erfolgen, wenn sich die Transportkostenerhöhung durch einhergehende Einsparungen in den Arbeitskosten kompensiert würden [WEBER (1909/1998), S. 101]. In jedem Fall erfolgt eine Verlagerung, wenn in einem neuen Raumpunkt mit geringen Arbeitskosten sogar eine Überkompensation des gegenläufigen Effektes zu verzeichnen wäre. Die Analyse einer sukzessiven Verlagerungsoption des optimalen Unternehmensstandortes durch einhergehende Kostenunterschiede des Faktors Arbeit vollführt Weber mithilfe von sogenannten „Isodapanen" [vgl. CAPELLO (2007), S. 21 f.]. Dabei handelt es sich um ringförmige Isokostenlinien gleicher Transportkostenerhöhungen um den Transportkostenminimalpunkt. Da nicht explizit eine homogene Landfläche im Modell unterstellt wird, müssen diese Isokostenlinien nicht zwangsläufig als exakt konzentrische Ringe vorliegen. Das Konstrukt radialer Kreise um den optimalen Unternehmensstandort wendet Weber als Erklärungsstütze zudem auf die Eckpunkte des Polygons selbst an. Diese Kreisentwicklungen um jeden Raumpunkt, die die schrittweise wachsenden Transportkosten vom Punkt weg veranschaulichen, betitelt er als „Isotimen" [vgl. MAIER/TÖDTLING (2012), S. 49 f.].

Abbildung II-7: Isodapanen und Isotimen im Weber-Modell

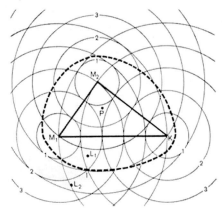

Quelle: SCHÄTZL (2003), S. 44.

Aus sich tangierenden oder schneidenden Isotimen lassen sich somit Erkenntnisse über Raumpunkte mit gleicher Transportkostensteigerung gewinnen. Der Vorteil dieser analytischen Betrachtung liegt darin, dass aufgrund der Transportgewichtsfixierung im Modell bislang nicht gedanklich kombinierbare Raumeckpunkte des Polygons, wie Rohstofflagerstätten oder Konsumorte, nun miteinander in ein Verhältnis gesetzt werden können. Weber zeigt mit beiden Illustrationswegen, in Abbildung II-7 skizziert, dass vor dem Hintergrund einer sukzessiven Transportkostensteigerung, der optimale Unternehmensstandort von einem transportkostenminimierenden Raumstandort nur auf wenige neue Raumpunkten fallen kann.

Schlusswort

Im Mittelpunkt der Weber'schen Theorie steht ein statisch-deterministisches Gleichgewichtsmodell, das sich aus exogen gegebenen Bezugspunkten im Raum entwickelt. Die Eigenschaft der Statik bzw. komparativen Statik liegt vor, da keine sich im Zeitverlauf dynamisch mitentwickelten Größen einbezogen werden. Deterministisch ist der Analyse- und Begründungszusammenhang durch das jederzeit vollständige Vorliegen aller Informationen. Da die Standorte der Produktionsfaktoren im Raum die maßgebliche Erklärungsgröße bilden, liegt dem Modell eine deutliche Inputorientierung zugrunde und damit ein, aus heutiger Sicht, stark betriebswirtschaftlicher Ansatz. Da sich Weber auch nur auf ein Einzelunternehmen fokussiert, kann seine Theorie ex-post auch mit als Wegbereiter der rein betriebswirtschaftlichen Standorttheorie angesehen werden.

Resümierend lässt sich weiterhin festhalten, dass das Weber-Modell als der maßgebliche Wegbereiter der modernen Standortfaktorenlehre einzustufen ist, obwohl es sich, durch die Anlehnung an die Schwerindustrie, nur auf einen kleinen Teilbereich industriegeographischer Fragestellungen bezieht. Aufgrund seiner umfangreichen Studien zu positiven Lokalisationseffekten bei einzelnen Unternehmen wird Weber auch als Vordenker des Konzeptes interner und externer Skalenerträge angesehen, obwohl er diese Effekte in Abgrenzung zu der heutigen Sicht nur auf isolierte Regionalfaktoren zurückführt. Die für die Standortwahl des Unternehmens relevanten Standortfaktoren im Raum werden alle als Kostenfaktoren berücksichtigt. Dies gilt für das Gewicht des räumlich differenzierten Faktors, wie für die zu überwindende Distanz. Beide Kostenkomponenten lassen sich auch weiter fassen. Unter dem Gewicht eines Produktionsfaktors könnte man exemplarisch auch das generelle „Bedeutungsgewicht" eines Einflusses im Raum verstehen. Auch die Transportkosten wären umfassender darstellbar. Ein Modifikationsweg sind nicht-lineare Transportkostenverläufe. In diesem Fall lässt sich die ursprüngliche Euklidische Distanz (11) in eine allgemeine Ausdrucksweise für Medianprobleme mit

$$r_i = \left[|x_i - x^*|^{\psi} + |y_i - y^*|^{\psi} \right]^{1/\psi}$$

(II-19)

überführen, wobei $1 \leq \psi \leq \infty$ gilt. Die Grenzen des Intervalls bezeichnet das Schrifttum für den Fall von $\psi = 1$ auch als Manhattan-Norm und für den Fall $\psi = \infty$ auch als Chebyshev-Norm [vgl. DREZNER et al. (2004), S. 14]. Über den Parameter ψ lassen sich damit die in der Realität häufiger anzutreffenden degressiven und progressiven Transportkostenverläufe festsetzen. Da sich das Weber-Problem nach eher abstrakten Gesetzmäßigkeiten der Raumgeometrie richtet, rückt die

Vereinbarkeit dieses Ansatzes mit den wirklichen geographischen Realitäten verstärkt in das Erkenntnisinteresse. Die neueren Standortmodelle lösen die fundamentale aber zugleich wirklichkeitsfremde Annahme auf, dass eine Strecke r_i in der Ebene zwischen zwei Punkten problemlos gezogen werden kann.

Die Schwächen des Weber-Modells beziehen sich auf den Hauptkritikpunkt der fixierten Rahmenparameter, an denen sich eine Industrieansiedelung ausrichtet. So unterstellt Weber vollkommene Informationen über die Nachfrage nach dem Industriegut in dem ebenfalls bekannten und unveränderlichen Absatzort. Die Produktionsfaktoren liegen unbegrenzt vor, wobei der Faktor Arbeit im gesamten Raum gleichverteilt ist und die ressourcenspezifischen Faktoren in bekannten Raumpunkten vorliegen. Diese Nichtberücksichtigung von Faktorpreis- und Nachfrageunterschieden entspricht nicht natürlichen Gegebenheiten.

Weiterhin ist als problematisch anzusehen, dass alle Weber-Modelle letztlich nur einer gewissen Standortgeometrie folgen und damit von trigonometrischen Lösungswegen geleitet sind. Die Varignon'sche Apparatur und die Weiterentwicklungen des Basismodells über Isotimen und Isodapanen zeigt deutlich, dass es sich bei Weber eher um eine graphisch-technische Standortbestimmung, als um eine wirtschaftswissenschaftliche Standorttheorie handelt. Die unterstellte limitationale Produktionstechnik macht aus dem Weber-Modell letztlich ein räumliches Allokationsmodell. Jedoch ist zu erwähnen, dass ein festes Faktoreinsatzverhältnis in der Produktionstechnologie eines Unternehmens über viele Jahrzehnte als die entscheidende Bestimmungsgrundlage zur optimalen Standortwahl galt. Etwa ein halbes Jahrhundert später lockerte Leon Moses 1958 in seinem Beitrag diese restriktive Annahme. Das Moses-Modell, als direkte Erweiterung des Weber-Modells, zeigt im neoklassisch-formalen Zusammenhang, dass die Grenzrate der technischen Substitution, die Vorteilhaftigkeit eines Unternehmensstandortes mitbestimmt [vgl. MOSES (1958)]. Eine Standortverlagerung, heraus aus dem transportkostenminimalen Punkt, kann neben möglichen Isodapanen und Isotimen also auch über eine Substitution der Produktionsfaktoren begründet sein. Die technische Erweiterung des Weber-Modells um den Substitutionsansatz führte zu einer in sich geschlossenen Verknüpfung der Standort- mit der neoklassischen Produktionstheorie. Sie ergänzten damit frühere und rein deskriptive Formulierungen dieser Erweiterungsmöglichkeit [vgl. PREDÖHL (1925), S. 313 f.]. Aus dieser Weiterentwicklung ergab sich nicht nur eine ökonomische Einbettung der Theorie nach Weber, sondern auch ein größerer Anwendungsbereich [vgl. KHALILI et al. (1974)]. Substitutionsmöglichkeiten der zur Produktion notwendigen Faktoren sind in der Realität in beinahe allen Fällen gegeben.

2.4.3 Das Modell räumlicher Ordnung und Zentralität

Das wohl am stärksten untergliederte Modell der statischen Raumwirtschaftstheorie orientiert sich an reinen Größenordnungen und Hierarchiestrukturen wirtschaftlicher Aktivitäten im Raum. Den Kern dieser Theorie bilden bedeutsame Raumpunkte, sogenannte „Orte räumlicher Zentralität". Die Grundzüge dieses Theoriezweiges reichen zurück in das Jahr 1933 und wurden zum ersten Mal mit dem Werk „Die zentralen Orte Süddeutschlands" von Walter Christaller in die wissenschaftliche Diskussion eingebracht. Die maßgebliche Weiterentwicklung erfolgte etwa ein

Jahrzehnt später durch Alfred Lösch. Heute hat sich der gesamte Theoriezweig als Christaller/Lösch-Modellwelt in der Literatur fest etabliert.

Während das von Thünen-Modell der Bodennutzung dem Primärsektor zugeordnet wird und das Modell industrieller Standortwahl nach Weber als ein klassisches Ansiedlungsmodell für Unternehmen im Sekundärsektor anzusehen ist, ordnet man die Christaller/Lösch-Modellwelt dem Tertiärsektor zu. Die Modellgrundzüge entstanden zu einer Zeit, in der die Tertiarisierung noch nicht sehr weit fortgeschritten war. Jedoch ist das Christaller/Lösch-Modell als Raummodell bis heute untrennbar mit dem öffentlichen und privaten Dienstleistungssektor verbunden.

Die Theorie selbst verfolgt einen deduktiven Ansatz, indem sie die optimale Raumanordnung von Produktionsstandorten herleitet. Es steht die Frage im Mittelpunkt, welchen systemischen Gesetzmäßigkeiten ungleichverteilte ökonomische Aktivitäten im Raum unterliegen. Zur Beantwortung greift die Theorie auf explizit ökonomische Erklärungen in der Nachfragestruktur zurück. Insofern grenzt sie sich vom Weber-Modell ab, da sie sich nicht ausschließlich auf das Gewicht eines Raumpunktes und räumlich differenzierte Faktorpreise fokussiert, sondern die Bedeutungsreichweite eines Produktionsstandortes zum Konsumenten untersucht. Aus diesem Ansatz leitet sich auch die Modellbezeichnung selbst ab; die Standorte der Anbieter werden als zentrale Orte bzw. Raumzentren bezeichnet, da sie inmitten des von ihnen geprägten Versorgungsbereiches lokalisiert sind. Der Größendifferenzierungsprozess im Raum ergibt sich damit aus der Reichweite der angebotenen Produkte. Hieraus resultieren Rangpositionen für zentrale (Produktions-) Standorte, da einige Güter geringere, andere Güter größere Absatzreichweiten aufweisen. Kleine Raumzentren exportieren, aufgrund ihrer schwachen Stellung, nur einen verhältnismäßig kleinen Umfang an Dienstleistungen mit niedrigem Rang in das sie umgebende Umland. Größere Raumzentren bieten, aufgrund ihrer gehobenen Raumstellung, ein umfangreicheres

Dienstleistungsangebot mit höherem Rang für die sie umgebenden kleine Zentren und die entferntere Umgebung an. Die Anzahl an Dienstleistungsbranchen und -gütern wächst mit der Bedeutung eines Raumzentrums.

Wie in den Modellen zuvor, bilden auch im Christaller/Lösch-Modell die Transportkosten einen besonderen Erklärungsbaustein. Sie sind der entscheidende limitierende Faktor in der räumlichen Verfügbarkeit einer vom Zentrum angebotenen Branchenleistung. Aus der Perspektive des Zentrums stellt eine Mindestnachfrage und Verbreitungsmöglichkeit des Produktes einen Schwellwert für Art und Umfang des eigenen Angebotes dar. Die Größe und Ausdehnung eines Raumzentrums ergibt sich damit aus dem Wechselspiel zwischen einer eingeschränkten Transportmöglichkeit, die die Ausdehnung eines Güterangebotes in einem definierten Raumumfang ermöglicht, und der produktionsspezifischen Schwelle, nach der die Nachfrage eine gewisse Mindestgröße aufweisen muss.

Aus den unterschiedlichen Größen der Raumzentren leiten sich unterschiedliche Funktionen und Aufgaben der Zentren ab. Insofern bietet das Modell auch die Möglichkeit, eine real zu beobachtende Hierarchie von Zentren und Städten in Form gewisser Größenklassen zu erklären. Unter diesem Aspekt ist das Modell noch heute für die Raumwirtschaftstheorie und für die Raumplanung bedeutsam.

Modellannahmen

Auch das Modell räumlicher Zentralität unterliegt wichtigen Annahmen. Die Hauptannahmen finden sich erneut in der Raumbeschaffenheit, in den Kosten der Raumüberwindung sowie auf der Nachfrage- und Angebotsseite.

Analog zum von Thünen-Modell wählen Christaller/Lösch ebenfalls eine homogene Landfläche als Ausgangspunkt; auf ihr ist die Bevölkerung und damit auch die Nachfrage gleichmäßig verteilt. Die Landfläche steht unbegrenzt zur Verfügung, bei einer in jedem Raumpunkt gleichen Standortqualität. Wie im von Thünen- und im Weber-Modell steigen die Transportkosten in Abhängigkeit zur Entfernung proportional. Die Transportbedingungen sind überall im Raum und in alle Richtungen gleich. Sie ermitteln sich ganz klassisch aus einem konstanten Frachtsatz und der Transportdistanz. Obwohl dem Grundlagenmodell lineare Kostenverläufen zugrunde liegen, lässt es Erweiterungen mit nichtlinearen Kostenverläufen zu.

Sowohl die Nachfrage- als auch die Angebotsseite nehmen die Güterpreise als exogen gegeben hin. Das Angebot des homogenen Gutes erfolgt im gesamten Raum. Auf Seiten der Nachfrager unterstellt man explizite Nutzenmaximierung. Diese Annahme wird nur pro forma eingebunden und spiegelt sich nicht in einer gegebenen Nutzenfunktion wider [vgl. *MAIER/TÖDTLING* (2012), S. 139]. Die Ortspreise für die Nachfrager bilden sich aus dem Ab-Werk-Preis und den entfernungsabhängigen Transportkostenaufschlag. Steigt die Entfernung eines Haushaltes zu einem anbietenden Unternehmen, so müssen höhere Transportkostensätze berücksichtigt werden und die Nachfrage verringert sich tendenziell.

In einer vereinfachten Form kann man die Marktnachfrage in funktionaler Abhängigkeit vom Preis, dem Transportkostensatz t sowie der Distanz d als

$$x = p + t \cdot d \tag{II-20}$$

darstellen [vgl. *MCCANN* (2001), S. 91]. Um Transportkosten zu sparen, beziehen die Haushalte das Gut an dem Raumpunkt, der geographisch am nächsten liegt.

Auf Seiten der Anbieter wird die Marktform des Polypols unterstellt. Es liegen gleiche Informationsstände zugrunde. Die Unternehmen sehen die Preise als gegeben an und kostenlose Markteintritte und -austritte der Anbieter sorgen dafür, dass Gewinne jederzeit abgeschöpft werden. Die Produktion eines Gutes erfolgt nur dann, wenn eine ausreichend hohe Nachfrage im Raum besteht. Nicht optimale Unternehmensstandorte führen zu einer Marktverdrängung. Die Stärke der Nachfrage nach einem Gut gibt Aufschluss über die Umsatzschwelle und die räumliche Verfügbarkeit. Alle Unternehmen besitzen eine identische Produktionstechnologie und sind mit gleichen Transportkostenfunktionen konfrontiert. Annahmegemäß treten nur Ein-Produkt-Unternehmer auf, deren Gewinnmaximierung sich durch die Absatzreichweite und durch anfallende Transportkosten restringiert.

Modellgrundzüge

Der Leitgedanke im vorgestellten Modell basiert auf der inneren und äußeren Absatzdistanz eines Gutes. Das Mindesteinzugsgebiet bildet die Voraussetzung zur Produktionsaufnahme, begrenzt aber zugleich die, aus den Transportkosten hervorgehende, maximale Absatzdistanz, den Konsumraum des Gutes. Aus Sicht der Konsumenten ist die maximale Angebotsweite eines Gutes von Bedeutung, aus Sicht der Unternehmen stellt sich der erforderliche Mindestnachfragebereich als entscheidend heraus. Diesen Sachverhalt illustriert Abbildung II-8.

Ausgehend von einer Nachfragekurve im klassischen Preis-Mengen-Diagramm verkörpert Z einen Nachfrager, der unmittelbar am Produktionsstandort positioniert ist; er fragt im Zentrum die Menge x^Z zum Preis p^Z nach. Alle vom Zentrum entfernten Nachfrager müssen, neben dem Produktpreis, den entsprechend gestaffelten Transportkostenaufschlag berücksichtigen. Die Nachfrage x wird mit größerer Distanz d schwächer, da die Transportkosten – im Basismodell linear, in weiteren Modellen progressiv oder degressiv – mitwachsen.

Abbildung II-8: Einzelnachfrage für ein Marktgebiet

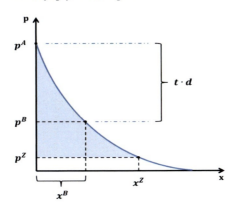

Quelle: Eigene Darstellung in Anlehnung an MCCANN (2001), S. 75.

Exemplarisch fällt im Raumpunkt B die nachgefragte Menge von x^Z auf x^B, da, aufgrund der Transportkosten, der Preis des Gutes von p^Z auf p^B steigt. Der Reservationspreis im Schaubild liegt bei p^A. Über diesen Güterpreis ist kein Konsument, wegen der zu hohen Transportkosten mehr bereit, das Gut nachzufragen. Die Nachfrageschwelle in der vereinfachten Darstellung wird durch die Preis-Mengen-Kombination $\{x^Z, p^Z\}$ indiziert. Nur bei Überschreitung dieser Schwelle tritt der Produzent als Anbieter des Gutes überhaupt in den Markt ein.

Die Abbildung II-9 überträgt die gewonnene Erkenntnis aus Abbildung II-8 in einen dreidimensionalen Raum, indem sie die konzentrische Reichweite des Absatzraumes, ausgehend von einem Produktionszentrum Z, veranschaulicht. Die Ordinate stellt nun die neue Mengenachse dar, die

Abszisse trägt die Distanz ausgehend vom Zentrum ab. Die kreisrunde Absatzreichweite ergibt sich aus der Rotation des Graphen um die Ordinate. An der Spitze des Kegels ist die Nachfrage des Zentrums abgetragen.

Abbildung II-9: Nachfragekegel für ein Marktgebiet

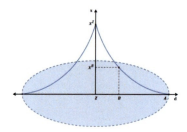

Quelle: Eigene Darstellung in Anlehnung an MCCANN (2001), S. 75.

Neben der Kreisfläche, die den Absatzraum illustriert, entsteht ein sogenannter Nachfrage- oder Preiskegel, der die Gesamtnachfrage des Gutes, ausgehend von x^Z, abträgt. Da im Zentrum selbst keine Transportkosten und damit auch keine Transportaufschläge anfallen, ist der Verbraucherpreis am niedrigsten und die Nachfrage am höchsten.

Die Nachfragedistanz d reicht bis zum Punkt A. Aufbauend auf Gleichung (20) und Abbildung 2-9 gilt für das zweidimensionale Integral der Nachfrage

$$x = \int_Z^A (p + t \cdot d)\, \mathrm{d}d \tag{II-21}$$

und für das dreidimensionale Integral des Nachfragekegels

$$\tilde{x} = \int_0^{2\pi} \left\{ \int_Z^A (p + t \cdot d)\, \mathrm{d}d \right\} \mathrm{d}\theta \ , \tag{II-22}$$

wobei die Parameter $2\pi = 360°$ und θ die zirkuläre Integration abtragen [vgl. MCCANN (2001), S. 92].

Die Analyse des Einzelunternehmens kann nun auf ein Marktgebiet übertragen werden. Unter der Annahme vollkommener Konkurrenz, würde ein Wettbewerber Z' seinen Einzugsbereich so dicht wie möglich an den Preiskegel von Z legen. Im Ergebnis sind damit alle Wettbewerber einer Güterausprägung gleich weit entfernt. Allerdings führen kreisrunde Absatzräumen nicht zu einer vollständigen Flächenabdeckung im Raum. Auch die Restflächen auf der homogenen Ebene besitzen eine Güternachfrage und führen, aufgrund dieser Tatsache, zu Markteintrittsanreizen der Unternehmen, da zusätzliche Gewinne abgeschöpft werden können. Allerdings endet dieser Eintrittsprozesse an dem Punkt, an dem sich die Absatzkreise tangential zusammenfügen und kleine Zwischenräume unversorgt bleiben. Die infolge einer tangentialen Aneinanderreihung von Güterkreisen unversorgten Einschlussflächen sind in Abbildung II-10 veranschaulicht.

Abbildung II-10: Entwicklung hexagonaler Absatzräume

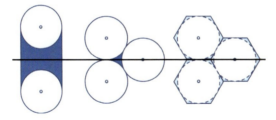

Quelle: Eigene Darstellung in Anlehnung an LÖSCH (1944/1962), S. 75.

Um den Raum vollständig auszufüllen und eine optimale Nachfrageabdeckung zu erreichen, übertragen Christaller/Lösch die Kreisflächen auf gleichseitige Sechsecke. Auf diesem Weg lösen sie das Versorgungsproblem im Raum und erreichen eine optimale Anordnung der Produktionsstandorte. Der Aufbau von Güterräumen über Hexagone als geometrisch Darstellungsform ist das Charakteristikum im Modell von Christaller/Lösch. Da die Waben direkt aneinandergrenzen, entstehen keine überlappenden Marktgebiete und undefinierte Wettbewerbsräume der Anbieter. Approximiert liegt die ursprüngliche Kreisfläche inmitten zweier Kreise mit den Radien d_i^{min} und d_i^{max} als innere und äußere Grenze des Absatzraumes. Beide Kreisgrenzen sind, aufbauend auf Abbildung 2-9, für unterschiedliche Güter auch unterschiedlich groß. Wie in Abbildung 2-11 gekennzeichnet, zeigt die Kreisfläche mit dem Radius d_i^{max} das Höchstabsatzgebiet; die Kreisfläche mit dem Radius d_i^{min} trägt die Mindestabsatzschwelle ab. Eine Produktion wird nur dann erfolgen, wenn $d_i^{max} > d_i^{min}$ gilt.

Abbildung II-11: Approximation eines Kreises zum Hexagon

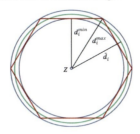

Quelle: Eigene Darstellung in Anlehnung an SCHÖLER (2005), S. 169.

Als Mittelwert bildet sich in der geometrischen Darstellung die Absatzreichweite $\tilde{d}_i$. Durch sie ist zum einen die Produktionsschwelle erreicht, zum anderen veranlassen die Randbereiche zum Markteintritt weiterer Unternehmen, wobei die Gewinne untereinander wegkonkurriert werden.

Die einzelunternehmerische Perspektive lässt sich zur weiteren Raumanalyse auf Raumnetze und Rangpositionen von Unternehmen übertragen. Für verschiedene Güter bestehen verschieden große Einzugs- und Absatzbereiche und damit unterschiedlich große Hexagone. Die Raumnetze entstehen aus einer multifunktionalen Anwendung der Wabenstruktur. Das Gesamtangebot an Gütern an einem bestimmten Ort ist umso höher, je größer die unterschiedlichen Produktreichweiten sind. Wie Abbildung II-12 zeigt, lassen sich somit über verschiedene Güterkategorien auch verschieden große Hexagone ineinander setzen.

Abbildung II-12: Hierarchie von Raumzentren

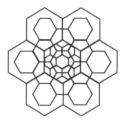

Quelle: Eigene Darstellung in Anlehnung an SCHÄTZL (2003), S. 77.

Die Abbildung zeigt ineinander versetzte Hexagone, sodass sich, aufgrund der Produktvielfalt, eine Staffelung von Raumzentren über die angebotene Gütermenge ergibt. Ein bedeutungsarmes Zentrum bietet nur das Gut 1 über die Menge x_1 mit der relativ geringen Reichweite d_1^{min} an. Ein etwas größeres Zentrum offeriert neben dem Gut 1 mit der Menge x_1 auch zusätzlich das Gut 2 in der Menge x_2, das ein mittleres Absatzgebiet umfasst. Ein darüber hinaus ragendes Raumzentrum, das sich einer starken Nachfrageweite gegenübersieht, produziert zusätzlich zu den schwächer dimensionierten Gütern 1 und 2 ein Gut 3 in der Menge x_3. Es versorgt alle drei Raumzentren mit Gütern. Die Raumnetze sind bis zu Gütergruppen x_n beliebig erweiterbar.

Das System der Absatzbereiche besitzt eine eigene Nomenklatur, die direkt auf Christaller und Lösch zurückgeht. Der Angebotsraum eines einzelnen Gutes, der durch ein Hexagon eingeschlossen wird, ist als „k-1-System" zu finden. Daran gliedern sich in den zwei nächst höheren Formen das „k-3-System" und das „k-9-System" [vgl. CAPELLO (2007), S. 71]. In dieser Systematik lassen sich Raummerkmale im Güterangebot bzw. die Standorte wirtschaftlicher Aktivität im Raum als Marktnetze charakterisieren und kategorisieren. Der Begriff Marktnetz leitet sich aus den zu versorgenden Orten im direkten Umkreis eines Zentrums ab. Abbildung II-13 illustriert ein Marktnetz der Kategorie „k-9".

Abbildung II-13: Struktur eines k-9-Systems

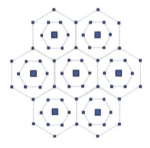

Quelle: Eigene Darstellung in Anlehnung an SCHÄTZL (2003), S. 77.

Am Beispiel von Abbildung II-13 versorgt jedes ranghöhere Raumzentrum zunächst sich selbst, dann die sechs umliegenden Orte in direkter Nähe und zu einem Drittel die sechs Orte am Rand des Hexagons. Raumzentren mit Gütern und Dienstleistungen niedriger Ordnung besitzen im Marktnetz eine relativ schwache Position. Es sind einfache und rangniedrige Güter und Dienstleistungen des täglichen Gebrauchs mit vernachlässigbaren Transportkosten, die problemlos in jedem Raumzentrum angeboten werden können. Wenig stark nachgefragte Güter besitzen weitmaschigere Sechsecke, da das Angebot dieser Güter und Dienstleistungen sich nur an wenigen Orten lohnt. Sie bilden die erste Oberebene eines Netzes, ein „k-3-System". Ihr Raumzentrum wird als „Marktort" bezeichnet. Im „k-9-System" stellen die Orte höchster Hierarchie Absatzgebiete von nur äußerst selten nachgefragten Gütern dar, ihre Zentren werden „Amtshauptort" genannt; Christaller differenzierte darauf aufbauend zwischen insgesamt sechs weiteren Rangstufen [vgl. CHRISTALLER (1933/1960), S. 6].

Die Hierarchiestufen finden sich auch bei Stadttypen, die unterschiedliche Aufgaben und administrative Funktionen ausüben. Vor diesem Hintergrund steht die Christaller/Lösch-Modellwelt nahe an einem zentralplanerischen System, in dessen Optimierungs- bzw. Allokationskalkül ein Raumbereich mit möglichst wenigen Raumzentren oder mit einer bestimmten Gütervielfalt versorgt werden soll. Hierfür entwarfen Christaller/Lösch drei Strukturprinzipien für Marktnetze; das Marktprinzip, das Verkehrsprinzip sowie das Verwaltungsprinzip. Zwischen den drei Prinzipien gibt es kein dominantes System, „es kann sich hierbei einmal um die Abstände der zentralen Orte voneinander, zum anderen um die typischen Größen der zentralen Orte handeln, außerdem um Änderungen der Lage und der Anzahl der zentralen Orte" [CHRISTALLER (1933/1960), S. 113].

Dem ersten räumlichen Versorgungsprinzip, dem Marktprinzip, liegt eine effiziente Anordnung von Einzelmärkten um kleine Zentren zugrunde. Das Optimierungskalkül richtet sich auf die Minimierung der Entfernungs- bzw. Transportkosten. Es verfolgt die Versorgung einer Raumeinheit mit möglichst nahe gelegenen Gütern sowie Infrastruktureinrichtungen und öffentlichen Leistungen. Das „Verkehrsprinzip" verfolgt das Ziel, die Zentren mit minimalen Kosten zu verbinden. Dafür verschieben sich die tiefsten Hierarchiestufen von den Eckpunkten des Hexagons zu den Seitenlinien, um kürzere Transportstrecken zu realisieren. Nach dem Verkehrsprinzip sollen möglichst viele zentrale Orte mit einer Verkehrsachse verbunden sein. Das von Christaller in die

Diskussion eingeführte „Verwaltungsprinzip" will Zentren geringeren Ranges innerhalb der (Verwaltungs-) Reichweite eines Zentrums höheren Ranges platzieren. Dieses Prinzip ist noch immer von hoher Bedeutung für die administrative Raumplanung [vgl. CAPELLO (2007), S. 67].

Aufbauend auf diese drei Prinzipien erfuhr die eher statische Modellwelt von Raumzentren und Raumnetzen über Modifikationen ganz neuen Auftrieb [vgl. MAIER/TÖDTLING (2012), S. 145 f.; MULLIGAN (1984)]. Die Weiterentwicklung des Christaller/Lösch-Ansatzes zielte vor allem auf die Minimierung der Anzahl der Produktionsstandorte und der flächendeckenden Versorgung eines Raumes zu minimalen Kosten. Gleichzeitig versucht er, eine gewisse Dynamisierung in das Modell einzubinden, indem in einem Teil des Wabennetzes die Transportbedingungen verändert oder andere Annahmen für die konkrete Angebots- und Nachfragesituation integriert wurden. Diesen methodischen Neuerungen liegen Verschiebungen gleich mehrerer Marktnetze für einen bestimmten Raum zugrunde. Über die verschiedenen Netze lassen sich dann die vom Raum zu erfüllenden Funktionen einbinden. Veranschaulicht kann dieser Ansatz werden, indem man mehrerer funktionaler Marktnetz-Schablonen aufeinanderlegt und entsprechend rotiert. Diese neu entstandenen Formen ähneln nur noch sehr selten den ursprünglichen Marktnetzen, wie Abbildung II-14 zeigt.

Abbildung II-14: Modifikation von Raumzentren und Raumnetzen

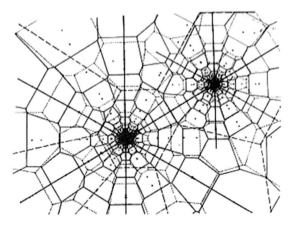

Quelle: ISARD (1956), S. 272.

Schlusswort

Zusammenfassend bildet die Christaller/Lösch-Modellwelt einen nachvollziehbaren Weg ab, um versorgungsoptimale (Struktur-) Gesetzmäßigkeiten im Raum aufzuzeigen. In Abgrenzung zu den bereits vorgestellten produktionsorientierten Modellen, handelt es sich beim Christaller/Lösch-Modell um ein klar absatzorientiertes Modell. Im Ergebnis charakterisiert es eine Landschaft mit hexagonalen Marktnetzen und einer Hierarchie von zentralen Raumpunkten.

Der Vorteil der Theorie zentraler Orte besteht darin, dass je nach Untersuchungsabsicht verschiedene Aggregationsgrade und Größeneinheiten Anwendung finden können. Aus ökonomischer Perspektive hervorzuheben bleibt, dass Christaller/Lösch die Homogenitätsannahme der Fläche aus dem von Thünen-Modell beibehalten. Aufgrund dieser Annahme können die Modellaussagen stets generalisiert werden. Darüber hinaus entwirft das Modell eine Raumstruktur, die für Untersuchungszwecke als Referenzpunkt hilfreich ist. Diese Theorie ermöglicht nicht nur, Metropolregionen und Trabantenstädte, sondern auch Phänomene wie das Stadt-Land-Gefälle genauer zu analysieren.

Als ein Nachteil der Modellwelt erweisen sich die räumlichen Distanzen und isomorphen Verkehrsnetze, die die Bedeutung eines Raumzentrums bestimmen. Das Beziehungsgeflecht der räumlichen Ordnung und Zentralität ist relativ starr und stützt sich vor allem auf die eigenen Nachfrageregionen der Zentren. In der Realität zeigt sich aber häufig, dass auch kleine Zentren Produkte in große Raumzentren ausführen [vgl. RICHARDSON (1972), (1973)]. Darüber hinaus lässt die Grundannahme einer gleichverteilten Bevölkerung im Raum eine Migration von Haushalten nicht zu. Diese Arbeitskräftewanderung von Raumpunkten schwacher Stellung zu Orten hoher Hierarchie wäre aber zu erwarten. Zudem wird im Modell ausgeblendet, dass in unterschiedlichen Absatzgebieten auch eine variierende Kaufkraft der Nachfrager existiert.

Im Kontext der Verdichtung räumlicher Aktivität im Raum ist anzumerken, dass sich im Modell zentrale Bezugspunkte herausbilden, die den Ausgangspunkt für eine spätere Agglomeration darstellen könnten. Insofern steht die Christaller/Lösch-Theoriewelt nahe an der Neuen Ökonomischen Geographie. Anders als beim von Thünen-Modell sind die zentralen Orte nicht ex-ante gegeben, sondern erwachsen endogen. Darüber hinaus steht die Theorie zentraler Orte nahe an der Neuen Ökonomischen Geographie, da sie Raumpunkte hoher Hierarchie durch ein größeres Produktangebot kennzeichnet. Allerdings sollte die Christaller/Lösch-Theoriewelt nicht überinterpretiert werden, da beide Autoren keine Agglomerationstheorie verfolgten. Zu diesem Punkt konstatiert Lösch nur, dass Agglomerationen „aus dem Gegenspiel rein ökonomischer Kräfte [...], von denen die einen auf räumliche Versammlung hinwirken, die anderen auf Zerstreuung" [LÖSCH (1944/1962), S. 72] entstehen.

Näher als der Agglomerationstheorie steht das Christaller/Lösch-Modell der Stadtökonomik als Einzeldisziplin der Raumwirtschaftstheorie. Durch die getroffenen Annahmen können Städte ähnlicher Größe über gleiche Rangstufen systematisiert werden, etwa um verwaltungspolitische Strukturen aufzubauen [vgl. CLARK (1945)]. Die wenigen aktuellen Weiterentwicklungen des Basismodells finden sich in der Berücksichtigung stochastischer Einflussfaktoren, in unterschiedlichen Produktionstechnologien sowie in dem Ansatz, dass nicht ausschließlich die Zentren, sondern auch die Güter selbst kleine Marktnetze bilden können [vgl. FUJITA et al. (1999)].

2.5 Zwischenfazit

Das raumwirtschaftliche Denken existierte in der geographischen Wissenschaft lange bevor die Ökonomie sich diesem Thema annahm und eine eigene Wissenschaftsdisziplin unter der Bezeichnung Raumwirtschaftstheorie entwickelte. Der Transfer der neoklassischen Theorie in einen raumrelationalen Kontext gelang, indem die Annahmen von Punktökonomien und der Grundsatz eines räumlich undifferenzierten Handelns der Akteure fallen gelassen wurden. Vor diesem Hintergrund waren die Vorstellungen der Wirtschaftsgeographie nach einem kontextuellen Zugang zu räumlichen Phänomenen ein wichtiger Wegbereiter der Raumwirtschaftstheorie. Die räumliche Dimensionierung wirtschaftlicher Aktivität zielt bei der Raumwirtschaftstheorie auf eine regionale Ebene. Diese disaggregierten Teilräume eines volkswirtschaftlichen Gesamtraumes besitzen die Eigenschaft, raumdifferenzierte Wechselbeziehungen zwischen den Akteuren aufzuzeigen, die stärker und intensiver als auf nationaler Ebene sind. In diesem Erklärungszusammenhang gibt die Raumwirtschaftstheorie theoretische und praktische Antworten und Empfehlungen auf konkrete Fragestellungen der Regional- und Strukturpolitik. Die empirische Raumforschung gewann vor dem Hintergrund der Globalisierung stark an Bedeutung. Aus Sicht der Ökonomie sind wirtschaftliche Aktivitäten im Raum nur in den seltensten Fällen das Ergebnis einer rein zufälligen Entstehung und Verteilung. Die Raumwirtschaftstheorie verfolgt das Ziel, allgemeingültige Theorien auf Basis von Raummodellen zu entwerfen, die die Gesetzmäßigkeiten hinter der Art und dem Umfang wirtschaftlicher Aktivität im Raum zeigen.

Das Modell der industriellen Standortwahl nach Alfred Weber ist der prominenteste Erklärungsansatz. Er orientiert sich an der natürlichen Faktorausstattung und prägte den Begriff des Standortfaktors. In Abgrenzung zu diesem naturdeterministischen Ansatz besitzt die Raumökonomie das Erkenntnisinteresse, räumliche Strukturen auf homogenen Flächen, also unter Abstraktion aller natürlichen Erscheinungen, zu erklären. Dieser zweite analytische Forschungszweig, dem das von Thünen-Modell und das Christaller/Lösch-Modell zuzuordnen sind, baut einen generalisierenden Raumzusammenhang auf. Während im produktionsseitigen von Thünen-Modell die Transportkosten ein Zentrum-Umland-Muster bestimmen, fungieren die Transportkosten im Christaller/Lösch-Modell als ein absatzorientierter Erklärungsbaustein.

Allen raumrelationalen Modellen liegt zugrunde, dass Raumfragen zunächst Entfernungsfragen nach sich ziehen und damit Standortentscheidungen von Transportdistanzen und Transportkosten abhängig sind [vgl. SCHÖLER (2010), S. 5]. Das Primat der Transportkosten findet sich sowohl aufseiten der Faktorbeschaffung als auch aufseiten des Güterabsatzes. Aufgrund des zeitgeschichtlichen Kontextes stellen alle drei vorgestellten Ansätze stark reduzierte Modelle unter restriktiven Annahmen dar. Die statischen Partialmodelle basieren unterschiedlich stark auf einer Raumgeometrie, was ihren ökonomischen Mehrwert eingrenzt. In vielen Ansätzen sind schon damals Versuche zu erkennen gewesen, diese Modelle zu Totalmodellen weiterzuentwickeln; allerdings war dies in der damaligen Zeit noch nicht zu leisten. „Die simultane Behandlung der Entscheidung einer Vielzahl von Produzenten in einem Modell, in dem Agglomerationsvorteile quantifiziert werden, ist wegen der Komplexität der Zusammenhänge nicht möglich" [BÖVENTER (1979), S. 28].

III Agglomerationstheorien und Neue Ökonomische Geographie

3.1 Kapitelüberblick

Die traditionellen Standortmodelle und Standorttheorien haben eine begrenzte Aussagekraft, wenn die Entstehung und Entwicklung von Agglomerationen aufgezeigt werden soll. Standortfragen löst die Theorieweilt „1. Generation" hauptsächlich über Transportkosten und räumlich differenzierte Einflüsse; diese einseitige Sicht, nach der Kostenvorteile zu Agglomerationsvorteilen führen, greift allerdings zu kurz und ist wissenschaftlich kaum generalisierbar. Die Modelle „2. Generation" behoben diese Erklärungsschwäche, da sie die Perspektive um räumliche Externalitäten und um Interdependenzen zwischen den Wirtschaftssubjekten im Raum erweiterten. Analog zu unternehmensinternen Skalenvorteilen in der Produktion bestehen nach dieser Perspektive auch unternehmensexterne Skalenerträge, die eine räumliche Verdichtung wirtschaftlicher Aktivität fördern. Diese Externalitäten, auch als *second nature*-Effekte bezeichnet, werden im kommenden Kapitel zunächst systematisch vorgestellt und zueinander abgegrenzt.

Das sich daran anschließende Kapitel erörtert die Grundzüge der Agglomerationstheorie und umreißt die entsprechenden Entwicklungsprozesse, die zur Entstehung und zur Auflösung einer Agglomeration führen. Aufbauend auf dieses Kapitel werden die ökonomisch geleiteten Agglomerationstheorien kurz vorgestellt. Bei vielen Theorien, insbesondere den älteren Erklärungsansätzen, liegt allerdings kein umfassender und theoriegeleiteter Erklärungsanspruch vor. Aufgrund dieser Tatsache fungieren sie auch als ökonomische Agglomerationstheorien im weiteren Sinne. Allerdings legen diese eher deskriptiven Theoriebausteine eine bedeutsame Grundlage für die später entworfene und theoretisch-konsistente Neue Ökonomische Geographie. Alle fünf vorgestellten Theoriestränge finden sich als wichtige Einflussgrößen in unterschiedlicher Dominanz im späteren Theorierahmen wieder.

Nachdem das Neue an der Neuen Ökonomischen Geographie kurz herausgestellt und gewürdigt wird, stellt das kommende Hauptkapitel das Kern-Peripherie-Modell und damit das Basismodell der Neuen Ökonomischen Geographie im Detail vor. Der Einstieg in die Modellwelt „2. Generation" über das Basismodell ist allein deshalb sinnvoll, da der formale Aufbau noch sehr verständlich ist; neuere Modelle erscheinen in der Notation wesentlich ausschmückender.

Das Modell wird schrittweise aufgebaut, vorgestellt und diskutiert; dies trifft insbesondere auf die formale Notation zu, die zusätzlich im Anhang in vollständiger Form aufgeführt ist. Nach dem Vortragen und der zusammenhängenden Interpretation aller Einzelbausteine im Modell erfolgen die Modellnormierung und eine Modelllösung auf Basis einer numerischen Simulation. Das Gesamtkapitel schließt mit der Darstellung der Modellergebnisse auf Basis der zuvor vorgestellten ökonomischen Agglomerationstheorien im weiteren Sinne. Zudem werden aus den Ergebnissen wirtschaftspolitische Implikationen abgeleitet.

3.2 Standortmodell der „2. Generation"

Die gesamte ältere Modellwelt der Raumwirtschaftstheorie steckte bis Anfang der 1990er Jahre in einer Art Sackgasse. Obwohl viele raumrelationale Modelle einen Erklärungsgehalt für einzelne raumwirtschaftliche Phänomene besaßen, blieb eine Weiterentwicklung zu einem räumlichen Totalmodell versperrt. Dies lag insbesondere daran, dass die klassischen Modelle und Theorien zu verschiedenartig waren, um sie vernünftig miteinander zu verbinden. Der größte Mangel, der letztlich auch die sukzessive Abkehr der Ökonomie von raumwirtschaftlichen Fragestellungen begründete, bestand jedoch darin, dass die Entstehung von Agglomerationen bis Mitte der 1990er Jahre nicht zufriedenstellend theoretisch beantwortet werden konnte [vgl. SCHÖLER (2010), S. 5]. Das prägende Raumphänomen dieser Zeit blieb damit aus Sicht der Ökonomie ohne jeden theoretisch geleiteten Erklärungszusammenhang. Es ist der Pionierleistung von Paul Krugman zu verdanken, dass der fachliche Generationenwechsel vonstattenging. Aufgrund dieser Zäsur wird seither zwischen den zwei Modellwelten der „1. Generation" und der „2. Generation" unterschieden. Die Klassifizierung über Generationen findet sich dabei vor allem im deutschsprachigen Raum, da sich die synonymen angelsächsischen Bezeichnungen *first nature* und *second nature* nicht sprachlich scharf übersetzen lassen.

Die Unterscheidung zwischen *first nature* und *second nature* Theorien brachte Krugman in die wissenschaftliche Diskussion ein und diese gilt mittlerweile als die unumstößliche Kennzeichnung. Bei der Festsetzung dieser Unterscheidung ließ er sich vom Buch „Nature's Metropolis: Chicago and the Great West" des Wirtschaftshistorikers William Cronon leiten, der die Gründe des wirtschaftlichen Aufstieges und die rasche Expansion der Großregion Chicago im 19. Jahrhundert detailliert untersuchte [vgl. *KRUGMAN* (1993), S. 129]. Nach der Darstellung Cronon's waren es weniger die *first nature* Aspekte, die den Aufstieg Chicagos begründeten, sondern insbesondere die *second nature* Kräfte; „a new geographic order, the ,second nature' of capital, was superimposed upon the ,first nature' of the Great West" [*PAGE/WALKER* (1994), S. 152]. Überträgt man diesen Gedanken auf die zwei Modellwelten der Raumwirtschaftstheorie, so lässt sich der Aufstieg der Großregion Chicago nicht schlüssig und widerspruchsfrei nur über raumrelationale Modelle „1. Generation" erklären. Chicago besaß am Anfang keine geographisch exponierte Lage, keine Vorteile in der natürlichen Faktor- und Ressourcenausstattung; sein kleiner Hafen am Lake Michigan spielte keine große Rolle und der Chicago-River, der die Stadt in zwei Hälften teilt, war noch nicht einmal navigierbar. Demzufolge erwiesen sich vor allem die Ursachen „zweiter Natur" dafür verantwortlich, dass Chicago zu einer Metropolregion mit einer Million Einwohnern im Jahr 1890 und schon zwei Millionen knapp 20 Jahre später aufstieg. Die fortwährende Zusammenballung wirtschaftlicher Aktivität am Standort Chicago wurde vor allem begründet über die starke wirtschaftliche Stellung der Stadt als zentraler Marktplatz bzw. „gateway city" [*CRONON* (1991), S. 263] für Handel- und Gewerbetreibende. Aus der räumlichen Ballung von Haushalten und Unternehmen heraus entstanden weitere Zuflüsse; dem Zuzug von Unternehmen folgten Arbeiter und vice versa. Die starke Einbindung Chicagos in das Eisenbahnnetz in den 1880er Jahren ließ die Stadt überdies zu einem bedeutsamen Verkehrsknotenpunkt weit über den Bundesstaat Illinois hinaus aufsteigen. „Chicago and its hinterland were joined together by more than trade in resource commodities; they were enmeshed in a mutually sustaining dynamic of rising productivity on the farm and in the factory" [*PAGE/WALKER* (1994), S. 157]. Das rasante Wachstum der Metropole war kurzum untrennbar mit gewissen ökonomischen und sich vor allem selbstverstärkenden Wirkungsmechanismen verbunden.

Zusammenfassend kann festgehalten werden, dass vor allem *first nature* Aspekte eine Ansiedelung begünstigen, *second nature* Aspekte aber letztlich die entscheidende Triebfeder zu einer weiteren Verdichtung wirtschaftlicher Aktivität darstellen. Zudem sollte man bei der Erklärung der Agglomerationen im Raum zu *second nature* Gründen greifen, da sie nachweislich ohne kennzeichnende und entwicklungsförderliche Raummerkmale und Raumeigenschaften entstanden [vgl. *OTTAVIANO/THISSE* (2004), S. 2565]. Eine Überlegenheit des einen Theorieansatzes über den anderen lässt sich nicht klar begründen. Es handelt sich, wie Abbildung III-1 zeigt, um zwei grundsätzlich unterschiedliche Herangehensweisen in der Erklärung von Art und Umfang wirtschaftlicher Aktivität im Raum.

Abbildung III-1: Standorttheorien „1. Generation" und „2. Generation"

Standort- und Agglomerationstheorien	
„1. Generation" / „first nature"	„2. Generation" / „second nature"
Natürliche Faktorausstattung einer bestimmten Raumlage	Homogene Landfläche / keine Eigenschaften des Raumes
Exogen gegebenen Einflüsse und Eigenschaften des Raumes	Endogene und sich selbst verstärkende Wirkungsmechanismen
Bsp.: Rohstofflagerstätten, Klima, Bodenfruchtbarkeit, topographische Lage	Bsp.: Positive Externalitäten pekuniärer und nicht-pekuniärer Art

Quelle: Eigene Darstellung.

Ehe die *second nature* Aspekte zur neuen und dominanten Wissenschaftsausrichtung der Raumwirtschaftstheorie avancierten, erlebte die Modellwelt der „1. Generation" noch einen letzten kleinen Aufstieg, indem sie sich dem eher betriebswirtschaftlichen Feld der Unternehmensforschung bzw. *operations research* öffnete. Dieser Forschungszweig untersucht Raumpositionierungs- und Allokationsfragen von Unternehmen und öffentlichen Einrichtungen auf Basis einer Standortoptimierung unter Restriktionen. In enger Anlehnung an das Weber-Modell wird eine Standortwahl also gänzlich in ein spezifisches Optimierungskalkül eingebettet [vgl. *OTTAVIANO/THISSE* (2005), S. 1709]. Die Modelle innerhalb der *operations research* besitzen auf die jeweilige Untersuchungsabsicht speziell abgestimmte Optimierungsmethoden, die bei komplexen bzw. multikriteriellen Standortbestimmungen durchaus zu mathematisch ausufernden und damit stark abstrakten Modellen führen [vgl. *HANSEN* et al. (1996)].

3.3 Bedeutung und Ausprägungsformen räumlicher Externalitäten

Externe Effekte gehören zu den klassischen und traditionellen Erklärungsansätzen der ökonomischen Theorie. In der ökonomischen Literatur sind sie als Effekt definiert, der entsteht, wenn sich die ökonomischen Aktivitäten eines Wirtschaftssubjektes auf die Zielfunktion eines anderen Wirtschaftssubjektes auswirken, ohne dass dieses einen Einfluss auf die Form und das Ausmaß des Effektes besitzt [vgl. *FRITSCH* (2011), S. 80]. Grundsätzlich unterscheidet man zwischen positiven und negativen externen Effekten. Positive Externalitäten stellen vorteilhafte Effekte in einem Raum dar, die zu einer Verdichtung wirtschaftlicher Aktivitäten führen; negative Externalitäten ziehen in der Standort- und Raumökonomie Lokalisationsnachteile nach sich. Anders als in der klassischen Wohlfahrtstheorie, in der sowohl positive als auch negative Externalitäten eine ineffiziente Allokation von Gütern und Produktionsfaktoren hervorrufen und zum Marktversagen führen, sind positive Externalitäten in der Raumwirtschaftstheorie nachdrücklich wünschenswert [vgl. *MAIER/TÖDTLING* (2012)].

Die ersten systematischen Betrachtungen positiver Externalitäten wurden meist aus der neoklassischen Produktionstheorie oder direkt aus vorherrschenden Konzentrationen wirtschaftlicher Aktivität im realen Raum deduziert.

Erst seit den 1990er Jahren greift die Raumwirtschaftstheorie auf eine breit akzeptierte Klassifizierung räumlicher Externalitäten zurück. Orientiert man sich nur auf die Standortansiedelung und damit auf den Produktionssektor einer Ökonomie, erfolgt die Argumentation zwangsläufig über die Produktionstechnologie. Infolge dieses Erklärungsansatzes werden positive Externalitäten auch mit Skalenvorteilen in der Produktion gleichgesetzt. Die erste Stufe der Klassifizierung ergibt sich je nachdem, ob man den Effekt des Skalenvorteils für ein einzelnes Unternehmen, für Unternehmen einer Branche oder für die Gesamtheit eines räumlich konzentrierten Produktionssektors untersucht. Entsprechend liegen „interne Skalenvorteile" vor, wenn standortbegünstigende Effekte für ein einzelnes Unternehmen untersucht werden und „externe Skalenvorteile", wenn eine Ballung mehrerer Unternehmen im Fokus der Untersuchung steht; Skalenerträge können also unternehmensintern und unternehmensextern auftreten.

Interne Skalenvorteile aber können, isoliert betrachtet, keine Verdichtung wirtschaftlicher Aktivität begründen. Sie sagen lediglich aus, dass die Herstellung eines Gutes in einem Unternehmen – und damit an einem Ort – zu sinkenden Stückkosten führt. Mit anderen Worten; jede zusätzlich hergestellte Einheit wird kostengünstiger produziert als die vorhergehende. Interne Skalenvorteile allein sind damit nicht ausreichend zur Erklärung von Konzentrationen unterschiedlicher Unternehmen an einem Raumpunkt. Insofern bedarf es einer erweiterten Perspektive über das Einzelunternehmen hinaus. Dies gelingt, wenn man externe Skalenvorteile zur Gesamtbetrachtung hinzuzieht. Im Gegensatz zu internen Skalenvorteilen verschwimmt jedoch die genaue Reichweite externer Skalenvorteilen etwas, da eine Mehrzahl sich gegenseitig positiv beeinflussender Unternehmen auf einer relativ kleinen Branchenebene oder auf einer relativ großen Sektorenebene liegen kann. Ganz allgemein lassen sich produktionsspezifische Externalitäten, wie in Abbildung III-2 dargestellt, untergliedern.

Abbildung III-2: Klassifizierung positiver Externalitäten

Positive Externalitäten / Skalenvorteile in der Produktion	
Interne Skalenvorteile	Externe Skalenvorteile
Pekuniäre Skalenvorteile	Technologische Skalenvorteile	

Quelle: Eigene Darstellung.

Interne Skalenvorteile differenziert die Literatur weiter in die beiden Bereiche „pekuniäre Skalenvorteile" und „technologische Skalenvorteile". Unter pekuniären Skaleneffekten werden sämtliche Kostenvorteile für eine Unternehmung zusammengefasst, die im Marktprozess selbst verankert sind [vgl. *CHANDRA/SANDILANDS* (2006)]. Sie finden sich in den Markttransaktionen zwischen den Akteuren und damit auch im Preismechanismus. Dem gegenüber umfassen technologische Effekte alle vom Marktprozess losgelösten Ursachen, die zu Kostenvorteilen in der Produktion eines Unternehmens führen; synonym werden daher auch häufig die Bezeichnungen „physische Skalenvorteile" oder einfach „nicht-pekuniäre Effekte" für diesen Bereich gebraucht. Der produktionstechnische Skalenvorteil eines Unternehmens selbst leitet sich aus den fallenden Durchschnittskosten der Produktion bei einer Ausweitung des Produktionsumfangs ab. In der Einzelbetrachtung ist ein Unternehmen mit einer derartigen Produktionstechnologie immer bestrebt, seine Produktionsstandorte zu konzentrieren und die Produktionsmenge auszudehnen. Diese zwei möglichen Wege ermöglichen dem Unternehmen selbst, etwa in Form gewonnener Marktanteile, zu wachsen. Insofern muss bei internen Skalenerträgen das Dogma vollkommener Konkurrenz aufgegeben und eine Marktform unvollständigen Wettbewerbs unterstellt werden.

In Abgrenzung zu internen Skalenerträgen hängen externe Skalenerträge nicht von der Größe eines einzelnen Unternehmens, sondern von der Vielzahl der Unternehmen einer Branche oder eines gesamten Produktionssektors ab. Es handelt sich demnach um Skalenerträge, die durch die Konzentration von unterschiedlichen Unternehmen oder innerhalb eines Verbunds von artgleichen Unternehmen auftreten. In jedem Fall hängen die Stückkosten eines Unternehmens von der Konzentration insgesamt ab, innerhalb derer es produziert. Die Skalenvorteile werden erzielt, da ein Verbund an Unternehmen kostenärmer operiert als ein Einzelunternehmen. Wächst etwa eine Unternehmensbranche in einer Region, so stellen sich über alle betroffenen Unternehmen hinweg Durchschnittskostensenkungen ein, unabhängig davon, ob ein einzelnes Unternehmen seine Produktion nun ausdehnt oder nicht. Es liegen somit äußere Verbund- und Synergievorteile vor, durch die das Dogma der vollkommenen Konkurrenz prinzipiell sogar beibehalten werden könnte. Im einfachsten Fall resultieren aus einer räumlichen Nähe Transportkosteneinsparungen. Sieht man von Transportkosten ab und berücksichtigt exemplarisch ein nicht handelbares Gut, so können allein aus der Nähe zweier Unternehmen arbeitsteilige Prozesse hervortreten, die zu Spezialisierungen und damit zu internen Skalenerträgen führen. Aus externen Skalenerträgen können demgemäß auch interne Skalenvorteile der Produktion resultieren.

3.3.1 Marshall-Systematik

Die eigentliche Idee räumlich wirkender externer Skalenvorteile geht auf Alfred Marshall und sein Werk „Principles of Economics" (1890) zurück. In diesem Klassikertext arbeitet er im dritten Kapitel zum Thema „localization" drei wesentliche Determinanten für konzentrierte Lokalisierungen heraus. Er unterscheidet zwischen „physical conditions" [MARSHALL (1890/1989), S. 223], also natürlichen Raumeigenschaften, „the patronage of a court" [MARSHALL (1890/1989), ebd.], dem Patronat durch den Adelsstand, sowie „those very important external economies" [MARSHALL (1890/1989), S. 221]. Den dritten Punkt der externen Erträge stufte er selbst als den bedeutungsstärksten Effekt ein [vgl. HENDERSON (2003)]. Seine Denkansätze, die vor allem Untersuchungen von Industrielandschaften in England entstammten, ragten insofern heraus, da er mit der dritten Determinante einen völlig neuen Erklärungsweg in der Standortfrage einzelner und mehrerer Unternehmen einschlug. Galten bislang die unternehmerischen Transportkosten und der natürliche Raum als maßgebliche Bestimmungsgrößen in der räumlichen Standortwahl, so wurden diese nun von externen Erträgen als die dominante Erklärungsform für Einzelstandortfragen und Verdichtungen im Raum abgelöst.

Die externen Erträge entwickelten sich zum zentralen Erklärungsbaustein. Marshall sieht externe Erträge als „[...] economies arising from an increase in the scale of production [...] dependent on the general development of the industry" [MARSHALL (1890/1989), S. 221]. Auf ihn geht, wenig überraschend, auch die bekannteste Systematik zur Einteilung externer (Skalen-) Erträge zurück. Obwohl er sie nicht explizit herausstellt, ergaben die verschiedenen Lese- und Interpretationsarten seines Buches von Raumtheoretikern in der Folgezeit eine Untergliederung in insgesamt drei Bereiche. Eine Ballung ökonomischer Aktivität im Raum kann das Ergebnis einer bestehenden „Marktdichte" und einer gewissen „Marktgröße" sein; ferner besteht die Möglichkeit, dass sich auch „technologische Externalitäten" für die Konzentration von Unternehmen und Arbeitskräften in einem Raumpunkt verantwortlich zeigen [vgl. PAPAGEORGIOU (1978a)].

Abbildung III-3: Klassifizierung räumlicher Externalitäten nach Marshall

Externe Skalenvorteile		
Externalitäten der Marktdichte	Technologische Externalitäten	Externalitäten der Marktgröße

Quelle: Eigene Darstellung.

Marshall verfolgte mit seiner Einteilung einen branchenspezifischen Ansatz, bei dem alle drei Ausprägungsformen in ihrer Reichweite räumlich begrenzt auftreten. Sie zeigen auf, dass ein einzelnes Unternehmen, das in direkter Nachbarschaft zu anderen Unternehmen steht, in vielerlei Punkten profitieren kann [vgl. PAPAGEORGIOU (1978b)]. Noch heute besitzt dieser Dreiklang an Agglomerationsursachen in der wissenschaftlichen Diskussion eine bedeutsame und unangefochtene Stellung [vgl. KRUGMAN (2010), S. 11]. Andere Bezeichnungen sind gegebenenfalls durch eine abweichende Semantik, nicht aber durch eine inhaltliche Ablehnung zu begründen.

Das Konzept dichter Märkte

Unter Verdichtung versteht man grundsätzlich die Stärke der Verzahnung eines Absatzmarktes für Güter und Dienstleistungen mit einem Nachfragemarkt für Arbeitskräfte. Es liegen demnach Verbundvorteile für Unternehmen und Haushalte zugleich vor. Der Vorteil dichter Märkte besteht unabhängig davon, ob Einzelunternehmen verschiedener Wirtschaftszweige oder Unternehmen einer Branche konzentriert sind. Allein die regionale Konzentration vieler Anbieter und Nachfrager des Produktionsfaktors Arbeit ist wechselseitig positiv; „ *[...]* in all but the earliest stages of development a localized industry gains a great advantage from the fact that it offers a constant market for skill. Employers are apt to resort to any place where they are likely to find a good choice of workers with the special skill which they require; while men seeking employment naturally go to places where there are many employers who need such skills as theirs and when therefore it is likely to find a good market" [*MARSHALL* (1890/1989), S. 225 f.]. Die Bezeichnung *labor market pooling* hat sich als Zweitbezeichnung für regional konzentrierter Arbeitsmärkte mittlerweile weitestgehend etabliert.

Die wechselseitigen Vorteile bestehen bei zusammengeschlossenen Arbeitsmärkten für beide Akteure in gleicher Art. Es liegen sogenannte *matching*-Vorteile vor. Die Unternehmen als Nachfrager des Faktors Arbeit sichern sich gegen einen Mangel an Arbeitskräften ab. Die Haushalte als Anbieter des Faktors Arbeit sind aufgrund der Vielzahl an Unternehmen stärker als anderenorts gegen Arbeitslosigkeit geschützt. Insofern bestehen auf verdichteten Arbeitsmärkten weniger Friktionen auf beiden Seiten. Zudem tritt auf verdichteten Arbeitsmärkten eine erhöhte Flexibilität und eine größere Risikostreuung ein [vgl. *COMBES/DURANTON* (2006)]. Verdichtungen wirtschaftlicher Aktivitäten garantieren häufigere und aufsteigende Beschäftigungswechsel und verkleinern das Risiko einer Arbeitslosigkeit; ein *labor pooling* führt automatisch zu einem beiderseitigen *risk pooling*. Diese wechselseitige Anpassungsfähigkeit findet sich exemplarisch bei Konjunkturschwankungen auf dem Arbeitsmarkt. In Zeiten der Hochkonjunktur hilft ein verdichteter Arbeitsmarkt den Unternehmen, den verstärkten Bedarf an Arbeitskräften zu befriedigen. In Zeiten rezessiver Umbrüche können freigesetzte Arbeitskräfte zu Branchen am Ballungsort wechseln, die nicht oder noch nicht vom Konjunkturabschwung betroffen sind.

Bei verdichteten Arbeitsmärkten liegen naturgemäß pekuniäre Externalitäten vor. Der Produktionsfaktor Arbeit wird über die Nominallohnsätze der Unternehmen entgolten und bleibt damit an den Markt und den Preismechanismus gekoppelt. Die externen Erträge eines verdichteten Arbeitsmarktes gehen für Unternehmen und Haushalte direkt in die Gewinnfunktion bzw. die Nutzenfunktion ein. Sie vereinbaren sich vollkommen mit dem neoklassischen Paradigma. Der vorteilhafte Effekt verdichteter Arbeitsmärkte tritt besonders dann hervor, wenn eine Verdichtung durch unternehmerische Spezialisierung geprägt ist und sich ein regional typischer Arbeitsmarkt mit hochqualifizierten und spezialisierten Arbeitskräften entwickeln lässt, der anderenorts nicht entstehen würde [vgl. *AIGINGER/ROSSI-HANSBERG* (2006)]. Unternehmen eines Industriezweiges bilden spezialisierte Arbeitskräfte aus und ziehen Arbeitskräfte unterschiedlichen Spezialisierungsgrades an [vgl. *MARSHALL* (1890/1989), S. 226]. Auch die Ansiedlung branchennaher Unternehmen, Zulieferer und Dienstleister, die auf dieses Arbeitskräfteangebot zugreifen wollen, sind in diesem Kontext bedeutsam [vgl. *CANNING* (1996)].

Technologische Externalitäten

Technologische Externalitäten fassen die wechselseitigen, nicht pekuniären Vorteile zwischen Unternehmen in einer Region zusammen. Sie werden nicht im Marktmechanismus mittels Preisen von einem Unternehmen auf das andere übertragen. Technologische Externalitäten wirken auf die Produktionstechnologien und damit auf die Produktionseffizienz der Unternehmen; sie erzeugen letztlich interne Skalenvorteile. Nicht selten setzt sie die Literatur mit Verbund- und Infrastruktureffekten gleich [vgl. *FUJITA/THISSE* (2000), S. 10]. Vor allem aber verknüpft man mit ihnen den Wissenstransfer in einer Region, dem sogenannten *knowledge spillover*. Marshall umschreibt ihre Bedeutung mit den Worten: „When an industry has thus chosen a locality for itself, it is likely to stay there long: so great are the advantages which people following the same skilled trade get from near neighbourhood to one another [...]. Good work is rightly appreciated, inventions and improvements in machinery, in process and the general organization of the business have their merits promptly discussed: if one man starts a new idea, it is taken up by others and combined with suggestions of their own; and thus it becomes the source of further ideas" [*MARSHALL* (1890/1989), S. 225].

Technologische Externalitäten werden allgemein als Innovationswissen und Humankapital klassifiziert. Beide Aspekte besitzen in innovativen Branchen mit hoher Abhängigkeit von Wissenstransfers eine hohe wirtschaftliche Bedeutung. Im einfachsten Fall besteht eine räumliche Nähe zwischen Unternehmen durch eine solche der in ihr beschäftigten Mitarbeiter [vgl. *KRUGMAN* (1991b), S. 52 - 59]. Auch die rasante Entwicklung in der Informationstechnologie und die Etablierung neuer Wissenskanäle sind in diesem Zusammenhang zu nennen. So trivial die Feststellung eines persönlichen Informationsaustausches auch scheint, so aussagekräftig und hilfreich erweist sie sich zugleich bei der Erklärung von Konzentrationen im Raum, insbesondere bei Forschungsbranchen der Industrie oder im Dienstleistungssektor. Über die bloße räumliche Nähe findet eine ständige Rückkopplung über den eigenen Fortschrittsstand und die beiderseitigen Geschäftsentwicklungen statt. Ferner werden Unternehmensprozesse der Mitbewerber verfolgt oder neue Produktentwicklungen adaptiert. Neben gezielten und von beiden Unternehmenspartnern beabsichtigten Informationstransfers, etwa durch das Verfolgen von Verbundprojekten, bestehen aber auch informelle Wissenskanäle, etwa Produktspionage oder zum Kenntnisgewinn über den Investitionsstand der Mitbewerber. Die unternehmerische Präsenz an wichtigen Lokationen ist auch von dem Vorteil der „hereditary skills" [*MARSHALL* (1890/1989), S. 225], dem Aspekt der Wissensvererbung, geleitet. Eine Vererbung von technischem und unternehmerischem Know-how erfolgt nicht nur bei einer Geschäftsaufgabe und der anschließenden Übernahme von Geschäftssparten und Patenten durch andere Mitbewerber. Auch bei Geschäftsverbindungen und beim Wechsel von Arbeitskräften zu anderen lokal ansässigen Unternehmen wird Produktions- und Prozesswissen weitervererbt.

Aufgrund seiner nicht-pekuniären Eigenschaft gestaltet es sich als schwierig, den Begriff Wissen ökonomisch zu fassen; unternehmerisch relevantes Wissen und die Effekte eines Wissensaustausches sind schwer zu messen. Krugman konstatiert daher treffend, dass technologische Externalitäten keine Papierspur hinterlassen [vgl. *KRUGMAN* (1991), S. 53]. Ökonomen konzentrieren sich daher eher auf den Transfer der Wissensträger, namentlich den spezialisierten Arbeitskräften.

Marktgrößeneffekte

In die Klasse pekuniärer Externalitäten fallen, neben den Verdichtungseffekten, auch die Marktgrößeneffekte. Sie erwachsen aus den Kostenvorteilen einer industriellen Verflechtung für die Nachfrage- und Angebotsseite. Marshall kennzeichnet sie mit den Worten; „ *[…]* the economic use of expensive machinery can sometimes be attained in a very high degree in a district in which there is a large aggregate production of the same kind, even though no individual capital employed in the trade be very large. For subsidiary industries devoting themselves each to one small branch of the process of production, and working it for a great many of their neighbours, are able to keep in constant use machinery of the most highly specialized character, and to make it pay its expenses, though its original cost may have been high, and its rate of depreciation very rapid" [*MARSHALL* (1890/1989), S. 225].

Marktgrößeneffekte geben vor allem Verbundeffekte wieder. Der Kostenvorteil beruht auf der Tatsache, dass räumlich konzentrierte Ballungen wirtschaftlicher Aktivität zusammen einen derart großen Nachfragemarkt bilden, dass es für Anbieter von Spezialgütern und Spezialdienstleistungen lohnend ist, sich in deren Nähe anzusiedeln [vgl. *FIGUEIREDO* et al. (2009)]. Durch die räumliche Nähe ziehen sie im Normalfall eine große Nachfrage auf sich. Marktgrößeneffekte können aber noch weiter gefasst und interpretiert werden. Sie ergeben sich auch durch die räumliche Nähe oder die unmittelbare Nachbarschaft zu Vorlieferanten und Zwischenproduktherstellern. Die Vorteile entstehen hier konkret durch Kosteneinsparungen bei Produktionsfaktoren. „[A]n industrial center allows provision of nontraded inputs specific to an industry in greater variety and at lower cost *[…]*" [*KRUGMAN* (1991a), S. 36 f.].

Darüber hinaus besteht die Möglichkeit, einzelne Zwischengüter und Produktionsfaktoren, aufgrund der Nachbarschaft zueinander, wechselseitig zu nutzen oder sie zusammen vergünstigt zu beziehen. Die Bezeichnung als *nontraded inputs* drückt indirekt aus, dass diese Vorteile nur lokal vorliegen und nicht als eigenständige Güter handelbar sind. Ähnlich formuliert es auch Marshall, der im Wachstum einer Industrieansiedelung einen Anstieg der vorteilhaften Marktgrößeneffekte sieht und vom „growth of subsidiary trades" spricht [*MARSHALL* (1890/1989), S. 225].

Marktgrößeneffekte finden sich heute vor allem bei Technologiebranchen und hier insbesondere bei Anbietern von Vor- und Zwischenprodukten. Diese Branchen neigen dazu, eine räumliche Ballung zu bilden [vgl. *KADOKAWA* (2011)]. Das Silicon Valley, Standort vieler spezialisierter Technologieunternehmen, verkörpert das klassische Fallbeispiel dieser Phänomene [vgl. *SAXENIAN* (1990)]. Viele Computer-Dienstleister und Zulieferer von Speichermedien und elektronischen Bauteilen lokalisierten sich in diesem Ballungsgebiet, da der Kreis der Nachfrager hier deutlich höher lag als anderen Ortes. Stärker als bei Hardware-Komponenten trifft dies auf Programmierleistungen und sonstige direkt in Verbindung stehende Dienstleistungen zu, die aus der Natur der Sache heraus nicht über weite Wegstrecken gehandelt werden können und stets aktuellen Erfordernissen entsprechen müssen.

3.3.2 Hoover- und Scitovsky-Systematik

Aufbauend auf die erste Einteilung positiver räumlicher Externalitäten, entwickelte Edgar Hoover 1937 die moderne Unterteilung zwischen „Lokalisierungsvorteile" einerseits und „Urbanisierungsvorteile" andererseits. Lokalisierungsvorteile beschreiben die für ein Unternehmen spezifischen positiven Effekte an einem bestimmten Standort. Sie geben damit Auskunft, ob es für ein einzelnes Unternehmen förderlicher ist, wenn es sich an einem Raumstandort von Unternehmen der gleichen Branche oder von welchen mit eng verwandten Gütern befindet [vgl. HOOVER (1937), S. 80]. Die partialanalytische Betrachtung der Lokalisierungsvorteile trennt er zwischen positiven Urbanisierungs-auf der einen bzw. Verdichtungseffekten auf der anderen Seite, die für alle Unternehmen gleichermaßen vorliegen und von Branche zu Branche unterschiedlich sein können. Hier handelt es sich um Effekte, die allgemein zwischen verschiedenen Branchen und wirtschaftlichen Aktivitäten auftreten [vgl. HOOVER (1937), ebd.]. Mit den aus der Verdichtung gewonnenen externen Skalenerträgen legt Hoover somit den zweiten Erklärungsschwerpunkt auf die Vorteile, die einer Verschiedenartigkeit von Unternehmen unterschiedlicher Größe und unterschiedlicher Branchen hervorgehen. Diese zweite Kategorie trägt damit dem Effekt Rechnung, dass es für ein Unternehmen prinzipiell förderlich ist, wenn es sich in einem Raumpunkt von wirtschaftlicher Aktivität im weitesten Sinne ansiedelt.

Abbildung III-4: Klassifizierung räumlicher Externalitäten nach Hoover

Quelle: Eigene Darstellung.

Beide Erklärungsbausteine von Hoover können aber noch weitreichender interpretiert werden. Unter Lokalisierungsvorteilen sind auch branchentypische Infrastrukturen zu verstehen, insbesondere für kleinere Unternehmen von Bedeutung, da sie im Vergleich zu größeren nicht die Möglichkeit besitzen, sich stark auf interne Skalenvorteile der Produktion zu stützen. Lokalisierungsvorteile erweisen sich daher immer auch gleichbedeutend mit jeder Form brancheninterner Skalenerträge.

Kennzeichnend für die positiven Urbanisierungs- und Verdichtungsvorteile sind demgegenüber die aus dem Verbund resultierenden und wechselseitig wirkenden Einflüsse eines Unternehmens auf die Produktionstechnologie und damit die Gewinnfunktion anderer Unternehmen.

Sie beschreiben demgemäß branchenexterne Skalenvorteile. Sie wirken sich extern sowohl für das Einzelunternehmen, als auch für den gesamten Industriesektor aus; Lokalisierungsvorteile hingegen sind nur extern für das einzelne Unternehmen, aber intern für den Industriesektor. Aufgrund der einfachen Unterteilung von Hoover richten viele Raumwissenschaftler ihre Forschung nur entlang dieser Einteilung aus [vgl. ILLY et al. (2009); ARAUZO (2005); ROSENTHAL/STRANGE (2004); PARR (2002)]. Das Gros der Fälle untersucht, welche der beiden externen Vorteile einen größeren Einfluss auf die wirtschaftliche Verdichtung im Raum besitzt. In der Untersuchung von Agglomerationen liegen insbesondere Urbanisierungsvorteile im Forschungsinteresse, weshalb sich letztlich auch die *urbanization externalities* als dominanter Erklärungspfad etablierten. Sie bringen, ganz der Idee Marshalls folgend, zum Ausdruck, dass ein größerer regionaler Absatzmarkt positive Nachfrageexternalitäten schafft. Dieser Effekt wird später in der Neuen Ökonomischen Geographie als Heimmarkt-Effekt identifiziert und herausgestellt. Nach ihm fragen Arbeiter in einer räumlichen Verdichtung nicht nur vermehrt Konsumgüter nach, auch die Unternehmen besitzen ein höheres Arbeitskräfteangebot [vgl. *GLAESER* et al. (2001); *HOOVER* (1948)].

Eng an Hoover lehnt sich die Systematik des Raumtheoretikers Tibor Scitovsky. Er beschäftigte sich, in Abgrenzung zu den zwei bereits vorgestellten Gliederungsmöglichkeiten, vor allem mit den Übertragungskanälen räumlicher Externalitäten und unterteilte sie in eine alternative Typisierung. Nach ihm bestehen nur zwei dieser Übertragungswege zwischen räumlich verdichteten Unternehmen. Zum einen stellt Scitovsky die „technologischen Externalitäten" heraus, die er auch als *pure externalities* bezeichnete [vgl. *SCITOVSKY* (1954), S. 145]. In diesen Bereich ordnet er alle nicht-pekuniären Externalitäten ein, also alle Effekte, die nicht im Marktprozess verankert sind oder sein können. Zu einem zweiten Bereich fasst Scitovsky alle pekuniären Externalitäten zusammen [vgl. *SCITOVSKY* (1954), S. 146]. In dieses Feld ordnet er alle in Marktprozessen und Markttransaktionen verankerten Externalitäten, die in monetären Einheiten erfasst werden.

Abbildung III-5: Klassifizierung räumlicher Externalitäten nach Scitovsky

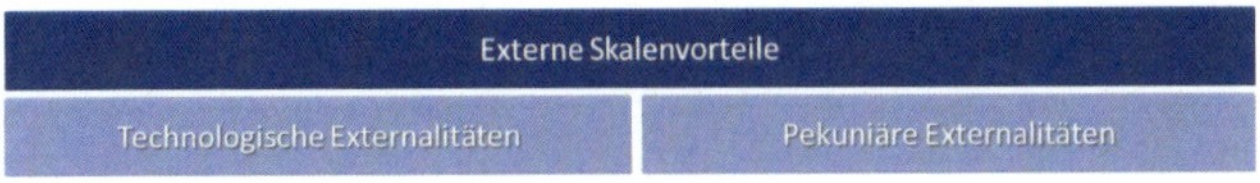

Quelle: Eigene Darstellung.

Die Unterteilung von externen Skalenerträgen nach Scitovsky ist letztlich ein Abbild der breit akzeptierten Unterteilung interner Skalenerträge. Technologische Externalitäten, als nicht-pekuniäre, stehen marktfähigen pekuniären Effekten gegenüber. Beide Externalitäten üben einen direkten Einfluss auf die Zielfunktionen der Wirtschaftssubjekte aus, wobei die technologischen Externalitäten sich nicht oder nur unvollkommen in Markttransaktionen und damit in den Preisen abbilden. Technologische Externalitäten sind nicht weniger bedeutsam; der Prozess, der eine Kooperation in räumlicher Nähe als stets effektiver beschreibt als bei räumlich distanzierten Unternehmen, ist im Marktgeschehen nicht abgebildet und dennoch von tragender Wichtigkeit. Die Untergliederung von Scitovsky besitzt für die Neue Ökonomische Geographie große Bedeutung, da sich Krugman in seinem Modell auf die im Marktprozess verankerten pekuniären Externalitäten bezieht und damit die Urbanisations- und Lokalisationseffekte nach Hoover direkt in den Zielfunktionen der Akteure verankert.

3.4 Agglomerationen und ökonomische Agglomerationstheorien

Aufgrund der Größe und der Verschiedenartigkeit der Raumwirtschaftstheorie und der Wirt-schaftsgeographie konnte sich in der Literatur bislang keine einheitliche Definition des Begriffs Agglomeration etablieren. Einigkeit besteht nur in den Folgeerscheinungen agglomerativ wirken-der Kräfte, die zu einer Verdichtung wirtschaftlicher Aktivitäten im Raum führen. Die erste Ver-wendung von Agglomerationseffekten findet sich schon recht früh bei Weber, der diese Erschei-nungen als „Agglomerativfaktoren" bezeichnete [vgl. WEBER (1909/1998), S. 124]. Webers Standortlehre ist damit zugleich die erste Arbeit über industrielle Zentren und gesamtwirtschaft-liche Ballungen. Aufbauend auf Abbildung III-6 konstruiert Weber sie konsistent zu seiner Standorttheorie über Flächeneinschlüsse von Isodapanen unterschiedlicher Unternehmensstand-orte im Raum. Damit erweitert er den Blickwinkel von einer isolierten Standortbetrachtung zu einer Wechselwirkung mehrerer benachbarter Unternehmensstandorte. Ausgehend von drei Standorten und den zugehörigen „Weber-Dreiecken" bilden die Isodapanen kritische Raumgren-zen gleicher Transportkostensteigerungen ab. In der schwarz schraffierten Fläche ergibt sich ein Agglomerationsraum mit Agglomerationsvorteilen, der die zusätzlichen Transportkosten, die aus einer Verlagerung des Standortes aus dem ursprünglich optimalen Raumpunkt resultieren, insge-samt überkompensiert. Innerhalb dieser Fläche könnten die drei Standorte gedanklich zusam-mengelegt werden, um Agglomerationsersparnisse in Form von Kostenvorteilen zu realisieren. In den überlappenden Bereichen sinken die Produktionskosten aller beteiligten Unternehmen und die Agglomerationsvorteile überwiegen [vgl. CAPELLO (2007), S. 21].

Abbildung III-6: Agglomerationsräume nach Weber

Quelle: WEBER (1909/1998), S. 134.

Obwohl die Agglomerationstheorie nach Weber kaum mathematisch aufgestellt ist, trägt sie für die spätere Weiterentwicklung bedeutsame Merkmale. So konstatiert Weber: „Die Theorie der Agglomeration hat [...] zu tun mit lokalen Zusammenstellungen, welche daraus entstehen, dass in der zusammengeballten Produktionsmasse die Produkteinheit um einen bestimmten Index billi-ger hergestellt werden kann als anders" [WEBER (1909/1998), S. 131]. Eine klare wissenschaftli-che Definition des Begriffes Agglomeration wird auch aufgrund der häufig synonym gebrauchten

Begriffe, wie Konzentration und Verdichtung, erschwert. Diese durchaus sinnverwandten Bezeichnungen müssen jedoch auch zueinander in gewisser Weise abgegrenzt werden [vgl. BRÜLHART (1998)]. Die begriffliche Trennung erweist sich insbesondere bei der Betrachtung mehrerer Branchen und Sektoren als unerlässlich. Aufbauend auf Abbildung III-7 spricht man von Spezialisierung, wenn in einer Raumeinheit beinahe ausschließlich Unternehmen einer bestimmten Branche oder eines bestimmten Sektors angesiedelt sind. In Abbildung III-7a liegt in Region 1 beispielhaft nur eine unvollständige Agglomeration vor, zugleich aber eine Konzentration einer Branche; Region 2 wiederum zeichnet sich durch eine Spezialisierung der anderen Branche aus. Der Begriff der Spezialisierung selbst leitet sich immer aus der Eigenschaft der Raumeinheiten ab; eine Region kann demgemäß spezialisiert, nicht aber agglomeriert sein.

Abbildung III-7: Klassifizierung einer Agglomeration

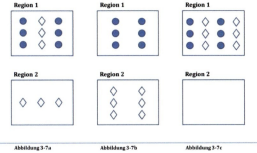

Quelle: Eigene Darstellung in Anlehnung an BRAKMAN et al. (2009), S. 186.

Die Konzentration einer Wirtschaftsstruktur im Raum ergibt sich, wenn die Dominanz einer Branche oder eines Sektors in einer Region vorliegt. In Abbildung III-7b sind beide Regionen durch die Aufteilung der Branchen gleichermaßen von Konzentration und Spezialisierung geprägt. Dem Gebrauch der Bezeichnung Konzentration liegt demnach ein Perspektivwechsel hin zu den Akteuren und damit den Unternehmen zugrunde. Eine Region selbst kann niemals konzentriert sein, nur auf eine Branche oder einen Sektor trifft diese Einordnung zu.

Einzig Abbildung III-7c zeigt eine vollständige Agglomeration in Region 1 und eine entleerte Peripherie in Region 2. Bei der Agglomeration in Region 1 tritt eine Verdichtung unterschiedlicher Unternehmen verschiedenartiger Branchen und Sektoren auf. Es kommt zur Konzentration beider Branchen in Region 1, allerdings liegt nun keine Spezialisierung in dieser Region vor. Die Abbildung zeigt zweierlei. Erstens, Agglomerationen sind Verdichtungen verschiedenartiger wirtschaftlicher Aktivitäten in einem Raumpunkt und selbst nie spezialisiert. Zweitens, einer vollständigen Erfassung von Agglomerationen muss immer auch der Aspekt einer Deglomeration einhergehen, also einer Entleerung der Peripherie. Es handelt sich um zwei Seiten ein und derselben Medaille. Im Kontext der Neuen Ökonomischen Geographie werden diese Gegensätze als Kern-Peripherie-Gefälle bezeichnet.

Einseitig betrachtet, handelt es sich bei dem Begriff der Agglomeration um die Bezeichnung eines statischen Raumzustandes. Dadurch, dass die Agglomeration mit der Peripherie aber auch ein direktes Gegenbild besitzt, kann man ihr durchaus auch eine dynamische Komponente zuschreiben. Diese potenzielle Kräfteverschiebung wirtschaftlicher Aktivität zwischen zwei Polen unterscheidet das Kern-Peripherie-Gefälle von früheren Raummusterbeschreibungen, die rein statischer Natur waren. Ein Agglomerationsprozess beschreibt dabei die Verfestigung einer wirtschaftlichen Verdichtung im Raum hin zu einer Agglomeration. Er wird auch als Divergenzprozess bezeichnet, da er zu räumlicher Ungleichverteilung führt. Als alternative Bezeichnung findet man in der Literatur häufig auch den aus der Physik übernommenen Begriff der Zentripetalkraft, um verdichtungsfördernde Prozesse im Raum zu umschreiben [vgl. *FUJITA/THISSE* (2002), S. 5].

Diametral zum Divergenzprozess steht die deglomerative Entwicklung, auch bezeichnet als Konvergenzprozess zwischen zwei oder mehreren Regionen. Diese Umschreibung entstammt, genau wie der Begriff der Divergenz, ursächlich aus der Außenhandelstheorie. Er umfasst zum einen das Auflösen starrer Agglomerationsstrukturen, zum anderen die etwaige Gleichstellung von Regionen auf Basis von wohlfahrtsökonomischen Kennzahlen. Das Merkmal der räumlichen Konvergenz zwischen Regionen oder Nationen wird synonym auch als räumliche Dispersion umschrieben; es bezeichnet die gleichgeordnete Streuung wirtschaftlicher Aktivität im Raum. Nach den physikalischen Richtungskräften liegen in diesem Fall Zentrifugal- bzw. Fliehkräfte vor. Sie stellen das Gegenstück zu den agglomerationsverstärkenden Zentripetalkräften dar. Bildlich bewirken Zentrifugalkräfte, dass sich Agglomerationen auflösen und sich die wirtschaftliche Aktivität in die bislang entleerte Peripherie ausstreut [vgl. *FUJITA/THISSE* (2002), ebd.].

In Abgrenzung zu den klassischen Standorttheorien erweisen sich Theorien über die Herausbildung von Agglomerationen naturgemäß als deutlich komplexer. Unabhängig davon, wie man eine Agglomeration auch definieren mag, so sind doch mindestens zwei Unternehmen zueinander und zum umgebenden Raum zu berücksichtigen. Wie in Abbildung III-7 schematisiert, kann ein Einzelunternehmen für sich genommen nie eine Agglomeration darstellen.

Im Bereich der Agglomerationstheorie besitzt jede Wissenschaftsdisziplin ihren ganz eigenen Zugang und ihren eigenen Begründungszusammenhang. Aus wirtschaftswissenschaftlicher Perspektive kann eine Klassifizierung der vielen Theorien auf unterschiedlichen Wegen erfolgen; im einfachsten und hier gewählten Fall lässt sich zwischen ökonomischen Agglomerationstheorien im weiter gefassten und enger gefassten Sinne unterscheiden. Die Theorien im engeren Sinne folgen dabei ausdrücklich der vorherrschenden Lehr- und Forschungsmeinung der Neoklassik. Am Ende der Entwicklung steht das neoklassische und in sich geschlossene Modellgebäude der Neuen Ökonomischen Geographie. Die Theorien im weiteren Sinne bilden den Einstieg. Da ein zeitgeschichtlicher Startpunkt schwer zu bestimmen ist [vgl. *MCCANN/VAN OORT* (2009)], werden die fünf prägnantesten Theoriezweige vorgestellt, die zu großen Teilen das Fundament der Neuen Ökonomischen Geographie legten.

3.4.1 Die Wachstumspoltheorie

Francois Perroux gab der wissenschaftlichen Diskussion über die Agglomerationsbildung mit seinem Artikel über den ökonomischen Raum aus dem Jahr 1950 eine neue Orientierung. Er setzte viele neoklassische Annahmen zurück, insbesondere die vom neoklassischen Gleichgewichtszustand, von Ausgleichstendenzen sowie die Annahme einer Homogenität der rational handelnden Akteure. Die Grundkritik an der Neoklassik bestand für ihn darin, dass sie reale Erscheinungen nicht oder nur unzureichend erklären konnte. Anders als in der Neoklassik, in der die Akteure über Mengen und Preise zu einem bestimmten Zeitpunkt und an einem bestimmten Ort interagieren, sind die Akteure im System von Perroux lediglich über Produktionsgüter und -faktoren in einem bestimmten Zeitintervall miteinander verflochten. Ferner unterstellt er, dass sich der Wirtschaftsprozess durch die Heterogenität seiner Akteure und der Asymmetrie ihrer Handlungen kennzeichnet [vgl. PERROUX (1950)].

Aus raumwirtschaftlicher Perspektive ist bei Perroux herauszustellen, dass er nicht nur das Phänomen der Agglomeration selbst, sondern auch als erster auch die Dynamiken, die zu ihrem Entstehen beitragen, untersuchte. Dies schaffte er, indem er alle Akteure – Individuen, Unternehmen und sogar Sektoren – als aktive Einheiten („unités actives") klassifiziert, die frei über ihren Standort entscheiden. Die wirtschaftliche Dynamik in einem Raum ist getrieben von der Verschiedenartigkeit dieser aktiven Einheiten [vgl. MEARDON (2001)]. Da einzelne Einheiten eine hohe bzw. dominante Dynamik besitzen, arbeiten sich räumliche Strukturunterschiede heraus, die zur Polarisation führen. Statt räumlicher Ausgleichstendenzen liegen daher stets räumliche Asymmetrien vor.

Perroux gliedert die Grundzüge seiner Theorie in eine sektorale und eine regionale Polarisation. Die sektorale Theorie wird aus der räumlichen Dimension abgeleitet. Nicht der Größenaspekt, sondern die Verschiedenartigkeit eines Sektors zu einem anderen steht im Mittelpunkt. Daraus entwickeln sich Wachstumspole („pôle de croissance") als antreibende aktive Einheit („unité motrice") und damit als eine ökonomische Dimension im Raum.

Perroux identifizierte als erster Theoretiker Kopplungseffekte als die wesentlichen Triebfedern für sektorales Wachstum. Heute würde man nicht von Wachstumspolen, sondern von einer regionalen Schlüsselindustrie oder einem regionalen Schlüsselsektor sprechen. Seine Kopplungseffekte, wie Größeneffekte oder Innovationspotenziale, wirken sich positiv auf angrenzende Unternehmen aus. Wachstumspole sind nach Perroux aber nicht nur durch ein Industrieunternehmen, durch eine Industriebranche oder einen gesamten Industriesektor gegeben [vgl. FARHAUER (2001)]. Aufgrund seiner sehr weitgefassten Definition stellen auch propulsive Einheiten ganz anderer Form und Natur, wie etwa Flughäfen oder Universitäten, ein Wachstumspol dar. Sogar topographisch vorteilhafte Raumstandorte, wie Küstenlagen oder fruchtbare Ebenen, können als Wachstumspol fungieren. Kurzum; ein Wachstumspol im Raum besitzt immer die Eigenschaft, dass durch seine Dominanz alle anderen Einheiten im Raum unterschiedlich stark ausgeprägte aber jederzeit positive Begleiteffekte erfahren.

Der Transfer zur Agglomeration ist damit gegeben. Durch einen Wachstumspol können räumliche Verdichtungen entstehen, die sich zum Wachstumsraum vergrößern und zur Agglomeration führen, da ab einer gewissen Wachstumsstufe positive Externalitäten („effects d'entraînement") das Wachstum umgebender Einheiten verstärken. Die um den Wachstumspol gelagerten Unternehmen passen sich mehr und mehr dessen Bedürfnissen an. Übersetzt in die heutige Sprache, liegen Skalen- und Synergieeffekte, Produktivitätsausdehnungs-, Lernkurven- oder Multiplikatoreffekte vor. Perroux ergänzte diese wechselseitige Effekte um eine Art positiven Netzwerk- oder Streuungseffekt. Da die Strahlkraft des Wachstumspols in alle Einheiten der Umgebung reicht, kann über das betroffene Wirkungsfeld seine Theorie auch direkt in einen raumwirtschaftlichen Bezug gesetzt werden [vgl. CAPELLO (2007), S. 219].

Der große Beitrag der Wachstumspoltheorie besteht sicherlich darin, dass sie sich nicht mit konkreten Raumgebilden, wie Großstädte oder Industrieregionen, auseinandersetzt, sondern vielmehr zu erklären versucht, welche allgemeinen Triebkräfte diese Raumphänomene befördern. Als erster Agglomerationstheoretiker zeigte Perroux, dass ein ungleichmäßiges Wirtschaftswachstum zwischen Regionen Ergebnis eines asymmetrischen Beziehungsgeflechtes sein muss. Als ein Wegbereiter der Neuen Ökonomischen Geographie muss Perroux angesehen werden, da er den Raum bis auf den Wachstumspol als abstrakt und homogen annahm [vgl. MEARDON (2001), S. 34-42] und in seiner Bedeutung zurückstufte; „[...] economic spaces conveniently reduce to three: (1) economic space as defined by a plan; (2) economic space as a field of forces; and (3) economic space as a homogeneous aggregate" [vgl. PERROUX (1950), S. 94].

Trotz der sehr intuitiven Theorie führten die zahlreichen realpolitischen Umsetzungen nicht selten zum Scheitern und erreichten bei weitem nicht die erhofften Effekte. Gerade nach der deutsch-deutschen Wiedervereinigung setzten die politisch angestoßenen Leitindustrien in ostdeutschen Regionen nicht die erhofften propulsiven Kräfte frei. Inwieweit das Scheitern dieser Leuchtturmversuche auch Ergebnis willkürlicher politischer Entscheidungen gewesen war, kann nicht genau ermessen werden. Im Umkehrschluss liefert die Theorie aber zugleich auch einen Erklärungsgrund für die bis heute bestehende Privilegierung bereits bestehender Industriesparten und Einzelunternehmen im Raum.

Die Theorieformulierung von Perroux ist relativ abstrakt gehalten, was in der Folge bei Politik und Wissenschaft zugleich zu zahlreichen Interpretationsspielräumen und damit verbundenen Unbestimmtheiten in der Umsetzung führte [vgl. PARR (1999a), (1999b)]. Der schlechte Zugriff resultiert nicht zuletzt auch aus dem Ergebnis der fremdartigen Nomenklatur bei Perroux; einzig die Differenzierung zwischen Wachstum und Entwicklung arbeitet er klar heraus [vgl. PERROUX (1988)], viele andere Formulierungen und Zusammenhänge bleiben aber eher vage. Auch gelingt es der Theorie nicht, die Frage zu beantworten, gegen welche Wachstumsgrenze sich ein Wachstumspol entwickelt und ob konstante, abnehmende oder zunehmende Grenzerträge unterstellt werden.[3]

3.4.2 Die Theorie zirkulär-kumulativer Verursachung

Ein für die Entwicklungsökonomie und -politik prägender Theorieansatz zur Begründung regionaler Disparität geht auf Gunnar Myrdal und seinen Beitrag „Economic Theory and Underdeveloped Regions" aus dem Jahr 1957 zurück. Ähnlich zu Perroux richtet sich auch seine Entwicklungshypothese kritisch gegen die Prämissen der Neoklassik. Den durch Marktkräfte geleiteten Prozess hin zu einem stabilen Gleichgewicht stufte er als ebenso realitätsfern ein, wie die alleinige Fokussierung auf ökonomische Faktoren in der Erklärung von räumlichen Disparitäten [vgl. MYRDAL (1957), S. 9, S. 24]. Nach seiner Theorie überlagern stets räumliche Ungleichgewichte einen Ausgleichstrend.

Neben ökonomischen Effekten besitzen auch soziologische Effekte einen Erklärungsbeitrag. Nur beide Effekte zusammen begründen eine wirtschaftliche Entwicklung; es existiert ein Beziehungsgeflecht aus sozialen und ökonomischen Faktoren [vgl. MYRDAL (1957), S. 10]. Die Endogenisierung eines Entwicklungsprozesses vollzieht sich nach Myrdal über die zirkulären Interdependenzen in Form einer kumulativen Verursachung [vgl. MYRDAL (1957), S. 23]. Diese sprachlich abstrakte Formulierung kann in zwei Teiltheorien aufgebrochen werden; die Theorie einer zirkulären Wechselwirkung und die Theorie einer kumulativen Kausalität.

Der erste Theoriezweig allein konterkariert nicht die neoklassischen Grundannahmen, da auch hier ähnliche Wechselwirkungen, in Form von Externalitäten oder Multiplikatoreffekten, bestehen. Der zweite Teil der Theorieformulierung Myrdals allerdings lässt sich mit dem neoklassischen Paradigma nicht vereinbaren. Eine kumulative Verursachung hat nach Myrdal zur Folge, dass die Interdependenzen mit jedem wechselseitigen Einfluss eine verstärkte asymmetrische Entwicklung auslösen, die sich von einem Gleichgewichtszustand mehr und mehr wegentwickelt. Diese Entwicklung zeichnet sich durch Rückkopplungsschleifen und einer Prozessdynamik aus, die spiralförmig und damit nichtlinear verläuft und zudem irreversibel ist. „[T]he variables are so interlocked in circular causation that a change in any one induces the others to change in such a way that these secondary changes support the first change, with similar tertiary effects upon the variable first affected, and so on" [MYRDAL (1957), S. 17].

Nach diesem Konzept können zirkuläre und kumulative Verursachungen auch die Streuung wirtschaftlicher Aktivität im Raum erklären. Verdichtungen im Raum entstehen dabei als Ergebnis positiver Rückkopplungsschleifen in einem räumlichen Entwicklungsprozess, die Myrdal selbst als „spread effects" klassifiziert [vgl. MYRDAL (1957), S. 31 f.]. Die positiven Triebkräfte strahlen in

---

[3] In späteren Veröffentlichungen ergänzt Perroux seine Theorie positiver Wachstumspole immerhin noch um mögliche negative Begleiteffekte („effects de stoppage"), also um mögliche Schrumpfpole [vgl. PERROUX (1988)]. Dieses Raumphänomen kann auftreten, wenn eine Wachstumsstagnation eintritt oder ein Wachstum aufgrund äußerer Gegebenheiten nicht erfolgt oder sogar negativ wird.

den angrenzenden Raum ab. „If things were left to market forces unhampered by any policy inter-ferences, industrial production, commerce, banking, insurance, shipping and, indeed, almost all those economic activities which in a developing economy tend to give a bigger than average return *[...]* would cluster in certain localities and regions, leaving the rest of the country more or less in a backwater" [*MYRDAL* (1957), S. 26].

Dem „spread effect" stellt Myrdal mit dem „backwash effect" eine zweite dynamische Wechselbe-ziehung zur Seite, um neben einer Verdichtung auch eine räumliche Entleerung zu begründen [vgl. *MYRDAL* (1957), S. 27]. Es handelt sich dabei um einen entgegengewandten Effekt, der bei einer Verdichtung wirtschaftlicher Aktivität an einem Ort die entsprechende Entleerung anderenorts beschreibt. Die *spread effects* führt Myrdal auf räumlich konzentrierte Skalenvorteile zurück. Die positiven Wechselwirkungen werden allerdings nicht ausschließlich nur durch die Produktions-technik hervorgerufen. Myrdal konstatiert, dass neben internen auch externe Skaleneffekte für die Herausbildung von Agglomerationen verantwortlich sind. „The establishment of a new busi-ness or the enlargement of an old one widens the market for others, as does generally the increase of income and demand. Rising profits increase savings, but at the same time investments go up still more, which again pushes up the demand and the level of profits. And the expansion process creates external economies favourable for sustaining its continuation" [*MYRDAL* (1957, S. 25)].

Nach diesem Ansatz reichen kleinste Entwicklungsvorsprünge in der Ausgangssituation aus, eine Region im Zeitverlauf durch die zirkuläre und positive Rückkopplung wachsen zu lassen. „There-after the ever-increasing internal and external economies *[...]* fortified and sustained their contin-uous growth at the expense of other localities and regions where instead relative stagnation or regression became the pattern" [*MYRDAL* (1957), S. 27]. Der entscheidende Punkt im räumlichen Entwicklungsprozess nach Myrdal besteht darin, dass regionale Disparitäten durch den Prozess zirkulär-kumulativer Verursachung stets verstärkt und verfestigt, denn nivelliert werden [vgl. *MYRDAL* (1957), S. 11, S. 34]. Es liegen *lock-in*-Effekte vor.

Der Theorieaufbau nach Myrdal liefert einen wertvollen Beitrag zur Erklärung sich verfestigender räumlicher Gefälle. Offen bzw. unklar bleiben in seiner Theorie allerdings drei bedeutsame Punkte. Zum einen, gegen welchen Zielpunkt eine räumliche Verdichtung wirtschaftlicher Aktivi-tät strebt. Zum anderen Myrdals Konzept der zirkulären und kumulativen Verursachung, wie wirt-schaftlich schlechter entwickelte Peripherieregionen zum Vorteil der Agglomeration genau aus-dünnen und unter welchen politischen Einflussnahmen es ihnen trotz alledem gelingen kann, wirtschaftlich (wieder) aufzusteigen. Drittens wäre es regionalpolitisch wünschenswert zu erfah-ren, welche Faktoren im großen Geflecht zirkulärer Verflechtung eine vorrangige Stellung besit-zen und welche Faktoren sich qualitativ und quantitativ wie und warum besonders stark gegen-seitig befördern. Die Antwort Myrdals, wonach es keinen klar zu identifizierenden „Basisfaktor" gibt und prinzipiell nur ökonomische und nichtökonomische Faktoren vorliegen [vgl. *MYRDAL* (1957), S. 19], kann hier nicht befriedigen.

Der große wissenschaftliche Verdienst besteht zweifelsfrei in der Etablierung zweier Prozessef-fekte, dem *spread effect* sowie dem *backwash effect*. Beide werden in der Neuen Ökonomischen Geographie in die orthodoxe Lehrmeinung überführt und greifbar herausgearbeitet. Neben diesen zwei Effekten verdankt die Wissenschaft Gunnar Myrdal die Idee asymmetrischer und sich selbst verstärkender Entwicklung in Form einer kumulativen Kausalität. „[...] this principle of cumulative causation - which explains the unequal regional incidence of industrial development by endogenous factors resulting from the process of historical development itself rather than by exogenous differences in resource endowment - is an essential one for the understanding of the diverse trends of development as between different regions" [KALDOR (1970), S. 343].

3.4.3 Die Theorie flexibler Spezialisierung

Von allen fünf aufgeführten ökonomischen Agglomerationstheorien im weiteren Sinne ist die der flexiblen Spezialisierung als überwiegend soziologischer Ansatz sicherlich der entfernteste Theoriezweig, wenn man die ökonomische Lehrmeinung zum Maßstab nimmt. Dennoch ist der Theorieansatz von großer Bedeutung. Er ordnet sich zeitgeschichtlich in das Ende des Zeitalters der Massenproduktion ein und ist allein deshalb von Interesse, da Agglomerationen nun ohne das Vorliegen regional konzentrierter Großunternehmen mit internen Skalenvorteilen begründet werden.

Die Theorie entstammt den zwei Arbeitsmarkt- und Sozialwissenschaftlern Michael Piore und Charles Sabel. Nach ihnen ist die Herausbildung von Verdichtungen im Raum eng an die Ebene der Betriebsorganisation gekoppelt. In ihrer Argumentation gehen sie davon aus, dass man eine Ansammlung großer Industriekonglomerate der Massenproduktion nicht wirklich als Agglomeration bezeichnen kann, da die internen Skalen- und Größenvorteile jeden anderen Erklärungsweg viel zu stark dominierten. Beide begründen ihre Sicht mit dem Niedergang der Massenproduktion zum Ende der industriellen Revolution oder zum Ende sozialistisch geprägter Wirtschaftsstrukturen in Osteuropa. Viele Großunternehmen waren seinerzeit so schwerfällig, dass sie in viel zu großer Stückzahl an den Bedürfnissen der Nachfrager „vorbeiproduzierten".

Vor diesem Hintergrund untersuchten Piore und Sabel, warum sich an bestimmten Raumlagen Agglomerationen bildeten und erhielten, die aus einer Vielzahl unterschiedlich großer Unternehmen mit unterschiedlicher Produktionsausrichtung bestanden. Offensichtlich war ein Verbund mehrerer kleinerer und mittlerer Unternehmen zeitbeständiger. An diesem Punkt setzt ihre Theorie der flexiblen Spezialisierung an, nach der einzelne Produktionsschritte nicht in einem Großunternehmen zusammengefasst, sondern auf eine Vielzahl kleinerer Unternehmen verteilt werden.

Die Überlegenheit einer Ansammlung kleinerer und mittlerer Unternehmen und damit die Abkehr von der vorherrschenden Lehrmeinung interner Skalen- und Größenvorteile sahen beide Autoren in der Produktdifferenzierung, also der Ergänzung oder Modifikation einer Produktvariante. Diese Produktdifferenzierung und Güterdiversifikation sei in großen Einzelunternehmen beinahe nur bezüglich des Endproduktes zu verzeichnen. Zudem zeichneten sich diese Großunternehmen durch eine relativ hohe Inflexibilität bei der Umrüstung von Produktionstechnologien aus. Bei einer Mehrzahl kleinerer und mittlerer Unternehmen, die ein Endprodukt arbeitsteilig herstellen, liegt hingegen der Vorteil einer zweistufigen Produktdifferenzierung vor. Zum einen erfolgt eine

Differenzierung des Endprodukts, zum anderen werden sämtliche Zwischenprodukte stärker aus-differenziert, verbessert und weiterentwickelt. Dieser positive Effekt setzt einen Anreiz zum weiteren Zuzug neuer Klein- und Mittelunternehmen in diesen Industriedistrikt. Aus der einzelunternehmerischen Spezialisierung entwickelt sich im fortwährenden Zusammenschluss ein Vorteil an Flexibilität, der von einem einzelnen Großunternehmen nicht oder nur unter prohibitiv hohen Kosten zu leisten ist.

Die Schwerfälligkeit großer Industrieunternehmen rechtfertigen beide Autoren, trotz ihres sozialwissenschaftlichen Hintergrundes, auch mit ökonomischen Argumenten. Sie sehen die bloße Gütervielfalt einer Massenproduktion der Güterausdifferenzierung kleiner und mittlerer Unternehmen unterlegen. Einzelne Großunternehmen könnten oft nicht schnell genug ihre auf Skalenvorteilen beruhende Massenproduktion umstellen und anpassen. Piore und Sabel begründen diesen Nachteil über den Marktprozess. Massenproduktionen ziehen Preis- und Mengenrigiditäten nach sich, die das Wechselspiel zwischen Angebot und Nachfrage im Marktprozess erst nach einer gewissen Zeit in ein neues Marktgleichgewicht führen[4]. Eine Konzentration kleinerer und mittlerer Unternehmen hingegen besitzt die notwendige Flexibilität, um auf Nachfragemengen und nachgefragte Produkteigenschaften besser und schneller zu reagieren.

Zusammenfassend kann festgehalten werden, dass externe Skalenerträge einer Verdichtung mehrerer Unternehmen an einem Raumpunkt interne Skalenvorteile eines Großunternehmens überkompensieren. Aus der räumlichen Nähe der kleinen und mittleren Unternehmen resultieren Rückkopplungen. Diese Entwicklung führt nicht nur zu einer höheren (Zwischen-) Produktdifferenzierung, sondern auch zu einem deutlich höheren Innovationspotenzial. Im Vergleich zu Großunternehmen der Massenproduktion, denen Piore und Sabel in der mittleren und langen Frist technologische Stagnation unterstellen, erzeugt die Reagibilität der Einzelunternehmen sowie die Spezialisierung der Produktion „innovative Milieus" [vgl. *MAILLAT* (1995), S. 160].

Nicht zuletzt wirkt auch die Nähe der Unternehmen zueinander vertrauenstiftend, was als nicht-pekuniärer Effekt ebenfalls Innovationskräfte freisetzt. Nach Piore und Sabel sind jedoch nicht nur der Zugang zu Produktionsfaktoren und Produktionserzeugnissen bzw. Zwischenprodukten sowie die Innovationskraft von Bedeutung, sondern auch die institutionelle Struktur auf lokaler Ebene. Eine starke Verzahnung der Raumeinheit mit der Regionalpolitik steigert das Güter- und Leistungsangebot und damit die Innovations- und Lernprozesse. Institutionelle Verbindungen können beispielhaft aus öffentlichen und privatwirtschaftlichen Trägern bestehen.

Aufgrund konstitutiver gesellschaftswissenschaftlicher Annahmen ist eine formale Überführung der Theorie flexibler Spezialisierung unmöglich. Vor diesem Hintergrund steht die sozialwissenschaftliche Theorie flexibler Spezialisierung daher auch der Wirtschaftsgeographie deutlich näher als der Raumwirtschaftstheorie. Aus rein ökonomischer Perspektive erscheinen zweierlei Punkte bedeutsam. Zum einen führten Piore und Sabel die Schlagwörter „Industriedistrikt" und „innovative Milieus" in die wissenschaftliche Debatte ein. Sie unterstrichen

---

[4] Bekannt ist dieser Prozess der Angebotsüberhänge und der oszillierenden Gütermengen und -preise auch unter der Bezeichnung Spinnwebtheorem [vgl. *EZEKIEL* (1937)].

also die Bedeutung der räumlichen Nähe unterschiedlich spezialisierter Unternehmen und Branchen. Weiterhin bestätigten auch sie die Relevanz technologischer Externalitäten. Hervorzuheben ist aber vor allem der starke Einbau der Markt- und Produktionsform in das Theoriegebäude. Es stellt die erste raumwirtschaftliche Theorie dar, die die hohe Bedeutung der Produktdifferenzierung hervorhebt. Im Modellaufbau der Neuen Ökonomischen Geographie wird dem diversifizierten Industriegüterangebot eine elementare Bedeutung zukommen.

3.4.4 Evolutionstheorie und Pfadabhängigkeit

Evolutionen beschreiben innerhalb der allgemeinen wirtschaftswissenschaftlichen Theorie Entwicklungen, die sich durch sich fortschreitende Informationsprozesse charakterisieren [vgl. LAMBOOY/BOSCHMA (2001)]. Aus diesen Entwicklungsprozessen ergeben sich Entwicklungspfade, ganz analog zu biologischen Fortschrittsentwicklungen von Arten. Jeder Pfad ist entweder Ergebnis eines Zufallseinflusses oder wird durch einhergehende stochastische Prozesse beeinflusst, die wiederum zu neuen Pfadschritten führen. Es liegen demnach nicht immer klare systemische Prozesse vor. Zudem zeichnet sich der Pfad, infolge dieser Effekte, im Verlauf seiner Entwicklung durch steigende Komplexität aus.

Als wesentlicher Aspekt für die allgemeine Pfadtheorie gilt, dass ein einmal eingeschlagener Weg mit fortschreitender Entwicklung prinzipiell unumkehrbar ist. In der Pfadrichtung besteht ein *lock-in*-Effekt. Die Evolutionstheorie hilft daher sehr bei der Erklärung von Strukturen, insbesondere bei der von komplexen Entwicklungsstrukturen [vgl. BOSCHMA/LAMBOOY (1999)]. Obwohl sie als Theorieansatz vollkommen losgelöst vom neoklassischen Paradigma dasteht, wächst ihr Einfluss innerhalb der Raumökonomie, da über ihre Logik komplexe wirtschaftliche Verdichtungen an einem Raumpunkt als Ergebnis von Entwicklungspfaden angesehen werden können. Darüber hinaus gibt diese Theorie in raumwirtschaftlichen Fragen auch Antworten, warum zwei zum gleichen Zeitpunkt und unter gleichen Umständen beginnende Pfade letztlich unterschiedliche Entwicklungen und damit unterschiedliche (Raum-) Ergebnisse hervorriefen.

Die Theorie der Pfadabhängigkeit besitzt den Vorteil, dass sie jederzeit eine rekursive Analytik zulässt. Zergliedert man den Entwicklungspfad, so tritt im Ergebnis eine Prozesskette von aufeinander aufbauenden Entwicklungsschritten hervor, aus der wiederum auch einzelne Pfadergebnisse nachvollzogen und beurteilt werden können. In Retrospektive bestünde die Möglichkeit, in dieser Form etwa die einzelnen Entwicklungsschritte eines Raumstandortes hin zu einer Metropolregion nachzuverfolgen. Innerhalb der Evolutionstheorie ökonomischer Prägung haben sich zahlreiche raumtheoretische Betrachtungen und Transfers ergeben [vgl. ARTHUR et al. (1987); ARTHUR (1994)]. Die sehr starke Stellung der Evolutionstheorie innerhalb der Raumwirtschaftstheorie ergibt sich vor allem aus ihrer Erklärungskraft für Raumphänomene, die mit den theoretischen Standardwerkzeugen nicht oder nur unzureichend erklärbar sind. Sie kann nicht nur die Bedeutung historische Zufälle in der Herausbildung von Agglomerationen herausarbeiten, sondern auch Raummerkmale als Ergebnisse eines evolutionären Prozesspfades analysieren.

Die Evolutionstheorie als Agglomerationstheorie im weiteren Sinne gibt damit einen Begründungszusammenhang, warum man heutzutage Agglomerationen in Raumlagen findet, die objektiv und im Vergleich zu anderen Raumpunkten relativ schlechte Start- und Rahmenbedingungen besaßen. Sie gibt zugleich Erklärungen, warum frühere Küstenstädte sowie Handels- und Verkehrsknotenpunkte allein aus einem dominanten Standortvorteil zu bedeutsamen Metropolen erwuchsen. Ferner liefert die Theorie Argumente, wonach die Veränderlichkeit von Regionen – etwa durch historische Zufälle – die in ihr beheimateten Unternehmen zur Anpassung oder zu Standortverlagerungen zwangen.

Auch diese evolutionäre Perspektive der Theorie, die sich an den Anpassungsmechanismus in einem Ökosystem anlehnt, in dem die Flexibilität der Arten ihr Überleben sichert, kann durchaus Erklärungsbestandteil für aktuelle Raumphänomene sein. Die Evolutionstheorie steht damit in enger Beziehung zur Theorie zirkulär-kumulativer Verursachung, bei der Myrdal als Startpunkt unter anderem auch historische Zufälle vermutete; *„[...] the power of attraction today of a centre has its origin mainly in the historical accident that something was once started there, and not in a number of other places where it could equally well or better have been started"* [*MYRDAL* (1957), S. 26 f.].

Als Grundannahmen einfacher Pfadmodelle der Raumwirtschaftstheorie steht zunächst immer ein kostenfreier Markzutritt eines Unternehmens, der durch innerbetriebliche Vorlieben für eine Region oder exogen gegebenen Startparameter determiniert wird. Die darauf aufbauende Annahme unterstellt, dass sich in der Ansiedlungsregion Skalenerträge für das Unternehmen entwickeln, die positiv in die Gewinnfunktionen eingehen, zur Aufwertung der Region insgesamt führen und für neue Markteintritte sorgen. Eine Standortansiedelung in unmittelbarer Nachbarschaft zu anderen Unternehmen erscheint vorteilhafter. Im Zuge dieses sich selbst organisierenden und verstärkenden Prozesses wird eine mögliche Standortverlagerung immer kostenintensiver. Ab einem gewissen Entwicklungspunkt sind der anfängliche Marktzutritt und die Entscheidung für eine Region irreversibel. Die regionalen Vorprägungen bzw. die Pfadanfänge prädestinieren das spätere Pfadergebnis also ganz wesentlich. [vgl. *ARTHUR* et al. (1987), S. 301].

Computergestützte Simulationen ermöglichen es heutzutage relativ schnell und problemlos, lange und komplexe Pfadentwicklung nachzubilden und zu beurteilen [vgl. *ARTHUR* (1994), S. 1 - 12]. Darauf aufbauend lässt sich zeigen, dass die Erstbesiedelung von Regionen maßgeblichen Einfluss auf die weitere Pfadentwicklung ausübt; raumwirtschaftliche *Embeddedness*-Effekte können auf diesem Weg anschaulich herausgestellt werden [vgl. *GRANOVETTER* (1985); *STORPER/SCOTT* (1992)].

Eine häufig entgegengebrachte Kritik an der Pfadtheorie besteht darin, dass sie an vielen Stellen mühsam konstruierte Kausalitäten aufstellt. Vertreter der neoklassischen Raumökonomie beanstanden, dass sie das unternehmerischen Gewinnmaximierungskalkül und damit das grundlegenden mikroökonomischen Paradigma nicht voll berücksichtigt. Zudem ist die Evolutionstheorie stark deskriptiv fundiert und bis heute formal-ökonomisch schwach aufbereitet, weshalb sie viele Wirtschaftswissenschaftler ablehnen. Auch setzen Pfadbeschreibungen immer einen klaren Pfadanfang voraus, der in vielen theoretischen und realen Zusammenhängen nicht sinnvoll bestimmbar ist.

In der Herausbildung von Agglomerationen hebt die Evolutionstheorie allerdings zwei elementare Bausteine der Neuen Ökonomischen Geographie hervor: die Bedeutung positiver Externalitäten und die Selbstorganisation von Unternehmen bei der Standortwahl. Darüber hinaus zeigt sie, dass eine Pfadentwicklung sogar von Konvergenz und einem Endpunkt gekennzeichnet sein kann. Diese Theorie stellt die Bedeutung historischer Zufälle und Vorprägungen als zentral heraus. Damit unterscheidet sie sich von vielen neueren Ansätzen der Raumwirtschaftstheorie, die historische Einflüsse und Vorprägungen vollends ausblenden.

3.4.5 Theorie räumlicher Wettbewerbsvorteile

Die Theorieströmung, die die Entstehung von Agglomerationen über einen rein wettbewerbstheoretischen Ansatz erklärt, bleibt nach wie vor eng mit dem Ideengeber Michael Porter verbunden. Als Außenhandelstheoretiker ging er Ende der 1980er Jahre in seinem Buch „The Comparative Advantage of Nations" der Frage nach, warum Länder mit prinzipiell gleicher Faktorausstattung eine unterschiedliche Spezialisierung im Außenhandel aufweisen.

Die Theorie nach Porter verfolgt einen induktiven Ansatz, da er zunächst nur das Einzelunternehmen zum Untersuchungsgegenstand macht. Das Konzept betrieblicher Wettbewerbsvorteile entwickelt Porter über den räumlichen Verbund bedeutsamer Faktoren, dem sogenannten „Cluster". Bis heute stellt dieser Begriff den Haupterklärungsansatz der räumlichen Wettbewerbstheorie dar [vgl. *EICKELPASCH* et al. (2007)]. In der einfachsten begrifflichen Abgrenzung handelt es sich bei einem räumlichen Cluster um *„[...] geographic concentrations of interconnected companies and institutions in a particular field [...]* important to competition" [*PORTER* (1998), S. 78]. In der genaueren Herausarbeitung führt Porter vier Faktoren auf, die im wechselseitigen und positiven Einfluss stehen und die räumlichen Wettbewerbsvorteile determinieren. Aufgrund der vier Triebfedern, die häufig in Form einer Raute veranschaulicht werden und damit einem Diamanten ähneln, wird der Cluster-Ansatz auch als Porter'sches Diamant-Konzept betitelt. Abbildung III-8 zeigt das Faktorenbündel, es sind die Eckpunkte des Diamanten und damit die Schlüsselfaktoren eines Clusters. Die Pfeile illustrieren die wechselseitigen Abhängigkeiten dieser vier Faktoren, die alle eine gleichrangige Bedeutung besitzen.

Abbildung III-8: Faktorendiamant eines industriellen Clusters

Quelle: Eigene Darstellung in Anlehnung an PORTER (1990), S. 136.

Die „Unternehmensstruktur und der Inlandswettbewerb" üben unmittelbaren Einfluss auf die Konstitution des Unternehmens aus, etwa indem sie die Innovationsleistung steigern. In dem zweiten Eckpunkt, den „Nachfragebedingungen", fallen vor allem die Konsumenten, die gemäß dem Prinzip der Konsumentensouveränität die Produktions- und damit auch die Innovationsprozesse steuern. Von Bedeutung ist neben der reinen Nachfragestärke des Heimatmarktes auch die Dynamik der Nachfrage. Der dritte Eckpunkt, der den Cluster um „verwandte und unterstützende Branchen" ergänzt, steht ganz in Tradition der klassischen Raumwirtschaftslehre, die die Vorteilhaftigkeit einer Nähe von Zulieferern und Zwischenproduktherstellern zum Unternehmen hervorhebt. Porter misst dieser Nähe zudem die Bedeutung bei, dass durch sie Komplementaritäten erwachsen und Innovationen entstehen. Der letzte Eckpunkt des Porter-Diamanten bezieht die grundlegenden Standortvorteile der „Faktorausstattung" und Faktorbildung in die Betrachtung mit ein. Neben dem ausreichenden quantitativen Bestand an Produktionsfaktoren unterstreicht Porter aber auch deren qualitative Bedeutung. So differenziert er zwischen allgemeinen Basis- und selektiven Spezialfaktoren; letzteren misst Porter sogar ein höheres Gewicht bei. Erkennbar haben alle vier Faktoren die Unternehmensebene zum Bezug und sind damit in gewisser Form interne Wettbewerbsvorteile eines Unternehmens.

Obwohl zunächst Nationen im Erkenntnisinteresse lagen, brach Porter seine Theorie später auch auf regionale Fragestellungen herunter [vgl. PORTER (2003); PORTER (2000b)]. Dies lag darin begründet, dass der internationale Wettbewerb durch die wachsende Intensität des interregionalen Wettbewerbs bisweilen schon überflügelt wurde [vgl. HILL/BRENNAN (2000)]. Unabhängig davon, ob die große oder kleine Untersuchungsebene gewählt wird, argumentiert Porter, dass räumliche Wettbewerbsvorteile zu einer nationalen oder regionalen Divergenz ökonomischer Entwicklung führen. Die Cluster dimensioniert er dabei weder räumlich klar, noch bestimmt er sie in ihrer Größe. „The geographic scope of a cluster can range from a single city or state to a country or even a group of countries" [PORTER (2000a), S. 254].

In seiner zusammenhängenden Form kann das Diamant-Konzept nach Porter sogar als eigenständiger Standortfaktor kategorisiert werden [vgl. ENRIGHT (2003)]. Dieser Umstand und die klare Herausstellung der vier Faktoren wirkte Anfang der 1990er Jahr auf viele regionalpolitische Entscheidungsträger wie eine Bauanleitung zur Herausbildung regionaler Wirtschaftsknoten. Die Ergebnisse vom Cluster-Aufbau am Reißbrett waren im Gros der Fälle jedoch enttäuschend. Dies mag zum einen schlicht an der falschen realpolitischen Umsetzung gelegen haben, zum anderen wohl aber auch an der eher vagen Konzeption von Porter und der daraus resultierenden Schwierigkeit der Implementierung bzw. punktgenauen staatlichen Förderung [vgl. MARTIN/SUNLEY (2003)]. Diesen wesentlichen Kritikpunkt, wonach die Herausbildung von wettbewerbsführenden Branchen nicht zuletzt auch stark vom staatlichen Einfluss abhängt, blendete Porter in seinem Vier-Faktoren-Schema allerdings aus. Nicht zuletzt unterliegt der Cluster-Ansatz bis heute der Kritik, dass er die Bedeutung von Produktions- und Standortfaktoren viel zu stark herausstellt [vgl. SCHMITZ/NADVI (1999)]. Dies steht für einen innovativen Erklärungsansatz eigentlich in zu enger Verbindung zur traditionellen Standorttheorie.

Zu würdigen ist indes die Bedeutung des Wettbewerbsdrucks in der Porter'schen Theorie, nach der vor allem ein zugrundeliegendes Konkurrenzgefälle die Wettbewerbsfähigkeit und -intensität fördert. Dies stellt vor dem Hintergrund der Globalisierung eine zeitgenössische und plausible Sichtweise dar. Dass diese Wettbewerbseffekte wiederum positive Rückkopplungseffekte in Gang setzen und verstärken, kann ebenfalls wissenschaftlich belegt werden. Studien über ein Cluster-Wachstum innerhalb von Industriezweigen beweisen dies genau so eindrucksvoll wie Erkenntnisse über verstärkte Unternehmensgründungen in Cluster-Regionen [vgl. BRENNER (2004)]. In Abgrenzung zum Porter-Diamanten schafft es die Neue Ökonomische Geographie, den zentralen Wettbewerbseffekt auf Anbieterseite exakt formal herauszuarbeiten.

3.5 Das ‚Neue' an der Neuen Ökonomischen Geographie

Die Geburtsstunde der Neuen Ökonomischen Geographie ist untrennbar mit dem US-Ökonomen Paul Krugman verbunden, der für seine wissenschaftliche Leistung im Bereich der räumlichen Wirtschaftstheorie im Jahr 2008 den Nobelpreis erhielt; „[...] Krugman not only laid the groundwork for a new trade theory; he also sowed the seed for a new theory of economic geography [...]. Krugman shows that the end result may be a concentration of most economic activity in one or a few regions [and therefore] helps us [to] understand rural decline and the growth of cities" [HOLMLUND (2008)].

Die Neue Ökonomische Geographie verkörpert eine formal stringente Theoriewelt, die sich zur Erklärung von Standort- und Raumphänomenen nicht mehr auf physisch-geographische Wechselbeziehungen stützt. Aus Sicht der Wirtschaftswissenschaften kam sie dem lang ersehnten Wunsch nach, Raumphänomene, wie die Herausbildung von wirtschaftlichen Agglomerationen, über mathematische Modelle ähnlich belastbar auszudrücken, wie es physikalische Gesetzmäßigkeiten im Feld der Naturwissenschaften vermögen [vgl. KRUGMAN (1991b), S. 6; KRUGMAN (1995), S. 4 f.; MARTIN/SUNLEY (1996), S. 259]. Das auf Krugman direkt basierende Kern-Peripherie-Modell bildet die Diskussionsgrundlage aller Weiterentwicklungen, die sich in der neueren Zeit mit raumwirtschaftlichen Fragen auseinandersetzen. Neu in der Modellwelt „2. Generation" ist die direkte Einbindung von positiven räumlichen Externalitäten in den Modellrahmen, um räumliche Konvergenz und Divergenz zu erklären. Damit ist die Neue Ökonomische Geographie „to date the only theory within mainstream economics that takes the economics of location seriously" [BRAKMAN/ GARRETSEN (2003), S. 638]. Die raumdifferenzierenden Effekte werden in einem allgemeinen Gleichgewichtsmodell als pekuniäre Effekte exakt formalisiert und in den Marktprozess eingebunden.

Neuartig ist auch, dass *second nature*-Modelle nicht nur eine Erklärung für die Herausbildung von Agglomerationen geben, sondern zugleich eine konsistente Begründung für die einhergehende Peripherieentwicklung. Auch die deglomerativen Kräfte werden im Modellrahmen exakt herausgestellt. Auch sie unterliegen einem endogenen und zirkulären Prozess. Durch die zeitgleiche Berücksichtigung zentripetaler und zentrifugaler Kräfte im Modell erweist sich die Neue Ökonomische Geographie früheren Raummodellen als deutlich überlegen. Die Abgrenzung zur klassischen

Standorttheorie erfolgt vor allem über das mikroökonomische Totalmodell [vgl. *OTTAVIANO* (2011), S. 237]. Das allgemeine Gleichgewichtsmodell verknüpft die entscheidenden Akteure im Markprozess mit einem monetären Kreislauf. Alle Bewegungen in diesem Modell verursachen Reaktionen und Anpassungsbewegungen, die erst in einem neuen Gleichgewicht wieder stoppen [vgl. *KRUGMAN* (2010), S. 8; *SCHMUTZLER* (1999), S. 357]. Bis zum Anfang der 1990er Jahre galt es als unwahrscheinlich, ein derart gegliedertes Raummodell in dieser Form zu entwickeln und partiell zu lösen.

Neuartig ist nicht zuletzt, dass durch die Formalisierung viele raumwirtschaftliche Konzepte erstmals in die Mitte der etablierten Ökonomie rückten und innerhalb eines ganzheitlichen Modellrahmens gesetzt werden konnten [vgl. *McCANN* (2007), S. 1212]. Kein Zweig der Raumwirtschaftstheorie zuvor konnte neben der Art auch die Stärke einer wirtschaftlichen Aktivität im Raum auf so analytisch saubere Weise endogenisieren [vgl. *OTTAVIANO* (2011), S. 237].

Im Kern-Peripherie-Gefälle greift Krugman auf viele Versatzstücke älterer Theorien zurück [vgl. *BOSCHMA/FRENKEN* (2006), S. 275]. Das Umwälzende in der Modellwelt „2. Generation" besteht vor allem in der Integration der Marktform monopolistischer Konkurrenz; der Einbau dieses raumlosen Modells in ein interregionales Gesamtmodell war eine bemerkenswerte Leistung [vgl. *OTTAVIANO/THISSE* (2005), S. 1708]. Zudem berücksichtigt die Neue Ökonomische Geographie mit dieser Marktform eine zeitgenössische Güterproduktion, die durch sinkende Durchschnittskosten aufgrund von Massenproduktion und zugleich von einer vielfältigen Produktausprägung gekennzeichnet ist.

Die Modellwelt der Neuen Ökonomischen Geographie besitzt eine hohe Politikrelevanz. Durch die multiplen Gleichgewichte im Modell können gleich mehrere Ergebnisse gewonnen und direkte Handlungsempfehlungen für die Regionalpolitik abgeleitet werden [vgl. *OTTAVIANO* (2003)]. Hinsichtlich des umfassenden Begründungszusammenhanges reichen die Implikationen nicht nur in das Ressort der regionalen Wirtschaftspolitik, sondern auch in die Transport- und Infrastruktur-, Sozial-, Finanz- und Handelspolitik.

Raumwirtschaftliche Erklärungen über bloße exogene Einflüsse werden auch deshalb übertroffen, da in den Grundmodellen der Neuen Ökonomischen Geographie die Regionen dimensionslos sind und nur als Punktökonomien vorliegen.

Obwohl im Normalfall zwei über Transportkosten verbundene Regionen zum Verständnis der Wirkungszusammenhänge vollkommen ausreichen, besteht der Vorteil der Modellwelt nach Krugman auch darin, dass sie Betrachtungszusammenhänge um beliebig viele Regionen erweitert. Auch dieser Aspekt der flexiblen Vergrößerung und Verkleinerung der Modellstruktur ist neu und wurde von keinem Raummodell zuvor so einfach ermöglicht.

Diese Beispiellosigkeit findet nicht zuletzt auch darin Ausdruck, dass die Neue Ökonomische Geographie, nach vielen Jahrzehnten der Einzeltheorieausbildung, nun zu einer Art Schlusspunkt gelangte. Die Theoriewelt „2. Generation" erreichte die lang ersehnte Kombination ökonomischer Teildisziplinen wie die der Wirtschaftsgeographie, der Regional- und Stadtökonomie, der Industrieökonomik sowie der Wachstums- und Handelstheorie. Die vorher weit verbreitete Miss-Ordnung von Konzepten und Methoden, die verschiedenen Heuristiken sowie die unterschiedlichen

Lesearten und Deutungen von Theorieansätzen und Theorieergebnissen fand damit ein Ende. Der Modellwelt „2. Generation" gelang eine Abkehr vom ausufernden Wissenschaftspluralismus und unterteilte klarer zwischen Vertretern der Raumwirtschaftstheorie und der Wirtschaftsgeographie [vgl. STORPER (2011); BOSCHMA/FRENKEN (2006); YEUNG (2005); MARTIN/SUNLEY (2001); STERNBERG (2001); MARTIN (1999)].

Das Kern-Peripherie-Modell liefert als Grundlagenmodell zahlreiche Anstöße zur weiteren Forschung und Modifikation [vgl. FORSLID/OTTAVIANO (2003)]. Die lang ersehnte neoklassische Fundierung von Raumphänomenen in einem Totalmodell gab der Forschergemeinschaft endlich einen intellektuell-kohärenten Diskussions- und Verständigungsrahmen [vgl. OVERMAN (2004), S. 505]. Insofern suggeriert das Kürzel „Neu" in der Titelwahl auch einen Überlegenheitsanspruch der Ökonomie gegenüber traditionellen und interdisziplinären Wissenschaftsansätzen [vgl. SCHÖLER (2010), S. 14; BRAKMAN/GARRETSEN (2003), S. 640; MARTIN (1999), S. 80 f.].

3.6 Das Kern-Peripherie-Modell der Neuen Ökonomischen Geographie

Das Grundmodell der Neuen Ökonomischen Geographie ist ein mikroökonomisch fundiertes Allgemeines Gleichgewichtsmodell. Die konstitutiven Annahmen finden sich in den einzelnen Modellelementen, insbesondere auf Angebots- und Nachfrageseite und im Bereich der räumlichen Interaktion. Die Basisannahme liegt erwartungsgemäß im eigentlichen Modellanspruch, wonach sich räumliche Agglomerationen auf einer *white map*, also unter Abstraktion aller natürlichen Faktorausstattungen, begründen. Die Nichtberücksichtigung von *first nature*-Aspekten wird erreicht, indem ex-ante annahmegemäß zwei vollkommen identische Regionen vorliegen. Im Kern-Peripherie-Modell bleiben die Staatsseite und mögliche Verbindungen zum Ausland gänzlich unberücksichtigt.

Auf Seite der Nachfrage arbeitet das Modell mit der Annahme einer heterogenen Bevölkerungsstruktur im Raum. Vollständig ausgeblendet bleibt dabei, ob Menschen eine gewisse Vorliebe oder eine Einstellung für die Stadt oder das Land besitzen und ihren Lebensmittelpunkt entsprechend ausrichten. Es gibt demnach weder Faktoren wie Naturverbundenheit, aufgrund derer Menschen von sich aus in ländlichen Randlagen wohnen wollen, noch Vorlieben für Großstädte, die Menschen per se in urbanen Zentren leben lässt.

Im Grundmodell besitzt die Bevölkerung identische Präferenzen und teilt sich strukturell in zwei Gruppen auf: Arbeiter und Bauern. Die Dichotomie zwischen Industrie- und Agrararbeitern ist dabei nicht wörtlich zu nehmen, sie dient nur der Veranschaulichung. So könnte man die Bauern auch als Niedrigqualifizierte und die Arbeiter als Beschäftigte mit hohem Humankapital einordnen. Auch wäre es möglich eine Unterscheidung vor dem Hintergrund der volkswirtschaftlichen Produktionssektoren zu unternehmen, indem man zwischen industriellen *blue collar*-Arbeitern und *white collar*-Arbeitern des Dienstleistungssektors differenziert.

Eine Kernannahme des Grundmodells besteht darin, dass keine berufliche Mobilität vorliegt; Bauern bleiben demnach Bauern und Arbeiter eben Arbeiter. Eine weitere Annahme legt die Immobilität des landwirtschaftlichen Sektors fest. Arbeiter können sich frei zwischen den

Regionen bewegen, Bauern hingegen sind „an die Scholle gebunden" und können dies nicht [vgl. *PFLÜGER/SÜDEKUM* (2005, S. 29)]. Wie der spätere Modellaufbau noch zeigt, dient der Agrarsektor somit als Referenzsektor, da durch die immobilen Bauern immer noch eine gewisse Restnachfrage und ein gewisses Grundeinkommen in einer Region haften bleibt. Durch die fixierte Bevölkerungsstruktur rufen letztlich die Wanderungen der Industriearbeiter Agglomerationen hervor, ihre Standortentscheidungen bestimmen zu einem großen Teil die spätere Raumstruktur.

Angebotsseitig bilden ebenfalls nur zwei Sektoren die gesamte Ökonomie ab: Agrarwirtschaft und Industrie. Die Bauern im Agrarsektor stellen ein homogenes Agrargut unter konstanten Skalenerträgen her. Die industrielle Seite produziert eine Vielzahl an physisch oder psychisch heterogenen Gütern unter steigenden Skalenerträgen. Wanderungen erfolgen dann, wenn Regionen für einen Zuzug attraktiv werden. Dies geschieht, wenn in diesen Regionen das Güterangebot steigt. Gemäß der mikroökonomischen Theorie führen unterstellte, streng konvexe Präferenzen des Haushalts dazu, gemischte Güterkörbe stets zu präferieren; es besteht ein „taste for variety" [*BENASSY* (1996, S. 41)]. Agglomerationen sind im Modell der Neuen Ökonomischen Geographie unter anderem deshalb attraktiv, weil dort eine größere Produktvielfalt erzeugt und angeboten wird. In der Peripherie ist das Güterangebot absolut identisch, allerdings nur zu höheren Preisen zu erwerben, da Transportkosten zur Raumüberwindung anfallen. Aus diesem Sachverhalt lässt sich unmittelbar ableiten, dass die Löhne in der Peripherie höher sein müssen als im Kern, da sonst kein Anreiz bestünde, überhaupt noch im Hinterland zu bleiben.

Die Transportkosten selbst bilden einen weiteren wichtigen Erklärungsschwerpunkt im Gleichgewichtsmodell. Ohne sie gäbe es keinen raumdifferenzierenden Modellaufbau und vor allem keine Verbindung zwischen wirtschaftlich konzentrierten Ballungsräumen und entleerten Regionen. Bestünde diese Brücke nicht, so könnte aus der Natur der Sache heraus weder Divergenz noch Konvergenz zwischen den betrachteten Regionen eintreten.

Der Aufbau eines Zwei-Regionen-Modells ist in Abbildung III-9 schematisiert. Die Darstellung besitzt zwar nicht den Anspruch auf Vollständigkeit, was aufgrund der Komplexität auch nicht darstellbar wäre, veranschaulicht aber alle wichtigen Zahlungs- und Güterströme zwischen den Sektoren, Regionen und Akteuren.

Abbildung III-9: Schematischer Aufbau des Kern-Peripherie-Modells

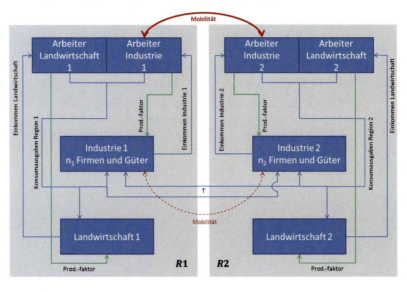

Quelle: Eigene und erweiterte Darstellung in Anlehnung an SCHÖLER (2010), S. 8.

3.6.1 Die Nachfrageseite im Modell

Auf Seiten der Konsumenten wird eine klassische Cobb-Douglas-Nutzenfunktion unterstellt, die sich aus einem Agrargut A und einer Menge M an unterschiedlichen Industriegütern zusammensetzt [vgl. KRUGMAN (1991a), S. 88]. Sie folgt dem Funktionsausdruck:

$$U = u(M, A) = M^{\mu} \cdot A^{1-\mu} \quad .$$

$$(\text{III-}1)$$

Die Variable μ indiziert die konstanten Ausgabenanteile des Einkommens Y. Über diese partielle Nutzenelastizität lassen sich Rückschlüsse auf die Vorlieben der Konsumenten nach beiden Gütertypen ziehen. Die Gesamtgütermenge M an Industriegütern besteht aus einem Warenkorb, der sich aus n verschiedenen Industriegütervarianten mit den Mengen $m_i \; \forall \; i \in [1, n]$ zusammensetzt. Im Modell sind homogene Agrargüter und heterogene Industriegüter zu unterscheiden. Die veränderbare Anzahl n an Industriegütern kann auch als Grad an Produktinnovationen im Industriesektor gedeutet werden. Die Sub-Nutzenfunktion der verschiedenen Produktausprägungen an Industriegütern

$$M = \left[\sum_{i=1}^{n} m_i^{\rho} \right]^{\frac{1}{\rho}} \quad \text{mit} \quad \rho \in [0,1]$$

$$(\text{III-}1a)$$

ist als CES-Nutzenfunktion definiert [vgl. *KRUGMAN* (1991a), ebd.]. Der Parameter ρ gibt den stets positiven Homogenitätsgrad der angebotenen Industriegüter an; es gilt $0 \leq \rho \leq 1$. Liegt der Wert nahe 0, werden die Güter als stark verschiedenartig eingeschätzt. Höhere Werte nahe 1 bedeuten, dass die Güter in den Augen der Konsumenten fast homogen sind bzw. als enge Substitute vorliegen. Im hypothetischen Fall $\rho = 1$ wäre es dem Konsumenten völlig gleichgültig, ob eine hohe Produktvielfalt vorliegt, da alle Varietäten zueinander perfekte Substitute darstellen. Im zweiten hypothetischen Fall $\rho = 0$ lägen die Güter als Komplementäre vor. Der Parameter ρ steuert damit die Krümmung der Indifferenzkurve.

Ergänzend zu Gleichung (1a) kann man ρ auch direkt über die Substitutionselastizität σ mit

$$M = \left[\sum_{i=1}^{n} m_i^{\frac{\sigma-1}{\sigma}} \right]^{\frac{\sigma}{\sigma-1}} \qquad (\text{III-1b})$$

umschreiben, wobei sich für zwei beliebige Industriegüter i und j der Wert

$$\sigma_{sub}(i,j) = \frac{d(m_i/m_j)}{d(dm_i/dm_j)} : \frac{m_i/m_j}{dm_i/dm_j} = \frac{1}{1-\rho} > 0 \qquad (\text{III-2})$$

als Kreuzelastizität einstellt [vgl. *SCHÖLER* (2005), S. 183]. Die Gleichungen (1a) und (1b) drücken damit aus, dass mit steigender Produktvielfalt der Nutzen der Konsumenten steigt. Die Parameter ρ bzw. σ kennzeichnen den Wunsch nach einem vielfältigen Industriegüterangebot. Zudem zeigt der Parameter σ damit nicht nur die Substitutionselastizität zweier Industriegütervarianten an, sondern repräsentiert zugleich die Preiselastizität der Nachfrage nach der Produktvariante eines Industriegutes.

Die Wahl der Marktform vom Dixit-Stiglitz-Typ ist realitätsnah. Ein Konsument besitzt – im Gegensatz zur Marktform des reinen Monopols – die Freiheit, zu einer anderen Produktvariante und damit zu einem anderen Anbieter zu wechseln. Der Wechsel zu einem anderen Produkt kann auch andere Gründe als das klassische Preissignal haben. „Some consumers will prefer buying the firm's brand even at a small premium because it is available at a closer store, can be delivered sooner, or comes with superior post-sale services [...]; still other consumers will be concerned that alternative brands do not have the same quality or will not satisfy their preferences as well" [*TIROLE* (1994, S. 277)].

Die Budgetrestriktion des Konsumenten ergibt sich mit

$$Y = p^A \cdot A + P \cdot M , \qquad (\text{III-3})$$

wobei Y das (Lohn-) Einkommen indiziert und P den Preisindex über die Industriegüter M. Das Agrargut selbst besitzt den Preis p^A, der aber in diese Darstellung nicht integriert werden muss, da das Agrargut als Numéraire gesetzt wird. Infolgedessen normiert sich das homogene Agrargut auf $p^A = 1$ [vgl. *KRUGMAN* (1991b), S. 103].

Löst man das Maximierungskalkül des Haushaltes nach A und M, so wird der Konsum im Optimum mit

$$A = (1 - \mu) \cdot Y \quad \text{und} \quad M = \mu \cdot \frac{Y}{P} \tag{III-4}$$

entsprechend dem fixierten Ausgabenanteil aufgeteilt. Die Aufteilung des Einkommens innerhalb der Industriegütermenge M richtet sich nach den Einzelpreisen p_i der Produktvielfalt i und damit nach dem aufgegliederten Preisindex P. Um M zu maximieren, kann der ursprüngliche Ansatz beispielhaft mit nur zwei beliebigen Gütervarianten i und j weiterverfolgt werden. Die Bedingungen erster Ordnung führen dann zu dem Ergebnis

$$\left(\frac{m_i}{m_j} \right)^{-\frac{1}{\sigma}} = \frac{p_i}{p_j} \quad . \tag{III-5}$$

Die Grenzrate der Substitution zwischen beiden Gütern entspricht dem Preisverhältnis. Die jeweiligen Nachfragefunktionen

$$m_i = \left(\frac{p_j}{p_i} \right)^{\sigma} \cdot m_j \quad \text{und} \quad m_j = \left(\frac{p_i}{p_j} \right)^{\sigma} \cdot m_i \tag{III-6}$$

erhält man durch Umstellung. Die Mengenverhältnisse hängen nur vom jeweiligen Preisverhältnis ab, nicht aber vom Einkommen. Setzt man die erhaltenen Ausdrücke wieder in die Budgetrestriktion, kann man das Preisniveau der Industriegüter über i-güterspezifische Ausgaben herleiten. Nach diversen Umformungen erhält man schließlich die Gleichung

$$\mu \cdot Y = M \cdot \left[\sum_{i=1}^{n} p_i^{1-\sigma} \right]^{\frac{1}{1-\sigma}} , \tag{III-7}$$

in der auf der linken Seite die Ausgaben für Industrieprodukte stehen und auf der rechten Seite der gesamte Konsum an Industrieprodukten. Mit sinkender Substitutionselastizität σ steigt die Produktvielfalt an Industriegütern. Der Preisindex, der Schlussterm der Gleichung, verkleinert sich mit jeder neuen Produktvariante. Der Preisindex

$$p^M = \left[\sum_{i=1}^{n} p_i^{1-\sigma} \right]^{\frac{1}{1-\sigma}} \quad \text{bzw.} \quad p^M = \left[\sum_{i=1}^{n} p_i^{\frac{\rho}{\rho-1}} \right]^{\frac{\rho-1}{\rho}} \tag{III-8}$$

wird für den weiteren Verlauf der Arbeit vereinfachend über die Identität

$$p^M \equiv P \tag{III-9}$$

ausgegeben.

Mit dem umgeformten Funktionsausdruck des Preisindexes

$$P^{1-\sigma} = \left[\sum_{i=1}^{n} p_i^{\,1-\sigma}\right] \qquad \text{(III-10)}$$

kann das Ergebnis in (6) nach der Einzelnachfrage m_i einer Industrieproduktvariante in die Form

$$m_i = \mu \cdot Y \cdot \frac{p_i^{-\sigma}}{P^{1-\sigma}} \qquad \text{(III-11)}$$

überführt werden. Die Einzelnachfragen vom Preis p_i hängen von den gesamten Ausgaben für Industriegüter $\mu \cdot Y$ sowie vom Preisindex P als deflationierende Größe ab. Die Nachfrage nach einer Industrieproduktausprägung ist positiv vom Einkommen, positiv vom Ausgabenanteil für Industriegüter und negativ vom eigenen Preis abhängig. Eine Steigerung der Produktvielfalt insgesamt verringert die nachgefragte Menge einer einzelnen Produktausprägung. Da σ bei konstantem Preisniveau ebenfalls konstant bleibt, liegt eine isoelastische Nachfragfunktion m_i vor. Eine Preisänderung ruft demnach keine direkte Nachfrageanpassung hervor.

Um die Bedeutung des industriellen Preisindexes auf einem anderen Weg zu verdeutlichen, kann man zum Abschluss der Analyse die gefundenen Ergebnisse der Marshall-Nachfragen in die Ausgangsform der Nutzenfunktion einsetzen, um die indirekte Nutzenfunktion zu erhalten. Aus der Substitution der Variablen M und A zu

$$U = \left[\mu \cdot \frac{Y}{P}\right]^{\mu} \cdot \left[(1-\mu) \cdot \frac{Y}{p^A}\right]^{1-\mu} \qquad \text{(III-12)}$$

erfolgt nach Auflösung und Umstellung:

$$U = [\mu^{\mu}] \cdot Y \cdot P^{-\mu} \cdot \left[(1-\mu)^{(1-\mu)}\right] \cdot [p^A]^{\mu-1} \quad . \qquad \text{(III-13)}$$

Auf diesem Weg wird der Ausdruck des Preisindexes $P^{-\mu}$ herausgestellt. Der Preis des Agrargutes komplettiert in (13) den Konsumentenpreisindex (KPI) über den gesamten Warenkorb:

$$KPI = P^{\mu} \cdot [p^A]^{1-\mu} \quad . \qquad \text{(III-14)}$$

Der Konsumentenpreisindex endogenisiert im Modell die Industriegütervielfalt n. Zusammenfassend steigt der Preisindex P, wenn die Produktvielfalt abnimmt, da die einzelnen Industrieprodukte relativ teurer werden. Dadurch sinkt der Konsumentenpreisindex bzw. der Index der Lebenshaltungskosten im Modell.

3.6.2 Die Angebotsseite im Modell

Der Agrarsektor kann als Residualsektor klassifiziert werden; der Industriesektor besitzt die Funktion eines Leitsektors. Die Marktform der monopolistischen Konkurrenz ist der zentrale Ausgangspunkt im Modell, sie basiert auf dem Dixit-Stiglitz-Modell. Im Gegensatz zu den, in vollkommener Konkurrenz hergestellten, homogenen Agrargütern, produziert der Industriesektor die heterogenen Industriegüter unter dieser speziellen Marktform, die sowohl Elemente des Wettbewerbs als auch Elemente des Monopols in sich trägt [vgl. VARIAN (2007), S. 544].

Das Dixit-Stiglitz-Modell steht auf einem neoklassischen Theoriefundament [vgl. DIXIT/STIGLITZ (1977); SPENCE (1976)]. In diesem Modell stellt jedes Industrieunternehmen nur ein Produkt her. Die Zahl an Industriegütern n entspricht exakt der Anzahl an Unternehmen i. Multiproduktunternehmen werden ausgeschlossen. In allen Raumpunkten produzieren die Unternehmen mit identischer Technologie ihr jeweiliges Industriegut unter steigenden Skalenerträgen. Anders als im landwirtschaftlichen Sektor, der unter konstanten Skalenerträgen produziert, liegen der Produktionstechnologie der Industrie Fixkosten F und variable Kosten c^M zugrunde. Die produzierte Gütermenge wird mit q^M indiziert. Aufgrund der Skalenerträge in der Produktion treten fallende Durchschnittskosten auf; die Fixkostendegression ist der wesentliche Erklärungsbaustein, warum Industrieunternehmen uneingeschränkt nur an einem Standort und nicht an allen potenziellen Standorten produzieren.

Eingang in die Produktionstechnologien findet nur der Produktionsfaktor Arbeit L, der sich über die Modellökonomie hinweg in landwirtschaftliche Arbeiter L^A und Industriearbeiter L^M aufteilt. Unter Berücksichtigung der Annahme beruflicher Immobilität, wird nur L^M weiterverfolgt. Erweitert man die industrielle Faktornachfrage

$$L^M = F + c^M \cdot q^M \qquad (\text{III-15})$$

um den für alle Industriearbeiter identischen und exogen gegebenen Lohn w^M, so ergibt sich die Kostenfunktion zu:

$$C^M = w^M \cdot (F + c^M \cdot q^M) \quad . \qquad (\text{III-16})$$

Aufbauend auf (16) lautet das vollständige Gewinnmaximierungskalkül des Monopolisten:

$$\max_{q^M} \pi = [p^M(q^M) \cdot q^M] - [w^M \cdot (F + c^M \cdot q^M)] \quad . \qquad (\text{III-17})$$

Der gewinnoptimale Preis des Monopolisten ergibt sich durch die Elastizität, im Modell gleicht die Substitutionselastizität zwischen den Gütern σ der Preiselastizität der Nachfrage. Aus Unternehmenssicht ist der Preisindex für Industriegüter exogen gegeben. Die Substitutionselastizität stellt den Aufschlag auf die Grenzkosten des Monopolisten entsprechend

$$p^{M*} = \frac{\sigma}{\sigma - 1} \cdot w^M \cdot c^M \quad \text{bzw.} \quad p^{M*} = \frac{w^M \cdot c^M}{\rho} \qquad (\text{III-18})$$

dar [vgl. *KRUGMAN* (1991a), S. 489]. Der Monopolist ist gemäß der ökonomischen Theorie Preissetzer und verfügt über Marktmacht. Sein Preis liegt höher als unter einer Situation vollkommener Konkurrenz, in der der gewinnoptimale Preis den Grenzkosten der Produktion gleicht. Die resultierende Marktmacht aus dem Preisaufschlag verringert sich jedoch, wenn ein weiteres Unternehmen mit einer sehr ähnlichen Produktvariante in den Markt tritt und eine gewisse Nachfrage auf sich zieht. Neugründung von Unternehmen bewirken einen senkenden Preisaufschlag. Dieser Trend wirkt umso stärker, je schwächer der Homogenitätsgrad der Produktdifferenzierung ρ bzw. je größer die Substitutionselastizität σ ist. Durch Einsetzen des optimalen Ab-Werk-Preises (18) in die Gewinnfunktion erhält man die optimale Produktionsmenge

$$q^{M^*} = (\sigma - 1) \cdot \frac{F}{c^M} \qquad \text{(III-19)}$$

eines einzelnen Unternehmens [vgl. *KRUGMAN* (1991a), ebd.]. Die Variable σ gibt einerseits einen Hinweis auf die Höhe der Skalenvorteile in der Produktion und verbindet andererseits die Nachfrage- mit der Angebotsseite. Im Dixit-Stiglitz-Modell werden weder Markteintritts- noch Marktaustrittskosten unterstellt. Unternehmen treten in den Markt ein, bis er langfristig, aufgrund von Nullgewinnen der Unternehmen, in ein Gleichgewicht kommt.

Den Startpunkt zur Illustration der Marktform bildet die Marktnachfrage. Die Gütervarietät m_i entspricht stets dem Produktionsumfang dieser Gütervarietät q^M. Da das Unternehmen selbst keinen Einfluss auf die Ausgaben für Industriegüter μ, auf das Einkommen Y und den Preisindex P besitzt, reduziert sich der funktionale Zusammenhang der Preis-Absatz-Funktion auf

$$q^M = m_i = \varphi \cdot \left[p_i^M \right]^{-\sigma} \quad \text{mit} \quad \varphi = \frac{\mu \cdot Y}{P^{1-\sigma}} \ . \qquad \text{(III-20)}$$

Aus dem Gesamterlös (*revenue, R*) der Gleichung (21) leiten sich der Grenzerlös in der Form

$$\frac{\partial R^M}{\partial q^M} = p^M(q^M) + \frac{\partial p^M(q^M)}{\partial q^M} \cdot q^M \qquad \text{(III-21)}$$

und nach Umstellung die entsprechende Grenzerlösfunktion

$$\frac{\partial R^M}{\partial q^M} = p^M \cdot \frac{\sigma - 1}{\sigma} \qquad \text{(III-22)}$$

ab. Die Grenzkosten und die Durchschnittskosten werden aus dem Ausdruck (16) gewonnen, für sie gilt

$$\frac{\partial C^M}{\partial q^M} = c^M \cdot w^M \ , \qquad \text{(III-23)}$$

sowie

$$\frac{C^M}{q^M} = \frac{w^M \cdot F}{q^M} + c^M \cdot w^M \quad .$$

(III-24)

Abbildung III-10 stellt die Marktform der monopolistischen Konkurrenz dar; die die vier Funktionsausdrücke in einen Zusammenhang setzt.

Abbildung III-10: Marktform der monopolistischen Konkurrenz

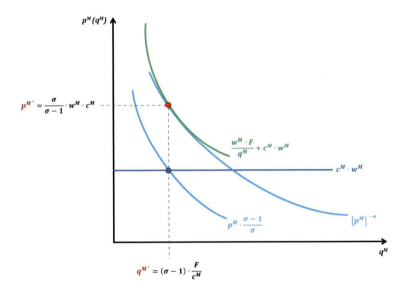

Quelle: Eigene Darstellung in Anlehnung an NEARY (2001), S. 538.

Die Nachfrage im Markt ist abhängig von der Substitutionselastizität σ; sie steuert die Steigung der Nachfragekurve. Liegen sehr nahe Substitute vor und damit ein σ-Wert nahe 1, so verläuft die Nachfragefunktion beinahe horizontal. Für hohe σ-Werte verläuft die Nachfragefunktion steiler. Ob und in welchem Umfang sich Konsumenten für ein ähnliches Gut eines anderen Unternehmens entscheiden, wird durch die Elastizität in der Nachfrage determiniert. Sie entscheiden, ob zwei Industriegüter zueinander enge oder weniger enge Substitute darstellen. Die Grenzerlösfunktion übernimmt die Substitutionselastizität σ und zeigt die produktionsseitige Reaktion des Unternehmens auf Nachfrageveränderungen.

Kennzeichnend für die graphische Darstellung der monopolistischen Konkurrenz ist der Tangentialpunkt zwischen Nachfrage- und Durchschnittskostenkurve. Durch die in einen Markt strömenden Unternehmen mit ähnlichen Produkten werden sämtliche Gewinne abgeschöpft. Der Tangentialpunkt und der Cournot'sche Punkt, der die optimale Preis-Mengen-Kombination zeigt, fallen aufeinander. In diesem Optimum ist auch die Optimalitätsbedingung erfüllt, dass der erzielbare Preis mindestens die Durchschnittskosten decken muss [vgl. *VARIAN* (2007), S. 545].

3.6.3 Die Bedeutung der Eisberg-Transportkosten

Die Berücksichtigung von Transportkosten ist zentral für den Modellrahmen der Neuen Ökonomischen Geographie. Durch sie wird einerseits erreicht, dass alle wirtschaftlichen Anpassungsprozesse auf dem Faktor- und Gütermarkt einem Kostenkalkül unterworfen sind. Andererseits überführt der Transport zwischen diskreten Raumpunkten die theoretischen Modellgrundlagen in eine räumliche Dimension. Das Modell untersucht nur zwei dieser interagierenden Raumpunkte. Region *1* und Region *2* bilden zugleich Produktions- und Konsumort der zwei vorhandenen Güterarten; es liegen gleiche Präferenzen und Produktionstechnologien vor. Der Transport von Agrargütern zwischen den Regionen und innerhalb einer Region verursacht keine Kosten. Der Transport von Industriegütern zwischen den Regionen ruft Beförderungskosten hervor, die als Eisberg-Transportkosten modelliert werden.

Diese spezielle Transportkostenform geht ursprünglich auf das von Thünen-Modell zurück; Samuelson beschreibt sie wie folgt: „To carry each good across the ocean you must pay some of the good itself. Rather than set up elaborate models of a merchant marine, invisible items, etc., we can achieve our purpose by assuming that just as only a fraction of ice exported reaches its destination as unmelted ice [...]" [*SAMUELSON* (1954, S. 268)]. Von ursprünglich T Einheiten des zu transportierenden Gutes kommen mit T^{-1} nur ein Teil am Konsumort an. Es unterscheiden sich der Ab-Werk-Preis p_1 der entsendenden Region *1* und der Preis am Konsumort p_2. Es gilt:

$$p_1^M = p_2^M \cdot T_{21} \ , \qquad\qquad (\text{III-}25)$$

wobei das Subskript nun die Regionen und nicht die Güter indiziert. Für den Transport muss stets $T > 1$ gelten.[5] Das Subskript kennzeichnet zunächst die Entsenderegion und anschließend die Verbrauchsregion; für die Notation gilt:

$$T_{21} = T_{12} \quad \text{sowie} \quad T_{11} = T_{22} = 1 \ . \qquad\qquad (\text{III-}26)$$

Bei der Berücksichtigung der Transportkosten besteht die Notwendigkeit, dass der Veränderung in den Preisen in Gleichung (25) auch eine Veränderung im jeweiligen Preisindex der Region einhergehen. Über die Regionen muss der Preisindex für industrielle Güter unterschiedlich sein.

---

[5] Die Bedeutung kann an einem exemplarisch herangezogenen Wert $T = 1,3$ verdeutlicht werden. Damit in der Zielregion 100 Einheiten des Gutes ankommen, müssen in der entsendenden Region 130 Einheiten verschifft werden. Der "geschmolzene" Verlustbetrag von 30 Einheiten deckt in diesem konstruierten Fall die Transportaufwendungen.

Im einfachen Zwei-Regionen-Modell treten unter Berücksichtigung von Gleichung (11) die regionalen Preisindizes

$$P_1 = [n_1 \cdot p_1^{1-\sigma} + n_2 \cdot (p_2 \cdot T_{21})^{1-\sigma}]^{\frac{1}{(1-\sigma)}} \qquad \text{(III-27)}$$

und

$$P_2 = [n_2 \cdot p_2^{1-\sigma} + n_1 \cdot (p_1 \cdot T_{12})^{1-\sigma}]^{\frac{1}{(1-\sigma)}} \qquad \text{(III-28)}$$

auf.

Der regionale Preisindex ist umso höher, je mehr Industriegüter unter Einsatz von Transportkosten in eine Region importiert werden müssen.

Die Nachfrage in beiden Regionen kann über Gleichung (15) als

$$m_1 = \mu \cdot Y_1 \cdot P_1^{\sigma-1} \cdot (p_2 \cdot T_{21})^{-\sigma} \qquad \text{(III-29)}$$

und

$$m_2 = \mu \cdot Y_2 \cdot P_2^{\sigma-1} \cdot (p_1 \cdot T_{12})^{-\sigma} \qquad \text{(III-30)}$$

hergeleitet werden [vgl. KRUGMAN (1991a), S. 490]. Setzt man die beiden Gleichungen (29) und (30) zusammen, so ergibt sich für den gesamten Produktionsumfang in Region *1*

$$q_1 = \mu \cdot p_1^{-\sigma} \cdot [Y_1 \cdot P_1^{\sigma-1} + Y_2 \cdot P_2^{\sigma-1} \cdot T_{21}^{1-\sigma}] \qquad \text{(III-31)}$$

und spiegelbildlich für Region *2*

$$q_2 = \mu \cdot p_2^{-\sigma} \cdot [Y_2 \cdot P_2^{\sigma-1} + Y_1 \cdot P_1^{\sigma-1} \cdot T_{12}^{1-\sigma}] \quad . \qquad \text{(III-32)}$$

Stets gilt, dass die Nachfrage im Inland größer ist, als die mit Transportkosten verbundene Nachfrage im Ausland. Das Transportniveau T geht negativ in die Nachfrage ein.

Die regionale Dimensionierung mittels Eisbergtransportkosten besitzt zwei große Vorteile. Zum einen muss für den Transportkostensektor keine eigene Wertschöpfung in das Modell integriert werden. Zum anderen ermöglicht diese Darstellungsform, den Parameter T nach Bedarf auch weitreichender zu definieren und zu interpretieren [vgl. KRUGMAN (1998), S. 13].

Die Transportkosten üben auch einen maßgeblichen Einfluss auf das interregionale Nominallohnniveau aus. Stellt man die Gleichung (18) nach dem Preis um und setzt sie anschließend in den Ausdruck der regional produzierten Mengen (31), so ergeben sich die Nominallohngleichungen in der Form

$$w_1 = \frac{\sigma - 1}{\sigma \cdot c} \cdot \left(\frac{\mu}{q_1}\right)^{\frac{1}{\sigma}} \cdot (Y_1 \cdot P_1^{\sigma-1} + Y_2 \cdot P_2^{\sigma-1} \cdot T_{21}^{1-\sigma})^{\frac{1}{\sigma}} \qquad \text{(III-33)}$$

und

$$w_2 = \frac{\sigma - 1}{\sigma \cdot c} \cdot \left(\frac{\mu}{q_2}\right)^{\frac{1}{\sigma}} \cdot \left(Y_2 \cdot P_2^{\sigma-1} + Y_1 \cdot P_1^{\sigma-1} \cdot T_{12}^{1-\sigma}\right)^{\frac{1}{\sigma}} \quad . \tag{III-34}$$

Die Löhne sind positiv abhängig von der Höhe des Preisniveaus P, den Transportkosten T sowie vom im Markt erzielbaren Einkommen Y. Die Transportkosten bestimmen auch das Lohnniveau zwischen Kern und Peripherie mit. Tiefe Transportkosten üben einen positiven Einfluss aus.

3.6.4 Modellnormierungen

Aufgrund des hohen Komplexitätsgrades des Modells misslingt eine analytische Lösung über die bislang aufgestellten und hergeleiteten Modellfunktionen. Insbesondere die Nichtlinearität der unterschiedlichen Zielgleichungen im Kern-Peripherie-Modell führt zu Lösungsschwierigkeiten. Eine sinnvolle Standardisierung einzelner Variablen ermöglicht es jedoch, aussagekräftige Modellergebnisse über eine numerische Simulation zu generieren. Die getroffenen Standardisierungen erleichtern den Zugang zu den Modellergebnissen wesentlich besser. Mit größerem Rechenaufwand könnten weite Teile der Lösung auch ohne Normierungen erreicht werden. Allein im Zwei-Regionen-Fall sind jedoch bereits acht nichtlineare Gleichungen simultan zu lösen; für eine steigende Anzahl an betrachteten Regionen potenziert sich diese Zahl [vgl. *FUJITA* et al. (1999), S. 65].

Die Normierungen des Produktionsfaktors Arbeit [vgl. *APPENDIX*] und der Produktionsmenge [vgl. *APPENDIX*] bewirken eine knappere Darstellungsform des Gleichungssystems. Durch die vereinfachten Ausdrücke gelingt es, die Schlussgleichung der Wanderungsdynamik zwischen den Regionen herzuleiten. Die Ergebnisgleichungen der Modellnormierung werden für beide Regionen aufgeführt. Die (Ziel-) Gleichungspaare für Region *1* und Region *2* sind zueinander symmetrisch.

Durch die Normierung der Unternehmensanzahl und die Standardisierung des Nominallohnes bilden sich die vereinfachten Preisindizes

$$P_1 = \left[\frac{1}{\mu} \cdot \left(L_1^M \cdot w_1^{1-\sigma} + L_2^M \cdot (w_2 \cdot T_{21})^{1-\sigma}\right)\right]^{\frac{1}{(1-\sigma)}} \tag{III-35}$$

für Region *1* und

$$P_2 = \left[\frac{1}{\mu} \cdot \left(L_2^M \cdot w_2^{1-\sigma} + L_1^M \cdot (w_1 \cdot T_{12})^{1-\sigma}\right)\right]^{\frac{1}{(1-\sigma)}} \tag{III-36}$$

für Region *2*. Eine zweite Darstellungsform dieser Indizes erhält man, wenn die festgesetzten Ausdrücke für die Gesamtmenge an Industriearbeitern und für die Industriearbeiter in einer Region eingesetzt werden [vgl. *KRUGMAN* (1991a), S. 492]. Die Preisindizes werden dann zu:

$$P_1 = [\lambda_1 \cdot w_1^{1-\sigma} + \lambda_2 \cdot (w_2 \cdot T_{21})^{1-\sigma}]^{\frac{1}{(1-\sigma)}} \tag{III-37}$$

und

$$P_2 = [\lambda_2 \cdot w_2^{1-\sigma} + \lambda_1 \cdot (w_1 \cdot T_{12})^{1-\sigma}]^{\frac{1}{(1-\sigma)}} \quad . \qquad \text{(III-38)}$$

Eine weitere Vereinfachung der Ausdrücke ist nicht mehr möglich und auch nicht notwendig, da λ die Verteilung der Industrie und damit auch die Verteilung der Industriearbeiter kennzeichnet. Auch für die Gleichungen des Lohnniveaus in einer Region entstehen durch die getroffenen Standardisierungen neue Schreibweisen. Durch die Festsetzung des marginalen Einsatzes des Faktors Arbeit und die einhergehende Normierung des Produktionsumfangs, bildet sich ein Ausdruck für den Nominallohn in Region *1* gemäß

$$w_1 = (Y_1 \cdot P_1^{\sigma-1} + Y_2 \cdot P_2^{\sigma-1} \cdot T_{21}^{1-\sigma})^{\frac{1}{\sigma}} \qquad \text{(III-39)}$$

und in Region *2* in der Form

$$w_2 = (Y_2 \cdot P_2^{\sigma-1} + Y_1 \cdot P_1^{\sigma-1} \cdot T_{12}^{1-\sigma})^{\frac{1}{\sigma}} \quad . \qquad \text{(III-40)}$$

Durch die Aufteilung der mobilen Industriearbeiter im Ausgangsmodell lassen sich abschließend die Einkommen in den Regionen verkürzt darstellen. Aufbauend auf die Normierung ergibt sich:

$$L_1^M = M_1 = \mu \cdot \lambda_1 \quad . \qquad \text{(III-41)}$$

Darüber hinaus wird mit der Normierung die Beschäftigung zwischen dem Agrar- und Industriesektor fixiert. Da die Landarbeiter im Agrarsektor immobil sind und lediglich als Referenzpunkt dienen, bietet es sich an, sie direkt zu gleichen Teilen auf beide Regionen aufzuteilen. Für die regionalen Einkommen ergibt sich damit als finaler Ausdruck

$$Y_1 = \mu \cdot \lambda \cdot w_1 + \frac{(1-\mu)}{2} \qquad \text{(III-42)}$$

für Region *1* und

$$Y_2 = \mu \cdot (1-\lambda) \cdot w_2 + \frac{(1-\mu)}{2} \qquad \text{(III-43)}$$

für Region *2*. Zusammenfassend liegt nur die Verteilung der Industriearbeiter im Erkenntnisinteresse, da der Schlussterm beider Zielgleichungen identisch ist. Die Verteilung der Industriearbeiter wird mit dem Wert λ angegeben. Die Wanderungsdynamik, die sich über Reallohnunterschiede zwischen den Regionen erklärt, lässt sich nun aus den Gleichungspaaren ableiten. In allgemeiner Ausdrucksform steht λ_r für den Anteil an Industriearbeitern in einer Region und $\bar{\omega}$ mit

$$\bar{\omega} = \sum_{r=1}^{R} \lambda_r \cdot \omega_r \quad \text{bei} \quad \omega_r \equiv \frac{w_r}{[p_r^M]^\mu \, [p^A]^{(1-\mu)}} \qquad (\text{III-44})$$

für den durchschnittlichen Reallohn des Industriesektors der Modellökonomie. Der landwirtschaftliche Sektor wird als Referenzsektor angesehen und ist damit nicht in die Darstellung einbezogen. Das Reallohndifferenzial, das sich aus dem Unterschied zwischen regionalem Reallohnniveau und durchschnittlichem Reallohnniveau bildet, bestimmt die Wanderungsentscheidung. Eine Region mit überdurchschnittlichem Reallohnsatz attrahiert Arbeiter, eine Region mit unterdurchschnittlichem Reallohnsatz veranlasst zur Abwanderung. Aufgrund der konstanten Bevölkerung im Modell heben sich alle Effekte zwischen den Regionen symmetrisch auf. Die Wanderungsbewegung der Industriearbeiter kann in die Form

$$\dot{\lambda}_r = \gamma \cdot (\omega_r - \bar{\omega}) \cdot \lambda_r \qquad (\text{III-45})$$

übertragen werden; wobei der Parameter γ positiv definiert ist und die Dynamik der Mobilitätsentscheidung angibt. Bei einer Anwendung auf nur zwei Regionen stellt sich ein symmetrisches Gleichgewicht ein wenn gilt:

$$\dot{\lambda} = 0 \quad \text{mit} \quad \omega_r = \bar{\omega} = \lambda \cdot \omega_1 + (1 - \lambda) \cdot \omega_2 \quad . \qquad (\text{III-46})$$

3.6.5 Modellendogene Wirkungsmechanismen

Das Kern-Peripherie-Modell identifiziert drei Agenzien, die den zirkulären Modellkreislauf begründen. Neben dem Preis-Index- und dem Heimmarkt-Effekt als agglomerativ wirkende Triebkräfte, besteht mit der Auswirkung der Marktverdrängung auch ein deglomerativer Effekt. Die modellendogene Verbindung dieser steht für die eigentliche Leistung der Theorie der Neuen Ökonomischen Geographie. Einzelne zirkuläre und sich selbst verstärkende Effekte und Kausalitäten wurden, wie in Kapitel 3.4 gezeigt, bereits in den 1950er Jahren als Triebfedern einer Agglomeration identifiziert [vgl. MYRDAL (1957), S. 11]. Eine stichhaltige Herausarbeitung dieser Prozesse gelang allerdings noch nicht. Als technischen Vorschlag unterbreitete Gunnar Myrdal seinerzeit aber bereits ein Gleichungssystem, das die Wirkungsmechanismen gesamtheitlich abbilden sollte; „[...] the scientific solution of a problem like [this] should thus be postulated in the form of an interconnected set of quantitative equations, describing the movement – and the internal changes – of the system studied under the various influences which are at work. That this complete, quantitative and truly scientific formulation is far beyond the horizon does not need to be pointed out; but in principle it could be made, and I submit that the working out of such a complete and quantitative solution should be the aim of our research endeavours even when they have to stop far away from the ideal" [MYRDAL (1957), S. 19].

Der Preisindex-Effekt

Der Preisindex-Effekt, in der Literatur auch als Kosteneffekt bezeichnet, sagt aus, dass in Ballungs-räumen tiefere Lebenshaltungskosten bestehen und insgesamt mehr Industriegüter angeboten werden. Der Preisindex besitzt einen unmittelbaren Einfluss auf zweierlei Bereiche; er senkt zum einen den Konsumentenpreisindex und er deflationiert zum anderen die Nominallöhne. Regionen mit einem tieferen Preisindex erscheinen für Wanderungsentscheidungen daher immer attrakti-ver, als Regionen mit einem höheren Preisindex. Die raumwirtschaftliche Betrachtung verknüpft diesen Index mit den Transportkosten. Diese Verbindung bewirkt, dass importierte Industriegü-ter stets teurer sind und den Preisindex steigen lassen. Vor diesem Hintergrund besitzen größere Regionen mit mehr Unternehmen einen entscheidenden Vorteil gegenüber kleineren Regionen. Größere Ballungsräume produzieren und bieten mehr Industriegüter an, weshalb weniger von ihnen unter Transportanstrengungen importiert werden müssen. In einer größeren Region liegt im Vergleich zu kleineren Regionen ein tieferer Preisindex vor, da nur ein geringer Anteil des ins-gesamt zur Verfügung stehenden Industriegüterspektrums Transportkosten verursacht. Der Preisindex-Effekt lässt sich über die funktionalen Zusammenhänge formal isoliert darstellen [vgl. *NEARY* (2001), S. 540], wenn man ein totales Differential bildet [vgl. *APPENDIX*]. Im Ergebnis lautet das totale Differential nach diversen Umformungen

$$\hat{P} = \frac{1}{(1 - \sigma)} \cdot \frac{(1 - T_{21}{}^{1-\sigma})}{(1 + T_{21}{}^{1-\sigma})} \cdot \hat{n} + \frac{(1 - T_{21}{}^{1-\sigma})}{(1 + T_{21}{}^{1-\sigma})} \cdot \hat{p} \quad , \qquad (\text{III-}47)$$

wobei der jeweilige Zirkumflex die infinitesimalen Veränderungen anzeigt. Um die Bedeutung der Transportkosten für die Bewegungen im Modell herausstellen zu können, behilft man sich nach *FUJITA* et al. (1999, S. 73) mit einem Transportkostenindex

$$Z \stackrel{\text{def}}{=} \frac{1 - T_{21}{}^{1-\sigma}}{1 + T_{21}{}^{1-\sigma}} \quad , \qquad (\text{III-}48)$$

der Werte zwischen $Z = 0$, einem gänzlich kostenlosen Transport, und $Z = 1$, einem unendlich kostenträchtigen Transport, annehmen kann. Für die Veränderung des Preisindexes bei einer marginalen Veränderung aus dem Symmetriegleichgewicht ergibt sich dann

$$\hat{P} = \frac{Z}{(1 - \sigma)} \cdot \hat{n} + Z \cdot \hat{p} \quad . \qquad (\text{III-}49)$$

Da die Substitutionselastizität σ zwischen zwei Industriegütervarianten positiv und größer 1 ist, existiert ein negativer Nenner und ein insgesamt negativer Bruch. Gleichung (49) enthält nicht die Nominallöhne w. Aufgrund der Fixierung der Nominallöhne mit dem Preisindex [vgl. *APPENDIX*] muss eine Änderung zwischen beiden Parametern immer gleichgerichtet erfolgen. Somit entfällt in der Diskussion von (49) der Schlussterm. Es gilt $\hat{p} = 0$, da ein vollkommen elastisches Arbeits-angebot mit $\hat{w} = 0$ vorliegt. Im Ergebnis reduziert sich der Ausdruck (49) auf die Aussage, dass mit mehr Unternehmen und einem größeren Markt n, der Preisindex P fällt. Steigt die Gütervielfalt n in einem Markt, wirkt sich dies immer senkend auf das Preisniveau aus, da $\sigma > 1$ gilt. Die Marktgröße und die einhergehenden geringen Lebenshaltungskosten, die sich im fallenden Preisindex widerspiegeln, machen eine Region demnach attraktiv. Der Preisindex-Effekt wird daher auch als vorwärtsgewandte Triebfeder oder *forward linkage* bezeichnet. Er stößt nicht nur eine Bewegung in Richtung einer Region an, sondern verstetigt diesen Trend über Folgebewegungen. Am Ende dieses Prozesses steht eine Agglomeration des Industriesektors in der Zuwanderregion, die sich darüber erklären lässt, dass sich mit steigender Beschäftigung zugleich die Anzahl der Industrien und damit der Industriegüterwarenkorb vergrößern. Dies führt zu einer Senkung des regionalen Preisindexes und zu sinkenden Lebenshaltungskosten in der Region.

Der Preisindex übt auch einen Einfluss auf das Lohnniveau aus. Fällt der Preisindex, werden die Nominallöhne immer schwächer deflationiert und das Reallohnniveau in der Region wächst. Die höheren Reallöhne locken nun wieder neue Industriearbeiter an, die den beschriebenen Prozess weiter verstärken. Hieraus bilden sich Vorteile für ein Unternehmen auf der Produktionsseite hinsichtlich des Faktoreinsatzes Arbeit.

Der Preisindex-Effekt und sein Wirkungsmechanismus lassen sich auch graphisch illustrieren. Die Abbildung III-11 zeigt, aus der Perspektive eines Unternehmens, die soeben diskutierten Zusammenhänge.

Abbildung III-11: Preisindex-Effekt

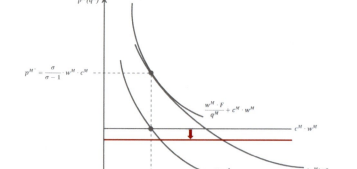

Quelle: Eigene Darstellung in Anlehnung an NEARY *(2001), S. 538.*

Die Wechselwirkungen des Preisindex-Effektes lassen sich an der Grenzkostenkurve ablesen. Ein fallender Preisindex führt zu einer größeren Produktpalette und damit zu einer höheren Kaufkraft der Nachfrager. Das Reallohnniveau steigt. Durch die daraus resultierende Zuwanderung neuer Arbeitskräfte vergrößert sich das Arbeitskräftepotenzial und drückt die Nominallohnsätze der

Unternehmen. Durch die Senkung des Nominallohns $c^M \cdot w^M$ verschiebt sich die Grenzkostenkurve der Unternehmen nach unten. Da die Kostenseite entlastet wird, entstehen neue, abschöpfbare Gewinnmargen. Zusammenfassend kennzeichnet einen *forward linkage* immer den positiven Zusammenhang zwischen einem Produktionssektor und dem ihm vorgelagerten Sektor wie dem Markt von Zwischenproduktherstellern oder – wie im Basismodell der Neuen Ökonomischen Geographie – dem Markt des Produktionsfaktors Arbeit.

Der Heimmarkt-Effekt

Der zweite wichtige Effekt im Modell zeigt sich ebenfalls als ein Agglomerationseffekt. Diese zentripetale Triebfeder entstammt allerdings einem anderen Zusammenhang. Ausgangspunkt der Analyse ist die Gleichung der regional produzierten Mengen (31) aus der zu analytischen Zwecken ebenfalls das totale Differential gebildet wird. Nach Umformungen erreicht man die Funktion

$$\hat{q} = Z \cdot \left[\hat{Y} + (\sigma - 1) \cdot \hat{P} \right] - \sigma \cdot \hat{p} \ , \qquad (\text{III-}50)$$

wobei der Zirkumflex erneut die infinitesimalen Veränderungen indiziert. Bei der Variable Z handelt es sich um die zu (48) unveränderte Darstellungsform des Transportkostenindexes [vgl. *Neary* (2001), S. 540].

Aufgrund der Tatsache, dass jedem Produktionsumfang auch ein konkreter Preis zugeordnet ist, müssen die Parameter $\hat{q}$ und $\hat{p}$ in (50) nicht weiterverfolgt werden. Substituiert man $\hat{P}$ in (50) mit der Veränderung des Preisindexes aus Ausdruck (49), so erhält man über

$$0 = Z \cdot \left[\hat{Y} + (\sigma - 1) \cdot \left[\frac{Z}{(1 - \sigma)} \cdot \hat{n} \right] \right] \qquad (\text{III-}51)$$

die Schlussgleichung:

$$-\hat{n} = \frac{\hat{Y}}{Z} \ . \qquad (\text{III-}52)$$

Da Z im Nenner stets zwischen 0 und 1 liegen wird, bedeutet ein Anstieg von $\hat{Y}$ stets einen überproportionalen Anstieg von $\hat{n}$, also einen überproportionalen Effekt auf die Industriegüterproduktion in dieser Region. Je tiefer die Transportkosten sind, desto stärker tritt diese Wirkung in Erscheinung. Die Kenntnis über diesen Effekt, dem *home market effect*, reicht weit vor die Zeit der Neuen Ökonomischen Geographie. Das Modell integriert diese rückwärtsgewandte Triebfeder unter dem Namen *backward linkage*.[6]

---

[6] Die Bezeichnungen *forward linkage* und *backward linkage* gehen dabei nicht auf Paul Krugman zurück, sondern wurden geraume Zeit vor ihm schon von Albert Hirschman in die Diskussion eingebracht [vgl. *Hirschman* (1958), S. 98].

Den *backward linkage* stellt die folgende Abbildung III-12 dar.

Abbildung III-12: Heimmarkt-Effekt

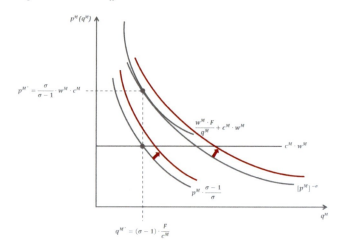

Quelle: Eigene Darstellung in Anlehnung an NEARY (2001), S. 538.

Mit dem Zuzug von Unternehmen steigt zugleich die Nachfrage nach Arbeitskräften, womit der Nominallohnsatz *w* unter Druck gerät und ebenfalls steigen muss. Ein wachsendes Nominallohnniveau hebt die Attraktivität der Region und fördert die Zuwanderung. Zugleich sind alle neu zugewanderten Arbeiter auch Nachfrager von Industriegütern. Der Zuwachs an Arbeitern erhöht daher insgesamt die Nachfrage in der Region. Die Unternehmen passen sich an den Nachfrageüberhang an, indem sie die Produktionsmengen ausdehnen und die zugrundeliegenden Skaleneffekte in der Produktion ausnutzen. In der Abbildung verschieben sich die Preis-Absatz-Kurve und mithin die Grenzerlöskurve nach oben. Der Heimmarkt-Effekt bewirkt nun, dass infolge der Ausdehnung der Produktionsmenge die Gewinne in der Region kurzfristig steigen; die einhergehende Attraktivität der Region veranlasst weitere Unternehmen und damit auch weitere Arbeitskräfte zum Zuzug. Der große Absatzmarkt, der auf direktem Wege und ohne Transportkosten zugänglich ist, übt Gleichung (52) zufolge einen überproportional positiven Einfluss auf den Produktionssektor aus. Im Gegensatz zum *forward linkage*, der die positive Wechselwirkung eines Unternehmens zu vorgelagerten Märkten abbildet, bezieht sich der *backward linkage* daher auf die Vorteile für ein Unternehmen auf der Absatzseite. Ein großer Absatzmarkt wirkt überproportional positiv auf den Produktionsumfang und die Gewinne der Unternehmen.

Der Effekt der Marktverdrängung

In Abgrenzung zu den zuvor genannten zwei Effekten, handelt es sich beim Marktverdrängungs- bzw. Wettbewerbseffekt um eine zentrifugale Triebfeder, die der Agglomeration entgegenwirkt.

Ableiten lässt sich dieser Effekt aus dem bereits vorgestellten Preisindex-Effekt, wonach Beschäftigungsgrad und Preisindex einem inversen Zusammenhang unterliegen. Dem regional sinkenden Preisindex geht zugleich einher, dass immer neue Industrieunternehmen dem Markt zutreten. Infolge der monopolistischen Konkurrenz kommt es zum Unterbietungswettbewerb. Dieser schmälert den Produktionsumfang eines jeden Unternehmens q_i^M. Der Trend überträgt sich auf den gesamten industriellen Sektor in der Region. In letzter Konsequenz sinkt der gesamte Produktionsumfang in der Region q^M, da einige Unternehmen unter die eigene Nullgewinnschwelle gedrückt werden und aus dem Markt ausscheiden. Mit diesen ausscheidenden Unternehmen drosselt sich auch die Nachfrage nach Arbeitskräften, woraufhin das Lohnniveau und die Attraktivität der Region sinken. Graphisch lässt sich diese Entwicklung wie in Abbildung III-32 skizzieren.

Ein Zuzug von Unternehmen senkt den Preisindex und verringert die Nachfrage bei bereits existierenden Unternehmen in der Region. Die Vielzahl an Produktvarianten erleichtert die Substituierbarkeit auf Seiten der Nachfrager. Infolgedessen senken sich aus Unternehmensperspektive die Preis-Absatz-Gerade und die Grenzerlöskurve. Diesem Prozess geht einher, dass die Unternehmen nah an die Verlustzone geraten. Sie werden einen immer geringeren Nominallohn zahlen können und damit die Attraktivität der Region senken. Aufgrund des Wettbewerbseffektes wandern letztlich Unternehmen aus der Region ab und ziehen in die Peripherie. Dort herrscht zwar nur ein kleiner Absatzmarkt vor, aber die einhergehende geringe Wettbewerbsintensität erlaubt es, höhere Preise zu setzen.

Abbildung III-13: Effekt der Marktverdrängung

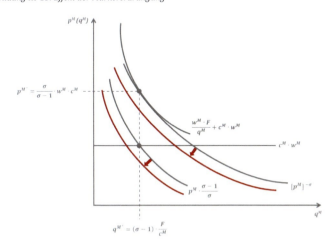

Quelle: Eigene Darstellung in Anlehnung an NEARY (2001), S. 538.

Aus den genannten Gründen leitet sich die optimale industrielle Standortwahl über die Wechselbeziehung zwischen schwacher Wettbewerbsintensität in der Peripherie und der Größe des Absatzmarktes im Kern ab. Entscheidenden Einfluss auf den Wettbewerbseffekt tragen die Transportkosten. Je höher die Kosten der Raumüberwindung zwischen den Regionen sind, desto stärker treten der Wettbewerbseffekt und der Trend zur interregionalen Konvergenz hervor. Diese Feststellung ergibt sich, da die Unternehmen im Hinterland stärker vor Wettbewerb geschützt werden, bei relativ großer Preisspanne zwischen den im Kern produzierten und den von der Peripherie exportierten Gütern.

Der zirkuläre Modellkreislauf

Im Zwei-Regionen-Modell bietet eine symmetrische Ausgangslage zwischen beiden Regionen den passenden Startpunkt, um das Wechselspiel zwischen zentrifugalen und zentripetalen Kräften zu veranschaulichen. Im Symmetriegleichgewicht des Zwei-Regionen-Modells liegen Industrieunternehmen in beiden Regionen zu gleicher Anzahl vor, es gelte $n_1 = n_2$.

Verlässt ein Unternehmen die Region *1*, infolge einer höheren Gewinnerwartung, in Region *2*, kommt es zum Symmetriebruch. Als Folge des Zutritts verstärkt sich der Wettbewerb in Region *2* und die Gewinne der Unternehmen vor Ort sinken. Dieser Trend wirkt stabilisierend. Die Entwicklung wird vom *forward linkage* begleitet, wonach der Preisindex in der Region *2* fällt und sie damit relativ zur Region *1* an Attraktivität gewinnt. Die Region *2* wächst dabei umso stärker, je kostenintensiver der Transport zwischen den zwei Regionen ist. Aufbauend darauf stärken hohe Transportkosten die weiteren Marktzutritte und den Wettbewerb in der Region *2* und damit die Divergenz zwischen den Regionen. Durch die gestiegene Anzahl an Unternehmen in Region *2* steigert sich auch die Nachfrage nach Arbeitern in ihr. Da im Zuge des *forward linkage* der Preisindex sinkt und damit die den Nominallohn deflationierende Größe, steigen die Reallöhne in Region *2*. Für mobile Arbeiter besteht der Anreiz aus Region *1* in Region *2* zu migrieren. Die zusätzlichen Arbeitskräfte erhöhen die Nachfrage nach Industriegütervielfalt, woraufhin ein sich selbst verstetigender Prozess der Rückwärtsverflechtung eintritt, der *backward linkage*. Dieser Effekt rührt aus der steigenden Nachfrage zugewanderter Industriearbeiter und führt letztlich zu einem stabilen Gleichgewicht und zu der Divergenz beider Regionen. Die räumlich mobilen Arbeiter werden aufgrund des höheren Reallohnes so lange in Region *2* wandern, bis die vollkommene Entleerung der Region *1* eintritt und damit eine vollständige Agglomeration in Region *2*.

Ein Gegentrend zu dieser festen Agglomerationsstruktur, bei der sich Region *2* als Kern und Region *1* als Peripherie herausentwickelten, ergibt sich über die vorhandene Güternachfrage in der Peripherie und den Effekt der Marktverdrängung. Letzterer vollzieht sich, wenn immer mehr Unternehmen dem Markt zutreten und sich das eigene Produkt durch den fallenden Preisindex relativ verteuert. Zu diesem Effekt reiht sich die Nachfrage des Hinterlandes. Da die Agrararbeiter immobil sind und nicht in den Kern wandern können, bleibt auch ein gewisses Grundeinkommen in der Peripherie haften. Das Güterangebot im Zwei-Regionen-Modell erweist sich bezüglich der Vielfalt als identisch, allerdings kann es die Nachfrage in der Peripherie nach Gütern aus dem Kern nur unter Einbezug der Transportkosten und damit zu höheren Güterpreisen insgesamt bedienen. Aus den höheren Güterpreisen leitet sich so ein höherer Preisindex in der Peripherie ab. Erwägt ein Unternehmen, aus dem Kern in die Peripherie zu ziehen, kann es zum einen den Transportkostenaufschlag auf den Güterpreis losschlagen und wird zum anderen eine sehr große Nachfrage auf sich vereinen können. Zudem hat dieses Unternehmen beim Wechsel in die Peripherie einen komparativen Preisvorteil gegenüber importierten Gütern des Kerns mit einem hohen Homogenitätsgrad. Durch den Preisaufschlag der Transportkosten werden diese engen Substitute teurer und für die lokale Nachfrage uninteressanter. Aufgrund dieser anfänglichen Marktmacht kann das Unternehmen höhere Preise setzen, aber auch höhere Nominallöhne an die Arbeiter zahlen und diese zum Verbleib in der Peripherie bewegen. Im Zuge des hohen Nominallohns steigert sich der relative Reallohnunterschied im Modell zum Vorteil von Region *1*, was wiederum neue Industriearbeiter in die Peripherie zieht. Gemäß dem *forward linkage* ruft die Steigerung des Arbeitsangebotes neue Unternehmen in die Peripherie, was letztlich den Preisindex senkt, da die Produktvielfalt zunimmt. Der Kreislauf entwickelt sich nun zum eingangs beschriebenen Szenario gegenläufig. In Konsequenz dessen bildet sich Region *2* als Peripherie und Region *1* als Kern heraus.

Für die Wirkungsrichtung des Preisindex-Effektes gilt die schematisch dargestellte Kausalitätskette in Abbildung III-14. Abbildung III-15 zeigt analog den Kausalzusammenhang des Heimmarkt-Effektes.

Abbildung III-14: Kausalzusammenhang des Preisindex-Effektes

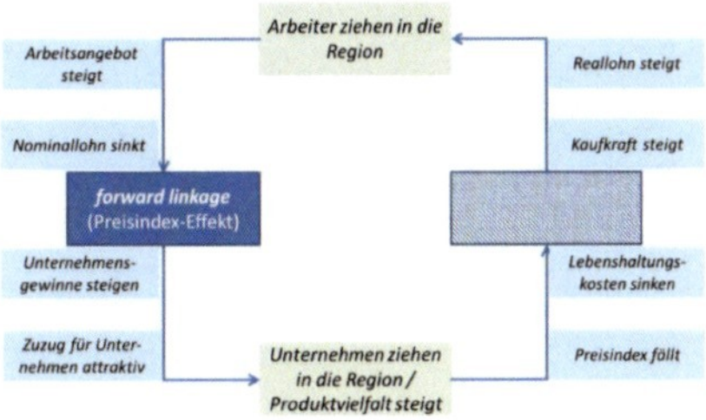

Quelle: Eigene Darstellung.

Abbildung III-15: Kausalzusammenhang des Heimmarkt-Effektes

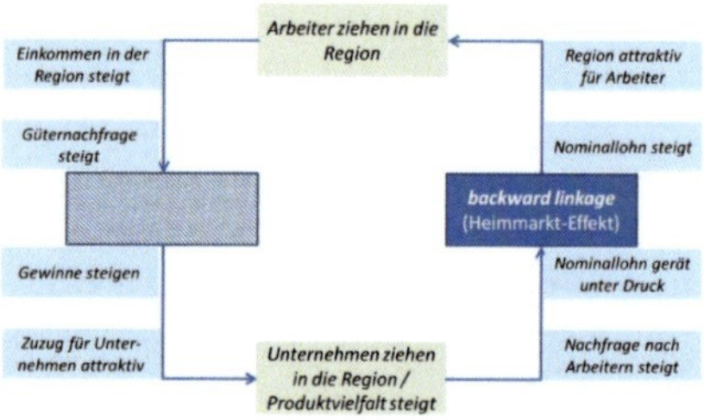

Quelle: Eigene Darstellung.

Abbildung III-16 bildet die agglomerierenden Effekte als geschlossenen Kreislauf ab. Mit dem *forward* und *backward linkage* liegen sich gegenseitig verstärkende Effekte vor. Der deglomerierende Wettbewerbseffekt ist nicht in der Abbildung enthalten, da er keine exakte Position innerhalb des Argumentationszirkels besitzt.

Abbildung III-16: Zirkulärer Kreislauf im Kern-Peripherie-Modell

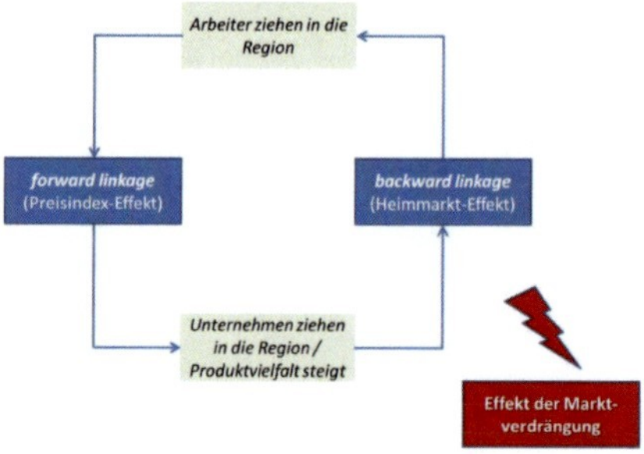

Quelle: Eigene Darstellung in Anlehnung an FUJITA (1996), S. 34.

3.6.6 Modellsimulation und Modellergebnisse

Durch die Standardisierung bilden sich im Zwei-Regionen-Fall acht zur Gleichgewichtsbestimmung simultan zu lösende Gleichungen. Es handelt sich im Einzelnen um die regionalen Funktionsausdrücke der Preisindizes, der Einkommen sowie der Nominal- und Reallöhne [vgl. *APPENDIX*]. Obwohl das Modell nur zwei Regionen umfasst, misslingt eine analytische Lösung, da insgesamt 12 Variablen in acht nichtlinearen Zielgleichungen zu bestimmen sind. Zudem liegen rekursive Abhängigkeiten zwischen einzelnen Gleichungen vor. Um das Modell zu lösen, greift man auf die numerische Simulation zurück. Dieses Verfahren fixiert zunächst bestimmte Parameter im Vorfeld numerisch. In einem zweiten Schritt durchläuft es dann ein iteratives Prüfverfahren, das den Ringschluss im Modell berücksichtigt.

Die numerische Simulation prüft, inwieweit regionale Unterschiede im Reallohnniveau zu einer Verteilung des industriellen Sektors auf die beiden Regionen führen. Ausgangspunkt bildet die Reallohndifferenz zwischen den Regionen. Im iterativen Prüfverfahren verlaufen die Auswirkungen aller marginalen Änderungen immer symmetrisch; dem Ausgangspunkt muss eine vollständige Dispersion zugrunde liegen. Die numerische Simulation des Modells erfolgt mittels sequenzieller Iteration. Nach der Fixierung der Parameterwerte σ und μ sowie der Transportkosten T als exogen gegebene Variablen wiederholen sich die Berechnungsschleifen so lange, bis ein zuvor festgelegtes Abbruchkriterium κ erreicht wird [vgl. BRAKMAN et al. (2009, S. 137)]. Für die Lösungstechnik gilt:

$$\frac{w_{r,iterat.} - w_{r,iterat.-1}}{w_{r,iterat.-1}} < \kappa \ , \quad \forall \, r \in R \ . \tag{III-53}$$

In der numerischen Simulation ist es vorteilhaft, neben der Bestimmung von σ und μ zunächst prohibitiv hohe Transportkosten festzusetzen. Der Startpunkt der eigenen Simulation soll bei $T=2,5$ liegen, einem Wert, der ähnlich hoch im Vergleich zu FUJITA et al. (1999, S. 66) mit $T=2,1$ liegt. Abbildung III-17 listet die exogen vorgegebenen Parameter für die Modellsimulation auf. Sie illustrieren den Zusammenhang zwischen Symmetrie- und Kern-Peripherie-Struktur am deutlichsten.

Abbildung III-17: Ausgangswerte im Kern-Peripherie-Modell

$\sigma = 5$	$\mu = 0,4$	$\kappa = 0,0001$
$T^0 = 2,5$	$T^1 = 1,5$	$T^2 = 1,7$

Quelle: Eigene Darstellung.

Abbildung III-18 zeigt das Ergebnis der Simulation mit MatLab™. Es verdeutlicht den Zusammenhang zwischen der Differenz der Reallöhne, abgebildet auf der Ordinate, und der Aufteilung des industriellen Sektors in Region *1*, abgetragen auf der Abszisse. Die Verteilung der Industrieproduktion lässt sich am Parameter λ ablesen. Das unendlich elastische Arbeitsangebot veranschaulicht die durch den Nullpunkt gehende blaue Gerade. Bei Transportkosten $T=2,5$ und einer symmetrischen Ausgangsaufteilung der Industrien kann gezeigt werden, dass es sich für die Regionen nicht lohnt, miteinander in Güteraustausch zu treten. Unter den gegebenen Parametern gilt für den Wertebereich $0 \leq \lambda < 0,5$, dass die Reallohndifferenz positiv ist; für den Bereich $0,5 \leq \lambda < 1$ gestaltet sich die Differenz der Reallöhne negativ. Unter der gegebenen Konstellation bildet sich kein Gleichgewichtszustand für eine Agglomeration heraus. Die hohen Transportkosten führen zu einem durchgehend fallenden Verlauf des Reallohndifferentials. Im einzigen Gleichgewicht der Graphik bei $\lambda = 0,5$ verteilt sich der Industriesektor symmetrisch auf beide Regionen.

Abbildung III-18: Simulation mit Transportkosten T=2,5

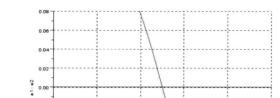

Quelle: Eigene Darstellung auf Basis eigener Simulation.

Durch ein sukzessives Absenken der Transportkosten kann iterativ überprüft werden, wann die räumliche Balance zugunsten einer Region kippt und ein Agglomerationsprozess einsetzt. Weiter erfolgt eine Überprüfung, ab welchem Transportkostenniveau sich stabile Agglomerationen und damit stabile Kern-Peripherie-Strukturen herausbilden. FUJITA et al. (1999) zeigen, dass ab T=1,5 stabile Divergenz der Regionen mit vollständiger Konzentration des Industriesektors in einer der beiden Regionen zu verzeichnen ist. Abbildung III-19 macht deutlich, dass aufgrund zunehmender Reallohndifferenz das bislang stabile Gleichgewicht bei $\lambda = 0,5$ nun instabil wird; der Graph besitzt einen steigenden Verlauf. Die industrielle Agglomeration in Region *1* verstärkt sich. Ein kleiner interregional höherer Anteil der Industrie in der Ausgangslage reicht in diesem Prozess aus, um mit höherem Nominallohnniveau Arbeiter aus der anderen Region zu gewinnen. Da die Transportkosten immer mehr an Bedeutung verlieren, sinkt der Preisindex und verstärkt den Zufluss an Arbeitern. Tritt das Randgleichgewicht $\lambda = 1$ ein, so ist das Reallohndifferential positiv und ein Wechsel zurück in das Hinterland nachteilig. Die Kernregion *1* zieht dann alle mobilen Arbeiter vollständig auf sich. Im Fall eines Randgleichgewichtes $\lambda = 0$ ist die Argumentation spiegelbildlich. Eine der beiden Regionen bildet sich stabil als Agglomeration, die andere Region als Peripherie heraus.

Abbildung III-19: Simulation mit Transportkosten T=1,5

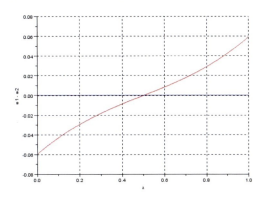

Quelle: Eigene Darstellung auf Basis eigener Simulation.

Wählt man einen Mittelwert zwischen den Grenzen von *T=2,5* und *T=1,5* entstehen multiple Gleichgewichte, die jeweils einzeln auf Stabilität und Instabilität zu untersuchen sind. Unter Beibehaltung der Normierungen treten bei *T=1,7* sogar fünf Gleichgewichtssituationen auf. Die zugehörige Abbildung III-20 zeigt steigende und fallende Kurvenverlaufe des Reallohndifferentials.

Abbildung III-20: Simulation mit Transportkosten T=1,7

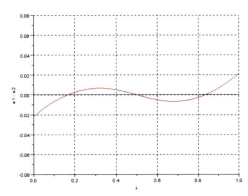

Quelle: Eigene Darstellung auf Basis eigener Simulation.

Es treten drei stabile und zwei instabile Gleichgewichte auf. Das erste stabile liegt bei $\lambda = 0$, es zeigt eine vollständige Agglomeration in Region *2*. Das zweite stabile bei $\lambda = 1$ führt zu einer Konzentration aller Unternehmen in Region *1*. Das dritte stabile Gleichgewicht liegt erneut im Punkt der Gleichverteilung bei $\lambda = 0,5$; unabhängig von den Transportkosten verläuft die Kurve der Reallohndifferenz stets durch diesen Symmetriepunkt. Alle anderen Gleichgewichte in der interregionalen Verteilung der Industrie sind instabil. Dies bezieht sich auf alle Schnittpunkte entlang der Abszisse. So auch die Positionen $\lambda = 0{,}17$ und $\lambda = 0{,}83$, da bereits bei geringen Reallohndifferenzen diese Zustände verlassen werden. Zusammenfassend kommen im Intervall $1{,}5 < T \leq 1{,}7$ sowohl Divergenz als auch Konvergenz vor.

Zur graphischen Darstellung der Verteilung der Industrie auf Basis steigender Transportkosten dient das Bifurkations-Diagramm. Auf der Ordinate in Abbildung III-21 wird dazu das Kontinuum $\lambda \in [0{,}1]$ der industriellen Verteilung über beide Regionen abgetragen. Im Punkt $\lambda = 0{,}5$ herrscht vollständige Dispersion und ein symmetrisches Gleichgewicht. Auf der Abszisse sind die aufsteigenden Transportkosten abgetragen. In der Abbildung illustrieren alle durchgezogenen roten Linien stabile und alle schwarzen Pfade instabile Gleichgewichte [vgl. KRUGMAN (1998b), S. 168].

Abbildung III-21: Bifurkationsdiagramm

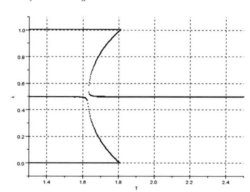

Quelle: Eigene Darstellung auf Basis eigener Simulation.

Von besonderer Bedeutung in der Abbildung sind der *sustain point* und der *break point*. Der erstgenannte Punkt $T^S = 1{,}8$ zeigt die Grenze zwischen stabilem Kern-Peripherie-Muster und dem Übergang zu einer gleichmäßigen Verteilung auf die Regionen. Der *break point* mit $T^B = 1{,}7$ steht spiegelbildlich zum *sustain point*, er kennzeichnet den Übergang aus dem regionalen Gleichgewicht in eine regionale Divergenz, mit der Konzentration in einer der beiden Regionen. Liegen die Transportkosten unterhalb von T^S, kommt es in jedem Fall zu einer Agglomeration, liegen sie über T^B wird sich keine Agglomeration einstellen.

3.7 Zwischenfazit

Räumliche Externalitäten fungieren als ein zentraler Erklärungsbaustein bei der Standortwahl von Unternehmen. Sie sind für Einzelunternehmen von Bedeutung, aber auch für eine Konzentration von Unternehmen in Form eines Clusters oder einer Agglomeration. In der Kategorisierung dieser externen Skalenvorteile setzte sich die Hoover-Systematik in der Literatur weitestgehend durch, sie unterscheidet zwischen Lokalisations- und Urbanisationsvorteilen. Im Zuge der Weiterentwicklung der Raumwirtschaftstheorie entstanden zahlreiche ökonomische Agglomerationstheorien im weiteren Sinne. Obwohl viele dieser Theoriezweige ganz eigene Zugänge besitzen, um eine Konzentration wirtschaftlicher Aktivitäten im Raum zu begründen, liegen zwischen ihnen auch viele Verbindungen vor. Viele dieser Grundlagen gingen in das Basismodell der ökonomischen Agglomerationstheorie im engeren Sinne, dem Kern-Peripherie-Modell der Neuen Ökonomischen Geographie, ein. Zu den Versatzstücken zählen vor allem der Marktgrößeneffekt, die zirkulär-kumulative Verursachung, die Pfadabhängigkeit sowie der Wettbewerbseffekt.

Nach dem Kern-Peripherie-Modell sind Raumstruktur und Raumdynamik Ergebnis eines zirkulären und sich selbst verstärkenden Prozesses. Agglomerationen entwickeln sich aus dem *forward linkage* und dem *backward linkage,* zwei positive und sich verstärkende Rückkopplungseffekte, die räumlich begrenzt wirken. Die Stärke der Modellwelt „2. Generation" liegt vor allem darin, dass sie den Einfluss dieser positiven Effekte auf die entsprechenden Verhaltensfunktionen, die Gewinnfunktionen der Unternehmen und die Nutzenfunktionen der Haushalte, nachvollzieht. Die Modelldynamik basiert hauptsächlich auf dem Reallohndifferential zwischen Regionen. Die Neue Ökonomische Geographie basiert vollumfänglich auf einem neoklassischen Fundament und ist als allgemeines Gleichgewichtsmodell geschlossen. Die seit jeher starke Stellung der Transportkosten in der Raumwirtschaftstheorie findet sich auch in diesem mikroökonomischen Totalmodell wieder, das auf die Eisbergtransportkosten von Thünen's rekurriert. Schon das Basismodell der Neuen Ökonomischen Geographie besitzt eine komplexe mathematische Struktur und lässt sich nur über Normierungen und eine sich anschließende Simulation lösen.

Auf Basis der agglomerativen Effekte im Modell offenbart sich der Hysterese-Effekt[7], dem im Rahmen der Neuen Ökonomischen Geographie eine besondere Bedeutung zukommt [vgl. *BRAKMAN* et al. (2009, S. 241)]. Einmalige und kleinste Veränderungen im Modell führen in der Regel zu sich selbst verstetigenden Entwicklungen. In einem Zwei-Regionen-Modell bewirkt so eine kleine exogene Änderung, etwa eine geringe Anhebung des Reallohnniveaus in einer Region, dass die einheitliche Verteilung aufbricht und einen sich selbst verstärkenden Agglomerationstrend nach sich zieht.

---

[7] Unter Hysterese, vom griech. *hysteros*, zurückbleiben, wird die nach einem externen Einfluss entstandene Entwicklung auf ein System bezeichnet, die zeitlich unbegrenzt fortdauert, obwohl der einwirkende Effekt nicht mehr erfolgt. Es gelingt dem System nach einem exogenen Schock nicht mehr, sich in sein ursprüngliches Gleichgewicht bzw. seine ursprüngliche Ausgangslage zurückzubewegen. Im umgekehrten Fall, wenn zu jedwedem Zeitpunkt eindeutige Ursache-Wirkung-Zusammenhänge vorliegen, liegt sogenannte Persistenz vor.

IV Empirische Untersuchung und Ergebnisse

4.1 Kapitelüberblick

Dieses Kapitel verbindet die theoretischen Grundlagen der beiden vorangegangenen Kapitel miteinander und unterzieht sie mithilfe eines Standortfaktorenkatalogs einer empirischen Prüfung. Da die räumliche Bedeutung der wasserspezifischen Standortfaktoren eine besondere Stellung innerhalb dieser Arbeit einnimmt, stellt zunächst ein Kapitel die raumwirtschaftliche Dimension der Ressource für den industriellen Sektor differenziert heraus. Die Bedeutung der Ressource Wasser wird einerseits als direkter und indirekter Produktionsfaktor veranschaulicht, andererseits als wichtige Transportform.

Daran anknüpfend erfolgt die Definition und Abgrenzung der eigentlichen Untersuchungseinheiten. Für den industriellen Sektor findet die offizielle Nomenklatur der amtlichen Statistik für das Verarbeitende Gewerbe Anwendung. Dieses Kapitel stellt die einzelnen Wirtschaftszweige kurz vor, die für die spätere statistische Auswertung im Kerninteresse stehen; die disaggregierte Analyse des industriellen Sektors erstreckt sich dabei über insgesamt zehn Wirtschaftszweige. Ähnlich zu den Untersuchungseinheiten wird im sich anschließenden Kapitel auch der Untersuchungsraum klar definiert und abgegrenzt. Die raumwirtschaftliche Studie fokussiert sich auf das Bundesland Baden-Württemberg und setzt seine 44 Stadt- und Landkreise als Untersuchungsträger ein. Diese kleinräumigen Untersuchungseinheiten ermöglichen präzisere Ergebnisse als Studien auf aggregierter Ebene. Im Hinblick auf die zu untersuchenden Standortfaktoren wurde mit Baden-Württemberg ein Anwendungsfeld gewählt, dass sowohl über einen ungleich verteilten Industriebesatz, als auch über eine ungleich verteilte Wasserausstattung verfügt. Das darauf aufbauende Kapitel illustriert die Bedeutung der Ressource Wasser für den industriellen Sektor in Baden-Württemberg auf Basis von Sekundärdaten der amtlichen Statistik des Landes. Die deskriptive Analyse deckt die Unterschiede in der Wasserintensität der Betriebe in Baden-Württemberg auf, welche vielfältigen Bezugsformen bei der Ressource bestehen und wie differenziert der Rohstoff als direkter und indirekter Produktionsfaktor Einsatz findet.

Das sich anschließende Hauptkapitel zur empirischen Auswertung erläutert zunächst die Methodik und die Vorgehensweise näher. Zentral für die empirische Auswertung ist ein Paneldatensatz, der die zeitliche, regionale und industrielle Dimension miteinander verzahnt. Zum Einsatz kommt ein *fixed effects* - Modell, dessen Struktur und Bedeutung ökonometrisch vorgestellt und näher dargelegt wird. Der folgende Abschnitt erläutert, anhand allgemeiner und wasserspezifischer Standortfaktoren, die abhängigen Variablen und stellt den Standortfaktorenkatalog vor; darauf aufbauend erfolgt die Hypothesenbildung. Die Standortansiedlung und -verlagerung wird dabei quantifiziert über die Dichte der Betriebe einzelner Wirtschaftszweige pro Stadt- oder Landkreis im Zeitverlauf. Das nächste Kapitel stellt die Modellergebnisse für jeden Wirtschaftszweig vor, ordnet sie anschließend statistisch ein und interpretiert sie unter Einsatz von verschiedenen Modellformen. Zum einen über eine empirische Prüfung des geschlossenen Paneldatensatzes, zum anderen über die Verwendung von *time lag* - Modellen, die Ursache-Wirkungs-Zusammenhänge der Standortfaktoren über drei Zeitdimensionen näher herausstellen.

4.2 Die raumwirtschaftliche Bedeutung der Ressource Wasser für die Industrie

Wasser besitzt als natürliche und regenerierbare Ressource eine überragende ökologische Bedeutung. Es ist Träger eines eigenständigen Ökosystems sowie unverzichtbare Verbundressource zwischen Ökosystemen [vgl. *ELLWEIN/BUCK* (1995), S. 13 f.]. Neben den zahlreichen natürlichen Funktionen, auch als Ökosystemdienstleistungen bezeichnet, erweist sich Wasser als essenziell für die Wirtschaftsentwicklung und die Wohlfahrt einer Gesellschaft. Die Wasserentnahme aus und -abgabe an die Natur dokumentieren den starken anthropogenen Einfluss auf die Ressource. Neben dem Medium Luft verkörpert Wasser sicherlich die durch den menschlichen Eingriff am stärksten veränderte und beanspruchte Ressource. Ausgangspunkt ist, dass jedwede wirtschaftliche Aktivität des Menschen im Raum auf das Naturvermögen zurückgreift. Da Wasser gemeinhin als ubiquitär klassifiziert wird, befindet sich diese Ressource in beinahe jeder Raumprojektion immer an der Nahtstelle zwischen Ökologie und Ökonomie. Überdies dient Wasser in seiner natürlichen Existenz und Ausbreitung nicht nur als Ressourcenquelle, sondern besitzt zugleich auch die Funktion als sogenannte Senke für natürliche und künstliche Schadstoffe. Als Akzeptor des Abwassers und sonstiger Reststoffe übt es auch in dieser Form für die wirtschaftliche Aktivität im Raum eine bedeutsame Rolle aus [vgl. *SCHOER* (1999), S. 756].

Vor dem Hintergrund dieser Bedeutungsstärke überrascht es, dass die Verflechtung zwischen der Ressource Wasser und dem industriellen Sektor in der wirtschaftswissenschaftlichen Literatur eine bislang eher randständige Bedeutung besitzt [vgl. *RENZETTI* (2002a); *RENZETTI* (2002b)]. Im weitaus stärkeren Maße widmet sich die ökonomische Forschung dem Einfluss der Ressource auf den Agrarsektor sowie auf den Trinkwasserbezug der Haushalte. Die zumeist interdisziplinäre Forschung in diesen zwei Feldern, in denen Preis- und Tarifierungspolitiken Hand in Hand mit der Verteilungs- und Versorgungssicherheit gehen, ist der im Industriesektor – als dritte große Nutzergruppe – deutlich überlegen. Aber auch vor diesem Hintergrund überrascht die nur schwache Aufmerksamkeit, denn der industrielle Sektor bildet in vielen Regionen der Welt die Hauptnutzergruppe [vgl. *OECD* (2008); *GLEICK* et al. (2006), S. 288; *DZIEGIELEWSKI* et al. (2002)]. In den Industrienationen Europas entfällt auf die Industrie sogar der mit Abstand größte Wasseranteil [vgl. *RENZETTI* (2005), S. 550]. Dieser Trend allerdings besteht nicht erst seit jüngster Zeit. Schon seit jeher bildet die industrielle Wertschöpfung eine untrennbare Verknüpfung mit der Verfügbarkeit der Ressource Wasser. In einer langen Entwicklungslinie lassen sich sogar aussagekräftige Kuznets-Kurven nachbilden, die den Zusammenhang zwischen industrieller Wertschöpfung und natürlichem Wasserverbrauch eindrucksvoll dokumentieren [vgl. *COLE* (2004)]. Nach diesen empirischen Analysen ist der industrielle Eingriff in die Wasserquantität zunächst positiv an die wirtschaftliche Entwicklung gekoppelt, verharrt anschließend auf einem beinahe konstanten Niveau und fällt danach wieder leicht ab [vgl. *HETTIGE* et al. (2000), S. 460]. Allerdings führen nicht alle Untersuchungen zu aussagekräftigen Kuznets-Kurven; gerade ein exakter Punkt der

Trendumkehr erweist sich nicht immer als widerspruchsfrei bestimmbar [vgl. *JIA* et al. (2006), S. 185 f.; *ROCK* (2004)]. Die Wasserentnahme aus der Natur für industrielle Zwecke hat in beinahe allen Industrienationen über die letzten Jahre sukzessiv abgenommen, da der Sektor im Zuge der Tertiarisierung leicht an Bedeutung verlor.

Vor allem die charakteristischen Gutseigenschaften setzen die Ressource Wasser in einen für die Industrie raumwirtschaftlich bedeutsamen Kontext. In der Form als direkter bzw. indirekter Produktionsfaktor zeigt sich Wasser als nicht substituierbar und daher als unverzichtbar. Wasser kann gespart, aber nicht völlig ersetzt werden. Die Bedeutung als Standortfaktor begründet sich in erster Linie über diese räumliche Gebundenheit und damit über das regionale Wasserdargebot [vgl. *PIGRAM* (1997), S. 191].

Ferner ist Wasser nicht oder nur unter immens hohem Aufwand transportfähig. Ein Wassertransfer über längere Strecken lässt sich zudem logistisch nur schwer stemmen; auch scheidet ein Langstreckentransport aufgrund des hohen Gewichtes aus. Durch die Leitungsgebundenheit des Wassers zieht ein Transport auch stets Qualitätsverluste nach sich, die sich vor allem über Temperaturunterschiede und Verunreinigungen auf dem Transportweg begründen. Allein aufgrund seiner physischen Eigenschaften erscheint ein Wassertransport daher unzweckmäßig [vgl. *HANEMANN* (2006), S. 74]. Dies stellt zugleich den zentralen Unterschied zu anderen Transportstoffen, wie Erdgas oder Erdöl, dar. Zum einen tritt beim Transport dieser Ressourcen kein Qualitätsverlust ein, zum anderen liegt der Wert des zu transportierenden Gutes deutlich höher. Ein Wassertransport über eine längere Distanz führt zu hohen und – gemessen am Rohstoffwert – gänzlich unverhältnismäßig hohen Kosten [vgl. *YOUNG/HAVEMAN* (1985), S. 480].

Das dritte Argument für die raumwirtschaftliche Bedeutung liegt in der nicht gegebenen Lagerfähigkeit des Produktionsfaktors Wasser. Eine wie auch immer vorstellbare Lagerung in Tankanlagen oder Rohrsystemen führt in zeitlich kurzer Frist zu wachsenden Qualitätsverlusten. Auch hier treten die vom Transport bekannten, negativen Begleiteffekte der Leitungsgebundenheit wieder auf. In der Gesamtbetrachtung ist dies auch der maßgebliche Grund, der einen überregionalen Handel mit Wasser nicht stattfinden lässt [vgl. *LEHN* et al. (1996), S. 3].

Viertens, führt allein die Wasserqualität zu einer raumwirtschaftlich besonderen Stellung der Ressource. Wasser kann grundsätzlich nicht als homogenes Gut bzw. als homogener Produktionsfaktor eingeordnet werden. Räumlich liegen derart unterschiedliche Qualitätsabstufungen vor, die es dadurch zwingend in einen regionalen und bisweilen sogar lokalen Raumzusammenhang setzt. Unabhängig von den unterschiedlichen Bezugsformen, sind die Gewässerqualität und Gewässermorphologie zentrale Determinanten für eine Ansiedlung wirtschaftlicher Aktivität. Die räumlich-hydrologische Konstitution und Qualität fungieren für zahlreiche, auf eine besonders hohe Wasserqualität angewiesene Wirtschaftszweige sogar als der dominante Faktor. Dies nicht zuletzt, da sämtliche Vorbehandlung von Rohwasser, vor allem um Schad- und Schwebstoffe zu entfernen und um es zu entionisieren, sehr kostenträchtig sind [vgl. *TRIEBSWETTER/WACKERBAUER* (2010), S. 69].

Eine ergänzende fünfte Facette in der kleinräumigen Einordnung der Ressource Wasser bei industriellen Standortfragen liegt in den Unternehmen selbst begründet. In der Form als direkter und indirekter Produktionsfaktor bleibt Wasser allein deshalb raumwirtschaftlich bedeutsam, da viele Betriebe die wasserintensiven Produktionsbereiche nicht oder nur unter hohem Aufwand separieren können. Für zahlreiche Betriebe erweist sich eine Auslagerung wasserintensiver Produktionsabschnitte aus dem gesamten Produktionsprozess heraus schlicht als nicht möglich, weshalb die quantitative und qualitative Versorgung mit Wasser auch den unmittelbaren Grund für die Gesamtproduktion am jeweiligen Raumstandort darstellt. Eine Entscheidung für die Auslagerung einzelner wasserintensiver Produktionsschritte würde als Konsequenz bei vielen dieser Betriebe eine komplette Standortverlagerung nach sich ziehen müssen [vgl. PRETTENTHALER/DELLA-VIA (2008), S. 111]. Hier allerdings gilt zu berücksichtigen, dass die Anlagen zur Eigenversorgung mit Wasser außerordentlich viel Kapital benötigen und nur in den wenigsten Fällen das aufgewandte Fixkapital bei einem Standortwechsel mitgenommen werden könnte [vgl. HANEMANN (2006), S. 74]; auch steht diesem Gedanken entgegen, dass die kapitalintensive betriebliche Wasserinfrastruktur typischerweise eine hohe Lebensdauer hat, was einen kurzfristigen Standortwechsel eher unwahrscheinlich macht [vgl. HANEMANN (2006), ebd.].

Aufgrund dieser vielfältigen Eigenschaften bleibt die Ressource Wasser ein zentrales Thema in der Standortwahl der Unternehmen des industriellen Sektors [vgl. BÖHM/HILLENBRAND (2003), S. 511]. Aus der Vielzahl dieser Perspektiven erschließt sich, dass es wenig Sinn ergibt, die Ressource Wasser unter rein industrieökonomischen Gesichtspunkten auf globaler oder nationaler Ebene zu behandeln; das Wasseraufkommen besitzt, ebenso wie die Wassernutzung, eine eindeutig regionale Dimension [vgl. LEHN et al. (1996), S. 3]. Wie dominant diese kleinräumige Einordnung ist, zeigt auch der Ansatz des Integrierten Wasserressourcenmanagements (IWRM) der Vereinten Nationen, das die Zielkonflikte, die aus den konkurrierenden Ansprüchen der unterschiedlichen Sektoren und Nachfrager entstehen, auf eine regionale und sogar lokale Ebene herunterbricht [vgl. LENTON (2011); MATONDO (2002)]. Mit anderen Worten; „it is the characteristic feature of water problems that they are local. Global water issues and water-related problems are in fact an amalgam of the local problems" [GOLUBEV (1993), S. 132].

Im Rahmen des IWRM wird weltweit dem industriellen Sektor zunehmend Bedeutung geschenkt. Lange Zeit mussten Betriebe des industriellen Sektors den Produktionsfaktor Wasser nicht als treibenden Kosten- und Standortfaktor einordnen; im Zuge der wirtschaftlichen Entwicklung und der auftretenden Nutzungskonkurrenz verändert sich allerdings diese Betrachtungsweise. Zunehmend rücken die Wasserverfügbarkeit und Wasserqualität selbst in hochindustriellen und wasserreichen Regionen in den Fokus der Forscher. Neben der Relevanz für industrielle Standortfragen und für industrielle Cluster [vgl. KADOKAWA (2013); XIA/TOKUNAGA (2011); CHERTOW/LOMBARDI (2005)], gehen sie auch den möglichen Risiken für den industriellen Sektor und seinem Wertschöpfungsanteil nach [vgl. GLEICK et al. (2006), S. 145]. Ausgangspunkt für den rasanten Bedeutungsgewinn in den letzten Jahren bildet die Tatsache, dass selbst in hochindustrialisierten und vor allem wasserreichen Regionen zeitweilige Wasserknappheit besteht. Dies zeigt sich auch für Deutschland. Trotz prinzipiell reichem Wasserdargebots führt allein die überaus starke Wasserentnahme aller Sektoren dazu, dass Deutschland, gemessen an dem Water Exploitation Index, mit einem Wassernutzungsgrad von knapp 20 % als „water stressed" kategorisiert wird [vgl. *RAS-KIN* et al. (1997), S. 27-29]; innerhalb Europas besetzt Deutschland nach diesem Index die siebt-schlechteste Platzierung [vgl. *EUROPEAN ENVIRONMENT AGENCY* (2010)]. Im besonderen Maße gilt der ermittelte „Wasser-Stress" auch in Baden-Württemberg und deren Flusseinzugsgebiete [vgl. *EUROPEAN ENVIRONMENT AGENCY* (2009), S. 17 f.].

Dem raumwirtschaftlichen Bedeutungsgewinn der Ressource Wasser im industriellen Sektor steht zugleich ein sukzessiver Rückgang des Wassereinsatzes in diesem Bereich gegenüber. Zum einen verursacht diesen Trend der allgemeine Schrumpfungsprozess dieses volkswirtschaftlichen Sektors, zum anderen ist er den gestiegenen Kosten der Wasserversorgung geschuldet [vgl. *TRIEBSWETTER/WACKERBAUER* (2010), S. 63; *HILLENBRAND* et al. (2008), S. 12]. Insbesondere wasser-intensive Industrien, die generell durch eine hohe Preiselastizität gekennzeichnet sind [vgl. *REN-ZETTI* (1992)], stehen im Mittelpunkt dieser Entwicklung [vgl. *UNGER* (1978)]. Aufgrund der man-gelnden Substituierbarkeit der Ressource konnte der hohe Wasserbedarf des industriellen Sektors prinzipiell nur durch den Einsatz von Mehrfach- und Kreislauftechnologien aufgefangen werden. Diese dem Produktionsprozess vor- oder nachgeschalteten bzw. begleitenden Techniken stellen allerdings ebenfalls einen erheblichen Kostenfaktor dar [vgl. *HILLENBRAND* et al. (2008), S. 34]. Dass der sinkende Wassereinsatz der Industrie in Deutschland und Baden-Württemberg zu-letzt auf etwa einem Niveau stagnierte, erlaubt den Schluss, dass der industrielle Sektor an einem Punkt angelangt ist, der kaum weitere Wassereinsparungswege eröffnet und Investitionen in kon-sekutive Wassereinsparungstechnologien zu hochsteigen lässt. Darüber hinaus bleiben Wasser-einsparpotenziale und weitere Adaptionsmaßnahmen auch klar begrenzt, die Mehrfach- und Kreislaufnutzung dahingehend limitiert, sodass eine vollständige Kreislaufschließung, also der gänzliche Verzicht von zyklischer Frischwassereinspeisung, praktisch nicht umsetzbar ist [vgl. *BÖHM/HILLENBRAND* (2003), S. 515]. Abstrahiert man in einem hypothetischen Szenario gänzlich vom starken Einsatz der Mehrfach- und Kreislaufnutzung in den Industriezweigen, fiele der bloße Wassereinsatz der Industrie schätzungsweise fünffach höher aus [vgl. *BÖHM/HILLENBRAND* (2003), S. 513]; ein solch enormer Wassereinsatz der Industrie würde selbst in einem prinzipiell wasser-reichen Land wie Deutschland oder Baden-Württemberg zwangsläufig zu ganz erheblichen Nut-zungskonflikten innerhalb der Industrie und natürlich auch mit anderen Wirtschaftsakteuren füh-ren [vgl. *FEELEY* et al. (2008)].

Die Ressource Wasser hat eine produktionstechnische und eine infrastrukturelle Dimension; beide Bereiche besitzen eine hohe Bedeutung für die Standortwahl von industriellen Betrieben und sollen im Folgenden kurz skizziert werden. Vor allem die Forschungsnische, die sich mit der Wasserversorgung auseinandersetzt, präsentiert sich als empirisch noch nicht zufriedenstellend erforscht [vgl. *BERLEMANN/TILGNER* (2006), S. 22].

4.2.1 Die Bedeutung der Ressource Wasser im Produktionsprozess

Der grundsätzliche Zugang zum Wassereinsatz im Produktionsprozess erfolgt häufig über den Wasserproduktivitätsindex (WPI), der maßgeblichen Kennzahl für die Wasserintensität der unternehmerischen Produktion und Wertschöpfung [vgl. *HILLENBRAND* et al. (2008), S. 7]. Dieser einfache und zugleich sehr aussagekräftige Kennwert setzt die erzielte Wirtschaftsleistung in ein Verhältnis zum Einsatz der Ressource Wasser in der Produktion [vgl. *DESTATIS* (2014a)]. In dieser Form ist der Index eng mit der Produktivitätsmessung der ökonomisch geläufigeren Einsatzfaktoren Kapital und Arbeit verwand. In Abgrenzung zu diesen Produktionsfaktoren gibt die Produktivität des Wassers aber zusätzlich Aufschluss, wie durch einen effizienten Einsatz in der Produktion auch Nachhaltigkeitszielen adäquat Rechnung getragen werden kann [vgl. *HAUG* (2005), S. 38; *HAUG* (2004), S. 47]. Als Maß für die wirtschaftliche Leistungsfähigkeit findet typischerweise der Umsatz (UMS) eines Unternehmens oder die Bruttowertschöpfung (BWS) eines gesamten Wirtschaftszweiges innerhalb des industriellen Sektors Verwendung. Formalanalytisch ergibt sich der Index der Wasserproduktivität mit

$$WPI_{tn} = \frac{BWS_{tn}}{W_{tn}} \, , \qquad (\text{IV-1})$$

wobei W im Nenner das gesamte Wasseraufkommen kennzeichnet. Aussagekräftiger erscheint dieser Index, wenn man ihn – wie angedeutet – beispielhaft über t-Jahre und n-Beobachtungsträger aufspannt. Bei der Interpretation des Indexwertes muss beachtet werden, dass hohe *WPI*-Werte eine insgesamt wasserverbrauchsarme Produktion kennzeichnen. Ein relativ hoher Wert charakterisiert also ein Indikator für einen vergleichsweise effizienten Einsatz der Ressource Wasser. Spiegelbildlich kennzeichnet ein eher geringer *WPI*-Wert eine wasserverbrauchsintensive Wirtschafts- und Branchenstruktur [vgl. *DESTATIS* (2014a)].

Wasser spiegelt einen essenziellen Produktionsfaktor in der industriellen Produktion wider; eine Entkoppelung zwischen Wassereinsatz und Produktion ist bei vielen Wirtschaftszeigen innerhalb des Sektors schwer vorstellbar bis unmöglich [vgl. *HANEMANN* (2006), S. 78]. Auf Basis der mikroökonomischen Produktionstheorie entstanden zahlreiche Wege, Wasser als Produktionsfaktor in das unternehmerische Entscheidungskalkül zu integrieren. Schon früh kristallisierten sich erwartungsgemäß zwei dominante Varianten heraus, die Wasser als direkten Inputfaktor bezüglich der reinen Quantität [vgl. *GREBENSTEIN/FIELD* (1979); *BABIN* et al. (1982)] und Qualität [vgl. *SIMS* (1979)] erfassten. Ergänzt wurde diese Sicht um die Einordnung als indirekten Produktionsfaktor, der den Einsatz in Form von Mehrfach- und Kreislaufnutzung, sowie in Form weiterer Begleitfunktionen im Produktionsprozess herausstellt [vgl. *RENZETTI* (1992), (1993); *DUPONT/RENZETTI* (1999), (2001)]. Allerdings ist Wasser als indirekter und damit separierter Produktionsfaktor produktionstheoretisch deutlich schwerer zu fassen. Dies liegt vor allem daran, dass Produktionstechnologien, sogar bei gleichen oder sehr ähnlichen Produkten, über den Unternehmenssektor stark variieren können. Der direkte Einbau als Parameter in eine Produktionsfunktion greift daher analytische etwas zu kurz [vgl. *HANEMANN* (2006), S. 84].

Die Bedeutung des direkten und indirekten Produktionsfaktors Wassers zeigt sich, wenn man von stilisierten Produktionsprozessen ausgeht und entlang dieser Kette Art und Umfang des verwendeten Wassers analysiert. Die klassische Darstellung erfolgt mit einem dreigeteilten Produktionspfad. Dieser stuft den Rohstoff zunächst als vorgelagerter Produktionsfaktor ein, da er auf die industriellen Bedürfnisse und Anwendungen vorgereinigt werden muss. Der zweite Schritt versteht ihn dann als eigentlichen Produktionsfaktor und damit als integralen Bestandteil des Produktionsprozesses. Der dritte Teil sieht ihn als indirekten Produktionsfaktor an, der den eigentlichen Produktionsprozess begleitet. Die produktionstechnische Analyse wäre sogar noch weiter differenzierbar, wenn man Formen inkorporierten Wassers bei Erzeugnissen hinzuzähle.

Die industrieökonomische Unterscheidung und Erfassung im Rahmen der amtlichen Statistik erfolgt prinzipiell zwischen Wassernutzung und Wasserverwendung. Beide Betrachtungen sind allerdings zwei Seiten ein und derselben Medaille, da stets der Frischwasserbezug als Bezugsgröße dient. Die Wassernutzung gibt an, wie stark sich eine Wassereinsatzmenge an die betrieblichen Abläufe koppelt und im Unternehmen verweilt; man unterscheidet generell zwischen Einfachnutzung, Mehrfachnutzung und Kreislaufnutzung. Die Wassernutzung kann daher als höhergeordnete Kategorie der Wasserverwendung verstanden werden. Sie ist aus quantitativer Sicht bedeutsamer, denn sie umfasst den gesamten Einsatz in den innerbetrieblichen Abläufen. Die Wasserverwendung untergliedert sich in die drei Ausprägungen Produktions-, Kühlungs- und Belegschaftszwecke. Letztere Ausprägung nimmt allerdings nur eine randständige Bedeutung ein, sie umfasst vor allem sanitäre Einrichtungen, hygienische Aspekte und die Anlagenreinigung. Der Einsatz als Prozesswasser zu Produktionszwecken umfasst alle Produktionsstufen; dieser Verwendungsweg zeigt sich betriebsübergreifend als außerordentlich heterogen. Wasser dient im direkten Produktionszusammenhang vor allem als Bindungs-, Reinigungs-, Lösungs- und Auswaschmittel. In der Kühlung wird es vorrangig energetisch verwertet, unter Nutzbarmachung seiner Eigenschaften hinsichtlich Wärmeabsorption und -leitfähigkeit. Die Verwendung von Wasser für diese Zwecke führt mithin zu einer physischen Transformation des Mediums, abhängig von der gewählten Kühlungstechnologie in Form von offenen oder geschlossenen Kühlkreisläufen.

Wassernutzung und Wasserverwendung können, wie in Abbildung IV-1, schematisch mit dem Produktionsaufbau verbunden werden. Die sich selbsterklärende Einfachnutzung weist bestimmte Mengen an Frischwasser lediglich einer konkreten Produktionsstufe zu; die Wasserverwendung innerhalb dieser Stufe kann der Kühlung dienen oder bildet als Prozesswasser einen unmittelbaren Bestandteil eines Produktionsschrittes.

Abbildung IV-1: Wassereinfach- und Wassermehrfachnutzung in der Industrie

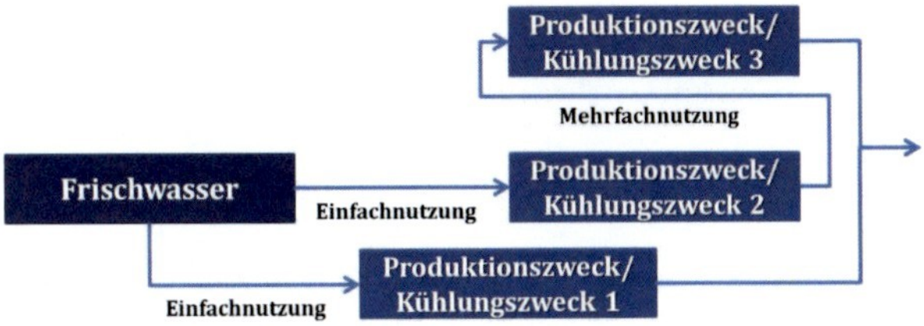

Quelle: Eigene Darstellung, aufbauend auf MANN/LIU (1999), S. 17.

Den Frischwasserbezug könnte man noch schematisch um eine vorgelagerte Frischwasseraufbereitung ergänzen. Aus Gründen der Übersichtlichkeit wurde diese Vorstufe weggelassen, gleichwohl die Frischwasseraufbereitung und -vorbehandlung für einzelne Wirtschaftszweige, wie die chemisch-pharmazeutische Industrie, eine wichtige Rolle spielen [vgl. *HÖRNER* (1996)]. Im Kern geht es um die Entfernung von Schad-, Fest- und Trübstoffen sowie um die Senkung der Wasserhärte, also den gebundenen Erdalkalien [vgl. *TRIEBSWETTER/WACKERBAUER* (2010), S. 68]. Abhängig von der Standortwahl im Raum sind etwa bei der Eigengewinnung von Oberflächenwasser, also bereits auf der vorgelagerten Ebene, starke Qualitätsabstufungen zu berücksichtigen.

Bei der Mehrfachnutzung findet das Wasser, häufig nicht in gleicher Quantität und Qualität, Einsatz in einem nachgelagerten Produktionsschritt. Bei Nichterreichen der Qualitätsanforderungen wird eine Wiederaufbereitung zwischengeschaltet.

Abbildung IV-2: Wassermehrfachnutzung und Wasseraufbereitung in der Industrie

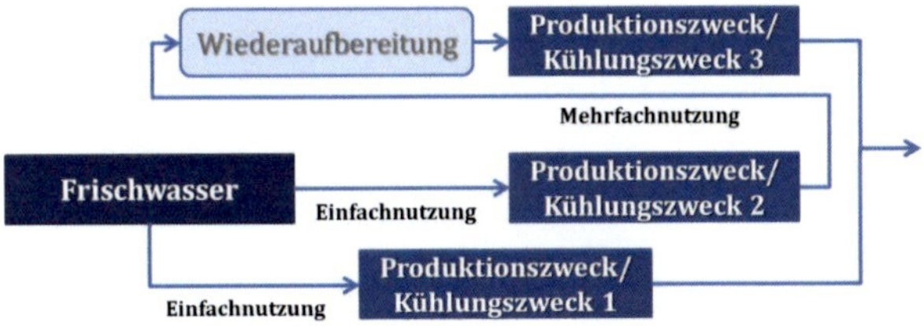

Quelle: Eigene Darstellung, aufbauend auf MANN/LIU (1999), S. 17.

Bei der Kreislaufnutzung zirkulieren bestimmte Wassermengen im Produktionsprozess und werden dem Startpunkt stets neu zugeführt, was seine Wiederaufbereitung in jedem Fall notwendig macht. Damit ist die Stärke des Ausbaus von Mehrfach- und Kreislaufnutzung auch ein Indiz für die Wassernutzungseffizienz. In diesen Verwendungswegen besitzt Wasser die Funktion eines indirekten Inputs [vgl. *BÖHM/HILLENBRAND* (2003); *KOKOTT* (1982)].

Abbildung IV-3: Wasserkreislaufnutzung und Wasseraufbereitung in der Industrie

Quelle: Eigene Darstellung, aufbauend auf MANN/LIU (1999), S. 17.

Bereits diese einfachen Schemata und der in ihnen enthaltenen Verwendungsketten verdeutlichen, dass es sich bei Wasser um keinen homogenen Produktionsfaktor handeln kann. Auch tritt die mangelnde Substitutionsmöglichkeit dieses Produktionsfaktors wieder hervor, wenn man die unterschiedlichen Qualitätsabstufungen entlang eines Pfades berücksichtigt; selbst Prozess- und Kühlwasser stehen in keiner richtigen Substitutionsbeziehung. Die weitere mikroökonomische Analyse wird durch den Mangel an ausdifferenzierten Faktorpreisen für den innerbetrieblichen Einsatz und Ablauf erheblich erschwert. Auch lassen sich die Kostenimplikationen der Kreislauf- und Mehrfachnutzung schwer abschätzen, sowie die Kosten eines vorgelagerten Frischwasseraufbereitungsverfahrens. Das Alleinstellungsmerkmal der Ressource Wasser als Produktionsfaktor verhindert, ihn als indirekten und direkten Input im Produktionsprozess und mit den unterschiedlichen Qualitätsniveaus entlang der Produktionspfade zusammenhängend zu analysieren und zu monetarisieren. Diese Sonderstellung findet sich in sehr abgeschwächter Form nur noch beim ebenfalls stark heterogenen Produktionsfaktor Arbeit, repräsentiert durch seine unterschiedlichen Qualifikationsniveaus; allerdings hier bei deutlich besserer Datenlage über die Nominallohnsätze und damit über das Wertgrenzprodukt.

4.2.2 Die Bedeutung der Ressource Wasser als Transportmittel

Die Ressource Wasser ist für viele Produktionszweige des industriellen Sektors nicht nur als direkter und indirekter Produktionsfaktor, sondern auch als Transportweg von überragender Bedeutung. Wasser als landschaftsprägendes Element bietet über Flüsse, Wasserstraßen und Kanäle einen kostenarmen Zugang zum Transport; der direkte Zugang zu diesem Verkehrsweg fungiert seit jeher als ein zentraler Standortfaktor für die Industrie [vgl. BURN (1984), S. 145]. Die hohe Bedeutung des Wasserzugangs rührt zwar ursprünglich aus den Zeiten der industriellen Revolution [vgl. BISWAS (1987), S. 9], bleibt aber auch für die wirtschaftliche Entwicklung in der Gegenwart von ungebrochener Bedeutung für den in industriellen Sektor [vgl. TRAIN/WILSON (2007), S. 98; FUJITA/MORI (1996), S. 94]. Für viele Branchen der Industrie stellt der Zugang zur Wasserverkehrsinfrastruktur sogar eine Grundvoraussetzung dar und erscheint damit als hauptsächlicher

Standortfaktor bei einer Ansiedelung im Raum [vgl. *AULICH* (2010); *GLAESER/KOHLHASE* (2004), S. 200 f.; *SEIDENFUS* (1994), S. 513). Aber auch der potenzielle Zugang zum Wassertransportweg wird seit jeher bei einer Standortentscheidung berücksichtigt [vgl. *BURN* (1984), S. 144]; viele Unternehmen lokalisier(t)en sich nahe an Wasserwegen, um sich den Zugang auch als spätere Transportoption offen zu halten.

Die Attraktivität eines direkten Zugangs zu Wasserstraßen und mithin zum Wassertransport lässt sich für den industriellen Sektor insgesamt an fünf wesentlichen Faktoren festmachen. Das dominanteste Argument liegt in den Beförderungskapazitäten und dem einhergehenden Kostenvorteil beim Transport. Der Wasserweg verkörpert die vorrangige Transportform für industrielle Schwertransporte oder industrielle Massengüter, da er grundsätzlich höhere Tonnenbeladungen ermöglicht. Der komparative Kostenvorteil im Vergleich zum Transport auf der Straße oder auf der Schiene erwächst daher hauptsächlich über das Transportgewicht. Durch die Größen- und Verbundvorteile lassen sich insbesondere bei Langstreckentransporten größere Skalenvorteile realisieren, als bei den alternativen Transportformen. Die klassischen Eurokähne/Euroschiffe besitzen ein Ladegewicht von ca. 1.300 Tonnen; vom Ladegewicht und Ladevolumen steht dies äquivalent zu drei Container-Zügen oder 112 LKW-Transporten [vgl. *SEIDENFUS* (1994), S. 513]. Noch deutlicher zeigt sich der Kostenvorteil des Wassertransportes bei Großmotorenschiffen mit ca. 2.100 Tonnen und Koppelverbänden mit einem sogenannten Leichter, einem weiteren vorgeschalteten Ladeschiff. Eine solche Schubzusammenstellung realisiert Transportmengen mit bis zu 10.000 Tonnen. Erforderlich sind die Transportkapazitäten vor allem bei zahlreichen industriellen Massengütern, die in Form von *liquid bulk* oder in Form von *dry bulk* vorliegen. Unter *liquid bulk* fallen vor allem flüssige Mineralölerzeugnisse wie Flüssiggase und flüssige Erdölprodukte; unter *dry bulk* versteht man industrielle Feststoffe in Form von Stückgütern, etwa Maschinen oder Automobile, oder in Form von Schuttgütern, etwa Bauxit, Phosphat oder Zement. Darüber hinaus erweist sich der Transport über Wasserstraßen als unentbehrlich für, durch relativ geringes Gewicht und relativ große Abmessung gekennzeichnete Großraumtransporte, sowie Schwerlasttransporte, für die genau Gegenteiliges gilt [vgl. *UBA* (2010), S. 113].

Das zweite Argument zur Standortansiedlung ist die Dauerhaftigkeit und damit Beständigkeit des Transportweges. Bei der Infrastruktur im Wassertransport handelt es sich zumeist um ein lang etabliertes Wegenetz, das sich zumeist durch geographische Faktoren determiniert und für das kaum alternative Transportrouten existieren. Das derart stark ausgebaute Wasserstraßennetz besitzt im Vergleich zu Bahn- und Fernverkehrsstraßen keine Engpässe, sondern vielmehr noch große Kapazitätsreserven. Darüber hinaus unterliegt es einer einheitlichen internationalen und europäischen Klassifikation, die sich an der Schiffsgröße bemisst. Alle Strecken der Binnenschifffahrt sind auf die Klasse IV für Eurokähne/Euroschiffe normiert und gewährleisten damit einen störungsfreien Transport bis zu den Seehäfen und Weltmeeren. Die Beständigkeit und Sicherstellung des Wassertransportes zu jederzeit ergibt sich auch aus den nur geringen Wartungsanforderungen. Die Kosten für die Konstruktion und die Erhaltung natürlicher Binnenwasserwege und künstlicher Wasserkanäle bleiben im Vergleich zu anderen Transportformen seit jeher vergleichsweise gering [vgl. *BISWAS* (1987), S. 22]. Der Vorteil resultiert auch daraus, dass man, anders als bei Straßen- oder Bahnnetzen, kein Land umwidmen muss; Wasserwege existieren in der Regel bereits und werden im Bedarfsfall höchstens breiter ausgebaut. Je nach Ausbauzustand kann die Fahrrinnenbreite variieren zwischen Kanälen mit ca. 50 Metern und Flussläufen, wie bei einzelnen Abschnitten des Neckars oder des Rheins, mit einem doppelten bis dreifachen Wert.

Drittens erweist sich der Wassertransport als Standortvorteil für Industriezweige, deren Gütergruppen als Gefahrengut klassifiziert und Transportauflagen unterworfen sind. Die Binnenschifffahrt erscheint mit großem Abstand als der gefahrloseste Verkehrsträger im Vergleich zu Fernstraßen- und Bahntransport; die Güterbeförderung auf dem Wasserweg bedeutet, im Vergleich zu beiden genannten Alternativen, überaus mehr Sicherheit und eine prinzipielle Unfallfreiheit [vgl. *BLONK* (1994), S. 389], zurückführbar auf die geringe Unfallwahrscheinlichkeit auf Wasserstrecken insgesamt [vgl. *ROELEVEN* et al. (1995)]. Die große Bedeutung der Binnenschifffahrt bei Gefahrenguttransporten liegt bei leicht- und hochentzündlichen sowie explosionsgefährlichen Stoffen und Verbindungen. Insbesondere für den Transport von chemischen und mineralischen Gefahrengütern ist die Binnenschifffahrt kostenärmer und daher von ganz zentraler Bedeutung [vgl. *TRIEBSWETTER/WACKERBAUER* (2010), S. 26]. Eine unmittelbare Lage an Wasserstraßen stellt für die Hersteller dieser Zwischengüter und Fertigerzeugnisse einen entscheidenden Faktor in der Standortwahl dar, da er eine Sicherheit bietenden Transportweg garantiert [vgl. *SEIDENFUS* (1994), S. 512-514].

Ein viertes Motiv für die starke Ausrichtung eines Industrieunternehmens auf den Wassertransport seiner Güter und eine demgemäß wassernahe Ansiedlung findet sich in einer zweiten Transportkostendimension, dem Energieverbrauch. Neben der bereits im Eingang vorgestellten und allgemeinen Kostendegression des Schifftransportes, größere Schiffe weisen bei sonst gleichen Rahmenbedingungen – Flusstiefe, Geschwindigkeit, Tiefgang – einen geringeren Verbrauch pro Tonnenkilometer aus, bleibt der Transport zu Wasser im Vergleich zu Straße und Schiene auch die energieeffizientere Transportform. Gleichwohl sich eine vergleichende Analyse des Energieverbrauches als schwierig gestaltet, da unterschiedliche Distanzen und Streckenverbräuche zu berücksichtigen sind, zeichnet sich der Wassertransport durch einen geringen Treibstoffverbrauch aus [vgl. *MACHARIS* et al. (2010); *TOLLIVER* et al. (2013)]. Auch privilegiert der Gesetzgeber den Wassertransport in Deutschland, indem er die Treibstoffe für die gewerbliche Schifffahrt von der Mineralölsteuer befreit. Als Hauptargument für diese Sonderstellung wird die internationale Wettbewerbsfähigkeit angeführt. So trägt der Anstieg der Energiepreise in den letzten Jahren dazu bei, dass der Transport auf Binnenwasserwegen aus Kostengesichtspunkten ein Wiedererstarken erfährt. Überdies ist der Sektor der Binnenschifffahrt aus ähnlichen Motiven insgesamt nur schwach reguliert [vgl. *SEIDENFUS* (1994), S. 513]. Seit der „Mannheimer Akte" aus dem Jahr 1868 entfallen etwa keinerlei Gebühren zur Nutzung des Rheins; bei sonstigen Binnenschifffahrtswegen, wie dem Neckar, müssen Frachtkähne für die Infrastruktur nur eine Gebühr an Schleusen sowie ein Hafennutzungsentgelt entrichten – beides aber vergleichsweise moderate Kostenpunkte. Darüber hinaus bindet Deutschland die Binnenschifffahrt auch nicht in den Emissionshandel ein.

Die Emissionsvorschriften für die Großmotoren der Binnenschiffe sind vergleichsweise weich ausgestaltet. Bezüglich des Energieverbrauches bleibt der Wassertransport dem Straßen- und Bahntransport weit überlegen, unabhängig vom ohnehin energiearmen Transportfall bei vorliegender Richtungsströmung.

Ein fünfter und indirekter Standortvorteil leitet sich aus der Tatsache ab, dass schiffbare Fließgewässer allein durch ihre Häfen eine regionalökonomische Bedeutung für Industriebetriebe erlangen [vgl. *GALLUP* et al. (1999)]. Unabhängig davon, ob ein Unternehmensstandort direkt in Hafennähe oder in weit entfernter Nachbarschaft liegt, treten allein Vorteile durch die Verzahnung von Transportweg und Transportknoten auf. Insbesondere der Transport von industriellen Massengütern und Containern benötigt Umschlagpunkte, die an Binnenwasserstraßen angebunden sein müssen. Häfen üben entlang von Wasserstraßen eine entscheidende Drehscheibenfunktion aus, die auf alle an den Wasserverkehrsweg angesiedelten Unternehmen positiv abstrahlt [vgl. *FUJITA* et al. (1999), S. 129 ff.; *FUJITA/MORI* (1996)]. Selbst in wirtschaftlich abträglichen Raumlagen garantieren sie einen Umschlagpunkt für länderübergreifende Exporte und Importe sowie dem Handel von Zwischengütern und Fertigerzeugnissen von lokaler Ebene auf transnationale Ebene [vgl. *SEIDENFUS* (1994), S. 513]. Überdies kann die regionalpolitische Entwicklung und Anpassung von Häfen zu einem wichtigen Standortfaktor für die benachbarte Industrie erwachsen [vgl. *DEBRIE* et al. (2007); *COMTOIS* et al. (1997)]. Häfen ziehen dabei Effekte der Zentralisierung und Verdichtung nach sich, die sich ex-post vorteilhaft auswirken [vgl. *GLAESER/KOHLHASE* (2004), S. 211-219]. Selbst kleinere und mittlere Häfen haben daher eine große Bedeutung für den intermodalen Transport im Hinterland [vgl. *FREMONT/FRANC* (2010)]; intermodale Binnenhäfen verzahnen alle drei Transportformen und bieten ergänzende Lager- und Aufbereitungsstätten [vgl. *FLÄMING/HESSE* (2011); *SEIDENFUS* (1994), S. 512]. Auch kann das Hinterland und die Großregion eines Hafens als Standortvorteil für ein Unternehmen wachsen, da es weiterführende Infrastrukturdienste anbieten muss [vgl. *HAYUTH* (2007); *NOTTEBOOM* (2008)]. Darüber hinaus stellen Häfen grundsätzlich einen Standortvorteil dar, da sie nach der Pfadtheorie eher an Bedeutung gewinnen, denn verlieren; sie unterliegen strukturellen Transformationen [vgl. *RODRIGUE* et al. (2013), S. 127]. Häfen entwickeln sich nach dem Bedarf der sie kleinräumig oder großräumig umgebenden Industrien zu multifunktionalen Einheiten [vgl. *SEIDENFUS* (1994), S. 514], die zur Anpassung an Innovationen, Güterformen und Güterlebenszyklen gezwungen werden [vgl. *CULLINANE/WILMSMEIER* (2011)].

4.3 Eingrenzung der Untersuchungseinheit

Um die Relevanz der Ressource Wasser im industriellen Sektor herausarbeiten zu können, muss dieser für die folgende Operationalisierung klar definiert und abgegrenzt werden. Als erste Annäherung ist sicherlich der Sektorentrias hilfreich, der eine Volkswirtschaft allgemein in einen Primärsektor, einen Sekundärsektor und einen Tertiärsektor untergliedert. Der Primärsektor umfasst dabei, grob skizziert, die Agrar- und Forstwirtschaft, der Sekundärsektor die Wirtschaftsbereiche Industrie und Handel und der Tertiärsektor den gesamten Wirtschaftszweig der Dienstleistungen. Für die spätere Analyse greift diese allgemeine Untergliederung allerdings zu kurz, weshalb im weiteren Verlauf auf die offizielle Wirtschaftszweiguntergliederung innerhalb des Sekundärsektors zurückgegriffen wird, die seit Anfang der 1970er Jahre besteht.

Die deutsche Wirtschaftszweigklassifikation (WZ) leitet sich dabei direkt aus dem integrierten System von Wirtschaftszweigklassifikationen auf europäischer und internationaler Ebene ab [vgl. *GREULICH* (2009), S. 37]. Die internationale Referenzsystematik ISIC (International Standard Industrial Classification) der Vereinten Nationen sowie die Klassifikation NACE (Nomenclature Statistique des Activités Économiques dans la Communauté Européenne) auf Ebene der europäischen Union stellen die gesetzlich verpflichtenden Klassifikationsvorgaben der Wirtschaftszweiguntergliederung des Statistischen Bundesamtes in Deutschland dar und dienen in dieser Form „der Klassifizierung von statistischen Einheiten (z. B. Unternehmen oder Betriebe) nach der Art der von ihnen ausgeübten wirtschaftlichen Tätigkeit" [*GREULICH* (2009), S. 38]. Die Zuordnung von Betrieben in einzelne Wirtschaftsbereiche erfolgt dabei vorrangig anhand der produzierten Güter und nachrangig anhand des Produktionsverfahrens. Im Zweifel bestimmt die Betriebssparte, die den größten Beitrag zur Wertschöpfung leistet die Zugehörigkeit des Gesamtbetriebes zu einem Wirtschaftsbereich. Verallgemeinert umfasst der Sammelbegriff Industrie in Deutschland damit alle Betriebe, die Warbbsren herstellen, „die nach ihrer Fertigung als Vorleistungsgüter, Investitionsgüter, Gebrauchs- oder Verbrauchsgüter verwendet werden" [*DESTATIS* (2014b)]. Die standardisierte Aufschlüsselung nach Wirtschaftszweigen listet Abbildung IV-4 auf.

Abbildung IV-4: Klassifizierung der Wirtschaftszweige in Deutschland

WZ-2008	Bezeichnung	ISIC (Rev. 4)
A	Land- und Forstwirtschaft, Fischerei	01 bis 03
B	Bergbau und Gewinnung von Steinen und Erden	04 bis 09
C	Verarbeitendes Gewerbe	10 bis 33
D	Energieversorgung	35
E	Wasserversorgung; Abwasser- und Abfallentsorgung und Beseitigung von Umweltverschmutzungen	36 bis 39
F	Baugewerbe	41 bis 43
G	Handel; Instandhaltung und Reparatur von Kraftfahrzeugen	45 bis 47
H	Verkehr und Lagerei	49 bis 53
I	Gastgewerbe	55 bis 56
J	Information und Kommunikation	58 bis 63
K	Erbringung von Finanz- und Versicherungsdienstleistungen	64 bis 66
L	Grundstücks- und Wohnungswesen	68
M	Erbringung von freiberuflichen, wissenschaftlichen und technischen Dienstleistungen	69 bis 75
N	Erbringung von sonstigen wirtschaftlichen Dienstleistungen	77 bis 82
O	Öffentliche Verwaltung, Verteidigung, Sozialversicherung	84
P	Erziehung und Unterricht	85
Q	Gesundheits- und Sozialwesen	86 bis 88
R	Kunst, Unterhaltung und Erholung	90 bis 93
S	Erbringung von sonstigen Dienstleistungen	94 bis 96
T	Herstellung von Waren und Erbringung von Dienstl. durch private Haushalte für den Eigenbedarf	97 bis 98
U	Exterritoriale Organisationen und Körperschaften	99

Quelle: Eigene Darstellung und Erweiterung in Anlehnung an DESTATIS (2008).

Die alphabetisch geordneten Kategorien am linken Rand indizieren die sogenannten Abschnitte, die weitere Tiefenuntergliederung am rechten Rand zeigen die Abteilungen an, die auch als Zweisteller betitelt werden. Auf die Darstellung der weiteren Tiefenuntergliederung in Gruppen (Dreisteller), Klassen (Viersteller) und Unterklassen (Fünfsteller) wird aus Gründen der

Übersichtlichkeit verzichtet. Abbildung IV-4 zeigt auf, dass der Primärsektor die Buchstaben A und B bilden. Der Sekundärsektor verläuft über die Abschnitte C bis F und der Tertiärsektor reicht abschließend über die Abschnitte G bis U.

Bei der in Abbildung IV-4 dargestellten Nomenklatur handelt es sich um die 4. Revision und damit die aktuellste Untergliederung der Wirtschaftszweige in Deutschland. Aufgrund sich ändernder gesamtwirtschaftlicher und technologischer Rahmenbedingungen war es unerlässlich, die Klassifikation der Wirtschaftsbereiche in gewissen Punkten von Zeit zu Zeit neu anzupassen und zu aktualisieren [vgl. *GREULICH* (2004), S. 385 f.; *GREULICH* (2009), S. 36]. Insofern bestehen einzelne Unterschiede zu früheren Wirtschaftsklassifikation, etwa der WZ-2003. Die Veränderungen in der Gliederungssystematik über die letzten Dekaden bezogen sich maßgeblich auf den (wachsenden) Dienstleistungsbereich und tangierten nur schwach den Sekundärsektor, weshalb eine Vergleichbarkeit von Fachstatistiken der WZ-2008 zu früheren Fachserien über Zuordnungsschlüssel im industriellen Bereich, bis auf nur wenige Ausnahmen, wissenschaftlich möglich und zulässig ist.

Die weitere Analyse greift innerhalb der industriellen Wirtschaftszweigklassifikation lediglich auf die Gliederungsebene „Verarbeitendes Gewerbe" (C) zurück. Die weiteren Abschnitte D bis F werden nicht in die Untersuchung eingeschlossen, da sie keine Güter im engeren Sinne produzieren. Darüber hinaus finden die Energie- und (Ab-) Wasserversorgung keine Berücksichtigung, wegen der politischen Determinierung ihrer Betriebsstätten in beinahe allen Fällen. Aus der Natur der Sache heraus sind und bleiben diese Standorte zudem immobil. Raumwirtschaftliche Erklärungsansätze zweiter Natur greifen bei diesen Abschnitten der Wirtschaftszweigklassifikation ins Leere. Aufgrund dieser Tatsache wird auch das Baugewerbe ausgenommen. Die betriebliche Leistungserbringung in diesem Abschnitt F ist ebenfalls klar standortgebunden. Zudem lassen sich Transportkosten als ganz wesentlicher Erklärungsbaustein der Raumwirtschaftstheorie hier nicht wirklich sinnstiftend ansetzen.

Die empirische Untersuchung fokussiert sich daher im weiteren Verlauf ausschließlich auf das Verarbeitende Gewerbe, das die Literatur mitunter auch als Produzierendes Gewerbe bezeichnet, wobei dies nur eine semantische Unterscheidung bedeutet. Im weiteren Verlauf wird auf die erstgenannte Bezeichnung zurückgegriffen, da diese auch in der amtlichen Statistik Verwendung findet. Die tiefere Untergliederung des Abschnittes C zeigt Abbildung IV-5. Erneut erfolgt die Auflistung mithilfe (erweiterter) Abschnitte am linken Rand und den tiefenuntergliederten Abteilungen in der rechten Spalte. Alle Wirtschaftszweige CA bis CM stehen für eine homogene Produktgruppe und allesamt eint, dass ihre Betriebsstätten per se keiner naturgegebenen standörtlichen Verwurzelung unterliegen. Darüber hinaus gilt, dass sowohl für die der Produktion entspringenden Fertigerzeugnisse, als auch für die notwendigerweise zu berücksichtigenden Produktionsfaktoren Transportkosten veranschlagt werden müssen. Überdies tritt der Vorteil in Erscheinung, dass keine unternehmerischen Nebentätigkeiten eine Analyse verzerren. Der Grund für diese vollständige Abbildung industrieller Tätigkeit ist die begriffliche Trennung zwischen Unternehmen und Betrieb, nach der ein Unternehmen aus mehreren einzelnen Betrieben bestehen kann. Sollte ein Unternehmen eine stark diversifizierte Produktionstätigkeit aufweisen, so werden die in den einzelnen Unternehmenssparten ausgegliederten Nebentätigkeiten wiederum als Haupttätigkeit eigenständiger Betriebe angesehen.

Abbildung IV-5: Klassifizierung des Wirtschaftszweiges „Verarbeitendes Gewerbe"

WZ-2008	Bezeichnung	ISIC (Rev. 4)
CA	Herstellung von Nahrungs- und Genussmittel, Getränken und Tabakerzeugnissen	10 bis 12
CB	Herstellung von Textilien, Bekleidung, Leder, Lederwaren und Schuhen	13 bis 15
CC	Herstellung von Holzwaren, Papier, Pappe und Waren daraus; Herstellung von Druckerzeugnissen	16 bis 18
CD	Kokerei und Mineralölverarbeitung	19
CE	Herstellung von chemischen Erzeugnissen	20
CF	Herstellung von pharmazeutischen Erzeugnissen	21
CG	Herstellung von Gummi- und Kunststoffwaren sowie von Glas, Glaswaren und Keramik; Steinverarbeitung	22 bis 23
CH	Metallerzeugung und -bearbeitung, Herstellung von Metallerzeugnissen	24 bis 25
CI	Herstellung von Datenverarbeitungsgeräten, elektronischen und optischen Erzeugnissen	26
CJ	Herstellung von elektronischen Ausrüstungen	27
CK	Maschinenbau	28
CL	Fahrzeugbau	29 bis 30
CM	Sonstige Herstellung von Waren, Reparatur und Installation von Maschinen und Ausrüstungen	31 bis 33

Quelle: Eigene Darstellung und Erweiterung in Anlehnung an DESTATIS (2008).

Der Rückgriff auf die Industrieklassifizierung nach Wirtschaftszweigen des Verarbeitenden Gewerbes besitzt überdies den Vorteil, dass man aus der Übersicht auch indirekt die Produktheterogenität einzelner Wirtschaftszweige herauslesen kann. Die Vielzahl von Produktvarianten, einem Haupterklärungspunkt der Neuen Ökonomischen Geographie, ergibt sich näherungsweise aus der Stärke der Tiefenuntergliederung einer Abteilung in Gruppen und Klassen, relativ zu einer anderen Abteilung. Das Verarbeitende Gewerbe, das in der Gesamtaufstellung aller Wirtschaftszweige A bis U ohnehin die meisten Abteilungen besitzt, differenziert sich, wie in Abbildung IV-6 dargestellt, in insgesamt 24 Abteilungen, 95 Gruppen, 230 Klassen und 260 Unterklassen. Eine relativ schwache Produktheterogenität zwischen den Erzeugnissen liegt dabei innerhalb der Wirtschaftszweige CD, CF und CI vor; auf eine relativ starke Güterdiversifizierung kann innerhalb der Wirtschaftszweige CH, CA und CG geschlossen werden.

Abbildung IV-6: Tiefenuntergliederung im Wirtschaftszweig „Verarbeitendes Gewerbe"

WZ-2008	Abteilungen (Zweisteller)	Gruppen (Dreisteller)	Klassen (Viersteller)	Unterklassen (Fünfsteller)
CA	3	11	33	33
CB	3	9	21	25
CC	3	6	18	18
CD	1	2	2	2
CE	1	6	16	16
CF	1	2	2	2
CG	2	10	30	30
CH	2	13	33	45
CI	1	8	10	13
CJ	1	6	10	10
CK	1	5	21	26
CL	2	8	12	14
CM	3	9	22	26
Σ	24	95	230	260

Quelle: Eigene Darstellung und Erweiterung in Anlehnung an DESTATIS (2008), S. 69.

Die weitere Analyse greift zunächst nur auf die Ebene der 13 Wirtschaftszweige zurück. Die große Mehrzahl von zugänglichen Erhebungen in der amtlichen Statistik reicht nur bis dahin. Tiefere Erhebungen werden oft nicht durchgeführt oder veröffentlicht, da diese (Mikro-) Daten vor allem bei einem kleinräumigen Bezug direkte Rückschlüsse auf einzelne Untersuchungsträger erlauben würden. Um die Anonymität und Vertraulichkeit zu wahren und auf Basis von Gesetzesvorschriften schwärzt man diese erhobenen Daten oder gibt sie erst gar nicht aus.

Für die empirische Analyse muss abschließend das Tableau an Wirtschaftszweigen auf nur 11 von ihnen verkürzt werden. Diese erforderliche Änderung hängt ganz wesentlich mit der Umstellung dieser über die Jahrzehnte zusammen. Es erfolgt notwendigerweise eine Zusammenlegung von CE und CF zum gemeinsamen Wirtschaftszweig „Herstellung von chemischen und pharmazeutischen Erzeugnissen". Hinter dieser Fusion steht die Tatsache, dass man mit der WZ-2008 zum ersten Mal beide Wirtschaftszweige separat aufführte; frühere Klassifizierungen fassten beide Wirtschaftszweige stets zusammen. Weiterhin muss für die Analyse aus gleichen Gründen eine Verbindung des Wirtschaftszweiges CI mit CJ stattfinden. Die sich ergebenden elf Wirtschaftszweigen machen, bis auf nur geringfügige Unschärfen, einen Zeitreihenvergleich möglich und zulässig. Interpretatorische Gründe lassen im weiteren Verlauf der Untersuchung den Wirtschaftszweig CM unberücksichtigt, da er nicht besonders aussagekräftig ist und viele betriebliche, nicht klar zuzuordnende Tätigkeiten auffängt. Dieser Wirtschaftszweig repräsentiert im Gegensatz zu den anderen Untergliederungen keine einheitliche Produktionsrichtung.

Spätere wirtschaftspolitische Analysen und Empfehlungen würden bei einem solchen Zweig hinken. Aufgrund dieser Tatsache stützt sich die empirische Analyse nur auf die zehn industriellen Wirtschaftszweige CA bis CL.

4.4 Eingrenzung des Untersuchungsraums

Bei raumwirtschaftlichen Analysen ist die Wahl des Aggregationsniveaus von zentraler Bedeutung. Untersuchungen auf nationaler oder auf Länderebene tragen den Vorteil einer zumeist ausgezeichneten Sekundärstatistik in sich. Allerdings erweisen sich diese aggregierten Analysen naturgemäß als nicht präzise genug, um regionale Schlüsselfragen befriedigend zu beantworten. Raumwirtschaftliche Studien sind dann aussagekräftig, wenn sie kleinste Wirkungszusammenhänge darstellen können. So gehen einer räumlichen Tiefenuntergliederung bei ökonometrischen Studien vor allem drei positive Effekte einher [vgl. BERLEMANN/TILGNER (2007), S. 15]. Zunächst erreicht man durch den Einsatz kleinräumiger Beobachtungseinheiten eine große Zahl an Beobachtungen und eine breitere Streuung der Daten, was die Aussagekraft einer Studie insgesamt erhöht. Zweitens ist es ein Charakteristikum raumwirtschaftlicher Analysen, dass mit einer Disaggregation auf kleine Beobachtungseinheiten die Wechselwirkung zwischen ihnen steigen [vgl. STEIL (1999), S. 48] – ein für Standortansiedelungen und Standortverlagerungen besonders bedeutsamer Effekt. Auch treten die räumlichen *spill over* - Effekte in kleinräumigen Arrangements eher auf, als auf aggregierter Ebene. Zuletzt sind die Ergebnisse dieser kleinräumigen Studien häufig wertvoller, als der Erkenntnisgewinn aggregierter Studien. Aus wirtschaftspolitischer Sicht stehen vor allem regionale Standortfaktoren im Kerninteresse, da diese die politischen Entscheidungsträger vor Ort besser steuern und beeinflussen können.

Bei jedem regionalökonomischen Erklärungszusammenhang wird naturgemäß immer nur ein Ausschnitt untersucht. Dies gilt nicht nur in Hinblick auf die Untersuchungseinheit, sondern auch auf den Untersuchungsraum. Daher besitzen viele Studien den Nachteil, dass sie sich stets nur auf gewisse sozioökonomische Erscheinungen und eine einzelne Region beziehen [vgl. BOSMA et al. (2008); ARAUZO-CAROD (2005); FIGUEIREDO et al. (2002); KOELLREUTER (1995)] und sie sich untereinander naturgemäß nur schwer vergleichen lassen. Die erste Herausforderung vieler raumwirtschaftlicher Studien besteht darin, den Untersuchungsraum abzugrenzen und diese Flächeneingrenzung zu begründen [vgl. MÖSGEN (2008), S. 294]. In der Vielzahl der Fälle werden kleinste Verwaltungseinheiten eingesetzt. Dieser Weg erscheint vorteilhaft und dominiert die zahlreichen empirischen Studien, da er auf zeitkonsistenten und politisch verfassten Beobachtungsträgern basiert. Für diese Untersuchungseinheiten liegen durch die jeweilige Administration erhobene und verlässliche, zudem zueinander vergleichbare Sekundärdaten vor. Wenig überraschend sind daher vor allem föderal verfasste Systeme in empirischen Studien von Bedeutung, da eine Untersuchungsebene hier von einer höher und einer tiefer gelagerten Ebene umschlossen wird [vgl. STEIL (1999), S. 47]. Für längerfristig angelegte Studien bleibt letztlich nur darauf zu achten, dass keine Veränderung in der Zusammensetzung der Beobachtungsträger im Zeitverlauf eintrat. Solche Abweichungen stellen allerdings kein untypisches Ereignis dar, wie etwa Kreisreformen immer wieder zeigen [vgl. KOSFELD/WERNER (2012)].

Als übergeordneter Untersuchungsraum wird das Bundesland Baden-Württemberg gewählt, da es über eine lang etablierte und stabile Industriestruktur verfügt [vgl. MIKUS (1978), S. 85]. Aufgrund dieses Industriebesatzes diente es schon häufig als Anwendungs- und Untersuchungsgebiet [vgl. *MÜLLER* (2012); *KRUMM* et al. (2007)]. Zudem eignet sich Baden-Württemberg hinsichtlich seiner räumlich stark unterschiedlichen Ausstattung mit Wasser [vgl. *LEHN* et al. (1996), S. 56, S. 68], dessen Bedeutung als direkter und indirekter Produktionsfaktor sowie als Transportmittel einen Schwerpunkt der Analyse bilden soll. Die empirische Analyse fokussiert sich, wie in Abbildung IV-7 aufgelistet, auf die insgesamt 44 Kreise des Landes und damit auf die zweite Disaggregationsebene. Diese Bezugspunkte genügen zum einen einer fundierten raumwirtschaftlichen Analyse, zum anderen gewährt dieser Grad der Untergliederung noch ein ausreichendes Maß an Praktikabilität.

Abbildung IV-7: Auflistung und Kennzeichnung der Kreise in Baden-Württemberg

KR-Schlüssel	Bezeichnung	KR-Schlüssel	Bezeichnung
08111	Stuttgart, Landeshauptstadt, Kreisfreie Stadt	08235	Calw, Landkreis
08115	Böblingen, Landkreis	08236	Enzkreis
08116	Esslingen, Landkreis	08237	Freudenstadt, Landkreis
08117	Göppingen, Landkreis	08311	Freiburg im Breisgau, Kreisfreie Stadt
08118	Ludwigsburg, Landkreis	08315	Breisgau-Hochschwarzwald, Landkreis
08119	Rems-Murr-Kreis	08316	Emmendingen, Landkreis
08121	Heilbronn, Kreisfreie Stadt	08317	Ortenaukreis
08125	Heilbronn, Landkreis	08325	Rottweil, Landkreis
08126	Hohenlohekreis	08326	Schwarzwald-Baar-Kreis
08127	Schwäbisch Hall, Landkreis	08327	Tuttlingen, Landkreis
08128	Main-Tauber-Kreis	08335	Konstanz, Landkreis
08135	Heidenheim, Landkreis	08336	Lörrach, Landkreis
08136	Ostalbkreis	08337	Waldshut, Landkreis
08211	Baden-Baden, Kreisfreie Stadt	08415	Reutlingen, Landkreis
08212	Karlsruhe, Kreisfreie Stadt	08416	Tübingen, Landkreis
08215	Karlsruhe, Landkreis	08417	Zollernalbkreis
08216	Rastatt, Landkreis	08421	Ulm, Universitätsstadt, Kreisfreie Stadt
08221	Heidelberg, Kreisfreie Stadt	08425	Alb-Donau-Kreis
08222	Mannheim, Universitätsstadt, Kreisfreie Stadt	08426	Biberach, Landkreis
08225	Neckar-Odenwald-Kreis	08435	Bodenseekreis
08226	Rhein-Neckar-Kreis	08436	Ravensburg, Landkreis
08231	Pforzheim, Kreisfreie Stadt	08437	Sigmaringen, Landkreis

Quelle: Eigene Darstellung in Anlehnung an STATLA *(2008).*

Ein noch tieferes Herunterbrechen der Analyse auf die Ebene der Gemeinden in Baden-Württemberg scheidet nicht nur wegen der fehlenden Beherrschbarkeit der Datenmengen aus, auch werden die relevanten statistischen Fachserien im Gros der Fälle nur bis zur Kreisebene erhoben.

Über den beabsichtigten Untersuchungszeitraum sind die einzelnen Kreise als beobachtungsträger zudem zeitkonsistent; die letzte große Kreis- und Gebietsreform in Baden-Württemberg fand im Jahr 1973 statt.

Wie in Abbildung IV-8 angezeigt, wird jedem Kreis in der amtlichen Statistik ein offizieller Regionalschlüssel zugeordnet.

Abbildung IV-8: Kartierung und Kennzeichnung der Kreise in Baden-Württemberg

Quelle: Eigene Darstellung mit ArcMap™.

Da diese Kodierung für den weiteren Verlauf der Arbeit Relevanz besitzt, soll sie kurz vorgestellt werden. Die 1. und 2. Stelle in diesem Schlüssel weist das Bundesland aus; die Zahlenfolge 08 steht für das 8. in der Bundesrepublik Deutschland, Baden-Württemberg. Die 3. Stelle im Schlüssel ist eine Kennzahl des jeweiligen Regierungsbezirkes; es handelt sich hier um die mittlere Ebene zwischen Bundesland und Kreisstruktur. Das Bundesland Baden-Württemberg gliedert sich insgesamt in die Regierungsbezirke Stuttgart (1), Karlsruhe (2), Freiburg (3) sowie Tübingen (4). Die 4. und 5. Stelle im Regionalschlüssel erfasst schließlich die Kennzahl des Kreises. Wie in Abbildung IV-8 dargestellt, genügen also grundsätzlich die letzten drei Kennzahlen zur Unterscheidung der gewählten 44 Raumeinheiten.

Die Fokussierung auf die Kreisebene in Baden-Württemberg trägt den Vorteil in sich, dass neben wirtschaftlich starken und dicht besiedelten Stadt- und Landkreisen auch viele lageräumlich eher benachteiligte Landkreise vorzufinden sind. Würde man die Analyse nur auf die Ebene der Regierungsbezirke heben, wäre dieser raumwirtschaftlich wichtige Effekt praktisch nicht mehr bedeutsam. Wie in vielen anderen raumwirtschaftlichen Studien auch, kann Baden-Württemberg nur isoliert betrachtet werden. Die Grenzen zu den anderen drei Bundesländern im Norden und Osten von Baden-Württemberg und zu Nationen im Westen und Süden bilden auch die Grenzen der empirischen Untersuchung. Sicherlich ist diesbezüglich eher die Unwahrscheinlichkeit zu attestieren, dass räumliche Externalitäten und der Wirkungsradius eines Standortfaktors nicht über diese Grenzen hinaus abstrahlen; allerdings belegen viele wissenschaftliche Studien, dass diese Grenzeffekte bei zusammenhängenden Administrationen und vor allem bei politisch verfassten Gebieten weniger stark ins Gewicht fallen, als man dies zunächst annehmen würde [vgl. ENGEL (1999)]. Hinsichtlich der Zuwanderung von Betrieben des industriellen Sektors nach Baden-Württemberg fallen Grenzeffekte jedenfalls nicht stark ins Gewicht [vgl. KRUMM et al. (2007), S. 132]. Natürlich finden nicht nur intraregionale Standortwechsel von Betrieben des industriellen Sektors in Baden-Württemberg statt. In einzelnen Fällen treten durchaus sogenannte Raumwechsler auf, also Betriebe, die ihren Standort beispielhaft aus einem anderen Bundesland nach Baden-Württemberg verlagerten. Bezüglich der Attrahierung neuer Betriebe aus direkt angrenzenden Nationen allerdings zeigen viele Studien, dass diese Wanderungsbewegungen kaum auftreten. Hier bestehen weitere und ganz grundsätzliche Grenzprobleme in der Attrahierung und Abwerbung von industriellen Betrieben [vgl. GEYS/OSTERLOH (2013)].

Kennzeichnend für Betriebe des industriellen Sektors ist zudem, dass Standortverlagerungen in den meisten Fällen kaum über einen zweistelligen Kilometerradius hinausgehen, weshalb etwa die weit überregionale Anwerbung von Betrieben als wenig erfolgversprechend angesehen werden kann [vgl. PIEPER (1994), S. 194]. Standörtliche Bewegungen finden vor allem interregional statt [vgl. FRITSCH/SCHROETER (2011)]. Nicht vernachlässigen sollte man ferner die, insbesondere bei Kleinbetrieben vorzufindende regionale Identität [vgl. ROMANELLI/KHESSINA (2005)], die Betriebe aufgrund eines einmal gewonnenen Bezugs- und Absatznetzwerk an den Standort bindet oder räumlich nicht weit entfernt umsiedeln lässt [vgl. FRITSCH/WYRWICH (2014); BOSMA/SCHUTJENS (2011)].

4.5 Sekundärstatistische Analyse zur Wassergewinnung und -verwendung der Industrie in Baden-Württemberg

Aus wasserwirtschaftlicher Perspektive bildet das Verarbeitende Gewerbe nach dem Energiesektor (Wirtschaftszweigkennung D) und dem Sektor der Öffentlichen Wasserwirtschaft und Wasserversorgung (Wirtschaftszweigkennung E) den drittstärksten Sektor in Baden-Württemberg. Das Wasseraufkommen in diesem Wirtschaftsbereich bezifferte sich im letzten Berichtsjahr 2010 allein auf 425,1 Millionen Kubikmeter. Obwohl in der Gesamtaufstellung nur an dritter Stelle platziert, ist die Ressource Wasser für das Produzierende Gewerbe im Land seit jeher hochrelevant [vgl. *BÜRINGER* (1996)]. Die Bedeutung findet allein schon darin Ausdruck, dass alle anderen Sektoren mit weiteren Großverbrauchern wie Land- und Forstwirtschaft, Bergbau, Gewinnung von Steinen und Erden, Baugewerbe sowie Dienstleistungen – zusammengefasst – den vierten Platz belegen. Das Wasseraufkommen dieser übrigen Wirtschaftsbereiche in Baden-Württemberg erweist sich mit 28,4 Mill. m^3 im Jahr 2010 als vergleichsweise gering; die Berichtsjahre vor 2010 zeichnen ein ähnliches Bild. Rückt man also von der Energieversorgung als zentralen Akteur im Bereich des Wasseraufkommens ab, so lässt sich festhalten, dass der für die wirtschaftliche Entwicklung so elementare Sektor des Verarbeitenden Gewerbes auch aus wasserwirtschaftlicher Perspektive von großer Bedeutung ist. Seine enormen Entnahme- und Bezugsmengen erscheinen letztlich nur vor dem Hintergrund der Zahlen des an die Ressource direkt gekoppelten Energiesektors relativ niedrig [vgl. *HAUG* (2004), S. 47].

Im Hinblick auf den Energiesektor stellen sich die standorttheoretischen Hintergründe allerdings als anders gelagert dar; Unternehmen der Energieversorgung benötigen sehr große Mengen an Kühlwasser, das fast ausschließlich aus Oberflächenwasser besteht, für ihren Kraftwerksbetrieb. Aufgrund dieser starken Wasserabhängigkeit bleiben Energieversorger raumwirtschaftlich auch eher uninteressant; ihre Kraftwerksstandorte sind durch eine unmittelbare Lage an Seen oder Flussläufen klar und auch sehr langfristig determiniert [vgl. *MCPHERSON* (1995)]. Standortumsiedelungen finden bei Versorgern dieser Art schon allein wegen des eingesetzten Fixkapitals nicht statt [vgl. *KOCH/VÖGELE* (2009)]; auch greifen Standorttheorien insofern ins Leere, da keine unterschiedlichen Zwischen- und Fertigerzeugnisse produziert und transportiert werden müssen. Eine ähnliche Argumentation zielt in Richtung der Öffentlichen Wasserwirtschaft und Wasserversorgung, dessen primäre Aufgabe in der Trinkwasserversorgung der Haushalte Baden-Württembergs besteht. Raumwirtschaftlich erscheint auch die Standortwahl dieser Versorger weniger interessant, da es sich hier um zumeist (halb-) öffentliche Einrichtungen handelt und nicht um Industrieunternehmen im klassischen Sinne. Auch hier folgt die Standortfestsetzung mehr nach der politisch und administrativ bezweckten, zwischen urbanen und eher ländlichen Regionen natürlich stark unterschiedlichen Abdeckung der Trinkwasseraufbereitung und -versorgung im Raum [vgl. *HEITZMANN* (2012)].

Die Gewinnung der Ressource Wasser wird in Baden-Württemberg für das Verarbeitende Gewerbe seit dem Jahr 1975 erfasst. Bei einer generellen Vergleichbarkeit der Zeitreihe seit 1975 ist allerdings Vorsicht geboten. Erst seit dem Jahr 1995 erfolgt auf Basis des UStatG eine inhaltlich konsistente und über die Wirtschaftszweige hinweg standardisierte Erhebung. Insofern erlauben prinzipiell nur die Zeitreihen ab 1995 eine vergleichende Analyse der Daten. Aufgrund zweier Novellierungen des UStatG zwischen 1995 und 2010 bestehen selbst hier auch kleinere Einschränkungen in der Vergleichbarkeit und Aussagekraft, diese fallen jedoch nicht stark ins Gewicht.

Gemäß der Wasserflussrechnung in der amtlichen Statistik [vgl. STALA (2013a)] wird grundsätzlich zwischen zwei Gewinnungswegen differenziert, dem Oberflächen- und Grundwasser[8]. Wie aus Abbildung IV-9 ersichtlich, ist die nichtöffentliche Wassergewinnung im Verarbeitenden Gewerbe seit 1975 rückläufig; seit 1995 allerdings tendenziell etwas schwächer ausgeprägt. Beide Gewinnungswege stehen etwa im Verhältnis 1/4 zu 3/4.

Abbildung IV-9: Wassergewinnung im Wirtschaftszweig C in Baden-Württemberg seit 1975

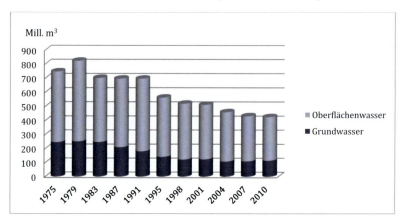

Quelle: Eigene Darstellung, aufbauend auf STATLA (2012).

Auf Basis der Wasserflussrechnung der amtlichen Statistik für das Land Baden-Württemberg kann die Wassergewinnung auch auf die einzelnen Wirtschaftszweige innerhalb des Verarbeitenden Gewerbes heruntergebrochen werden. Ein für die spätere wirtschaftspolitische Diskussion entscheidender Aspekt, da sich auf diesem Weg wasserverbrauchsintensive von wasserverbrauchsarmen Wirtschaftszweigen unterscheiden lassen. Entsprechend der eingangs beschriebenen Neuordnung der Erfassungsmethode, ist eine disaggregierte Analyse erst ab dem Berichtsjahr 1995 möglich. Abbildung IV-10 stellt diese Daten, aufbauend auf die bekannte Tiefenklassifikation des Verarbeitenden Gewerbes, dar.

---

[8] Der Bezug weiterer Wasserarten wie Regenwasser, Quellwasser, angereichertem Grundwasser oder Uferfiltrat fällt derart gering aus, dass er nicht notwendigerweise zur Bilanzierung hinzugezogen werden muss. Auch die statistische Untergliederung von Oberflächenwasser in Fluss-, Seen- und Talsperrenwasser ist für die weitere Analyse entbehrlich.

Abbildung IV-10: Wassereinsatz in den Wirtschaftszweigen des Verarbeitenden Gewerbes in Ba-den-Württemberg seit 1995

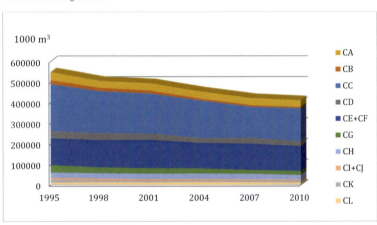

Quelle: Eigene Darstellung, aufbauend auf STATLA (2012).

Aus der Verlaufsgrafik kann direkt abgelesen werden, dass die insgesamt rückläufige Entwicklung der Wassergewinnung im Verarbeitenden Gewerbe in den einzelnen Wirtschaftszweigen unterschiedlich stark ausfiel. Zur Abstufung der Wasserintensität der einzelnen Wirtschaftszweige sind die Zahlen für das Jahr 2010 zusätzlich noch in Form eines Kreisdiagrammes in Abbildung IV-11 dargestellt.

Abbildung IV-11: Prozentualer Wassereinsatz in den Wirtschaftszweigen in Baden-Württemberg im Jahr 2010

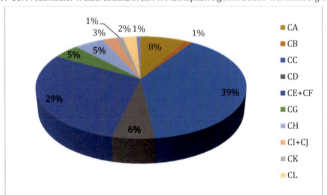

Quelle: Eigene Darstellung, aufbauend auf STATLA (2012).

Über den gesamten Zeitverlauf hinweg entfallen knapp 70 % des Wassereinsatzes auf nur zwei Wirtschaftszweige. Der wasserintensivste ist die Herstellung von Holzwaren, Papier, Pappe und Herstellung von Druckerzeugnissen (Wirtschaftszweigkennung CC). Der zweitgrößte Wassereinsatz erfolgt in den einst zusammengefassten und seit 2008 separat aufgeführten Wirtschaftszweig mit der Kennung CE und CF (Herstellung von chemischen und pharmazeutischen Erzeugnissen). In der weiteren Abstufung sind prinzipiell nur noch vier weitere Wirtschaftszweige erwähnenswert. An dritter Stelle steht seit 1995 der Wirtschaftszweig CA (Herstellung von Nahrungs- und Genussmittel, Getränken und Tabakerzeugnissen), dessen Produkte ja auch häufig vom Wassereinbau gekennzeichnet sind[9]. Die letzten relevanten Sparten, die in etwa auch eine gleiche Wasserintensität aufzeigen: die Wirtschaftszweige CD (Kokerei und Mineralölverarbeitung), CG (Herstellung von Gummi- und Kunststoffwaren sowie von Glas, Glaswaren und Keramik; Steinverarbeitung) sowie CH (Metallerzeugung und -bearbeitung, Herstellung von Metallerzeugnissen). Auf die sechs genannten Wirtschaftszweige entfallen zusammen seit 1995 über 90 % des gesamten Wassereinsatzes im Verarbeitenden Gewerbe in Baden-Württemberg. Für alle anderen, die die Ressource Wasser nicht in der Stärke als direkten oder indirekten Produktionsfaktor einsetzen, kann zumindest vermutet werden, dass die Ressource Wasser in Form der zweiten raumwirtschaftlichen Komponente, dem Wassertransport, eine große Standortbedeutung besitzt.

Die Wassergewinnung allein zeichnet aber kein vollständiges Bild über den gesamten Wassereinsatz und die Wasserintensität eines Industriezweiges. Hinzu kommt hier noch das Fremdwasser, das Betriebe aus dem Netz der öffentlichen Versorger beziehen. Es bildet den dritten wesentlichen Einspeiseweg der Ressource Wasser in den innerbetrieblichen Prozess. Eine Übersicht über die jeweiligen Gewinnungswege alle Wirtschaftszweige für das Jahr 2010 gibt Abbildung IV-12.

Die Aufstellung verdeutlicht sehr schön den verschiedenartigen Wasserbezug der Industriesparten. Die dargestellten Daten entstammen dem neuesten Berichtsjahr 2010, sind aber uneingeschränkt als Approximation für frühere Jahre und Dekaden zu nutzen, da sich die prozentualen Bezugsmuster der Wirtschaftszweige bislang nur marginal veränderten [vgl. STALA (2013a)]. Es lässt sich kurz zusammenfassen, dass sich die Wasserbezugswege über die einzelnen Wirtschaftszweige und damit Produktionsbereiche hinweg sehr unterschiedlich gestalten. Während die Wirtschaftsbereiche CB und CH den Produktionsrohstoff vor allem aus Grundwasser-Ressourcen beziehen, nutzt der wasserintensive Wirtschaftszweig CC (Holzwaren-, Papier- und Druckindustrie) insbesondere Oberflächenwasser. Eine erhebliche Streuung zeigt der Fremdbezug als dritter Gewinnungsweg auf. Das Netz der öffentlichen Versorger ist etwa die Hauptbezugsquelle für den Wirtschaftszweig CI+CJ, für andere Wirtschaftszweige indes stellt der Fremdwasserbezug nur eine Residualgröße dar. Die vereinzelt relativ hohen Ausschläge im Fremdwasserbezug basieren

---

[9] Werden bestimmte Einheiten des bei der Produktion notwendigen Wassers in das Erzeugnis selbst oder in andere Zwischengüter inkorporiert, so spricht man vom Wassereinbau. Speziell die Erzeugnisse der Nahrungsmittelindustrie sind dadurch gekennzeichnet, das Wasser zu einem erheblichen Teil im Erzeugnis inkorporiert ist [HOEKSTRA et al. (2011)]. Wird indes ein Erzeugnis konsumiert, so spricht man vom Wasserausbau; diese Form der Wasseraustragung vollzieht sich allerdings nicht in der Produktion, sondern beim Konsum von Haushalten. Im Rahmen der Wasserflussrechnung werden Wassereinbau und Wasserausbau stets saldiert dargestellt. [vgl. SCHOER/FLACHMANN (1999), S. 894].

vor allem auf dem unterschiedlichen Bedarf an Wasserqualität über die einzelnen Wirtschaftszweige hinweg; Fremdwasser aus der öffentlichen Wasserversorgung genügt höchsten Reinheits-
anforderungen und präsentiert sich in dieser Form als elementar für sensible Produktionsprozesse oder – wie beim Ernährungsgewerbe, CA – für einzelne Erzeugnisse selbst.

*Abbildung IV-12: Wasserbezug in den Wirtschaftszweigen des Verarbeitenden Gewerbes in Baden-
Württemberg im Jahr 2010*

WZ-2008	Grundwasser	Oberflächenwasser	Fremdbezug
CA	32,7 %	34,6 %	32,7 %
CB	69,6 %	24,9 %	5,5 %
CC	6,2 %	93,1 %	0,7 %
CD	21,8 %	77,5 %	0,7 %
CE+CF	27,0 %	65,3 %	7,7 %
CG	49,5 %	26,5 %	24,0 %
CH	69,2 %	19,0 %	11,8 %
CI+CJ	32,3 %	2,9 %	64,8 %
CK	29,3 %	34,4 %	36,3 %
CL	40,2 %	15,1 %	44,7 %
C	Ø 37,8 %	Ø 39,3 %	Ø 22,9 %

Quelle: Eigene Darstellung nach STALA (2013)

In Ergänzung zu den Bezugswegen des Wassers soll abschließend noch ein Blick auf die Was-
sernutzung und die Wasserverwendung erfolgen. Dies ist geboten, da der seit 1995 abnehmende
Wassereinsatz natürlich auch und vor allem durch einen verstärkten Trend zur Mehrfach- und
Kreislaufnutzung in den Betrieben erklärt werden muss.

*Abbildung IV-13: Wassernutzung in den Wirtschaftszweigen des Verarbeitenden Gewerbes in Baden-
Württemberg im Jahr 2010*

WZ-2008	Einfachnutzung	Mehrfachnutzung	Kreislaufnutzung
CA	88,7 %	3,5 %	7,8 %
CB	81,0 %	15,9 %	3,1 %
CC	54,6 %	30,5 %	14,9 %
CD	77,3 %	13,0 %	9,7 %
CE+CF	92,6 %	5,3 %	2,1 %
CG	66,2 %	2,9 %	30,9 %
CH	34,4 %	52,3 %	13,3 %
CI+CJ	58,7 %	12,1 %	29,2 %
CK	85,5 %	3,7 %	10,8 %
CL	60,8 %	8,9 %	30,3 %
C	Ø 70,0 %	Ø 14,8 %	Ø 15,2 %

Quelle: Eigene Darstellung nach STALA (2013)

Für das letzte Berichtsjahr 2010 gliedert sich die Wassernutzung über die Industriezweige, wie in Abbildung IV-13 dargestellt. Über die Mehrzahl der Wirtschaftszweige hinweg besitzt die Einfachnutzung noch immer eine sehr starke Stellung. Innerhalb dieser drei Nutzungsformen kann, wie bereits dargelegt, die Ressource Wasser verschiedene Verwendungswege im Betrieb verfolgen. Wie Abbildung IV-14 zeigt, sind hier vor allem zwei Verwendungszwecke zu spezifizieren, die Wasserverwendung zur Kühlung und die Wasserverwendung zur Produktion. Komplettiert werden die zwei wesentlichen Verwendungswege durch die Wassernutzung der Belegschaft; hier handelt es sich allerdings bei zahlreichen Wirtschaftszweigen nur um eine Residualgröße.

Abbildung IV-14: Wasserverwendung in den Wirtschaftszweigen des Verarbeitenden Gewerbes in Baden-Württemberg im Jahr 2010

WZ-2008	Produktionszweck	Kühlungszweck	Belegschaftszweck
CA	57,3 %	40,6 %	2,1 %
CB	91,9 %	6,6 %	1,5 %
CC	40,1 %	59,5 %	0,4 %
CD	24,6 %	74,8 %	0,6 %
CE+CF	8,3 %	90,3 %	1,4 %
CG	24,7 %	72,9 %	2,4 %
CH	59,7 %	37,2 %	3,1 %
CI+CJ	50,1 %	35,0 %	14,9 %
CK	22,6 %	62,3 %	15,1 %
CL	47,1 %	31,5 %	21,4 %
C	Ø 42,6 %	Ø 51,1 %	Ø 6,3 %

Quelle: Eigene Darstellung nach STALA (2013)

Es tritt deutlich hervor, dass die Industriezweige CE und CF (Herstellung von chemischen und pharmazeutischen Erzeugnissen) und CD (Kokerei und Mineralölverarbeitung) das Wasser ganz überwiegend zu Kühlungszwecken einsetzen. Der wasserintensivste Wirtschaftszweig, die Herstellung von Holzwaren, Papier, Pappe und Herstellung von Druckerzeugnissen (Wirtschaftszweigkennung CC), zeigt ein beinahe ausgeglichenes Verhältnis beider Verwendungswege. Erwartungsgemäß fließt das Wasser im Industriezweig CA (Herstellung von Nahrungs- und Genussmittel, Getränken und Tabakerzeugnissen) hauptsächlich der Produktion zu. Die Verwendung des Wassers für Belegschaftszwecke ist nur in vier Wirtschaftszweigen von Bedeutung; allenfalls im Wirtschaftszweig der chemisch-pharmazeutischen Industrie tritt die Größe etwas stärker hervor. Die verstärkten Hygiene- und Sterilisationsvorschriften in der Produktion dieses Wirtschaftszweiges zeigen sich hierfür verantwortlich.

4.6 Methodik, Daten und Ergebnisse

In der empirischen Wirtschaftsforschung differenziert man typischerweise zwischen drei verschiedenen Datenarten; den Zeitreihen-, den Querschnitts- sowie den Paneldaten. Im Interesse bei Zeitreihendaten stehen die Veränderungen ein und derselben Entität über mehrere Beobachtungspunkte hinweg. Auf Basis dieser Datenpunkte erfolgt ein Längsschnitt durch die Gesamtdaten; die Zeitreihenanalyse ist ein inferenzstatistisches Verfahren, für das äquidistante und diskrete Zeiträume vorliegen müssen. Spiegelbildlich dazu stehen Querschnittsdaten, die die Unterschiede zwischen mehreren Entitäten zu ein und demselben Zeitpunkt erfassen; der Bezeichnung entsprechend findet hier ein struktureller Querschnitt über alle Beobachtungseinheiten statt. Querschnittsdaten geben demnach nur eine Momentaufnahme wieder und vernachlässigen Entwicklungen und zeitliche Abfolgen. Paneldaten führen Längs- und Querschnittsdaten zusammen. Es werden folglich mehrere, in ihrer Identität unveränderte, Beobachtungseinheiten zeitgleich zu mehreren Zeitpunkten zusammenhängend erfasst [vgl. *VON AUER* (2011), S. 11 f.].

Durch die Bündelung von Längs- und Querschnittsdaten ergeben sich für einen Paneldatensatz zahlreiche Vorteile in der statistischen Auswertung, vor allem aber in der Aussagekraft der Ergebnisse und den zugrundeliegenden Kausalbeziehungen. Natürlich steigt aber auch die Komplexität eines solchen Modells im Vergleich zu einfachen Längs- oder Querschnittsmodellen. Paneldatensätze sind allein deshalb attraktiv, da sie auf Basis der Untersuchungsträger und der Untersuchungszeiträume große Datenmengen mit hohem Informationsgehalt umfassen. Durch die wiederholte Beobachtung einzelner Untersuchungsträger kann man einzelne Entwicklungen viel besser abbilden. Gerade mögliche Einzel- und Sondereffekte bei einem konkreten Untersuchungszeitpunkt oder Untersuchungsträger berücksichtigt der Gesamtdatensatz viel besser. Aus dieser Sachlage erwächst der Vorteil, dass wesentlich verfeinerte Hypothesen gebildet werden können.

Eine Panelstruktur ergibt sich aus der Längsreihe der diskreten Zeitperioden T und seiner Untersuchungsträger N zu einer Datenmatrix $T \cdot N$. Liegen die Daten vollständig für jede Entität zu jeder Zeit vor, spricht man von einem ausbalancierten Panel; liegen nicht alle Beobachtungen vor, sondern nur eine geringere Zahl, wird ein Datensatz als nicht ausbalanciertes Panel kategorisiert [vgl. *BALTAGI* (2013), S. 187]. Grundsätzlich sind größere Paneldatenmengen vorteilhaft, da mit ihnen die Anzahl der Freiheitsgrade im Modell steigt. Je höher die Freiheitsgrade einer Schätzung ausfallen, desto präziser gestalten sich die Modellergebnisse. Ein Mehr an Freiheitsgraden nähert die T-Verteilung stärker an eine Normalverteilung an und senkt damit die p-Werte der Variablen. In einem Paneldatenset berechnen sich die Freiheitsgrade (DF) allgemein gemäß

$$DF = T \cdot N - K - 1 \,, \tag{IV-2}$$

also nach der Anzahl der Gesamtbeobachtungen, abzüglich der Anzahl der erklärenden Variablen, abzüglich Eins. Je nachdem, welche Modellspezifikation Verwendung findet, kann sich die Zahl der Freiheitsgrade aber auch anders darstellen.

Ein weiterer Vorteil von Paneldaten liegt in der Grundannahme, dass die in ihr enthaltenen Beobachtungsträger verschiedenartig sind. Diese individuelle Heterogenität der Beobachtungseinheiten kontrollieren Panelmodelle deutlich besser als Zeitreihenanalysen. Aufgrund der Querschnittsdimension liegt die Besonderheit vor, dass dreierlei Streuungen für einen Regressor x_{nt} erfasst werden können. Es besteht die Möglichkeit, nicht nur die Gesamtstreuung zu ermitteln, sondern auch die Streuungen innerhalb der jeweiligen Beobachtungsträger und zwischen den Beobachtungsträgern insgesamt. Abbildung IV-15 stellt dies schematisch dar.

Abbildung IV-15: Streuungsformen bei Paneldaten

Regressor	Mittelwert individuell	Mittelwert gesamt	Gesamt-streuung	Innen-streuung	Zwischen-streuung
x_{nt}	$\bar{x}_n$	$\bar{x}$	$x_{nt} - \bar{x}$	$x_{nt} - \bar{x}_n$	$\bar{x}_n - \bar{x}$

Quelle: Eigene Darstellung.

Die Gesamtstreuung kennzeichnet die Abweichung einer Beobachtung vom Mittel aller Beobachtungen. Die innere Streuung stellt die Entwicklung innerhalb eines Beobachtungsträgers über die Zeit heraus. Die Zwischenstreuung beschreibt die zeitinvariante Abweichung unter den einzelnen Beobachtungsträgern. Je größer diese ausdrücklich wünschenswerte Variation zwischen den Daten ausfällt, desto verlässlicher und effizienter sind die Modellschätzungen [vgl. BALTAGI (2013), S. 8]. Mit anderen Worten, durch die Kombination von Querschnitts- und Zeitreihendaten lösen Paneldaten zugleich die beiden hauptsächlichen Probleme der einzeldimensionierten Datenreihen. Typisch für Querschnittsdaten ist beispielhaft das Problem der Heteroskedastie. Dieses Phänomen tritt auf, wenn bei einer Schätzung über die Beobachtungswerte hinweg sich die Standardfehler der Schätzwerte verzerren und die Varianz des Stör-Terms unterschiedlich groß ausfällt [vgl. VON AUER (2011), S. 389]. Durch die im Panel ergänzten Längsschnittdaten erfolgt ein Bruch der Systematik, der eine mögliche Heteroskedastie schwächt. Wiederum typisch für Zeitreihendaten, das Problem der seriellen Korrelation. Dieses Phänomen tritt auf, wenn die Fehlerterme untereinander korreliert sind und eine gewisse zeitliche Systematik in den Residuen ereignet [vgl. WOOLDRIDGE (2013), S. 424]. Im Vergleich zu Zeitreihendaten geben Paneldaten über die Beobachtungsquerschnitte besser Auskunft über wechselnde Prozesse und intertemporale Dynamiken innerhalb der Untersuchung. Es kann deutlich stichhaltiger erfasst werden, ob sich eine Variable im Zeitverlauf verändert und ob diese langsame oder abrupte Veränderung einem allgemeinen Trend folgt, oder einer Einzelentwicklung geschuldet ist. Schlussendlich tragen Paneldaten den Vorteil in sich, dass sie innerhalb der Variablen deutlich weniger Multikollinearität aufweisen als etwa reine Zeitreihendaten. Bei einer Multikollinearität stehen zwei oder mehrere Variablen in einer Schätzung zueinander in einer linearen Abhängigkeit [vgl. VON AUER (2011), S. 149]. Aufgrund der Mehrebenenstruktur innerhalb der zeitlichen Wellen bildet sich mehr Variabilität heraus, die die Multikollinearität stark eindämmt.

Die wesentlichen Nachteile von Panels beziehen sich vor allem auf die zahlreichen möglichen Fehlerquellen bei der interviewbasierten Sammlung von (Primär-) Daten im Rahmen von Panelbefragungen [vgl. *BALTAGI* (2013), S. 8 f.]. Da diese Erhebungsform in der Arbeit nicht zum Einsatz kommt, sollen die möglichen Schwachstellen bei rotierenden Panelbefragungen auch keine weitere Berücksichtigung finden. Schlussendlich muss damit nur dem möglichen Nachteil begegnet werden, dass Paneldaten über die Längs- und Querschnitte nicht zu klein dimensioniert sein dürfen.

Grundsätzlich lassen sich Panelmodelle durch das doppelte Subskript charakterisieren, das Zeitreihen- und Querschnittsdaten zusammenbringt. Das allgemeine Regressionsmodell einer Panelschätzung lautet:

$$y_{nt} = \alpha + \beta_1 \cdot x_{1nt} + \beta_2 \cdot x_{2nt} + \ldots + \beta_{KNT} \cdot x_{KNT} + \varepsilon_{nt} \ . \qquad \text{(IV-3)}$$

Im Modell indiziert der Laufindex $n = 1, \ldots, N$ die Beobachtungseinheiten und der Laufindex $t = 1, \ldots, T$ die Beobachtungszeitpunkte. Die abhängige Variable y wird durch die K-Anzahl an unabhängigen Variablen erklärt. Die Regressionskonstante bzw. der vertikale Achsenabschnitt sind mit α gegeben. Der Fehlerterm ist verkürzt mit ε_{nt} indiziert und in vollständiger Form mit

$$\varepsilon_{nt} = \varepsilon_n^1 + \varepsilon_t^2 + \varepsilon_{nt}^3 \qquad \text{(IV-4)}$$

gegeben. Er berücksichtigt zum einen den unbeobachteten entitätsspezifischen Effekt ε_n^1, den unbeobachteten zeitspezifischen Effekt ε_t^2 sowie den verbleibenden Stör-Term ε_{nt}^3, der alle zusätzlichen unbeobachteten Faktoren einschließt. Der erste Teil des Fehlerterms hat eine große Bedeutung, da er die Beobachtungseinheit zeitinvariant kennzeichnet; er wird auch als *entity fixed effect* bezeichnet. Der zweite Term steht spiegelbildlich als *time fixed effect*. Für den dritten Teil des Fehlerterms gelten die üblichen Annahmen an einen zeitvarianten und idiosynkratischen Stör-Term; es handelt sich um einen normalverteilten Fehler, der nicht abhängig von den Regressoren ist und keine serielle Korrelation aufweist [vgl. *WOOLDRIDGE* (2013), S. 444].

Um mögliche Verzerrungen im Modell zu umgehen, ist es über einen kleinen Umbau des Ausgangsmodells möglich, einzelne Störgrößen aus dem gesamten Fehlerterm ε_{nk} zu nehmen. Diese Modellvariationen werden entsprechend als *fixed effects* - Modelle klassifiziert[10]. Sie unterstellen, dass die unbeobachtete Heterogenität über die Untersuchungseinheiten einen konkreten Wert annehmen kann. Von den zahlreichen *fixed effects* - Basismodellen in der Literatur [vgl. *WOOLDRIDGE* (2013), S. 466 ff.], kommt im Folgenden das *least squares dummy variables*

---

[10] Neben *fixed effecst* - Modellen existieren noch *random effects* - Modelle. Beide Modellformen behandeln den Fehlerterm allerdings grundverschieden. Bei *random effects* - Modellen verbleibt die unbeobachtete Heterogenität im Stör-Term; diese Modelle abstrahieren gänzlich von einer möglichen Korrelation zwischen den Regressoren und der individuellen Heterogenität und unterstellen zufällige bzw. stochastische Unterschiede zwischen den Beobachtungsträgern. Als Unterscheidungskriterium zwischen den Modellformen zieht man typischerweise der Hausman-Test heran [vgl. *BALTAGI* (2013), S. 76], oder es erfolgt ein sachlogisches Urteil. Im späteren Verlauf der Arbeit wird der Hausman-Test durchgeführt, der aufzeigt, dass die Unterschiede zwischen den Kreisen nicht zufälliger Natur sind.

(LSDV) fixed effects - Modell zur Anwendung, weshalb es kurz vorgestellt wird. Unter allen *fixed effects* - Modellen liefert dieses Modell die verlässlichsten Schätzer [vgl. *BALTAGI* (2013), S. 15].

Wie alle anderen *fixed effects* - Modelle berücksichtigt auch die LSDV-Modellform, dass die Beobachtungsträger nicht die gleichen Merkmale und Eigenschaften besitzen. Das Modell stellt alle zeitinvarianten Charakteristiken der Untersuchungseinheiten einzeln heraus. Aus der Natur der Sache folgend, sind die Kreise in Baden-Württemberg als Untersuchungsträger unterschiedlich geprägt. Landkreise haben beispielhaft eine andere Konstitution als Stadtkreise. Daher bleibt nachvollziehbar, dass die Unterschiede zwischen den 44 Untersuchungsträgern eingefangen und im Modell kontrolliert werden müssen. Grundsätzlich findet sich die beobachtbare Charakteristik eines Untersuchungsträgers im Term α der Schätzgleichung. Diese zeitkonstanten Effekte einer Entität dienen im Modell allerdings nicht als Kontrollvariable. Darüber hinaus wird grundsätzlich auch ein α_i gesucht, also ein Individualeinfluss eines jeden Kreises, und nicht ein allgemeines α einer allgemeinen OLS-Schätzung. Um nun einen „festen Effekt" eines Beobachtungsträgers zu berücksichtigen, wird der unbeobachtete Individualeffekt ε_n^1 aus dem Fehlerterm gezogen, mit α verbunden und entsprechend in den systematischen Teil des Modells als

$$y_{nt} = \sum_{k=1}^{K} \beta_k \cdot x_{knt} + \sum_{n=1}^{44} Z_n \, \varepsilon_n^1 + (\varepsilon_t^2 + \varepsilon_{nt}^3) \qquad \text{(IV-5)}$$

gesetzt. Dieser Term, eine zusätzliche erklärende Variable, stellt die Einzelcharakteristik eines jeden Beobachtungsträgers heraus. Er umfasst für jeden der 44 Kreise die unbeobachtete Heterogenität. Technisch gesprochen, erreicht man damit für jeden Untersuchungsträger eine eigene Regressionsgerade mit eigenem Achsenabschnitt. An dieser Stelle wird auch ersichtlich, dass die Konstanz der Individualdimensionen von hoher Bedeutung bei Paneldaten ist; in Analysen, wie im vorliegenden Fall, ist eine Kontrolle der einheitsspezifischen Heterogenität unabdingbar. Das Modell integriert diese Erweiterung durch einheitsspezifische Dummy-Variablen Z für die Kreise; trifft eine Beobachtung auf einen der 44 Kreise zu, so wird sie mit 1 kodiert, trifft sie nicht zu, auf 0 gesetzt. Beim LSDV-Verfahren reicht es sogar aus, nur *n-1* Beobachtungsträger, im vorliegenden Fall also nur 43 Kreise, entsprechend zu kodieren, da sich die Konstante der letzten Beobachtungseinheit automatisch als Referenzkategorie im Modell bilden würde. Die Dummy-Variable besitzt keinen Zeitindex, da sie natürlich nicht über die Perioden hinweg variiert. Durch die Ergänzung der neuen erklärenden Variable ε_n^1 ist bereits an dieser Stelle auch klar, dass die Güte des Modells R^2 im Vergleich zur Ausgangssituation steigen muss. Eine Erhöhung der Anzahl erklärender Variablen führt immer zu einem wachsenden R^2. Auf einen analogen Einbau der zeitspezifischen Fixeffekte ε_t^2 wird allgemein verzichtet, da die äquidistanten Erhebungswellen dafür keinen Anlass geben und gravierende Strukturbrüche im vorliegenden Gesamtintervall nicht vorliegen. Nach der Spezifizierung der Modellgleichung ist eine OLS-Schätzung problemlos möglich. Die LSDV-Modellspezifikation wird allerdings dadurch erkauft, dass sich die Freiheitsgrade reduzieren. Die Dummy-Variablen fungieren als zusätzliche erklärende Variablen und verringern, aufbauend auf die Gleichung (IV-2), die Freiheitsgrade und damit auch in Teilen die Präzision des Gesamtmodells [vgl. *BALTAGI* (2013), S. 15].

4.6.1 Operationalisierung der Variablen und Hypothesenbildung

Wie im Unterkapitel zur Raumwirtschaftstheorie kurz skizziert, konnte sich bislang noch keine einheitliche Systematik zur Erfassung regionaler Standortfaktoren für die Industrie etablieren [vgl. *FALLGATTER* (2006), S. 78; *HAGEMANN* et al. (2001), S. 7 f.; *STEIL* (1999), S. 59]. Um eine beliebig lange Aufzählung und Integration an möglichen Determinanten zu umgehen, werden die im Folgenden behandelten Standortfaktoren gemäß der wissenschaftlichen Herangehensweise [vgl. *BERLEMANN/TILGNER* (2006), S. 15] direkt aus den zuvor dargestellten Grundlagenmodellen und Theorien abgeleitet. Der selektive Einsatz von Prädiktoren vermeidet ein *overfitting*. Analog zu der Entwicklung der unterschiedlichen theoretischen Strömungen und Denkansätze lassen sich die ausgewählten Determinanten in exakt vier Gruppen einteilen. Sofern sich die Möglichkeit eröffnet, ergänzt man die grundlegenden Determinanten der vier Theorieansätze um wasserspezifische Prädiktoren.

In der ersten Gruppe wird der Modellansatz von von Thünen wieder aufgegriffen. Als maßgebliche raumwirtschaftliche Determinante der Standortansiedelung dient hier der Faktor Boden. In das Gesamtmodell selbst fließt dieser Theorieansatz mit zwei Prädiktoren ein, zum einen mit der Flächenausweisung, zum anderen über den Bodenpreis. Der zentrale Standortfaktor Boden berücksichtigt also quantitative und qualitative Aspekte. Das Standortmodell der Bodennutzung allerdings lässt sich nicht sinnvoll um wasserspezifische Variablen erweitern.

Die zweite Gruppe an Determinanten leitet sich aus dem Theoriegebäude von Weber ab. Im Kerninteresse seines Modells der industriellen Standortwahl steht die Nähe zu und die Verfügbarkeit von Produktionsfaktoren. Als zentrale Bausteine werden aus dieser Gruppe die Produktionsfaktoren Arbeit mit unterschiedlichen Qualifikationsniveaus und der Rohstoff Wasser über verschiedene Bezugswege in das Modell integriert. Darüber hinaus und analog zum Modell der Bodennutzung sind die Transportdistanzen und Transportkosten von zentraler Bedeutung im Weber-Modell. Es differenziert die Transportkosten hier über die unterschiedlichen Verkehrsträger; neben dem Straßen-, Bahn- und Lufttransport untersucht es mit dem Wassertransport erneut eine wasserspezifische Variable.

Die dritte Gruppe bildet das Theoriegebäude von Lösch und Christaller. Auch aus diesem Denkansatz werden die wesentlichen Determinanten gezogen und in das Gesamtmodell integriert. Zwei Bausteine sind hier von gesonderter Bedeutung; neben der Bevölkerungsdichte im Untersuchungsraum fließt der Anschluss an ein Oberzentrum als Determinante in die Analyse mit ein. Allerdings besteht nicht die Möglichkeit, das Modell zentraler Orte sinnvoll um zusätzliche wasserspezifische Determinanten zu ergänzen.

Abschließend wird mit einer vierten Facette das Gesamtmodell durch den Einfluss der Neuen Ökonomischen Geographie geschlossen. Obwohl sich dieser Theoriezweig grundsätzlich kaum empirisch integrieren lässt, da er vollumfänglich formaltheoretisch aufgestellt ist, fließt zumindest der Lokalisationseffekt mit ein. Diese *spill over* - Effekte bestehen bei einer regionalen Konzentration von Unternehmen einer Branche mit branchennahen Unternehmen. Darüber hinaus kann auch die Bevölkerungsdichte aus der dritten Gruppe zur Sphäre der Neuen Ökonomischen Geographie gezählt werden, da sie agglomerativ wirkenden Urbanisationseffekt einfängt und so den Heimatmarkteffekt abbildet.

ISA (Industrielle Standortattraktivität)

Die abhängige Variable soll die unternehmerische Standortansiedelung und -verlagerung, also die entsprechende (Re-) Aktion auf sich im Zeitverlauf verändernde Standortfaktoren, verlässlich für jeden Kreis abbilden. Neben der reinen Verlagerung von Betriebsstätten, soll sie also auch den Effekt der Betriebsneugründung einfangen [vgl. FALCK (2007); GEROSKI (1995)]. Zuzug zu einer Region und Neugründungen in einer Region stellen dabei quasi zwei Seiten ein und derselben Medaille dar; beide Prozesse führen zu einem gewissen Industriebestand und kennzeichnen die industrielle Standortattraktivität eines Kreises.

Bevor die Operationalisierung der abhängigen Variablen erfolgt, muss begrifflich klar zwischen Unternehmen und Betrieben differenziert werden. Diese vorgelagerte Abgrenzung spielt für die weitere Bearbeitung eine wichtige Rolle. Betriebe sind einzelnen Niederlassungen an einem bestimmten Ort und damit Unternehmen unterstellt, die ihrerseits eine eigene und rechtlich selbstständige Einheit bilden. Ein Unternehmen fungiert also möglicherweise als Dach von Betrieben; besteht es indes nur aus einem einzelnen Betrieb – die weitaus häufigste Erscheinungsform – spricht man von Einbetriebsunternehmen und beide Begrifflichkeiten können synonym gebraucht werden [vgl. HOFFMANN (2010)]. In der empirischen Anwendung ist es vor allem der amtlichen Datenerhebung und Datengrundlage geschuldet, dass man sich beinahe ausschließlich auf Betriebe und nicht auf Unternehmen bezieht. Ein alleiniger Bezug auf Unternehmen ließe zudem Neugründungen von Betrieben als Zweigbetriebe unter dem Dach ein und desselben Unternehmens unberücksichtigt [vgl. STEIL (1999), S. 42]. Durch den Rückgriff auf Betriebe können daher auch Mehrbetriebunternehmen, also Unternehmen, die einzelne und selbstständige Sparten zumeist großräumig verteilen, berücksichtigt werden. Zudem ist die Fokussierung auf Betriebe ratsam, wenn sich in raumwirtschaftlichen Untersuchungen auf kleine und kleinste Untersuchungsträger bezogen wird. Die Streuung von Einbetriebsunternehmen und Zweigbetrieben, beide Formen treten hauptsächlich in Erscheinung, vollzieht sich typischerweise in relativ kleinräumigen Bezügen [vgl. SCHMUDE (1994a); SCHMUDE (1994b)].

Zur Operationalisierung der abhängigen Variablen etablierten sich in ähnlichen regionalökonomischen Studien aus einer Vielzahl von Modellierungswegen [vgl. FRITSCH et al. (2004); FRITSCH et al. (2002); GEROSKI (1995); ACS/AUDRETSCH (1989)] zwei wesentliche Ansätze; die Erfassung der industriellen Standortattraktivität über die industrielle Gewerbeanzeigendichte einerseits, sowie über die industrielle Betriebsdichte andererseits. Das erstgenannte Verfahren greift auf die Daten der Gewerbemeldebehörden der Gemeinden zurück. Zum Vorteil wird dieser Ansatz, dass jedes Gewerbe und damit jede betriebliche Tätigkeit meldepflichtig sind. Über die einzelnen Gemeinden eines Kreises erfolgt dann – normiert auf die jeweilige Kreisgröße – die Berechnung der industriellen Gewerbeanzeigendichte. Aus zahlreichen Gründen wird dieser Modellierungsweg der abhängigen Variable hier aber nicht weiterverfolgt. In Baden-Württemberg führt die amtliche Statistik die Gewerbeanmeldungen und Gewerbeabmeldungen erst zusammenhängend und vergleichbar ab dem Berichtsjahr 1996, was für die beabsichtigte Panel-Studie deutlich zu wenig Messpunkte darstellt [vgl. *JOHN* (2009), S. 32]. Überdies trat 2003 eine Novellierung des Erhebungsverfahrens ein, was eine Vergleichbarkeit zu früheren Daten weiter erschwert [vgl. *ANGELE* (2003); *ANGELE* (1998)]. Im Rahmen dieser Modifizierung wurde ein neues Gewerbeanzeigenformular eingesetzt, das deutlich exaktere Daten zu Neugründungen, Zuzügen, Fortzügen, Übernahmen und (indirekt) zu Standortbeibehaltungen ausweist. Für den Zeitraum vor 1996 könnten die Daten nur über eine weiterführende Recherche bei den Gewerbemeldestellen der über 1.000 Gemeinden in Baden-Württemberg bezogen werden, was die Dokumentation sehr fehlerbehaftet macht; seit jeher finden die Gewerbeanzeigen aufgrund zahlreicher Ungenauigkeiten daher nur sehr begrenzt Einsatz zur Beschreibung des Gründungsgeschehens [vgl. *JOHN (2009), S. 33; DAHRENMÖLLER* (1987), S. 5 f.]. Damals wie heute kennzeichnet diesen Erklärungsweg, dass die zugrundeliegenden Gewerbeanmeldedaten inhaltlich in vielerlei Hinsicht hinken [vgl. *FRITSCH* et al. (2002), S. 8; *CLEMENS* (2000), S. 161]. So können die Anmeldung und die Aufnahme der betrieblichen Tätigkeit zeitlich mitunter stark auseinanderdriften, was eine klare Zuordnung von betrieblichen Gründungsjahren erheblich verzerrt; auch finden sich nicht selten Scheingründungen, um steuerliche Vorteile zu erlangen [vgl. *STEIL* (1999), S. 175]. Darüber hinaus existiert das Problem von Doppelzählungen in den Gewerbemeldeämtern und die bis heute nur schleppende Revision der Daten in den Landesämtern und Wirtschaftsarchiven. Das Hauptproblem allerdings bleibt die mangelnde sektorale Differenzierung der Gewerbeanmeldungen. Die industriezweigspezifische Erfassung erfolgte erst ab dem Jahr 1996, weshalb dieser Indikator für längerfristig angelegte Analysen gänzlich unbrauchbar ist [vgl. *STEIL* (1999), S. 179].

Aufgrund dieser vielen Schwächen wird in der hiesigen Studie der Ansatz über die industrielle Betriebsdichte verfolgt. Als Quelle dient die Statistik der Arbeitsagentur Südwest der Bundesagentur für Arbeit. Über die Meldungen der Beschäftigten wird zugleich die Anzahl der Betriebe des Produzierenden Gewerbes mit einbezogen. Die Daten liegen für alle Kreise in Baden-Württemberg vor und sind auf die Zweisteller der Wirtschaftszweigklassifikation heruntergebrochen. Auf Basis dieser Daten lassen sich alle Veränderungen im Betriebsbestand im gewählten Zeitraum zwischen 1980 und 2010 herleiten. Es liegt eine vollständige Zeitreihe für alle 31 Messpunkte vor; die Auswertung der Betriebe in wirtschaftlicher Gliederung hat den 30. Juni eines jeden Jahres zum Stichtag. Die Bestandszahlen, die betriebliche Gründungs- und Verlagerungsprozesse enthalten, werden im letzten Schritt auf die Kreisflächengröße normiert, um eine Vergleichbarkeit zu gewährleisten. Die Vorteile dieses Modellierungsweges treten schon auf den ersten Blick deutlich hervor. Die betriebliche Wanderungsdynamik drückt sich also nur über den Zuzug oder Wegfall eines Betriebes aus dem Berichtskreis aus.

In Abgrenzung zur unvollständigen Gewerbeanzeigenstatistik werden keine Scheinanmeldungen berücksichtigt und keine Gewerbeanmeldungen vergessen; auch Doppelzählungen kann man aufgrund der klaren Zuordnung der sozialversicherungspflichtigen Beschäftigten ausschließen. Der Rückgriff auf die Bestandsdaten industrieller Industriebetriebe schafft bereits im Vorfeld eine klare Standardisierung, da der Industriebesatz und mithin seine Entwicklungsdynamik über alle Kreise und Jahre hinweg nur eine Quelle erhebt und nicht – wie bei den Gewerbeanzeigen – über mehrere Gewerbemeldeämter gesammelt werden. Dem Ansatz der industriellen Betriebsdichte wohnt nur der kleine Nachteil inne, dass er Schwerpunktwechsler unberücksichtigt, denn nicht jeder neu auftretende Betrieb muss zwingend eine echte Neugründung sein. Gemeint sind hier vor allem die Betriebe, die ihren Schwerpunkt aus dem Agrar- oder Dienstleistungs- in den Industriesektor verlagern, aber schon am Raumstandort existierten; spiegelbildlich handelt es sich natürlich auch nicht um einen statistisch ausgewiesenen Fortzug, wenn ein Betrieb im Produzierenden Gewerbe seinen Tätigkeitsschwerpunkt in den Agrar- oder Dienstleistungssektor verlagert, aber am Betriebsstandort existent bleibt. Diese Ereignisse allerdings treten sehr selten auf und bleiben im Gesamtzusammenhang vernachlässigbar [vgl. *STROTMANN* (2005)]. Vor allem aber ist der Weg über die industrielle Betriebsdichte auf Datenbasis der Arbeitsagentur Südwest einzuschlagen, wegen der gewollten und gebotenen Untergliederung in industrielle Wirtschaftszweige. Eine alleinige Berücksichtigung aggregierter Daten des gesamten Verarbeitenden Gewerbes auf Kreisebene hätte kaum Aussagekraft. Eine solche Sektorenanalyse wäre höchstens im Vergleich zu anderen volkswirtschaftlichen Sektoren in einem dann gänzlich anders gearteten Forschungsdesign vorstellbar. Der Anspruch regionalökonomischer Untersuchungen liegt vielmehr darin, kleinräumige und ausdifferenzierte Ansätze zu verfolgen.

Vor diesem Hintergrund prüft der spätere Verlauf der Arbeit auch insgesamt zehn Einzelmodelle. Entsprechend der Nomenklatur der industriellen Wirtschaftszweige in Abbildung IV-5 werden die folgenden zehn Regressanden

- Modell 1 ISA^{CA} Betriebsdichte im Wirtschaftszweig „CA"
- Modell 2 ISA^{CB} Betriebsdichte im Wirtschaftszweig „CB"
- Modell 3 ISA^{CC} Betriebsdichte im Wirtschaftszweig „CC"
- Modell 4 ISA^{CD} Betriebsdichte im Wirtschaftszweig „CD"
- Modell 5 ISA^{CE+CF} Betriebsdichte im Wirtschaftszweig „CE+CF"
- Modell 6 ISA^{CG} Betriebsdichte im Wirtschaftszweig „CG"
- Modell 7 ISA^{CH} Betriebsdichte im Wirtschaftszweig „CH"
- Modell 8 ISA^{CI+CJ} Betriebsdichte im Wirtschaftszweig „CI" und „CJ"
- Modell 9 ISA^{CK} Betriebsdichte im Wirtschaftszweig „CK"
- Modell 10 ISA^{CL} Betriebsdichte im Wirtschaftszweig „CL"

einzeln ökonometrisch analysiert.

Das Ziel der Untersuchung besteht nun in der Analyse der Gründungs- und Schließungsdynamik von Betrieben dieser zehn Wirtschaftszweige des industriellen Sektors auf Basis eines Kataloges regionaler Standortfaktoren. Damit reiht sich diese Untersuchung, die das Bundesland Baden-Württemberg zum Schwerpunkt hat, in eine Reihe vergleichbarer empirischer Forschungsarbeiten zum Gründungsgeschehen ein [vgl. *BOSMA/SCHUTJENS* (2011); *FRITSCH/FALCK* (2007); *SIEGFRIED/EVANS* (1994); *SCHLIEBE* (1982)]. Die Standortfaktoren besitzen dabei für unterschiedliche Branchen natürlich unterschiedliche Relevanz; im Wettbewerb um Industrieansiedelungen ist es letztendlich aber der passenden Mixtur an vorteilhaften Standortfaktoren eines Kreises geschuldet, ob sich Betriebe zum Kommen oder zum Bleiben bewegen lassen [vgl. *BERLEMANN/TILGNER* (2006), S. 14]. Die abhängige Variabel wurde zu diesem Zwecke so gewählt, dass sie möglichst verlässlich und umfangreich Auskunft über das Phänomen der Standortansiedelung und -schließung gibt. Da der industrielle Sektor im Zuge der Tertiarisierung ohnehin tendenziell schrumpft, werden relativ geringere Schrumpfungszahlen eines Wirtschaftszweiges innerhalb einer Region im Vergleich zur Schrumpfungsrate in einer anderen Region ebenfalls mitberücksichtigt. Dabei bleibt stets der Blick auch darauf gerichtet, dass „Gründungen und Schließungen als Fehler-Korrektur-Mechanismus auf Märkten" [*STROTMANN* (2005), S. 464] fungieren.

Gruppe 1: NIFL (Neuausweisung von Industriefläche)

Boden gilt in seiner naturgegebenen Form als ganz klassischer Standortfaktor, grundsätzlich zu gliedern in eine Mengen- und Preisdimension. Die alleinige Bodenfläche spielt als Mengendimension eine bedeutsame Rolle, da bei einer Neuansiedelung, Umsiedelung oder Erweiterung von Betrieben das zur Verfügung stehende Industrieareal ausreichend groß sein muss [vgl. *SCHMENNER* (1980)]. Gerade der Größenaspekt selektiert viele Bewerber um Industrieland im Vorfeld; er stellt das vorrangige Unterscheidungskriterium dar. Die Verfügbarkeit einer ausreichend großen Betriebsfläche ist nicht nur in kurzfristiger Hinsicht ein wichtiger Entscheidungsrund zur Standortansiedelung oder Standortverlagerung, sondern auch in mittlerer und längerfristiger Perspektive, wenn eine spätere betriebliche Expansion am neuen Standort erwogen wird. Anders als im Dienstleistungssektor benötigen Gewerbe- und Industriebetriebe für die weitere wirtschaftliche Entwicklung neue Ausbreitungsmöglichkeiten im Raum.

Die Kategorisierung als Industriefläche erfolgt grundsätzlich auf Basis der Erfassung der Oberflächennutzung des Bodens durch das amtliche Liegenschaftskataster, das sämtliche Flurstücke lückenlos dokumentiert. Die Statistik stellt hier auf die „Flächenerhebung nach Art der tatsächlichen Nutzung" ab [vgl. *STALA* (2013b)]. Nach ihr ordnet sich die Industriefläche, exakter gesprochen die „Gebäude- und Freifläche: Gewerbe und Industrie", als Ordnungsgruppe 170 unter die Hauptklassifizierung „Siedlungs- und Verkehrsfläche". Zu diesem Zweig wird noch die Ordnungsgruppe 300 „Betriebsfläche" hinzugerechnet, die bedeutsam für Halden, Lagerplätze und Abbauland ist. Diese Datenreihen stellen die Grundlage für den Prädiktor „Neuausweisung von Industriefläche" in dieser Arbeit dar.

Als Prädiktor selbst setzt man allerdings nicht die Industriefläche insgesamt ein, sondern nur die Neuausweisung an Industriefläche in Quadratmetern pro Jahr durch die Kommunen. Damit wird der Mengendimension des Standortfaktors Boden über die einzelnen Jahre noch genauer Rechnung getragen. Die unabhängige Variable umfasst folglich nur den zusätzlich zur Verfügung gestellten Raum für einen Industriebesatz; er gibt damit ein aussagekräftiges und vergleichbares Bild über die mögliche Flächendominanz dieses Wirtschaftssektors. Die Neuausweisung über die unterschiedlichen Größenklassen fungiert dabei als ein klassisches Lenkungsinstrument der kommunalen Hand. Daher kann die Zurverfügungstellung von Industrieland auch als Indiz für die Industriefreundlichkeit eines Kreises gewertet werden, was viele Studien auch zeigen [vgl. *STEIL* (1999), S. 118]. Der Indikator ist nicht zuletzt von Bedeutung, da die Inanspruchnahme von Flächen durch die Industrie starke Auswirkungen auf die Raumstruktur insgesamt hat. Der Flächenbedarf erweist sich schon deshalb als so wichtig, da der Flächenverbrauch auch immer wieder als

Thema und Gegenstand der regionalpolitischen Diskussion auftaucht [vgl. BERTHOLZ/WÖLLPER (2011); BERTHOLZ/WÖLLPER (2010)]. Exakt gesprochen, kann Fläche nicht verbraucht werden; es erfolgt nur eine Umwidmung, etwa von Landschafts- zu Siedlungs-, Industrie- oder Verkehrsfläche. Die Neuausweisung von Industriefläche spielt zudem eine tragende Rolle, da der knappe und endliche Faktor Boden im Anschluss an eine industrielle Nutzung, wenn überhaupt, nur unter großen Anstrengungen wieder in natürliche Fläche umgewidmet werden kann.

Hypothese 1:	*Eine hohe Neuausweisung an Industriefläche wirkt sich tendenziell positiv auf die Standortattraktivität eines Kreises aus.*

Gruppe 1: IFKW (Industrieflächenkaufwerte)

Traditionell wird der Boden als harter Standortfaktor kategorisiert, da er direkte Kostenrelevanz und damit, neben der reinen Mengendimension, natürlich auch noch eine entscheidende Preisdimension besitzt. Diese zweite Dimension drückt sich gewöhnlich in Kaufwerten für Bauland aus; es sind sprichwörtlich die ersten Standortkosten einer Standortwahl. Um das Modell möglichst exakt an der Realität auszurichten, werden statt der allgemeinen Baulandpreise die Industrieflächenkaufwerte als differenzierte Erhebungsform verwendet; auf diese Weise fließt dieser einzelwirtschaftliche Standortfaktor noch aussagekräftiger ein. Zudem sind gewerbliche und nicht-gewerbliche Baulandkaufwerte über die Kreise hinweg sehr divergent.

Die Kaufwerte für Bauland erhebt seit dem Jahr 1970 das Statistische Landesamt nach unterschiedlichen Grundstücksarten. Es unterscheidet fünf Baulandarten: Baureifes Land, Rohbauland, Industrieland, Land für Verkehrszwecke sowie Freifläche. Definitionsgemäß heißt es bei Industrieland: „Das Grundstück ist im Bebauungsplan als reines Industriegebiet ausgewiesen oder ist für eine überwiegend industrielle Nutzung vorgesehen" [STALA (2014), S. 2]. Die Baulandstatistik stellt eine Totalerhebung dar, bei der die Gemeinden im Rahmen des Bebauungs- und Flächennutzungsplanes grundsätzlich auskunftspflichtig sind. Die Daten der Verkaufsfälle bezieht das Statistische Landesamt über die zuständigen Finanzämter. Die Erhebungseinheit entspricht dem jeweiligen Kauffall sowie der Einstufung der Art des Baulandes. Erfasst werden alle Verkäufe von Bauland über 100 qm, die innerhalb eines Jahres vonstattengingen. Diese Daten dienen der Erstellung der jahresdurchschnittlichen Baulandkaufwerte für Gewerbe und Industrie auf Basis der Gemeinden und Gemarkungen. Sie liegen als Quadratmeterpreis in der Währung Euro vor und sind entsprechend preisbereinigt, um sie über die Jahre vergleichbar zu machen. Überdies enthalten diese Jahresdurchschnittspreise für Industriebauland keine Nebenkosten des Grunderwerbs wie Makler- oder Notariatskosten, Steuern auf Grunderwerb oder Kosten der Grundstücksvermessung.

Interessanterweise geben die Daten im Zusammenspiel zwischen NIFL und IFKW ein uneinheitliches Bild, weshalb beide Standortfaktoren auch separat Eingang finden können. Überdies ist die Trennung zwischen Verfügbarkeit einerseits und Kosten andererseits in wissenschaftlichen Herangehensweisen breit etabliert [vgl. PIEPER (1994), S. 212]; nur über beide Einzelfaktoren lassen sich verlässliche Aussagen über Standortentscheidungen und -verlagerungen treffen [vgl. NIEBUHR/STILLER (2003), S. 267; HARHOFF (1995); PIEPER (1994), S. 149]. Die Vermutung, dass direkte Zusammenhänge bestehen, also ein knappes Flächenangebot hohe Bodenpreise nach sich zieht, erfüllt sich nicht immer. In vielen der insgesamt 44 Kreise sind sogar Gegentrends zu verzeichnen. So liegen Phänomene vor, dass eine steigende Neuausweisung zu steigenden Preisen führt. Auch gibt es Trends, dass bei stagnierender Neuausweisung fallende Preise einsetzen. Zudem wird natürlich auch nicht jede neu ausgewiesene Fläche verkauft. Nicht zuletzt drückt sich die Standortqualität einer Raumlage auch deshalb mitunter nur widersprüchlich über die Industrieflächenkaufwerte aus; da weitere mögliche Vor- und Nachteile häufig schon indirekt mit eingepreist sind [vgl. *NIEBUHR/STILLER* (2003), S. 268].

> *Hypothese 2:* *Hohe Kaufwerte für Industrieland wirken sich tendenziell schlecht auf die Standortattraktivität eines Kreises aus.*

Gruppe 2: BES (Beschäftigung)

Die Verfügbarkeit des Produktionsfaktors Arbeit ist ein ganz traditioneller Standortfaktor. Er wird als harter Standortfaktor klassifiziert, da er – im Gegensatz zu weichen Standortfaktoren – wie kaum ein anderer Standortfaktor direkt, konsistent und vergleichbar gemessen werden kann [vgl. *FARHAUER/KRÖLL* (2013), S. 57]. Der Faktor Arbeit hat einen ungebrochen bedeutsamen Stellenwert für die Standortansiedelung und Standortverlagerung von Unternehmen; für die vergleichsweise arbeitsintensiven Wirtschaftszweige des Verarbeitenden Gewerbes ist ein Angebot an qualifizierten Arbeitskräften von zentraler Bedeutung.

Die Operationalisierung dieser wichtigen Einflussgröße kann auf zahlreichen Wegen erfolgen. Aus der langen Palette möglicher Integrationswege kristallisierten sich das Lohnniveau, die Arbeitslosenquote sowie das Qualifikationsniveau als mögliche Determinanten heraus. Diese Studie zieht die unterschiedlichen Qualifikationsniveaus als Prädiktor heran, da das Lohnniveau mitunter zu falschen Schlussfolgerungen über die Wirkungszusammenhänge führt [vgl. *FARHAUER/GRANATO* (2006); *BLIEN* et al. (2001)]. Da das Qualifikationsniveau in gewisser Hinsicht immer auch an das Lohnniveau gekoppelt ist, wird dieser Erklärungsweg aber indirekt mit abgedeckt. Der alleinige Bezug zur Arbeitslosenquote indes erweist ich in kleinräumigen Untersuchungen als eher trivial und kaum aussagekräftig; zudem eröffnet dieser Prädiktor zahlreiche Fehlinterpretationen [vgl. *STEIL* (1999), S. 108; *BRIXY/GROTZ* (2006)]. Indirekt erfolgt auch eine Miterfassung dieser Einflussgröße, indem sie jede Beobachtungseinheit mittels einer Dummy-Variable in der Schätzgleichung herausstellt. Besonderheiten einzelner Arbeitsmarktregionen werden folglich mitberücksichtigt. Die unterschiedlichen Qualifikationsniveaus tragen den Vorteil in sich, dass sie die Zusammensetzung des Produktionsfaktors Arbeit in einem Kreis deutlich besser abbilden. Die Daten zum Arbeitsmarkt entstammen alle aus der Datenbank des Statistik-Service Südwest der Bundesagentur für Arbeit; sie erfasst alle sozialversicherungspflichtigen Beschäftigten am Arbeitsort des Verarbeitenden Gewerbes in Baden-Württemberg zum 30. Juni eines jeden Jahres. Ganz bewusst stützt sich diese Studie nur auf Beschäftigte und Qualifikationen im Hinblick auf das Verarbeitende Gewerbe; Beschäftigte aus dem Primär- oder Tertiärsektor in einem Kreis finden keine Berücksichtigung. Aus der Datenbank werden drei Qualifikationsformen herausgegriffen, weshalb sich der Prädiktor auch dreifach untergliedert. Zunächst fließt der Beschäftigtenanteil BES^{FHA} ein, Beschäftigte mit Fach- und Hochschul-Ausbildung, der die höchste Qualifikationsform anzeigt.

Hochqualifizierte Arbeitnehmer werden gerade in den letzten Jahren verstärkt in technologiekonzentrierten Branchen des Verarbeitenden Gewerbes nachgefragt. Der zweite Prädiktor umfasst den Beschäftigtenanteil BES^{MBA}, Beschäftigte mit Berufsausbildung, und kennzeichnet ein mittleres Qualifikationsniveau. Schlussendlich werden beide Determinanten um den niedrig qualifizierten Anteil BES^{OBA} ergänzt, um Beschäftigte ohne Berufsausbildung. Der maßgebliche Qualifikationsindikator beschreibt damit das in Abschlüssen wiedergegebene Humankapital. Diese drei Formen sind für die empirische Auswertung auch deshalb von Interesse, da sich die Wirtschaftszweige innerhalb des Verarbeitenden Gewerbes unterschiedlich spezialisieren und durchaus unterschiedliche Qualifikationsgrade präferieren.

> *Hypothese 3:*   *Hohe Qualifikationsniveaus bei den Beschäftigten im Verarbeitenden Gewerbe wirken sich tendenziell vorteilhaft auf einen Kreis aus.*

Gruppe 2: QUAL (Wasserqualität)

Neben der Wasserquantität hat die Wasserqualität für die industrielle Ansiedlung eine große Bedeutung [vgl. *WEISS* (2004); *AVOGADRO* et al. (1997)]. Für zahlreiche Wirtschaftszweige des Verarbeitenden Gewerbes, interessanterweise noch nicht einmal für die wasserintensivsten Branchen, bildet der Reinheitsgrad des in die Produktion eingespeisten Frischwassers eine entscheidende Standortdeterminante [vgl. *KADOKAWA* (2013)]. Die Bedeutung der Wasserqualität als regionaler Standortfaktor ist ohnehin branchenspezifisch und lässt sich kaum über alle Wirtschaftszweige hinweg generalisieren.

Schadstoffe beim industriellen Wassereinsatz enthalten neben den gebundenen Erdalkalien vor allem die gebundenen Industriechemikalien, die eine kostenintensive Wasseraufbereitung für den Produktionsprozess notwendig machen. Auch die Selbstreinigungskräfte der Ressource bauen diese Spurenstoffe in Oberflächengewässern kaum ab. Beim sich noch langsamer regenerierenden Grundwasser besteht sogar unter Umständen die Gefahr, dass die Abbaukapazitäten überschritten werden, sich die Umsetzungsprodukte dieser Spurenstoffe sammeln und die Grundwasserressource gänzlich unbrauchbar machen [vgl. *LEHN* et al. (1996), S. 3]. Für eine langfristig orientierte Standortentscheidung kann die Qualitätssicherheit beim Oberflächen- und Grundwasserbezug deshalb eine zentrale Rolle einnehmen [vgl. *XIA/TOKUNAGA* (2011)]

Auch in Baden-Württemberg sind die Oberflächengewässer und Grundwasserspeicher regional unterschiedlich stark belastet [vgl. *UMBW* (2012), S. 8]. Gewachsener Erkenntnisgewinn und eine verbesserte Messtechnik ermöglichten es in den letzten Jahrzehnten, zahlreiche Spurenstoffe genauer zu erforschen und ihre Entwicklungsdaten zu erfassen. Diese Analyse stellt auf zwei dieser Variablen ab; die Wasserqualität wird über die Spurenstoffe Ethylendiamintetraessigsäure (EDTA) sowie Bor approximiert. Beide finden sich in den zwei hauptsächlichen Bezugsformen des industriellen Frischwasserbezuges, im Oberflächenwasser und im Grundwasser. Weiterhin sind sie in der industriellen Produktion bei vielen Prozessen äußerst hinderlich, da sie durch diverse vorgeschaltete Reinigungsstufen nur schwer zu eliminieren sind [vgl. *BOWER* (1975)]. EDTA kann prinzipiell kaum biologisch abgebaut werden. Zudem begründet sich die Wahl dieser Spurenstoffe darin, dass man sie häufig stellvertretend für eine allgemeine Verschmutzung der Ressource Wasser etwa mit Schwermetallen heranzieht und die verfügbare Datengrundlage recht gut ist. Die

Messdaten liefert die Datenbank der Landesanstalt für Umwelt, Messungen und Naturschutz in Baden-Württemberg (LUBW). Zusätzlich finden sich Entwicklungstrends über diese zwei Spurenstoffe im Jahresdatenkatalog Grundwasser und im Jahresdatenkatalog Fließgewässer dieser Institution.

Operationalisiert wurden die Daten über die Summe der Jahresmittelwert von EDTA und Bor an den jeweiligen Messstellen des Oberflächen- und Grundwassers. Dazu erfolgte zunächst eine Zuordnung der über 20.000 Messstellen in Baden-Württemberg zum jeweiligen Kreis. Nach dieser Sortierung fand schließlich die Berechnung des Mittelwerts auf Kreisebene für jedes Jahr statt, um ein vergleichbares Messniveau zu gewährleisten.

Hypothese 4:	Eine höhere Oberflächenwasser- und Grundwasserqualität wirkt sich tendenziell vorteilhaft auf einen Kreis aus.

Gruppe 2: OFW (Oberflächenwasserbezug)

Kennzeichnend für die im Sektor Industrie zusammengefassten Betriebe ist das starke Maß an Eigengewinnung. Allerdings sind die Betriebe in Baden-Württemberg nicht gänzlich frei in der Entscheidung über Art und Umfang des Wasserbezuges aus der Natur, da jedwede Wasserentnahme der Industriebetriebe durch regionale Wasserbehörden genehmigt werden muss [vgl. *Storm* (2006), S. 200]. Über diese kleinräumigen Konstellationen hinaus erweist es sich aber als unzweckmäßig, einen Standortfaktor allein im wasserspezifischen Umweltrecht zu sehen [vgl. *Erbguth/Schlacke* (2012), S. 287-304]. Die Rahmenbestimmungen zum Wasserrecht sind in Deutschland föderal durchdekliniert. Über allen regionalen und nationalen Bestimmungen stehen hier die Wasserrahmenrichtlinien der Europäischen Union sowie das Wasserhaushaltsgesetz der Bundesrepublik Deutschland und seiner Länder [vgl. *Holländer/Thomas* (2004); *Böhm/Hillenbrand* (2003)]. Rechtssicherheit beim Wasserzugang und in der nichtöffentlichen Wassernutzung bilden damit allgemeingültige Standortfaktoren für Deutschland und die Regionen in Baden-Württemberg [vgl. *Triebswetter/Wackerbauer* (2010), S. 67]. Insgesamt ist der Bezug von Oberflächenwasser nur schwach reguliert, allenfalls bei saisonalen Schwankungen im Wasserstand der Flüsse erfolgen behördliche Auflagen hinsichtlich Art, Umfang und Dauer des Wasserbezuges. Die Zulassung zur Eigengewinnung erfolgt durch die Verwaltung und typischerweise zeitlich unbefristet.

Alle Wasserbezugswege im Modell werden über Preisvariablen eingebunden. Dieser Weg versucht, auf die generelle Schwierigkeit zu antworten, die unterschiedlichen Bezugskosten für die unterschiedlichen Bezugswege – gerade in Hinblick auf die Eigengewinnung – zufriedenstellend herauszuarbeiten und vergleichbar zu machen [vgl. *Triebswetter/Wackerbauer* (2010), S. 67; *Hannemann* (2006), S. 74]. Dies liegt zum einen daran, dass die Unternehmensseite typischerweise mehr als nur ein Bezugsweg wählt, zum anderen bestehen über die Wirtschaftszweige hinweg branchenspezifische Bezugsmuster, die eine vergleichende Analyse erschweren. Vor allem aber liegt das Problem am Mangel vergleichbarer Bezugspreise bei der Eigengewinnung [vgl. *Renzetti* (2002a), S. 43]. Der Bezug von Oberflächen- und Grundwasser kann allerdings ab dem Jahr 1988 operationalisiert werden, ohne diese Zäsur in der baden-württembergischen Gewässerschutzpolitik wäre ein vergleichender Einbau nicht möglich gewesen. Aufbauend auf eine Gesetzesnovelle im Wasserhaushaltsgesetz erhob Baden-Württemberg ab 1988 ein Wasserentnahmeentgelt [vgl. BLANKART (1988)], was viele andere Ländern in unterschiedlicher Form übernahmen [vgl. UN-NERSTALL (2005); DUPONT/RENZETTI (1999)]. Für Oberflächenwasser, das im Vergleich zu Grundwasser und Fremdwasser eine relativ niedrige Qualität aufweist, wurde das Entgelt damals als „Wasserpfennig" festgesetzt; nach der Währungsumstellung dann mit 1,0 Cent pro Kubikmeter Oberflächenwasserbezug von Industriebetrieben angesetzt. In den Datensatz fließen diese Bezugskosten preisbereinigt ein. Nicht Gegenstand der zeitlichen Preisstaffelung beim Oberflächenwasser sind Rabatte und Preisabschläge für Großbezieher, da diese Daten nicht transparent vorliegen [vgl. GINZKY et al. (2005)].

Hypothese 5:	Höhere Kosten im Oberflächenwasserbezug wirken sich tendenziell nachteilig auf einen Kreis aus.

Gruppe 2: GRW (Grundwasserbezug)

Ähnlich wie die Gewinnung aus Oberflächenwasser ist auch der Bezug von Grundwasser maßgeblich über den Standort und die Betriebsgröße determiniert [vgl. TRIEBSWETTER/WACKERBAUER (2010), S. 69; OECD (1999b)]. In Abgrenzung zu wasserintensiven Betrieben, die vorrangig Oberflächenwasser beziehen, erscheint der Grundwasserzugang für Betriebe wichtig, die bei der Ressource auf einen hohen Reinheitsgrad angewiesen sind. Vom Qualitätsstand lässt sich Grundwasser in etwa mit aufbereitetem Trinkwasser von öffentlichen Versorgern vergleichen. Der Bezug von Grundwasser erspart also jede Form der Frischwasseraufbereitung. Bevor das Wasser Eingang in die Produktion findet, stehen dieser erheblichen Kostenersparnis allerdings die Energiekosten für Pumpanlagen gegenüber, was eine verlässliche Gesamtkostenbestimmung bei der Selbstversorgung mit Grundwasser etwas erschwert [vgl. RENZETTI (2002a), S. 40].

Im Gegensatz zur Eigengewinnung von Oberflächenwasser ist die Gewinnung von Grundwasser in Baden-Württemberg deutlich kostenintensiver. Ursprünglich galt auch die Einführung des „Wasserpfennigs" vor allem dem Schutz der Grundwasserressourcen. Hintergrund bildet die verhältnismäßig lange Regenerationsrate eines Grundwasser-Aquifers; in den mitteleuropäischen Breiten bilden sich Grundwasser beinahe ausschließlich nur in den Wintermonaten neu. Neben dieser zeitlichen spielt zugleich auch die ökologische Dimension eine bedeutsame Rolle. Beim Abpumpen eines Grundwasserspeichers unter einen gewissen regionalen Schwellenwert erfolgt möglicherweise keine Exfiltration vom Grund- zum Oberflächenwasser mehr und die Ressource könnte versiegen. Insofern gestaltet es sich als schwierig, Grundwasser, insbesondere sogenanntes Tiefes Grundwasser, eindeutig als regenerierbare oder nicht-regenerierbare Ressource zu klassifizieren [vgl. LEHN et al. (1996), S. 6]. Ebenfalls ist es bedeutsam, dass beim Abpumpen ein gewisser Grundbestand verbleibt, da Grundwasser, wie auch Oberflächenwasser, unterschiedliche Ökosystemdienstleistungen erfüllt. Beeinträchtigungen in der Qualität, etwa durch verschmutztes Sickerwasser von der Oberfläche, können diese vielfältigen Funktionen stören.

Der Bezug des Grundwassers ist seit 01. 01. 1988 kostenpflichtig; Grundlage bilden das Wasserhaushaltsgesetz (WHG) und das Wassergesetz für Baden-Württemberg (WG). Gegenwärtig wird ein Wasserentnahmeentgelt von 5,1 Cent je Kubikmeter Grundwasser veranschlagt. Unerheblich für die Kostenfestsetzung beim Wasserbezug sind mögliche alte Standortrechte, die einen freien

Wasserzugang gewährten. Dieser fiskalische Aufschlag erfasst alle Betriebe des Verarbeitenden Gewerbes, die darüber hinaus die Pflicht besitzen, Messgeräte zum Wasserbezug vorzuhalten und Messergebnisse aufzuzeichnen. Das Wasserentnahmeentgelt erheben dabei die unteren Wasserbehörden – in Landkreisen das Landratsamt, in Stadtkreisen das Bürgermeisteramt. Der Prädiktor Grundwasser fließt, wie das Oberflächenwasser, als preisbereinigte Variabel von 1988 bis 2010 entsprechend der gesetzlichen Kostenfestsetzung in den Datensatz ein. Leichte Verzerrungen können eintreten, da für das Verarbeitende Gewerbe im Grundwasser- und Oberflächenwasserbezug unter den Voraussetzungen der §§ 105 und 106 WG Ermäßigungen von bis zu 25 Prozent des Entgelts möglich sind.

Hypothese 6:	*Höhere Kosten im Grundwasserbezug wirken sich tendenziell nachteilig auf einen Kreis aus.*

Gruppe 2: FRW (Fremdwasserbezug)

Die Verfügbarkeit öffentlicher Wasserversorger und die Verlässlichkeit ihres Angebotes über Fernleitungen stellen seit jeher einen wichtigen Eckpfeiler in der Standortwahl industrieller Betriebe dar [vgl. PRETTENTHALER/DELLA-VIA (2009), S. 139; KAHLENBORN/KRAEMER (1999), S. 77]. Prinzipiell besitzt in Deutschland und in Baden-Württemberg beinahe jedes Unternehmen einen Anschluss an das öffentliche Leitungsnetz, aus dem es Wasser in Trinkwasserqualität bezieht. Entsprechend des Raumstandortes ist das Unternehmen aber nicht frei in der Wahl eines öffentlichen Versorgers, sondern unterliegt dem Kontrahierungszwang. Im Gegensatz zu dem Bezug aus Oberflächengewässern und aus Grundwasservorkommen, die bislang nur wenig Eingang in die Literatur fanden, erfasste man die Fremdwasserversorgung als dritte Bezugsoption deutlich besser. Dies resultiert vor allem daraus, dass diesem Bezugsweg konkrete Preis- und Tarifmuster zugrunde liegen. Ein gesicherter Vergleich der Bezugspreise von öffentlichen Versorgern wird allerdings erschwert, da die regionalen Gebietsmonopole in der öffentlichen Wasserversorgung wegen unterschiedlicher Skalenvorteile zu einer verzerrenden Datenlage beitragen [vgl. HANEMANN (2006), S. 75; SAUER (2005)] und sich die Preis- und Tarifstaffelungen als überdies sehr unterschiedlich und komplex präsentieren [vgl. DINAR/SUBRAMANIAN (1998)]. Daher überrascht es wenig, dass die Preisunterschiede zwischen den öffentlichen Versorgern stark unterschiedlich sind und selbst in kleinräumigen Betrachtungen erhebliche Abweichungen vom Durchschnitt ausweisen [vgl. PRETTENTHALER/DELLA-VIA (2008), S. 109; OECD (1999a)].

Der Bezug von Frischwasser über regionale Wasserversorger bildet die mit Abstand kostenträchtigste Option. Der hohe Preisunterschied begründet sich vor allem über die jederzeit sichergestellte Trinkwasserqualität und die Versorgungssicherheit. Der Einbau der Kosten des Fremdwassers als Prädiktor ist über Durchschnittswerte möglich. Diese Arbeit greift auf Daten des Bundesverbandes der Energieabnehmer (VEA) zurück, der über jährliche Erhebungen bei seinen Mitgliedern eine repräsentative Wasserpreisvergleichsstudie ausgibt. Über diese Datenbank können auch die jährlichen Frischwasserpreise der Wasserversorgungsunternehmen für das Verarbeitende Gewerbe in Baden-Württemberg gewonnen werden. Besonders aussagekräftig machen diese Einzelerhebungen, indem sie sogar Grundpreise und variable Bezugspreise genau berücksichtigen. Bei den Grundpreisen bzw. Anschlussgebühren handelt es sich häufig nicht um einen generellen Fixpreis, sondern um einen preislich gestaffelten, vom bezogenen Volumen abhängigen Betrag [vgl. RENZETTI (2002a), S. 40]. Grundlage in der Tarifgestaltung bildet in vielen Fällen zunächst eine Grundgebühr, die sich am Leitungsdurchmesser und an der Zählertechnologie orientiert, gefolgt von einem linearen oder progressiven Verbrauchsentgelt je Kubikmeter. In der Datenbank wird der Durchschnittspreis für Fremdwasser auf Basis zweier praxisnaher Abnahmefälle konstruiert; zum einen über den Fall eines Bezuges von 7.500 m³ pro Jahr mit einem Anschluss DN 50 mm und Zählergröße NG 30 m³ (QN 15 m³/h) sowie 100.000 m³ pro Jahr mit einem Anschluss DN 150 mm und Zählergröße NG 300 m³ (QN 150 m3/h) [vgl. VEA (2013)]. Über alle Jahre berücksichtigt diese Datenbank auch die Veränderungen in der Zahl der Wasserversorgungsunternehmen.

Hypothese 7: Ein hoher Preis für Fremdwasser wirkt sich tendenziell nachteilig auf einen Kreis aus.

Gruppe 2: STR (Straßentransport)

Die Verfügbarkeit physischer Verkehrsinfrastruktur bleibt für den industriellen Sektor von ungebrochen hoher Bedeutung [vgl. NIEHBUR/STILLER (2003); STEIL/WOLF (1997), S. 7]. Viele neuere regionalökonomische Studien schreiben diesem Standortfaktor noch immer eine zentrale Rolle zu [vgl. BRUINSMA/RIETVELD (1998); EGELN et al. (1996); PIEPER (1994)]; in einigen Studien belegt er sogar Spitzenplatzierungen [vgl. STEIL (1999), S. 143]. Der Straßentransport zählt seit jeher zur klassischen Transportinfrastruktur. Er kennzeichnet nicht nur die verkehrliche Erreichbarkeit, sondern gibt zugleich eine Auskunft über die überregionale Aktivität eines Betriebes. Die Einbindung in die Verkehrsinfrastruktur ist deshalb auch immer wechselseitig. So erweist sich der Zugang zum Transportweg nicht nur wegen der Absatzorientierung als wichtig, auch die eigene Erreichbarkeit eines Betriebes für Vor- und Zwischenprodukte erscheint durchaus bedeutsam. Vor allem für eher technologiegeprägte Industriezweige ist die Doppelfunktion der sie umgebenden Transportinfrastruktur markant [vgl. NERLINGER (1996)].

Das die Industrie betreffende Transportwesen greift natürlich auf unterschiedliche Transportformen zurück. Das Straßennetz stellt den ersten zu untersuchenden Standortfaktor dar, da er für zahlreiche wirtschaftliche Aktivitäten der bedeutsamste Verkehrsträger ist. Diese Arbeit behandelt die weiteren Transportformen später ebenfalls eigenständig und zieht sie als einzelne Prädiktoren in die Analyse mit ein. Um die verschiedenen Verkehrsinfrastrukturbereiche vergleichbar zu machen, werden sie einheitlich über den zeitlichen Zugang zum Transportträger operationalisiert. Für den Straßenverkehr bedeutet dies, auf einen Indikator zurückzugreifen, der die zeitliche Erreichbarkeit von Autobahnen als höchstrangige Straßenform abbildet. Für den Gütertransport der Industrie zeigt sich der Zugang zum Bundesautobahnnetz als deutlich bedeutungsstärker, als etwa der Zugang zu Bundesfernstraßen. Dies liegt darin begründet, dass Bundesautobahnen eine etwa vergleichbare Qualität aufweisen und einen gewissen Transportstandard garantieren [vgl. SEITZ (1995)]. Der Rückgriff auf einen zeitlichen Erreichbarkeitsindikator ist auch deshalb geboten, da sich heutzutage der Transportkostenvorteil nicht allein durch die räumliche, sondern vor allem durch die zeitliche Nähe bemisst. Vor dem Hintergrund der zeitlich verdichteten Produktionsabläufe und der bedarfsorientierten Fertigung und Lieferung stehen vorrangig die Transportzeiten und die schnelle Erreichbarkeit von Transportumschlagpunkten im Mittelpunkt einer Standortentscheidung [vgl. *GRAMLICH* (1994)]. Die Analyse bindet den Zugang zum Straßentransport über den Erreichbarkeitsindikator des Bundesinstitutes für Bau-, Stadt- und Raumforschung (BBSR) mit ein. Die Grundlage bildet die durchschnittliche Fahrtzeit von jedem Kreis zur nächstgelegenen Bundesautobahnanschlussstelle in Minuten. Das Erreichbarkeitsmodell des BBSR arbeitet ähnlich einem Programm zur Routensuche, es gewinnt die Statistiken zur Fahrtzeit über die flächengewichteten Durchschnittswerte der Verbandsgemeinden eines jeden Kreises. Die repräsentativen Statistiken fangen sogar Richtgeschwindigkeiten, Straßentypen, Ausbaustand und Topographie mit ab.

Hypothese 8:   *Eine gute Anbindung an den Straßentransport wirkt sich tendenziell vorteilhaft auf einen Kreis aus.*

Gruppe 2: BTR (Bahntransport)

Neben dem Gütertransport auf der Straße, besitzt auch der Güter- und Warentransport auf der Schiene einen bedeutsamen Stellenwert als Standortfaktor [vgl. *STEIL* (1999), S. 143]. Für zahlreiche Industriezweige ist eine verkehrsinfrastrukturell günstige Anbindung an das Bahnnetz aufgrund großräumiger Transportverflechtungen unerlässlich [vgl. *SEITZ/KEMPKES* (2012)]. Auch aus betriebswirtschaftlicher und ökologischer Perspektive kann die räumliche Nähe eines Betriebes zu einem Güterumschlagpunkt zum Schienenverkehr von Bedeutung sein [vgl. *ZARTH/CROME* (1999), S. 622]. Der Zugang zum Transportwesen Güterbahnverkehr muss allerdings differenziert betrachtet werden, denn nicht jede Ladestelle erlaubt etwa einen generellen Güterumschlag vom Straßen- auf das Schienennetz. Die alleinige Betrachtung von Gleisanschlüssen würde daher in der vergleichenden Analyse der Gütertransportformen zu kurz greifen. Einfache Ladestellen sind oft sehr unterschiedlich ausgestattet und auf die spezifische Nutzung vor Ort zugeschnitten. Einheitliche Strukturen und Ausstattungen finden sich nur bei zwei Güterumschlagpunkten; den Ladestellen für Gütergroßtransporte sowie den Terminals für Kombinierten Verkehr. Der erstgenannte Umschlagpunkt kennzeichnet Verladestellen, die eine für die Industrie angepasste Mindestgröße und Mindestumschlagtechnik aufweisen. Diese Güterbahnhöfe gestatten eine variable Nutzung für alle Wirtschaftszweige innerhalb dieses Sektors, gewährleisten eine niveaugleiche Be- und Entladung aller Transportgüter und Sendungsgrößen und eignen sich insbesondere für Gütergroßtransporte. Hochausgebaute Güterverlade- und Gütertransportstellen werden als Terminals für den Kombinierten Verkehr klassifiziert. Diese, für einzelne Industriezweige noch etwas attraktiveren Güterumschlagpunkte verladen ganztägig, positioniert an Schnittstellen der einzelnen Verkehrsträger, bedienen sie sowohl den Güterfernverkehr, als auch den Güternahverkehr. Auch bieten diese deutlich größer dimensionierten Terminals für den Kombinierten Verkehr kurzfristige Zwischenlagermöglichkeiten sowie spezialisierte Verladetechniken an. Kennzeichnend für den Kombinierten Verkehr ist vor allem der multimodale Containertransport, dem im Industriebereich eine hohe Bedeutung zukommt. In Baden-Württemberg existieren insgesamt 29 Güterverladestellen für den Schienenverkehr, davon 14 Terminals für den Kombinierten Verkehr.

Analog zum Straßentransport setzt man auch im Bahntransport ein Erreichbarkeitsmodell ein. Da für diesen Verkehrsträger keine Erhebung in der BBSR-Datenbank stattfindet, wird er zum Zwecke dieser Arbeit identisch nachgebaut. Mithilfe der exakten Positionierungen der Verladestellen für den Gütergroßtransport und der Terminals für den Kombinierten Verkehr über die Datenbank des Verbands Deutscher Verkehrsunternehmen e. V. kann mittels eines Routenberechnungs-Programms das Erreichbarkeitsmodell des BBSR nachgebaut werden. Grundlage der Berechnung bildet erneut der flächengewichtete Durchschnittswert der Fahrtzeit aller Verbandsgemeinden eines Kreises zum nächstgelegenen Güterumschlagpunkt des Verkehrsträgers Bahn in Minuten. In die Berechnung fliest damit auch bei diesem Prädiktor die Richtgeschwindigkeit in Abhängigkeit von raum- und siedlungsspezifischen Merkmalen ein; er ist technisch baugleich zum vorab eingesetzten Erreichbarkeitsindikator des Straßenverkehrs.

Hypothese 9:	*Eine gute Anbindung an den Bahntransport wirkt sich tendenziell vorteilhaft auf einen Kreis aus.*

Gruppe 2: LTR (Lufttransport)

Als dritte Transportform bildete sich der Luft- und Luftfrachtverkehr als Standortdeterminante heraus. Auch dieser Indikator wird über die Erreichbarkeit der Güterumschlagpunkte und damit über die Flughäfen eingebunden. Interessant ist die Integration dieses Standortfaktors aus zweierlei Gründen. Zum einen liegen Flughäfen aus der Natur der Sache heraus räumlich noch entfernter als Güterumschlagpunkte im Bahnverkehr; zum anderen besteht die Möglichkeit – anders als beim Bahntransport – bei diesem Indikator auch indirekt Schlüsse über die Bedeutung für den Individualverkehr im betrieblichen Geschäftsprozess zu ziehen. Während beim Bahntransport nur die Güterverladestellen und -terminals Berücksichtigung finden und Bahnhöfe für den Personenfernverkehr ausgeblendet bleiben, decken Flughäfen typischerweise Personen- und Gütertransport zugleich ab. Industrielle Wirtschaftszweige mit einer starken Orientierung für den Lufttransport und/oder hohen Geschäftsreiseaktivitäten berücksichtigt dieser Prädiktor daher besonders [vgl. *Zarth/Crome* (1999), S. 622]. Zugleich verdeutlicht dieser Standortfaktor auch, dass im Vergleich der unterschiedlichen Verkehrsträger nur die zeitliche Anbindung zur jeweiligen Transportform wirklich aussagekräftig ist und ein alternatives Zugrundelegen der Verkehrsträgerlänge oder der Flächenbelegung des jeweiligen Verkehrsträgers pro Kreis (-fläche) ins Leere laufen würde [vgl. *Steil/Wolf* (1997), S. 23].

Die Prüfung der Luftverkehrsanbindung in vielen raumwirtschaftlichen Studien gibt ein uneinheitliches Ergebnis. Einzelne Untersuchungen attestieren der schnellen Erreichbarkeit von Flughäfen eine hohe Bedeutung [vgl. *Rodrigue* (2013), S. 130 ff.]; wieder andere sehen den Stellenwert eher nachgelagert [vgl. *Steil* (1999), S. 143]. Es überrascht nicht, dass vor allem überregional tätige und exportorientierte Wirtschaftszweige der Industrie in der globalen Produktionsverkettung diese Transportanbindung unbedingt benötigen [vgl. *Berlemann/Tilgner* (2006), S. 22]. Auch technologielastige Wirtschaftszweige, die auf kleinteilige Komponenten in der Fertigung angewiesen sind, nutzen den Lufttransport zum Empfang von Zwischengütern und Versand von Fertigerzeugnissen.

Der Lufttransport besitzt eine hohe und weiterwachsende Bedeutung für den industriellen Transport, da sich in den letzten Jahren die Beförderungskapazitäten erhöhten. Dies lag zum einen an dem stärkeren Ausbau der Cargo-Dienstleistungen an Flughafenstandorten, zum anderen an der Entwicklung spezialisierter Frachtflugzeuge für den Lufttransport auf Mittel- und Langstrecken. Die Vorzüge dieser Transportform liegen vor allem im Bereich der Effizienz und der Sicherheit. Die Effizienz begründet sich vorrangig über die Transportgeschwindigkeit, die trotz Zuladung und Abladung der Transportgüter für andere Verkehrsträger unerreicht bleibt. Überdies stellt der Lufttransport die mit großem Abstand sicherste Transportform dar.

Die Daten zur Erreichbarkeit von Flughäfen liegen ebenfalls wieder in der Datenbank des BBSR vor. Die Berechnung erfolgt analog zu den zwei zuvor behandelten Verkehrsträgerindikatoren. Die räumliche Nähe wird bemessen durch die flächengewichtete, durchschnittliche Fahrzeit eines jeden Kreises zum nächsten Flughafen in Minuten.

Hypothese 10:	*Eine gute Anbindung an den Lufttransport wirkt sich tendenziell vorteilhaft auf einen Kreis aus.*

Gruppe 2: WTR (Wassertransport)

Der gewerbliche Wassertransport hat in Baden-Württemberg aufgrund des günstigen Streckennetzes von knapp 550 km Wasserstraßen seit jeher eine starke Bedeutung [vgl. KAHLENBORN/KRAEMER (1999), S. 51]. Nicht zuletzt aufgrund der starken Exportausrichtung ist die Industrie in Baden-Württemberg stärker als anderorts auf Frachthäfen und Umschlagplätze für den Schifftransport angewiesen. Die starke Stellung des Gütertransportes auf dem Wasser zeigt sich auch in der amtlichen Transportstatistik, nach der auf Binnengewässern in den letzten 10 Jahren sogar ein höheres industrielles Transportvolumen bewegt wurde, als auf der Schiene [vgl. STALA (2012)]. Die starke Stellung der gewerblichen Binnenschifffahrt gegenüber dem Bahntransport, trotz des eigentlich besser ausgebauten Schienennetzes, rührt vor allem aus den topographischen Gegebenheiten im Land [vgl. BETZHOLZ/WÖLLPER (2010), 54]. Der Zugang zur Binnenschifffahrt erweist sich aus raumwirtschaftlicher Perspektive für das Gros der Industriezweige als sehr bedeutsam [vgl. PIEPER (1994), S. 207; BLAIR/PREMUS (1993), S. 6]. Der Wassertransportweg dient im Vergleich aller Verkehrsträger deutlich besser dem Umschlag von industriellen Massengütern sowie Groß- und Schwertransporten. Nachrangig dient diese Transportform den hauptsächlich über Container umgeschlagenen Zwischenerzeugnissen des Verarbeitenden Gewerbes. In jedem Fall wird bei dem Verkehrsträger Schiff eine verhältnismäßig längere Transportzeit erkauft. Diesem Nachteil stehen allerdings drei markante Vorteile gegenüber; zum einen tritt eine Transportkostendegression auf Langstrecken ein, zum anderen verkörpert der Wassertransport die sicherste Transportform, der die zugehörige Verkehrsinfrastruktur nicht überlastet.

Im Vergleich zum Straßen- und Bahntransport liegen beim Wassertransport nur verhältnismäßig wenig Zugangsstellen vor, weshalb eine zeitlich kurze Anbindung für die industrielle Ansiedlung im Raum noch ausschlaggebender ist. Im Mittelpunkt des auch hier angewandten Erreichbarkeitsmodells stehen erwartungsgemäß die Häfen, die für die gewerbliche Schifffahrt die zentralen Be- und Entladestellen bilden. Insgesamt verfügt Baden-Württemberg über neun dieser für den industriellen Güterumschlag zentralen Hafenanlagen [vgl. *BETZHOLZ/WÖLLPER* (2010), S. 53]. Sie gliedern sich in fünf Zugänge am Rhein (Mannheim, Karlsruhe, Kehl, Breisach, Weil am Rhein), drei am Neckar (Heilbronn, Stuttgart, Plochingen) sowie einem Fracht- und Umschlaghafen am Main (Wertheim). Diese neun, allesamt historisch gewachsenen Be- und Entladeplätze wurden aufgrund des Bedeutungsanstieges der gewerblichen Binnenschifffahrt in den letzten Jahren sogar noch deutlich ausgebaut [vgl. *BETZHOLZ/WÖLLPER* (2010), S. 53]. Die Analyse geht nicht auf kleine Regionalhäfen ein, da sie ein eher vernachlässigbares Transportaufkommen von zumeist spezifischen Güterarten ausweisen. In Analogie zu den bereits vorgestellten Faktoren der Verkehrsinfrastruktur wird auch der Zugang zu Binnenschifffahrtswegen über ein Erreichbarkeitsmodell operationalisiert. Da die BBSR-Datenbank diese Determinante nicht aufführt, bildet man sie baugleich mit einem Routenplanungsmodell nach. Es erfolgt also eine Erfassung der Durchschnittsfahrzeiten für einen jeden Kreis auf Basis der repräsentativen Fahrtzeiten seiner Verbandsgemeinden zur nächstgelegenen Hafenanlage.

Hypothese 11:	*Eine gute Anbindung an den Wassertransport wirkt sich tendenziell vorteilhaft auf einen Kreis aus.*

Gruppe 3: AOZ (Anschluss an Oberzentrum)

Gemäß der Theorie zentraler Orte, dem dritten großen Theoriefeld, bezieht das Modell auch die Erreichbarkeit von Oberzentren mit ein. Dieser Standortfaktor ist allein deshalb von Bedeutung, da er nicht in einem einfachen Kausalzusammenhang steht, sondern in vielfältiger Form auf die wirtschaftliche Aktivität in seiner Umgebung ausstrahlt. Ein Oberzentrum bezeichnet in der Raumordnung einen zentralen Ort der höchsten Stufe in der Landes- und Regionalplanung. Diese Hauptorte besitzen die Stellung von *functional primacies*; sie konzentrieren in ihrer Primatstellung viele zentralörtliche Aufgaben und Funktionen. Vor diesem Hintergrund erscheinen Oberzentren nicht nur in wirtschaftlicher Hinsicht von hoher Bedeutung, sondern auch in soziokultureller, politischer, administrativer und wissenschaftlicher. Vor allem der Zugang zu der regionalpolitischen Infrastruktur und zu regionalpolitischen Entscheidungsträgern beschreibt eine wichtige Standortdeterminante für betriebliche Aktivitäten [vgl. *ADES/GLAESER* (1995)]. Die räumliche Nähe zu einem Oberzentrum erleichtert es, bessere Fördermöglichkeiten und regionalpolitische Beratungen zu erlangen [vgl. *FOTOPOULOS/LOURI* (2000)]; ebenso eine schnellere Einbindung in wichtige Geschäftskreise. Zahlreiche Studien weisen aus, dass diese Effekte sogar noch stärker wirken, als das Angebot von reinen Verwaltungsdienstleistungen der Oberzentren [vgl. *ARAUZO-CAROD/TERUEL-CARRIZOSA* (2005)].

Der Standortvariable Oberzentrum gehen noch weitere Effekte einher, die vor allem indirekt wirken. Zunächst ist ein Oberzentrum auch immer durch die Verdichtung sozioökonomischer Aktivitäten gekennzeichnet, weshalb aus diesem Standortfaktor auch Urbanisationseffekte als Teil von Agglomerationseffekten herausgelesen werden können [vgl. *ILLY* et al. (2009)]. Überdies – und gemäß dem Theoriegebäude von Christaller und Lösch – bindet diese Standortvariable vor allem die Output-Seite in das Modell mit ein [vgl. *HANSON* (2005)]. Ein Oberzentrum kennzeichnet auch bis zu einem gewissen Grad eine räumlich konzentrierte Nachfrage nach Zwischengütern und Fertigprodukten, die überregional in das angrenzende Umland abstrahlt [vgl. *DINLERSOZ* (2004); *PARR* (2002)].

Der Landesentwicklungsplan Baden-Württemberg listet insgesamt 14 Oberzentren auf; sie stehen im Fokus der siedlungs- und infrastrukturellen Ausrichtung im Land. Im Einzelnen schreibt er einen Zentralörtlichkeitsgrad höchster Stufe den Städten Freiburg im Breisgau, Heidelberg, Heilbronn, Karlsruhe, Konstanz, Offenburg, Pforzheim, Stuttgart und Villingen-Schwenningen zu. Darüber hinaus fungieren Tübingen und Reutlingen sowie Lörrach und Weil am Rhein als ein Doppelzentrum, ebenso die Stadt Mannheim mit Ludwigshafen in Rheinland-Pfalz, die Stadt Ulm mit Neu-Ulm in Bayern. Friedrichshafen verkörpert zusammen mit Ravensburg und Weingarten ein Oberzentrum in Funktionsergänzung.

Die Daten der Erreichbarkeit von Oberzentren stellt wieder die BBSR-Datenbank zur Verfügung; sie wurden analog zu den bereits behandelten Erreichbarkeitsmodellen als durchschnittliche Fahrtzeit eines jeden Kreises zum zeitnächsten Oberzentrum erfasst. Grundlage des flächengewichteten Durchschnittswertes bilden erneut die Fahrtzeiten aller Verbandsgemeinden eines Kreises des motorisierten Individualverkehrs im Straßennetzmodell in Minuten.

Hypothese 12:	Eine gute Anbindung an ein Oberzentrum wirkt sich tendenziell vorteilhaft auf einen Kreis aus.

Gruppe 3/4: BEVD (Bevölkerungsdichte)

Der Standortfaktor Bevölkerungsdichte ist der Gruppe 3 sowie der Gruppe 4 zuzuordnen. Er ergänzt die klassischen Standorttheorien, allen voran das Theoriegebäude von Lösch und Christaller, indem er neben der reinen Größenklasse einer Siedlungsstruktur auch auf den Verdichtungsgrad abstellt. In dieser Form ergänzt er die Standortdeterminante AOZ im Modell inhaltlich. Sowohl der die Raumordnung betreffende Zentralitätsgrad, als auch die Bevölkerungsdichte stellen in der älteren und neueren Raumwirtschaftstheorie entscheidende Wachstumspole dar. Vor allem aber wird die Bevölkerungsdichte als klassischer Agglomerationsindizes eingesetzt [vgl. *DINLERSOZ* (2004), S. 80], weshalb die stärkste Aussagekraft dieses Indikators sicherlich in Gruppe 4 fällt. Gemäß der Agglomerationstheorie unterscheidet man zwischen zwei grundlegenden Agglomerationseffekten, dem Lokalisations- und dem Urbanisationseffekt [vgl. *ILLY* et al. (2009)], letzterer operationalisiert sich typischerweise über den Anschluss an Oberzentren sowie über die Bevölkerungsdichte. In Abgrenzung zum Standortfaktor Anschluss an Oberzentrum fängt die Bevölkerungsdichte in etwas anderer Form die Urbanisierungsvorteile gemäß der Neuen Ökonomischen Geographie ein. Im Mittelpunkt des Erklärungszusammenhangs steht hier die Größe des lokalen Absatzmarktes, der sogenannte Heimatmarkt- und Markterschließungseffekt [vgl. *REDDING* (2010)]. Die Bevölkerungsdichte spiegelt bis zu einem gewissen Grad die Nachfrage wider und kennzeichnet damit direkt das Kaufkraft- und Absatzpotenzial für den Betrieb [vgl. *HANSON* (2005)]. Die Bevölkerungsdichte, der in den meisten Fällen ja auch die Verdichtung wirtschaftlicher Aktivität insgesamt einhergeht, erfasst dabei auch einzelne indirekte Effekte. Da sie eine

Bevölkerungsentwicklung einbezieht, lassen sich aus ihr auch Effekte des Arbeitsmarktes ableiten. Sie kennzeichnet in nachgelagerter Form auch die Verkehrsinfrastruktur sowie die sozialen und kulturellen Effekte.

Die Literatur zeigt, dass sich die Bevölkerungsdichte und der damit verbundene Heimatmarkteffekt positiv auf die industrielle Standortwahl auswirken [vgl. *BRIXY/NIESE* (2004); *NIEHBUR/STILLER* (2003)]. Einzelne Studien sehen nicht nur einen klar positiven Zusammenhang von Bevölkerungsdichte und Gründungsintensität im industriellen Sektor [vgl. *KEEBLE/WALKER* (1994)], sondern auch einen doppelten Vorteil in der Hinsicht, dass der Zuzug eines Betriebes zum Zweck der Erhöhung der Marktnähe positiv in den nah angrenzenden Raum abstrahlt [vgl. *HARHOFF* (1995)]. Einzelne Studien zeichnen auch ein differenzierteres Bild, wonach bei der Beurteilung auf die einzelnen Wirtschaftszweige innerhalb des industriellen Sektors abgestellt werden muss, da der direkt regionale Absatz für das Produzierende Gewerbe in Teilen eine eher nachrangige Bedeutung besitzt [vgl. *ILLY* et al. (2009); *DINLERSOZ* (2004)]. Für einzelne Industriezweige fallen indes Produktions- und Absatzregion in nennenswerter Stärke zusammen [vgl. *AUDRETSCH/FRITSCH* (1999), S. 249]. Der Rückgriff auf die Bevölkerungsdichte hängt folglich auch davon ab, inwieweit die Industriezweige CA bis CM auch Endprodukte ausgeben, also von der Höhe der Produktdifferenzierung.

Im Modell werden die Daten zur Bevölkerungsdichte der amtlichen Statistik eingesetzt, also die jährlich gemittelten Daten der Einwohner pro km² des Statistischen Landesamtes.

Hypothese 13:   Eine hohe Bevölkerungsdichte wirkt sich tendenziell vorteilhaft auf einen Kreis aus.

Gruppe 4: BETD (Betriebsdichte)

Anders als bei den Urbanisationsvorteilen, lassen sich die Lokalisationsvorteile, also die Nähe zu industriellen Betrieben, klarer differenzieren. Die Verdichtung wirtschaftlicher Aktivität kann zum einen auf Basis der Betriebe nur eines Industriezweiges ergründet werden, oder in Form von Betriebsstätten heterogener Industriezweige. Beide Konzentrationsformen erweisen sich als vorteilhaft, aber der letzteren Untersuchungsrichtung wird mehr Aufmerksamkeit geschenkt [vgl. *ROSENTHAL/STRANGE* (2004)]. Eine heterogene Branchenstruktur erscheint deshalb als überlegen, da sich positive Externalitäten vor allem zwischen verschiedenen Industriebranchen entwickeln und nicht so stark innerhalb einer solchen [vgl. *GLAESER* et al. (1992), S. 1132]. Gerade in Hinblick auf vor- und nachgelagerte Industriesparten entstehen stärkere branchennahe Kooperation und Kommunikation. Dieser vorteilhafte intraindustrielle Austausch ist typischerweise größer zwischen unterschiedlichen Industriezweigen, als zwischen identischen [vgl. *STEIL* (1999), S. 68].

Die Standortdeterminante Betriebsdichte bezieht sich auf die Konzentration des Produzierenden Gewerbes insgesamt, abzüglich des bereits als abhängige Variable eingesetzten Industriezweiges (Kennzeichnung mit ∉). Auf Basis aller zehn Industriezweige CA bis CL werden die übrigen neun als Dichtemaß in einem Kreis eingesetzt, um die umgebende heterogene Industriestruktur zu kennzeichnen. Zusätzlich erfolgt eine Differenzierung nach Betriebsgrößenklassen, was den Standortfaktor über drei einzelne Cluster-Determinanten abdeckt und prüft. Zum einen über die

Betriebsdichte aller übrigen neun Industriezweige im Kreis, in Hinblick auf Großunternehmen (BETD^G), zweitens in Anbetracht auf die Betriebsdichte der weiteren Industriebetriebe mittlerer Größe (BETD^M) sowie abschließend über die Betriebsdichte aller kleinen Industriebetriebe der verbliebenen neun Industriezweige (BETD^K) im Kreis. Die Unterscheidung der Betriebsgrößenklassen geschieht analog zur amtlichen Statistik auf Basis der Beschäftigtenzahl. Danach kennzeichnen sich Großbetriebe durch 250 und mehr Beschäftigte, Betriebe mittlerer Größe liegen zwischen 50 bis 249 und Kleinbetriebe umfassen bis zu 49 Mitarbeiter [vgl. STROTMANN (2002)]. Die Dichtemaße wurden alle selbst berechnet. Die dazu notwendigen Daten lieferte die Beschäftigtenstatistik des Statistik-Service Südwest der Bundesagentur für Arbeit, die alle sozialversicherungspflichtigen Beschäftigten am Arbeitsort des Verarbeitenden Gewerbes in Baden-Württemberg zum 30. Juni eines jeden Jahres aufzeigt und zusätzlich die Betriebsgröße und den industriellen Wirtschaftszweig erfasst.

Die Betriebsgrößenstruktur im Verarbeitenden Gewerbe ist zentral für die Prüfung branchenspezifischer Lokalisationsvorteile [vgl. STEIL (1999); ELLISON/GLAESER (1997)]. Unabhängig der Industriezweigdifferenzierung wird vor allem Klein- und Mittelbetrieben wegen ihres Spezialisierungsgrades und ihrer Flexibilität attestiert, vorteilhaft auf Ansiedlungen und Neugründungen in einer Region zu wirken [vgl. STROTMANN (2000); GLAESER et al. (1992); VIVARELLI (1991)]. Großunternehmen lagern zwar viele Aufträge an *spin-off*-Industrien auf das direkte Umfeld aus, signalisieren durch die Betriebsgröße aber auch eine gewisse abschreckende Markteintrittsbarriere [vgl. ENRIGHT (1993)].

Hypothese 14:	*Eine hohe Dichte an klein- und mittelgroßen Industriebetrieben übriger Wirtschaftszweige wirkt sich tendenziell vorteilhaft auf einen Kreis aus.*

4.6.2 Statistische Auswertung über *fixed effects* - Modell

Das Ziel des Modells besteht nicht darin, die optimale Standortwahl für Industriezweige aufzuzeigen, sondern vielmehr die wesentlichen Einflussfaktoren für die Untersuchungsregionen zu prüfen und zu diskutieren [vgl. BERLEMANN/TILGNER (2006), S. 16]. Entscheidend in der Zusammenführung der Beobachtungseinheiten und der Merkmalsausprägung ist die zeitliche Dimension. Sie fungiert als Bindeglied und überführt den Gesamtdatensatz in eine dreidimensionale Struktur. Sie schließt ein Datenpaket, indem sie alle Schlüsselvariablen miteinander verbindet [vgl. ANDRESS et al. (2013), S. 18].

Um aussagekräftige Modellergebnisse zu erhalten, zeigen sich langfristige Paneldatensätze kurzfristigen sowohl inhaltlich als auch ökonometrisch überlegen. Die statistische Analyse in dieser Arbeit basiert auf der Zeitspanne von 1980 bis 2010 und greift damit auf einen verhältnismäßig langen Zeitraum mit insgesamt $T=31$ Perioden zurück. Die Wahl dieser drei Dekaden begründet sich rein inhaltlich einerseits an der Datenverfügbarkeit, andererseits wird ein Zeitraum erfasst, der sowohl konjunkturell vorteilhafte Phase, als auch konjunkturell schwächere Jahre integriert. Letztendlich ist die Wahl auch der Praktikabilität geschuldet und die Zeiträume vor 1980 und nach 2010 hätten zudem keinen inhaltlichen Einfluss auf die Ergebnisse.

Aus rein ökonometrischer Perspektive erweisen sich große Paneldatensätze nicht allein aufgrund der steigenden Anzahl an Freiheitsgraden als vorteilhaft. Aus technischer Sicht wird mit zeitlich weiter gefassten Studien die serielle Korrelation der abhängigen Variablen, CORR (y_{nt}, y_{n1}), erheblich reduziert, was die Aussagekraft des Gesamtmodells steigert [vgl. *ANDRESS* et al. (2013), S. 67 - 69]. Größere Zeitintervalle zwischen *t=1* und *T* bedeuten damit auch aus statistischer Perspektive Vorteile. Dies ist allein deshalb bedeutsam, da sich die serielle Korrelation zwischen abhängigen Variablen nur eindämmen aber nie beseitigen lässt. Ein Regressand y_{n2} steht stets in einer gewissen Verbindung zum vorangegangenen Wert y_{n1} . Übersetzt; die Betriebsdichte zwischen zwei Beobachtungsjahren steigt nicht sprunghaft an oder fällt gravierend.

Der Einbau der zeitlichen Dimension in die Schätzgleichung erfolgt als gleichförmige Veränderungen über ein zusätzliches Subskript. Im Gros der Fälle geschieht der Einbau der zeitlichen Sequenz über diskrete Perioden, wobei – je nach Forschungsdesign – auch ein Kontinuum entlang der Merkmalsausprägungen möglich ist. Kennzeichnend für beide Fälle, die Paneldaten berücksichtigen stets die adjazenten Werte einer einzelnen Ausprägung. Nur am Start- und Schlusspunkt des Datensatzes kommen keine vor- und nachgelagerten Variablen vor; darin liegt die Eigenheit einer Panelschätzung, für das Startjahr existieren keine vorangegangenen Bezugswert und für die abschließende Welle keine Folgeeffekte. Da die Daten aber untereinander verwoben sind, bleibt dieser Effekt systemisch und damit nicht von großer technischer Bedeutung. Jede Untersuchungsrichtung muss nun einmal zeitliche Grenzen fixieren und damit auch zeitliche Start- und Schlussvariablen. Unabhängig von der Wahl der Zeitspanne bleibt die gesamte Datenzusammenstellung aber inhaltlich geschlossen, weshalb man auch von einem geschlossenen Panel spricht. Für den Datensatz ist nur von Bedeutung, dass chronologische und äquidistante Erhebungswellen über alle Beobachtungseinheiten und Merkmalsausprägungen vorliegen. Bei Erfüllung dieser Annahme, stellt sich hinsichtlich der Einbeziehung der Zeit als Bindeglied letztendlich nur noch die Frage der einheitlich angewandten Maßeinheit [vgl. *ANDRESS* (2013), S. 80]. Da einzelne Prädiktoren aufgrund inhaltlicher Überlegungen und zum Zwecke der Aussagekraft tiefer untergliedert werden, baut sich das Modell insgesamt über 18 Regressoren auf. Vor dem Hintergrund der bereits fixierten Anzahl der Beobachtungseinheiten und Erhebungswellen ist das Modell damit geschlossen. Eine abschließende Übersicht über die einzelnen zu prüfenden Standortfaktoren gibt Abbildung IV-16.

Abbildung IV-16: Übersicht der Regressoren

K	Gruppe	Standortfaktor	Regres-	Messung	Quelle
k=1	1	Neuausweisung Industrie-fläche	NIFL	Quadratmeter	Statistisches Landesamt
k=2	1	Industrieflächenkaufwerte	IFKW	Euro pro Quadratmeter	Statistisches Landesamt
k=3	2	Beschäftigung (ohne Berufs-ausbildung)	BES^{OBA}	Anteil an Ge-samtbesch.	Arbeitsagentur Südwest
k=4	2	Beschäftigung (mit Berufs-ausbildung)	BES^{MBA}	Anteil an Ge-samtbesch.	Arbeitsagentur Südwest
k=5	2	Beschäftigung (Fach- und Hochschulausbildung)	BES^{FHA}	Anteil an Ge-samtbesch.	Arbeitsagentur Südwest
k=6	2	Wasserqualität	QUAL	Eintrag an Schadstoffen	LUBW
k=7	2	Oberflächenwasserbezug	OFW	Euro pro Ku-bikmeter	WG Baden-Württemberg
k=8	2	Grundwasserbezug	GRW	Euro pro Ku-bikmeter	WG Baden-Württemberg
k=9	2	Fremdwasserbezug	FRW	Euro pro Ku-bikmeter	VEA
k=10	2	Straßentransport	STR	Fahrtzeit in Minuten	INKAR-Daten des BBSR
k=11	2	Bahntransport	BTR	Fahrtzeit in Minuten	Eigene Berech-nung
k=12	2	Lufttransport	LTR	Fahrtzeit in Minuten	INKAR-Daten des BBSR
k=13	2	Wassertransport	WTR	Fahrtzeit in Minuten	Eigene Berech-nung
k=14	3	Anschluss an Oberzentrum	AOZ	Fahrtzeit in Minuten	INKAR-Daten des BBSR
k=15	3/4	Bevölkerungsdichte	BEVD	Einwohner pro km^2	Statistisches Landesamt
k=16	4	Betriebsdichte übriger in-dustrieller Kleinbetriebe	BETD^K	Betriebe pro km^2	Arbeitsagentur Südwest
k=17	4	Betriebsdichte übriger indust-rieller Mittelbetriebe	BETD^M	Betriebe pro km^2	Arbeitsagentur Südwest
k=18	4	Betriebsdichte übriger in-dustrieller Großbetriebe	BETD^G	Betriebe pro km^2	Arbeitsagentur Südwest

Quelle: Eigene Darstellung.

Aufbauend auf die allgemeine Schätzgleichung IV-5 ergibt sich das anwendungsbezogene Schätzmodell schlussendlich zu:

$$
\begin{aligned}
ISA_{nt}^{CA\cdots CL} =\ & Z_n \cdot \varepsilon_n^1 + \beta_{1nt} \cdot NIFL_{nt} + \beta_{2nt} \cdot IFKW_{nt} \qquad && t=1980...,2010 \\
& + \beta_{3nt} \cdot BES_{nt}^{OBA} + \beta_{4nt} \cdot BES_{nt}^{MBA} + \beta_{5nt} \cdot BES_{nt}^{FHA} && n=1....44 \\
& + \beta_{6nt} \cdot QUAL_{nt} + \beta_{7nt} \cdot OFW_{nt} + \beta_{8nt} \cdot GRW_{nt} + \beta_{9nt} \cdot FRW_{nt} \\
& + \beta_{10nt} \cdot STR_{nt} + \beta_{11nt} \cdot BTR_{nt} + \beta_{12nt} \cdot LTR_{nt} + \beta_{13nt} \cdot WTR_{nt} \\
& + \beta_{14nt} \cdot AOZ_{nt} + \beta_{15nt} \cdot BEVD_{nt} + \beta_{16nt} \cdot BETD_{nt}^{K} \\
& + \beta_{17nt} \cdot BETD_{nt}^{M} + \beta_{18nt} \cdot BETD_{nt}^{G} + (\varepsilon_t^2 + \varepsilon_{nt}^3)\ .
\end{aligned}
\qquad \text{(IV-6)}
$$

Typischerweise verlangt eine Auswertung von Paneldaten ein vorgeschaltetes Datenmanagement, da die Datensätze separat in einzelnen Datenblättern vorliegen und zu einem dreidimensionalen Block zu aggregieren sind. Für die Auswertung über die Software-Anwendung Gretl™ müssen die Paneldaten etwa zusammenhängend in gestapelter Form vorliegen [vgl. ANDRESS et al. (2013), S. 25 f.]. Der abschließende Gesamtdatensatz für die *fixed effects* - Schätzung baut sich daher so auf, wie in Abbildung IV-17 schematisch dargestellt.

Abbildung IV-17: Gestapelter Paneldatensatz

N	T	y_{nt}	k=1	k=2	....	k=18
n=1	t=1	$y_{1\,1}$	$x_{1\,1\,1}$	$x_{2\,1\,1}$	....	$x_{18\,1\,1}$
n=1	...	...	...	...	....	...
n=1	t=31	$y_{1\,31}$	$x_{1\,1\,31}$	$x_{2\,1\,31}$	....	$x_{18\,1\,31}$
n=2	t=1	$y_{2\,1}$	$x_{1\,2\,1}$	$x_{2\,2\,1}$	....	$x_{18\,2\,1}$
n=2	...	...	...	...	....	
n=2	t=31	$y_{2\,31}$	$x_{1\,2\,31}$	$x_{2\,2\,31}$	....	$x_{18\,2\,31}$
⋮	⋮	⋮	⋮	⋮	....	⋮
n=44	t=1	$y_{44\,1}$	$x_{1\,44\,1}$	$x_{2\,44\,1}$	....	$x_{18\,44\,1}$
n=44	...	...	...	...	....	...
n=44	t=31	$y_{44\,31}$	$x_{1\,44\,31}$	$x_{2\,44\,31}$	....	$x_{K\,N\,T}$

Quelle: Eigene Darstellung.

In der Auswertung der einzelnen Modelle erfolgt zudem die Integration der *time lag* - Effekte. Diese Zeiteffekte werden für die drei vorangegangenen Jahre eingesetzt, um deren Bedeutung gezielter herauszustellen [vgl. ANDRESS et al. (2013), S. 80, S. 94]. Diese dreifach präzisierten Verzögerungseffekte sind dienlich, da sie klassischerweise in vielen wirtschaftspolitischen und innerbetrieblichen Entscheidungsprozessen auftreten [vgl. WOOLDRIDGE (2013), S. 11; ALLISON (1994)]. Sie wurden zudem integriert, um den Aspekt der Endogenität, also der möglichen wechselseitigen Kausalität zwischen Regressand und Regressor, besser zu berücksichtigen [vgl. BERLEMANN/TILGNER (2007), S. 20]. Über den zusätzlichen Einbau zeitverzögerter Perioden rückt das Gesamtmodell zudem mehr von einer statischen hin zu einer eher dynamischen Betrachtung. Die Ergebnisse für die empirische Schätzung der Prädiktoren über die zu untersuchenden zehn Einzelmodelle stellen die Abbildungen IV-18 bis IV-27 entsprechend dar.

Abbildung IV-18: Ergebnisse der Panelschätzungen für das Modell ISA^{CA}

Modell ISA^{CA}	Standard. β-Koeffiz.	p-Wert	Modell ISA^{CA}	Standard. β-Koeffiz.	p-Wert
NIFL	0,083	,000***	STR	-0,022	,481
NIFL [t-1]	0,081	,000***	STR [t-1]	-0,027	,397
NIFL [t-2]	0,081	,000***	STR [t-2]	-0,032	,319
NIFL [t-3]	0,080	,000***	STR [t-3]	-0,034	,295
IFKW	-0,013	,286	BTR	-0,033	,008***
IFKW [t-1]	-0,012	,321	BTR [t-1]	-0,027	,028**
IFKW [t-2]	-0,011	,395	BTR [t-2]	-0,022	,078*
IFKW [t-3]	-0,009	,475	BTR [t-3]	-0,016	,188
BES^{OBA}	-0,008	,400	LTR	-0,017	,568
BES^{OBA} [t-1]	-0,007	,459	LTR [t-1]	-0,011	,697
BES^{OBA} [t-2]	-0,006	,543	LTR [t-2]	-0,006	,827
BES^{OBA} [t-3]	-0,005	,639	LTR [t-3]	-0,003	,927
BES^{MBA}	0,092	,000***	WTR	-0,088	,000***
BES^{MBA} [t-1]	0,087	,000***	WTR [t-1]	-0,084	,000***
BES^{MBA} [t-2]	0,087	,000***	WTR [t-2]	-0,081	,000***
BES^{MBA} [t-3]	0,076	,000***	WTR [t-3]	-0,079	,000***
BES^{FHA}	0,022	,056*	AOZ	-0,052	,000***
BES^{FHA} [t-1]	0,025	,032**	AOZ [t-1]	-0,056	,000***
BES^{FHA} [t-2]	0,026	,025**	AOZ [t-2]	-0,059	,000***
BES^{FHA} [t-3]	0,025	,033**	AOZ [t-3]	-0,059	,000***
QUAL	-0,044	,000***	BEVD	0,157	,000***
QUAL [t-1]	-0,042	,000***	BEVD [t-1]	0,152	,000***
QUAL [t-2]	-0,041	,000***	BEVD [t-2]	0,151	,000***
QUAL [t-3]	-0,041	,000***	BEVD [t-3]	0,144	,000***
OFW	-0,247	,000***	BETD$^{K[€CA]}$	0,314	,000***
OFW [t-1]	-0,251	,000***	BETD$^{K[€CA]}$ [t-1]	0,283	,000***
OFW [t-2]	-0,252	,000***	BETD$^{K[€CA]}$ [t-2]	0,256	,000***
OFW [t-3]	-0,249	,000***	BETD$^{K[€CA]}$ [t-3]	0,229	,000***
GRW	-0,028	,029**	BETD$^{M[€CA]}$	-0,196	,000***
GRW [t-1]	-0,027	,038**	BETD$^{M[€CA]}$ [t-1]	-0,171	,000***
GRW [t-2]	-0,023	,083*	BETD$^{M[€CA]}$ [t-2]	-0,144	,000***
GRW [t-3]	-0,020	,145	BETD$^{M[€CA]}$ [t-3]	-0,124	,000***
FRW	-0,059	,000***	BETD$^{G[€CA]}$	0,575	,000***
FRW [t-1]	-0,052	,001***	BETD$^{G[€CA]}$ [t-1]	0,556	,000***
FRW [t-2]	-0,045	,006***	BETD$^{G[€CA]}$ [t-2]	0,531	,000***
FRW [t-3]	-0,038	,018**	BETD$^{G[€CA]}$ [t-3]	0,517	,000***

$R^2 = 0,919 \mid R^2_{[t-1]} = 0,917 \mid R^2_{[t-2]} = 0,916 \mid R^2_{[t-3]} = 0,914$
* 10 % Signifikanz | ** 5 % Signifikanz | *** 1 % Signifikanz

Quelle: Eigene Darstellung.

Abbildung IV-19: Ergebnisse der Panelschätzungen für das Modell ISA^{CB}

Modell ISA^{CB}	Standard. β-Koeffiz.	p-Wert	Modell ISA^{CB}	Standard. β-Koeffiz.	p-Wert
NIFL	0,184	,000***	STR	-0,338	,000***
NIFL [t-1]	0,184	,000***	STR [t-1]	-0,329	,000***
NIFL [t-2]	0,185	,000***	STR [t-2]	-0,322	,000***
NIFL [t-3]	0,185	,000***	STR [t-3]	-0,320	,000***
IFKW	-0,027	,244	BTR	-0,367	,000***
IFKW [t-1]	-0,025	,277	BTR [t-1]	-0,359	,000***
IFKW [t-2]	-0,029	,205	BTR [t-2]	-0,351	,000***
IFKW [t-3]	-0,037	,120	BTR [t-3]	-0,343	,000***
BES^{OBA}	0,041	,017**	LTR	-0,222	,000***
BES^{OBA} [t-1]	0,039	,023**	LTR [t-1]	-0,214	,000***
BES^{OBA} [t-2]	0,041	,016**	LTR [t-2]	-0,208	,000***
BES^{OBA} [t-3]	0,040	,021**	LTR [t-3]	-0,207	,000***
BES^{MBA}	0,016	,365	WTR	-0,200	,000***
BES^{MBA} [t-1]	0,016	,371	WTR [t-1]	-0,196	,000***
BES^{MBA} [t-2]	0,013	,480	WTR [t-2]	-0,193	,000***
BES^{MBA} [t-3]	0,010	,565	WTR [t-3]	-0,190	,000***
BES^{FHA}	-0,102	,001***	AOZ	-0,024	,409
BES^{FHA} [t-1]	-0,098	,002***	AOZ [t-1]	-0,024	,407
BES^{FHA} [t-2]	-0,093	,004***	AOZ [t-2]	-0,023	,421
BES^{FHA} [t-3]	-0,089	,006***	AOZ [t-3]	-0,026	,381
QUAL	-0,294	,000***	BEVD	0,163	,005**
QUAL [t-1]	-0,290	,000***	BEVD [t-1]	0,147	,013**
QUAL [t-2]	-0,287	,000***	BEVD [t-2]	0,132	,031**
QUAL [t-3]	-0,284	,000***	BEVD [t-3]	0,112	,077*
OFW	-0,093	,029**	BETD$^{K[\notin CB]}$	0,557	,000***
OFW [t-1]	-0,089	,036**	BETD$^{K[\notin CB]}$ [t-1]	0,515	,000***
OFW [t-2]	-0,091	,036**	BETD$^{K[\notin CB]}$ [t-2]	0,480	,000***
OFW [t-3]	-0,096	,030**	BETD$^{K[\notin CB]}$ [t-3]	0,455	,000***
GRW	-0,056	,029**	BETD$^{M[\notin CB]}$	-0,010	,858
GRW [t-1]	-0,061	,019**	BETD$^{M[\notin CB]}$ [t-1]	0,009	,864
GRW [t-2]	-0,073	,006**	BETD$^{M[\notin CB]}$ [t-2]	0,029	,625
GRW [t-3]	-0,088	,001**	BETD$^{M[\notin CB]}$ [t-3]	0,041	,489
FRW	-0,356	,000***	BETD$^{G[\notin CB]}$	0,173	,000***
FRW [t-1]	-0,358	,000***	BETD$^{G[\notin CB]}$ [t-1]	0,183	,000***
FRW [t-2]	-0,359	,000***	BETD$^{G[\notin CB]}$ [t-2]	0,190	,000***
FRW [t-3]	-0,359	,000***	BETD$^{G[\notin CB]}$ [t-3]	0,199	,000***

R^2 = 0,699 | R^2 [t-1] = 0,696 | R^2 [t-2] = 0,691 | R^2 [t-3] = 0,686

* 10 % Signifikanz | ** 5 % Signifikanz | *** 1 % Signifikanz

Quelle: Eigene Darstellung.

Abbildung IV-20: Ergebnisse der Panelschätzungen für das Modell ISA^{CC}

Modell ISA^{CC}	Standard. β-Koeffiz.	p-Wert	Modell ISA^{CC}	Standard. β-Koeffiz.	p-Wert
NIFL	0,039	,000***	STR	-0,107	,000***
NIFL [t-1]	0,032	,006***	STR [t-1]	-0,105	,001***
NIFL [t-2]	0,026	,034**	STR [t-2]	-0,104	,001***
NIFL [t-3]	0,022	,072*	STR [t-3]	-0,111	,001***
IFKW	-0,152	,000***	BTR	-0,019	,096*
IFKW [t-1]	-0,149	,000***	BTR [t-1]	-0,019	,107
IFKW [t-2]	-0,158	,000***	BTR [t-2]	-0,022	,072*
IFKW [t-3]	-0,146	,000***	BTR [t-3]	-0,023	,061*
BES^{OBA}	0,005	,574	LTR	-0,065	,019**
BES^{OBA} [t-1]	0,005	,574	LTR [t-1]	-0,065	,023**
BES^{OBA} [t-2]	0,008	,495	LTR [t-2]	-0,059	,041**
BES^{OBA} [t-3]	0,013	,213	LTR [t-3]	-0,063	,033**
BES^{MBA}	0,022	,062*	WTR	-0,050	,000***
BES^{MBA} [t-1]	0,029	,016**	WTR [t-1]	-0,049	,000***
BES^{MBA} [t-2]	0,043	,000***	WTR [t-2]	-0,046	,000***
BES^{MBA} [t-3]	0,048	,000***	WTR [t-3]	-0,042	,001***
BES^{FHA}	0,008	,442	AOZ	-0,020	,150
BES^{FHA} [t-1]	0,003	,780	AOZ [t-1]	-0,021	,148
BES^{FHA} [t-2]	0,006	,616	AOZ [t-2]	-0,015	,318
BES^{FHA} [t-3]	0,020	,083*	AOZ [t-3]	-0,007	,663
QUAL	0,018	,108	BEVD	0,630	,000***
QUAL [t-1]	0,012	,289	BEVD [t-1]	0,632	,000***
QUAL [t-2]	0,008	,507	BEVD [t-2]	0,624	,000***
QUAL [t-3]	0,006	,603	BEVD [t-3]	0,635	,000***
OFW	-0,034	,124	BETD$^{K[\text{€CC}]}$	0,389	,000***
OFW [t-1]	-0,059	,008***	BETD$^{K[\text{€CC}]}$ [t-1]	0,383	,000***
OFW [t-2]	-0,087	,000***	BETD$^{K[\text{€CC}]}$ [t-2]	0,377	,000***
OFW [t-3]	-0,106	,000***	BETD$^{K[\text{€CC}]}$ [t-3]	0,392	,000***
GRW	-0,028	,022**	BETD$^{M[\text{€CC}]}$	-0,145	,000***
GRW [t-1]	-0,041	,002***	BETD$^{M[\text{€CC}]}$ [t-1]	-0,153	,000***
GRW [t-2]	-0,049	,000***	BETD$^{M[\text{€CC}]}$ [t-2]	-0,159	,000***
GRW [t-3]	-0,059	,000***	BETD$^{M[\text{€CC}]}$ [t-3]	-0,175	,000***
FRW	-0,156	,000***	BETD$^{G[\text{€CC}]}$	0,051	,039**
FRW [t-1]	-0,153	,000***	BETD$^{G[\text{€CC}]}$ [t-1]	0,057	,028**
FRW [t-2]	-0,156	,000***	BETD$^{G[\text{€CC}]}$ [t-2]	0,062	,021**
FRW [t-3]	-0,154	,000***	BETD$^{G[\text{€CC}]}$ [t-3]	0,046	,102

$R^2 = 0{,}928$ | R^2 [t-1] $= 0{,}926$ | R^2 [t-2] $= 0{,}926$ | R^2 [t-3] $= 0{,}924$

* 10 % Signifikanz | ** 5 % Signifikanz | *** 1 % Signifikanz

Quelle: Eigene Darstellung.

Abbildung IV-21: Ergebnisse der Panelschätzungen für das Modell ISA^{CD}

Modell ISA^{CD}	Standard. β-Koeffiz.	p-Wert	Modell ISA^{CD}	Standard. β-Koeffiz.	p-Wert
NIFL	0,108	,000***	STR	-0,169	,000***
NIFL [t-1]	0,108	,000***	STR [t-1]	-0,178	,000***
NIFL [t-2]	0,109	,000***	STR [t-2]	-0,187	,000***
NIFL [t-3]	0,110	,000***	STR [t-3]	-0,186	,000***
IFKW	-0,417	,000***	BTR	-0,114	,000***
IFKW [t-1]	-0,401	,000***	BTR [t-1]	-0,110	,000***
IFKW [t-2]	-0,382	,000***	BTR [t-2]	-0,109	,000***
IFKW [t-3]	-0,378	,000***	BTR [t-3]	-0,109	,000***
BES^{OBA}	-0,009	,549	LTR	-0,126	,003***
BES^{OBA} [t-1]	-0,009	,517	LTR [t-1]	-0,134	,002***
BES^{OBA} [t-2]	-0,007	,628	LTR [t-2]	-0,148	,001***
BES^{OBA} [t-3]	-0,002	,895	LTR [t-3]	-0,151	,001***
BES^{MBA}	0,148	,000***	WTR	-0,053	,004***
BES^{MBA} [t-1]	0,152	,000***	WTR [t-1]	-0,053	,004***
BES^{MBA} [t-2]	0,161	,000***	WTR [t-2]	-0,050	,008***
BES^{MBA} [t-3]	0,166	,000***	WTR [t-3]	-0,047	,015***
BES^{FHA}	0,045	,008***	AOZ	0,105	,000***
BES^{FHA} [t-1]	0,055	,001***	AOZ [t-1]	0,102	,000***
BES^{FHA} [t-2]	0,057	,001***	AOZ [t-2]	0,096	,000***
BES^{FHA} [t-3]	0,051	,004***	AOZ [t-3]	0,089	,000***
QUAL	-0,134	,000***	BEVD	0,859	,000***
QUAL [t-1]	-0,134	,000***	BEVD [t-1]	0,831	,000***
QUAL [t-2]	-0,134	,000***	BEVD [t-2]	0,798	,000***
QUAL [t-3]	-0,132	,000***	BEVD [t-3]	0,784	,000***
OFW	-0,084	,012**	BETD^{K[€CD]}	-0,056	,259
OFW [t-1]	-0,076	,026**	BETD^{K[€CD]} [t-1]	-0,054	,283
OFW [t-2]	-0,065	,065*	BETD^{K[€CD]} [t-2]	-0,059	,253
OFW [t-3]	-0,057	,113	BETD^{K[€CD]} [t-3]	-0,068	,206
GRW	-0,061	,001***	BETD^{M[€CD]}	-0,173	,000***
GRW [t-1]	-0,058	,003***	BETD^{M[€CD]} [t-1]	-0,170	,000***
GRW [t-2]	-0,057	,005***	BETD^{M[€CD]} [t-2]	-0,167	,000***
GRW [t-3]	-0,056	,008***	BETD^{M[€CD]} [t-3]	-0,152	,001***
FRW	-0,148	,000***	BETD^{G[€CD]}	0,504	,000***
FRW [t-1]	-0,142	,000***	BETD^{G[€CD]} [t-1]	0,502	,000***
FRW [t-2]	-0,138	,000***	BETD^{G[€CD]} [t-2]	0,512	,000***
FRW [t-3]	-0,133	,000***	BETD^{G[€CD]} [t-3]	0,503	,000***

$R^2 = 0,829 \mid R^2 \text{[t-1]} = 0,823 \mid R^2 \text{[t-2]} = 0,828 \mid R^2 \text{[t-3]} = 0,821$

* 10 % Signifikanz | ** 5 % Signifikanz | *** 1 % Signifikanz

Quelle: Eigene Darstellung.

Abbildung IV-22: Ergebnisse der Panelschätzungen für das Modell ISA^{CE+CF}

Modell ISA^{CE+CF}	Standard. β-Koeffiz.	p-Wert	Modell ISA^{CE+CF}	Standard. β-Koeffiz.	p-Wert
NIFL	0,007	,623	STR	-0,285	,000***
NIFL [t-1]	0,004	,778	STR [t-1]	-0,295	,000***
NIFL [t-2]	0,001	,969	STR [t-2]	-0,305	,000***
NIFL [t-3]	0,003	,862	STR [t-3]	-0,306	,000***
IFKW	-0,310	,000***	BTR	-0,109	,000***
IFKW [t-1]	-0,306	,000***	BTR [t-1]	-0,111	,000***
IFKW [t-2]	-0,301	,000***	BTR [t-2]	-0,114	,000***
IFKW [t-3]	-0,304	,000***	BTR [t-3]	-0,118	,000***
BES^{OBA}	-0,179	,000***	LTR	0,145	,000***
BES^{OBA} [t-1]	-0,179	,000***	LTR [t-1]	0,154	,000***
BES^{OBA} [t-2]	-0,183	,000***	LTR [t-2]	0,167	,000***
BES^{OBA} [t-3]	-0,184	,000***	LTR [t-3]	0,172	,000***
BES^{MBA}	0,112	,470	WTR	-0,138	,000***
BES^{MBA} [t-1]	0,001	,992	WTR [t-1]	-0,142	,000***
BES^{MBA} [t-2]	0,003	,843	WTR [t-2]	-0,147	,000***
BES^{MBA} [t-3]	0,005	,784	WTR [t-3]	-0,149	,000***
BES^{FHA}	0,048	,007***	AOZ	0,079	,000***
BES^{FHA} [t-1]	0,067	,000***	AOZ [t-1]	0,078	,000***
BES^{FHA} [t-2]	0,072	,000***	AOZ [t-2]	0,070	,000***
BES^{FHA} [t-3]	0,062	,001***	AOZ [t-3]	0,061	,000***
QUAL	-0,051	,000***	BEVD	0,729	,000***
QUAL [t-1]	-0,055	,000***	BEVD [t-1]	0,728	,000***
QUAL [t-2]	-0,059	,000***	BEVD [t-2]	0,708	,000***
QUAL [t-3]	-0,062	,000***	BEVD [t-3]	0,704	,000***
OFW	-0,141	,000***	BETD$^{K[\notin CE+CF]}$	-0,099	,019**
OFW [t-1]	-0,142	,000***	BETD$^{K[\notin CE+CF]}$ [t-1]	-0,147	,001***
OFW [t-2]	-0,138	,000***	BETD$^{K[\notin CE+CF]}$ [t-2]	-0,162	,000***
OFW [t-3]	-0,127	,000***	BETD$^{K[\notin CE+CF]}$ [t-3]	-0,178	,000***
GRW	-0,055	,001***	BETD$^{M[\notin CE+CF]}$	-0,056	,128
GRW [t-1]	-0,055	,001***	BETD$^{M[\notin CE+CF]}$ [t-1]	-0,028	,466
GRW [t-2]	-0,047	,008***	BETD$^{M[\notin CE+CF]}$ [t-2]	-0,025	,517
GRW [t-3]	-0,036	,048**	BETD$^{M[\notin CE+CF]}$ [t-3]	-0,017	,666
FRW	-0,029	,141	BETD$^{G[\notin CE+CF]}$	0,391	,000***
FRW [t-1]	-0,034	,093*	BETD$^{G[\notin CE+CF]}$ [t-1]	0,399	,000***
FRW [t-2]	-0,041	,049**	BETD$^{G[\notin CE+CF]}$ [t-2]	0,409	,000***
FRW [t-3]	-0,048	,024**	BETD$^{G[\notin CE+CF]}$ [t-3]	0,408	,000***

$R^2 = 0,873$ | R^2 [t-1] $= 0,873$ | R^2 [t-2] $= 0,872$ | R^2 [t-3] $= 0,870$
* 10 % Signifikanz | ** 5 % Signifikanz | *** 1 % Signifikanz

Quelle: Eigene Darstellung.

Abbildung IV-23: Ergebnisse der Panelschätzungen für das Modell ISA^{CG}

Modell ISA^{CG}	Standard. β-Koeffiz.	p-Wert	Modell ISA^{CG}	Standard. β-Koeffiz.	p-Wert
NIFL	0,175	,000***	STR	-0,062	,049**
NIFL [t-1]	0,181	,000***	STR [t-1]	-0,061	,053*
NIFL [t-2]	0,187	,000***	STR [t-2]	-0,067	,035**
NIFL [t-3]	0,194	,000***	STR [t-3]	-0,065	,045**
IFKW	-0,059	,000***	BTR	-0,060	,000***
IFKW [t-1]	-0,065	,000***	BTR [t-1]	-0,056	,000***
IFKW [t-2]	-0,049	,000***	BTR [t-2]	-0,055	,000***
IFKW [t-3]	-0,042	,000***	BTR [t-3]	-0,055	,000***
BES^{OBA}	-0,063	,000***	LTR	-0,169	,000***
BES^{OBA} [t-1]	-0,066	,000***	LTR [t-1]	-0,163	,000***
BES^{OBA} [t-2]	-0,062	,000***	LTR [t-2]	-0,169	,000***
BES^{OBA} [t-3]	-0,058	,000***	LTR [t-3]	-0,168	,000***
BES^{MBA}	0,002	,872	WTR	-0,065	,000***
BES^{MBA} [t-1]	0,005	,682	WTR [t-1]	-0,063	,000***
BES^{MBA} [t-2]	0,002	,878	WTR [t-2]	-0,063	,000***
BES^{MBA} [t-3]	0,004	,727	WTR [t-3]	-0,066	,000***
BES^{FHA}	0,001	,932	AOZ	-0,017	,249
BES^{FHA} [t-1]	0,001	,957	AOZ [t-1]	-0,017	,233
BES^{FHA} [t-2]	0,003	,825	AOZ [t-2]	-0,020	,171
BES^{FHA} [t-3]	0,011	,469	AOZ [t-3]	-0,025	,099*
QUAL	-0,097	,000***	BEVD	0,182	,000***
QUAL [t-1]	-0,098	,000***	BEVD [t-1]	0,180	,000***
QUAL [t-2]	-0,101	,000***	BEVD [t-2]	0,188	,000***
QUAL [t-3]	-0,106	,000***	BEVD [t-3]	0,189	,000***
OFW	-0,337	,000***	BETD$^{K[\notin CG]}$	0,244	,000***
OFW [t-1]	-0,356	,000***	BETD$^{K[\notin CG]}$ [t-1]	0,176	,000***
OFW [t-2]	-0,365	,000***	BETD$^{K[\notin CG]}$ [t-2]	0,119	,001***
OFW [t-3]	-0,375	,000***	BETD$^{K[\notin CG]}$ [t-3]	0,059	,099*
GRW	-0,168	,000***	BETD$^{M[\notin CG]}$	0,017	,559
GRW [t-1]	-0,175	,000***	BETD$^{M[\notin CG]}$ [t-1]	0,065	,028**
GRW [t-2]	-0,178	,000***	BETD$^{M[\notin CG]}$ [t-2]	0,101	,001***
GRW [t-3]	-0,179	,000***	BETD$^{M[\notin CG]}$ [t-3]	0,142	,000***
FRW	-0,024	,124	BETD$^{G[\notin CG]}$	0,308	,000***
FRW [t-1]	-0,016	,322	BETD$^{G[\notin CG]}$ [t-1]	0,326	,000***
FRW [t-2]	-0,012	,441	BETD$^{G[\notin CG]}$ [t-2]	0,346	,000***
FRW [t-3]	-0,008	,634	BETD$^{G[\notin CG]}$ [t-3]	0,364	,000***

$R^2 = 0,922 \mid R^2 \text{[t-1]} = 0,923 \mid R^2 \text{[t-2]} = 0,923 \mid R^2 \text{[t-3]} = 0,923$

* 10 % Signifikanz | ** 5 % Signifikanz | *** 1 % Signifikanz

Quelle: Eigene Darstellung.

Abbildung IV-24: Ergebnisse der Panelschätzungen für das Modell ISA^{CH}

Modell ISA^{CH}	Standard. β-Koeffiz.	p-Wert	Modell ISA^{CH}	Standard. β-Koeffiz.	p-Wert
NIFL	0,092	,000***	STR	-0,147	,000***
NIFL [t-1]	0,097	,000***	STR [t-1]	-0,148	,000***
NIFL [t-2]	0,104	,000***	STR [t-2]	-0,147	,000***
NIFL [t-3]	0,113	,000***	STR [t-3]	-0,146	,000***
IFKW	-0,002	,867	BTR	-0,117	,000***
IFKW [t-1]	-0,000	,975	BTR [t-1]	-0,117	,000***
IFKW [t-2]	-0,004	,681	BTR [t-2]	-0,117	,000***
IFKW [t-3]	-0,0029	,403	BTR [t-3]	-0,117	,000***
BES^{OBA}	0,270	,000***	LTR	0,026	,289
BES^{OBA} [t-1]	0,270	,000***	LTR [t-1]	0,029	,244
BES^{OBA} [t-2]	0,255	,000***	LTR [t-2]	0,031	,216
BES^{OBA} [t-3]	0,254	,000***	LTR [t-3]	0,033	,204
BES^{MBA}	0,058	,004***	WTR	-0,113	,000***
BES^{MBA} [t-1]	0,063	,005***	WTR [t-1]	-0,112	,000***
BES^{MBA} [t-2]	0,058	,003***	WTR [t-2]	-0,107	,000***
BES^{MBA} [t-3]	0,064	,004***	WTR [t-3]	-0,105	,000***
BES^{FHA}	0,019	,030**	AOZ	-0,026	,0410**
BES^{FHA} [t-1]	0,023	,008***	AOZ [t-1]	-0,021	,095*
BES^{FHA} [t-2]	0,023	,009***	AOZ [t-2]	-0,019	,151
BES^{FHA} [t-3]	0,024	,007***	AOZ [t-3]	-0,014	,276
QUAL	-0,057	,000***	BEVD	-0,226	,000***
QUAL [t-1]	-0,061	,000***	BEVD [t-1]	-0,256	,000***
QUAL [t-2]	-0,068	,000***	BEVD [t-2]	-0,296	,000***
QUAL [t-3]	-0,076	,000***	BEVD [t-3]	-0,332	,000***
OFW	-0,266	,000***	BETD$^{K[€CH]}$	0,808	,000***
OFW [t-1]	-0,257	,000***	BETD$^{K[€CH]}$ [t-1]	0,806	,000***
OFW [t-2]	-0,243	,000***	BETD$^{K[€CH]}$ [t-2]	0,830	,000***
OFW [t-3]	-0,232	,000***	BETD$^{K[€CH]}$ [t-3]	0,855	,000***
GRW	-0,102	,000***	BETD$^{M[€CH]}$	0,342	,000***
GRW [t-1]	-0,094	,000***	BETD$^{M[€CH]}$ [t-1]	0,339	,000***
GRW [t-2]	-0,086	,000***	BETD$^{M[€CH]}$ [t-2]	0,318	,000***
GRW [t-3]	-0,079	,000***	BETD$^{M[€CH]}$ [t-3]	0,298	,000***
FRW	-0,140	,000***	BETD$^{G[€CH]}$	0,002	,929
FRW [t-1]	-0,128	,000***	BETD$^{G[€CH]}$ [t-1]	0,025	,270
FRW [t-2]	-0,119	,000***	BETD$^{G[€CH]}$ [t-2]	0,045	,052*
FRW [t-3]	-0,109	,000***	BETD$^{G[€CH]}$ [t-3]	0,065	,008***

$R^2 = 0{,}943$ | R^2 [t-1] = 0,943 | R^2 [t-2] = 0,942 | R^2 [t-3] = 0,942

* 10 % Signifikanz | ** 5 % Signifikanz | *** 1 % Signifikanz

Quelle: Eigene Darstellung.

Abbildung IV-25: Ergebnisse der Panelschätzungen für das Modell ISA^{CI+CJ}

Modell ISA^{CI+CJ}	Standard. β-Koeffiz.	p-Wert	Modell ISA^{CI+CJ}	Standard. β-Koeffiz.	p-Wert
NIFL	0,053	,000***	STR	-0,118	,000***
NIFL [t-1]	0,045	,000***	STR [t-1]	-0,118	,000***
NIFL [t-2]	0,036	,001***	STR [t-2]	-0,119	,000***
NIFL [t-3]	0,028	,009***	STR [t-3]	-0,111	,000***
IFKW	-0,003	,777	BTR	-0,022	,037**
IFKW [t-1]	-0,002	,849	BTR [t-1]	-0,020	,057*
IFKW [t-2]	-0,006	,591	BTR [t-2]	-0,018	,091*
IFKW [t-3]	-0,008	,606	BTR [t-3]	-0,015	,168
BES^{OBA}	0,009	,238	LTR	0,167	,000***
BES^{OBA} [t-1]	0,007	,403	LTR [t-1]	0,165	,000***
BES^{OBA} [t-2]	0,006	,424	LTR [t-2]	0,165	,000***
BES^{OBA} [t-3]	0,003	,681	LTR [t-3]	0,157	,000***
BES^{MBA}	0,008	,320	WTR	0,096	,000***
BES^{MBA} [t-1]	0,005	,533	WTR [t-1]	0,093	,000***
BES^{MBA} [t-2]	0,002	,806	WTR [t-2]	0,089	,000***
BES^{MBA} [t-3]	0,003	,702	WTR [t-3]	0,083	,000***
BES^{FHA}	0,073	,000***	AOZ	-0,003	,825
BES^{FHA} [t-1]	0,062	,000***	AOZ [t-1]	-0,012	,371
BES^{FHA} [t-2]	0,052	,001***	AOZ [t-2]	-0,019	,149
BES^{FHA} [t-3]	0,052	,001***	AOZ [t-3]	-0,026	,063*
QUAL	-0,030	,002***	BEVD	0,068	,007***
QUAL [t-1]	-0,019	,053*	BEVD [t-1]	0,100	,000***
QUAL [t-2]	-0,009	,379	BEVD [t-2]	0,136	,000***
QUAL [t-3]	-0,001	,963	BEVD [t-3]	0,165	,000***
OFW	-0,157	,000***	BETD^{K[€CI+CJ]}	0,152	,000**
OFW [t-1]	-0,159	,000***	BETD^{K[€CI+CJ]} [t-1]	0,154	,000**
OFW [t-2]	-0,160	,000***	BETD^{K[€CI+CJ]} [t-2]	0,163	,000**
OFW [t-3]	-0,155	,000***	BETD^{K[€CI+CJ]} [t-3]	0,180	,000**
GRW	-0,051	,000***	BETD^{M[€CI+CJ]}	0,101	,000***
GRW [t-1]	-0,051	,000***	BETD^{M[€CI+CJ]} [t-1]	0,069	,009***
GRW [t-2]	-0,053	,000***	BETD^{M[€CI+CJ]} [t-2]	0,038	,166
GRW [t-3]	-0,058	,000***	BETD^{M[€CI+CJ]} [t-3]	0,009	,731
FRW	-0,023	,094*	BETD^{G[€CI+CJ]}	-0,198	,000***
FRW [t-1]	-0,043	,002***	BETD^{G[€CI+CJ]} [t-1]	-0,152	,000***
FRW [t-2]	-0,064	,000***	BETD^{G[€CI+CJ]} [t-2]	-0,107	,000***
FRW [t-3]	-0,079	,000***	BETD^{G[€CI+CJ]} [t-3]	-0,077	,002***

$R^2 = 0{,}941$ | R^2 [t-1] = 0,939 | R^2 [t-2] = 0,938 | R^2 [t-3] = 0,937

* 10 % Signifikanz | ** 5 % Signifikanz | *** 1 % Signifikanz

Quelle: Eigene Darstellung.

Abbildung IV-26: Ergebnisse der Panelschätzungen für das Modell ISA^{CK}

Modell ISA^{CK}	Standard. β-Koeffiz.	p-Wert	Modell ISA^{CK}	Standard. β-Koeffiz.	p-Wert
NIFL	0,235	,000***	STR	-0,234	,000***
NIFL [t-1]	0,239	,000***	STR [t-1]	-0,235	,000***
NIFL [t-2]	0,246	,000***	STR [t-2]	-0,237	,000***
NIFL [t-3]	0,254	,000***	STR [t-3]	-0,238	,000***
IFKW	-0,009	,530	BTR	-0,203	,000***
IFKW [t-1]	-0,012	,427	BTR [t-1]	-0,204	,000***
IFKW [t-2]	-0,014	,387	BTR [t-2]	-0,203	,000***
IFKW [t-3]	-0,017	,276	BTR [t-3]	-0,201	,000***
BES^{OBA}	0,392	,000***	LTR	-0,360	,000***
BES^{OBA} [t-1]	0,383	,000***	LTR [t-1]	-0,359	,000***
BES^{OBA} [t-2]	0,369	,000***	LTR [t-2]	-0,355	,000***
BES^{OBA} [t-3]	0,339	,000***	LTR [t-3]	-0,349	,000***
BES^{MBA}	0,141	,000***	WTR	-0,054	,001***
BES^{MBA} [t-1]	0,145	,000***	WTR [t-1]	-0,054	,001***
BES^{MBA} [t-2]	0,149	,000***	WTR [t-2]	-0,055	,001***
BES^{MBA} [t-3]	0,144	,000***	WTR [t-3]	-0,051	,003***
BES^{FHA}	0,042	,001***	AOZ	-0,054	,003***
BES^{FHA} [t-1]	0,043	,001***	AOZ [t-1]	-0,059	,001***
BES^{FHA} [t-2]	0,043	,001***	AOZ [t-2]	-0,066	,001***
BES^{FHA} [t-3]	0,041	,002***	AOZ [t-3]	-0,072	,000***
QUAL	-0,169	,000***	BEVD	0,055	,130
QUAL [t-1]	-0,172	,000***	BEVD [t-1]	0,035	,360
QUAL [t-2]	-0,175	,000***	BEVD [t-2]	0,013	,742
QUAL [t-3]	-0,180	,000***	BEVD [t-3]	0,031	,458
OFW	-0,075	,014**	BETD$^{K[€CK]}$	0,441	,000***
OFW [t-1]	-0,043	,160	BETD$^{K[€CK]}$ [t-1]	0,465	,000***
OFW [t-2]	-0,007	,832	BETD$^{K[€CK]}$ [t-2]	0,494	,000***
OFW [t-3]	-0,031	,341	BETD$^{K[€CK]}$ [t-3]	0,554	,000***
GRW	-0,005	,748	BETD$^{M[€CK]}$	0,270	,000***
GRW [t-1]	-0,022	,190	BETD$^{M[€CK]}$ [t-1]	0,259	,000***
GRW [t-2]	-0,039	,023**	BETD$^{M[€CK]}$ [t-2]	0,248	,000***
GRW [t-3]	-0,056	,002***	BETD$^{M[€CK]}$ [t-3]	0,217	,000***
FRW	-0,217	,000***	BETD$^{G[€CK]}$	0,013	,673
FRW [t-1]	-0,210	,000***	BETD$^{G[€CK]}$ [t-1]	0,012	,715
FRW [t-2]	-0,223	,000***	BETD$^{G[€CK]}$ [t-2]	0,003	,920
FRW [t-3]	-0,225	,000***	BETD$^{G[€CK]}$ [t-3]	0,001	,978

$R^2 = 0,881$ | R^2 [t-1] = 0,881 | R^2 [t-2] = 0,881 | R^2 [t-3] = 0,881

* 10 % Signifikanz | ** 5 % Signifikanz | *** 1 % Signifikanz

Quelle: Eigene Darstellung.

Abbildung IV-27: Ergebnisse der Panelschätzungen für das Modell ISA^{CL}

Modell ISA^{CL}	Standard. β-Koeffiz.	p-Wert	Modell ISA^{CL}	Standard. β-Koeffiz.	p-Wert
NIFL	0,062	,000***	STR	-0,006	,869
NIFL [t-1]	0,069	,000***	STR [t-1]	-0,002	,968
NIFL [t-2]	0,075	,000***	STR [t-2]	-0,004	,913
NIFL [t-3]	0,081	,000***	STR [t-3]	-0,005	,900
IFKW	-0,099	,000***	BTR	-0,014	,320
IFKW [t-1]	-0,103	,000***	BTR [t-1]	-0,012	,405
IFKW [t-2]	-0,089	,000***	BTR [t-2]	-0,010	,506
IFKW [t-3]	-0,078	,000***	BTR [t-3]	-0,010	,506
BES^{OBA}	0,019	,101	LTR	-0,088	,009***
BES^{OBA} [t-1]	0,021	,074*	LTR [t-1]	-0,084	,016**
BES^{OBA} [t-2]	0,029	,016**	LTR [t-2]	-0,089	,013**
BES^{OBA} [t-3]	0,029	,019**	LTR [t-3]	-0,095	,009***
BES^{MBA}	0,065	,000***	WTR	-0,101	,000***
BES^{MBA} [t-1]	0,072	,000***	WTR [t-1]	-0,098	,000***
BES^{MBA} [t-2]	0,074	,000***	WTR [t-2]	-0,095	,000***
BES^{MBA} [t-3]	0,073	,000***	WTR [t-3]	-0,090	,000***
BES^{FHA}	0,004	,783	AOZ	-0,008	,648
BES^{FHA} [t-1]	0,006	,673	AOZ [t-1]	-0,009	,607
BES^{FHA} [t-2]	0,003	,814	AOZ [t-2]	-0,011	,547
BES^{FHA} [t-3]	0,001	,981	AOZ [t-3]	-0,010	,598
QUAL	-0,054	,000***	BEVD	0,276	,000***
QUAL [t-1]	-0,060	,000***	BEVD [t-1]	0,261	,000***
QUAL [t-2]	-0,065	,000***	BEVD [t-2]	0,254	,000***
QUAL [t-3]	-0,071	,000***	BEVD [t-3]	0,233	,000***
OFW	-0,009	,711	BETD$^{K[\epsilon CL]}$	0,070	,075*
OFW [t-1]	-0,013	,639	BETD$^{K[\epsilon CL]}$ [t-1]	0,097	,017**
OFW [t-2]	-0,003	,917	BETD$^{K[\epsilon CL]}$ [t-2]	0,111	,009***
OFW [t-3]	-0,006	,826	BETD$^{K[\epsilon CL]}$ [t-3]	0,131	,003***
GRW	-0,024	,118	BETD$^{M[\epsilon CL]}$	0,017	,632
GRW [t-1]	-0,028	,078*	BETD$^{M[\epsilon CL]}$ [t-1]	0,024	,504
GRW [t-2]	-0,037	,023**	BETD$^{M[\epsilon CL]}$ [t-2]	0,029	,432
GRW [t-3]	-0,047	,006***	BETD$^{M[\epsilon CL]}$ [t-3]	0,033	,379
FRW	-0,113	,000***	BETD$^{G[\epsilon CL]}$	0,667	,000***
FRW [t-1]	-0,122	,000***	BETD$^{G[\epsilon CL]}$ [t-1]	0,688	,000***
FRW [t-2]	-0,131	,000***	BETD$^{G[\epsilon CL]}$ [t-2]	0,699	,000***
FRW [t-3]	-0,138	,000***	BETD$^{G[\epsilon CL]}$ [t-3]	0,729	,000***

R^2 = 0,891 | R^2 [t-1] = 0,889 | R^2 [t-2] = 0,887 | R^2 [t-3] = 0,885

* 10 % Signifikanz | ** 5 % Signifikanz | *** 1 % Signifikanz

Quelle: Eigene Darstellung.

4.6.3 Bedeutung der Modellergebnisse und statistische Einordnung

Bei der Lese- und Interpretationsart der Ergebnisdarstellungen ist zu beachten, dass es sich pro Wirtschaftszweig prinzipiell um vier Einzelmodelle handelt. Zunächst stellt man das Grundlagenmodell des geschlossenen Panels dar. Eingerückt aufgeführt: die Ergebnisse der *time lag* - Modelle. Diese stellen gezielt den zeitlich verschleppenden Einfluss zwischen dem Regressand in *t* und dem jeweiligen Regressor in *t-1*, *t-2* und *t-3* heraus. Natürlich bricht diese zusätzliche Betrachtung die geschlossene Panelstruktur auf und verkürzt sie. Während das Grundmodell insgesamt 31 Berichtswellen berücksichtigt, verkürzt sich in den *time lag* - Modellen nun das Zeitintervall entsprechend auf 30, 29 und 28 Erhebungswellen. Diese nicht unerhebliche Verkleinerung des Datensatzes begründet sich schlicht darüber, dass keine vorgelagerten Werte zu dem Startjahr 1980 bestehen. Da sich diese Lücke auf alle 44 Untersuchungsträger bezieht, fallen also 44, 88 sowie 132 Einzeldatensätze aus der Analyse. Da sich der gesamte Datenblock um drei Zeitsprünge nach hinten verschiebt, liegen zudem für die letzten drei Erhebungsjahre zwar Werte für die unabhängigen Variablen vor, aber keine abhängigen Variablen mehr. Vergleichbar sind daher in den Abbildungen grundsätzlich nur die einzelnen Indikatorvariablen eines jeden Einzelmodells, nicht aber eine einzige Indikatorvariabel über mehrere Einzelmodelle. Allerdings erlauben die untereinander gelisteten Ausprägungen eines Standortfaktors zumindest Rückschlüsse auf die Robustheit seines Einflusses im Zeitverlauf. Erwartungsgemäß liegen die Werte benachbarter Intervalle, trotz Verkleinerung der Datenbasis bei den *time lag* - Modellen, nah beieinander.

In der statistischen Einordnung der Modellergebnisse ist es aus Gründen der Vollständigkeit geboten, die zwei entscheidenden und der Auswertung vorgelagerten Testverfahren noch einmal zusammenhängend darzustellen. In der rekursiven Betrachtung entstanden die Modellergebnisse ja nur deshalb, weil man sich für das *fixed effects* - Modell entschied und davor darüber befand, ob sich der Einsatz von Paneldaten für diese Untersuchungszwecke überhaupt lohnt. Der erste Test, der Breusch-Pagan-Test, untersucht, ob eine Panel-Methode einer gewöhnlichen Regression auf Basis des Kleinstquadratverfahrens überhaupt überlegen ist [vgl. BREUSCH/PAGAN (1980)]. Im Kern untersucht er, ob der Faktor Zeit als entscheidendes Trennungsargument eingebunden werden sollte, oder nicht. Also eine Prüfung, ob die auftretenden Veränderungen im Zeitverlauf im Gesamtdatensatz so viel Aussagekraft besitzen, dass man sie berücksichtigen muss, oder auf sie verzichten kann und ein Modell ohne Zeitindizes herangezogen werden soll, das nur die Veränderungen der unabhängigen Variablen berücksichtigt. In letzterem Fall entfiele der die Daten überlagernde Zeittrend einfach. Mit anderen Worten; der Breusch-Pagan-Test untersucht, ob die Zeitinformation einen Mehrwert liefert. Die Nullhypothese und die Gegenhypothese ergeben sich direkt aus dieser Überlegung:

$$H_0^{BP}: \sigma_{\varepsilon_t}^2 = 0 \quad , \quad H_1^{BP}: \sigma_{\varepsilon_t}^2 \neq 0 \ . \qquad \text{(IV-7)}$$

Beide basieren auf der Varianz der Residualgröße im Zeitverlauf. Bei der Nullhypothese (H_0^{BP}) gäbe es keinen Mehrwert, die vorliegenden Daten als Panel-Daten einzustufen, da keine Varianz eintritt [vgl. ANDRESS et al. (2013), S. 151]. Dies hieße, dass die *T*=31 Beobachtungswellen nicht näher verfolgt werden müssen, da keine Standardabweichung der Zeit vorliegt. Die Gegenhypothese bringt zum Ausdruck, dass sich im Paneldatensatz über die Zeit Veränderungen vollziehen. Das vorangegangene Prüfverfahren hatte gezeigt, dass man die Nullhypothese in der Tat verwerfen kann, da es in dem vorliegenden Datensatz einen idiosynkratischen Fehlerterm bezüglich der Zeit gibt. Der Test über die Anwendung Gretl™ weist das Ergebnis als Chi-Quadrat-Wert mit eigenem p-Wert wie folgt aus:

$$\chi^2 = 6371{,}93 \mid \text{p-Wert} = 0{,}000 \ . \qquad \text{(IV-8)}$$

Die Teststatistik, exakter gesprochen der p-Wert des Ergebnisses, zeigt die Fehlerwahrscheinlichkeit an, wenn die Nullhypothese abgelehnt wird. Im vorliegenden Fall spricht der p-Wert eindeutig dafür, den Datensatz als Panel einzuordnen.

Nach der ersten Stufe der Paneldiagnostik folgt in der zweiten der Hausman-Test, ein Spezifikationstest über die Paneldatenstruktur, der Auskunft darüber gibt, welches Panel-Modell einzusetzen ist [vgl. *HAUSMAN* (1978)]. Das Testergebnis kann auf ein *random effects* - Modell oder ein *fixed effects* - Modell fallen. Erstgenanntes Modell unterstellt keine oder nur zufällige Effekte zwischen den Beobachtungsträgern. Letztgenanntes Modell geht von stabil bleibenden Unterschieden zwischen den Beobachtungsträgern aus. Wie die Modellanalytik in den Kapiteln zuvor darlegte, wurde allein auf Basis der Plausibilität ein *fixed effects* - Modell verwendet; die Beobachtungsträger der Untersuchung sind Stadt- und Landkreise, die über den Zeitverlauf eigene Charakteristiken besitzen. Mit dem Hausman-Test kann nun gezeigt werden, dass diese intuitive Modellwahl natürlich auch statistisch fundiert erfolgte. Der Test basiert auf der nicht beobachtbaren Heterogenität der Beobachtungsträger. Die Nullhypothese unterstellt dabei, dass die Kovarianz zwischen der Merkmalsausprägung eines Beobachtungsträgers und dem Stör-Term eines Beobachtungsträgers Null ist:

$$H_0^H \colon COV(x_{nt}, \varepsilon_n) = 0 \quad , \quad H_1^H \colon COV(x_{nt}, \varepsilon_n) \neq 0 \ . \qquad \text{(IV-9)}$$

Die Nullhypothese prüft also die Konsistenz der Schätzungen; diese wiederum bemisst sich daran, wie genau ein geschätzter an einen wahren Beta-Wert heranreicht, wenn man die Stichprobe erhöht. Wenn sich die Nullhypothese und damit die Konsistenz bestätigt, beschreiben das *random effects* – und das *fixed effects* - Modell gangbare Wege. Nur der Standardfehler ist beim *random effects* - Modell geringer, weshalb man dann diese Modellform wählen würde [vgl. *ANDRESS* et al. (2013), S. 168]. Muss die Nullhypothese – und damit das *random effects* - Modell – verworfen werden, da eine Kovarianz in Hinblick auf die Beobachtungsträger auftritt, besteht die Notwendigkeit, das *fixed effects* - Modell einzusetzen.

Auch dieser Test gibt das Ergebnis als Chi-Quadrat-Wert mit zugehöriger Ablehnungswahrscheinlichkeit von der Anwendung Gretl™ aus.

$$\chi^2 = 82{,}316 \mid \text{p-Wert} = 0{,}000 \qquad \text{(IV-10)}$$

Das Informationskriterium liegt erneut im p-Wert und deckt sehr aussagekräftig die Wahl des *fixed effects* - Modell; die Ablehnung der Nullhypothese ist übersetzt zu 0,0 % falsch. Offensichtlich besitzen die *N=44* Stadt- und Landkreise in der empirischen Untersuchung eine eigene Identität und unbeobachtete Heterogenität, die statistisch zwingend für ein *fixed effects* - Modell sprechen.

V   Zusammenfassung

5.1 Interpretation der Untersuchungsergebnisse

Die Indikatorvariablen zeigen über die Wirtschaftszweige hinweg naturgemäß ein unterschiedliches Bild. Es wird auf den ersten Blick deutlich, dass jeder Industriezweig andere Vorgaben und Ansprüche an einen Standort setzt. Grundsätzlich bestünde die Möglichkeit, den theoretisch hergeleiteten Katalog an Standortfaktoren natürlich noch zu erweitern, aber die Ergebnisaufstellungen zeigen bereits klar, warum ein weiteres Aufblähen kontraproduktiv gewesen wäre. Die 18 Determinanten illustrieren eine vorteilhafte Zusammensetzung, von der sich versprochen wurde, dass relativ stabile Ergebnisse über die zu untersuchenden Wirtschaftszweige auftreten. Diese Erwartung bestätigte sich. Für die folgende Interpretation ist es nun dienlich, dass einige Indikatoren grundsätzlich immer einheitlich und bezüglich des Beta-Informationskriteriums stark oder sogar sehr stark anschlagen.

Die Interpretation einer Indikatorvariablen kann naturgemäß nur innerhalb eines Wirtschaftszweiges und eines Einzelmodells erfolgen; insbesondere erweist sich ein Vergleich der Ergebnisdarstellungen über die Abbildungen IV-18 bis IV-27 als statistisch unzulässig. Zwar ist die technische Modellgrundlage stets gleich, aber jedes Modell greift auf eine andere Verkettung und einen anderen Datenumfang der abhängigen und unabhängigen Variablen zurück. Innerhalb eines Wirtschaftszweiges und innerhalb eines einzelnen Modells können aufgrund der standardisierten Koeffizienten Vergleiche gezogen werden. Die Vereinheitlichung aller unabhängigen Variablen, was zu einer Standardabweichung von 1 und einem transformierten Mittelwert von 0 führt, ermöglicht nun, gezieltere Aussagen zur Stärke des Einflusses eines Standortfaktors relativ zu einem anderen Standortfaktor für einen Wirtschaftszweig zu treffen. Der standardisierte Koeffizient liegt dabei immer in einem Wertebereich zwischen -1 und +1. Der Einfluss eines Standortfaktors leitet sich zunächst aus dem Vorzeichen ab. Die relative Bedeutung eines Standortfaktors ergibt sich aus dem numerischen Wert des Koeffizienten; ein solcher nahe -1 bzw. +1 zeigt einen starken Einfluss an, Werte von Null oder nahe Null deuten auf einen geringen Einfluss des Standortfaktors hin. Die Standardisierung der Koeffizienten, die eine technische Darstellung häufig mit einem Dach-Symbol über dem Beta-Wert indiziert, ermöglicht die Überführung der verschiedenen Maßeinheiten der unabhängigen Variablen in dimensionslose Messdaten zu Interpretationszwecken. Die Sternchennotation zeigt in den Ergebnistabellen die Signifikanzniveaus in üblicher Form an. Schlägt ein Standortfaktor nur schwach signifikant an, so gilt für seinen p-Wert ein 10-prozentiges Ablehnungsintervall mit $0,05 < p \leq 0,1$; ein mit einem Sternchen indizierter Wert. Ein stark signifikanter p-Wert wird darauf aufbauend mit zwei Sternchen versehen, für sein Intervall gilt ein 5-prozentiges Ablehnungskriterium, $0,01 < p \leq 0,05$. Bei hochsignifikanten Ergebnissen liegt der p-Wert, also die Ablehnungswahrscheinlichkeit der Kausalität, in einem nur 1-prozentigen Bereich. Die Ergebnisse erhalten drei Sternchen; es gilt $p \leq 0{,}01$. Natürlich handelt es sich hier bei vielen hochsignifikanten Ergebnissen um verkürzte Ergebnisdarstellungen bis zur dritten Nachkommastelle, da es einen p-Wert von exakt 0 niemals gibt. Für alle Resultate ohne Kennzeichnung einer Signifikanz schlagen die p-Werte zu hoch aus; für diese Ergebnisse lassen sich vereinzelt nur Wirkungszusammenhänge, nicht aber statistisch gesicherte Kausalitäten ableiten.

Für alle Standortfaktoren und alle Modelle wurde noch ex-post eine Kollinearitätsdiagnostik durchgeführt, die aber keine einschlägigen Ergebnisse hervorbrachte. Aus Gründen der Übersichtlichkeit fanden die Konditionszahlen der Eigenwerte, die allesamt unter dem Faktor 12 lagen, daher keine Berücksichtigung in den Ergebnistabellen. In diesem Zusammenhang tritt der Vorteil von Paneldaten erneut in Erscheinung. Kollinearität und Multikollinearität, das Auftreten mehrerer Kollinearitäten in einem statistischen Modell, charakterisieren klassische Probleme einfacher und multipler Regressionen. Hoch problematisch sind hier perfekte Kollinearitäten, bei denen zwei oder mehrere unabhängige Variablen exakt dasselbe messen, nur unter einem anderen Namen. Als problematisch bei stärkerer Kollinearität erweist sich der schwerer abschätzbare, exakte Einfluss eines Prädiktors. Wenn zwei oder mehr Prädiktoren direkte Verbindungen zeigen, würden sie allesamt in der Signifikanz zurückfallen; die Konditionswerte der unabhängigen Variablen pendeln dann um den Wert 20 bis 30. In Abgrenzung zu einfachen Regressionen besitzen Paneldatensätze den Vorteil, dass die dritte Dimension das Problem der Kollinearität und Multikollinearität ganz erheblich zurückgedrängt. Höchstens bei *time lag* - Modellen, in denen die Anzahl der Beobachtungswellen abnimmt, sollte man auf Kollinearität testen. Aber auch hier zeigen sich über alle Einzelmodelle keine Auffälligkeiten. Es darf aber auch nicht vergessen werden, dass gewisse Kollinearitäten immer gegeben sind.

Abschließend zeigt ein Blick auf das Bestimmtheitsmaß R^2, dass bei allen zehn Untersuchungswegen jeweils eine hohe Modellgüte besteht; die erklärte Streuung in den Panel-Schätzungen liegt in einem Intervall zwischen 68,6 % und 94,3 %. Die daraus resultierenden, sehr aussagekräftigen Modelle geben den Zusammenhang zwischen jeweiligem Regressand und dem Set an Regressoren sehr gut wieder. Wie eingangs aufgezeigt, fällt die Höhe des Bestimmtheitsmaßes natürlich auch bis zu einem gewissen Grad auf das *fixed effects* - Modell zurück. Die variierenden Bestimmtheitsmaße über alle Einzelmodelle und Wirtschaftszweige bestätigen auch noch einmal die oben getroffene Aussage, wonach ein modellübergreifender und direkter Vergleich der Indikatorvariablen über alle Wirtschaftszweige statistisch unzulässig ist und zu Fehlschlüssen führen würde. Exemplarisch kann ein Beta-Koeffizient von -0,17 in einem Modell mit $R^2 = 0{,}69$ nicht mit einem Beta-Koeffizient von -0,17 in einem Modell mit $R^2 = 0{,}78$ direkt verglichen werden. Ein noch erwähnenswerter – wenn auch eher randständiger – Aspekt bezieht sich auf den F-Test aller Einzelmodelle. Neben der Güte, also der Aussage, wie viel die Gesamtstreuung erklärt, bleibt natürlich auch die Signifikanz des Gesamtmodells wichtig. Diese ermittelt der F-Test für jedes Modell. Die Nullhypothese zielt hier darauf, dass die Beta-Koeffizienten für alle Prädiktoren Null sind; die Gegenhypothese sagt aus, dass Beta-Werte bestehen – ein eigentlich immer gegebener Prüfpunkt. Man sichert sich nur dagegen ab, ein nicht gänzlich insignifikantes Modell aufzusetzen. Im Mittelpunkt dieses Tests stehen also die Modellkonstruktion selbst und die Analyse, ob die Konstruktion rein zufällig erfolgte oder ein begründeter Zusammenhang vorliegt. Den Beweis erbringt der zugehörige P-Wert der F-Statistik. Hier gilt eine Zustimmung zum Modell bei $P \leq 0{,}05$. Da dieser Wert für alle einzelnen Modelle und über alle Wirtschaftszweige hinweg stets erreicht ist, wurde er nicht extra in jeder Tabelle aufgelistet.

5.1.1 Interpretation der allgemeinen Standortfaktoren

Die eingangs aufgestellte Hypothese, wonach eine zusätzliche Flächenausweisung für eine Industrieansiedelung vorteilhaft sei, kann bis auf einen Wirtschaftszweig als statistisch gesichert eingeordnet werden. Nur im Wirtschaftszweig der chemisch-pharmazeutischen Industrie schlägt dieser Standortfaktor nicht signifikant an; im Wirtschaftszweig CC besteht innerhalb der *time lag* - Modelle ein nur schwach signifikanter Zusammenhang. Die Ergebnisse decken sich mit der Vermutung, dass eine Vielzahl von Wirtschaftszweigen im Verarbeitenden Gewerbe flächenintensiv operiert. Die Neugründung eines Betriebes kann daher häufig nur erfolgen, wenn ein ausreichend großes Areal zur Verfügung steht. Diese Inanspruchnahme von Fläche variiert über die Wirtschaftszweige hinweg. Gleiches gilt für die Bleibeentscheidung eines Betriebes, die mit der abhängigen Variablen ja ebenfalls eingefangen wird. Erwägt ein Betriebsstandort eine Produktionsvergrößerung, bleibt der Standort nur erhalten und die Expansion realisiert, wenn eine Erweiterung infolge zusätzlich ausgestellter und ausreichend großer Industriefläche erfolgt. Der Standortfaktor NIFL, der einzig und allein den quantitativen Aspekt der Bodeninanspruchnahme abbildet, ist für die regionalpolitischen Entscheidungsträger vor allem in Hinblick auf eine Attrahierung von Betrieben des Wirtschaftszweiges „Maschinenbau" (CK) zu berücksichtigen. Aufbauend auf Abbildung IV-26 weisen die Beta-Koeffizienten des geschlossenen Panel-Modells sowie des *time lag* – Modells, im Vergleich zu den anderen Indikatorvariablen, relativ hohe Ausschläge auf. In vielen anderen Wirtschaftszweigen besitzt diese Standortvariable hingegen nur mittlere Bedeutung.

Aufgrund der wachsenden Flächenumwidmung im relativ dicht besiedelten Bundesland Baden-Württemberg erfährt der knappe Standortfaktor Boden auch hinsichtlich seines Preises ein Wiedererstarken. In fünf der insgesamt zehn Wirtschaftszweigmodelle schlägt dieser Indikator über die letzten drei Dekaden hochsignifikant an. Die anderen Modelle bestätigen nur die Wirkungsrichtung, nicht aber die Kausalität, verlässlich. Die in einigen Modellvarianten statistisch nicht gesicherten Zusammenhänge lassen sich über die Unterschiedlichkeit der Wirtschaftszweige begründen. Ganz offensichtlich reagieren flächenintensive Industriezweige einerseits und kostensensible Industriezweige andererseits unterschiedlich auf eine Neuausweisung von Industrieflächen und auf die Industrieflächenkaufwerte. Darüber hinaus rechtfertigen die unterschiedlichen Ergebnisse eindrucksvoll, dass die Standortfaktoren NIFL und IFKW einzeln in das Modell Eingang fanden, obwohl sie, aus sachlogischer Sicht, in gewissem Maße ja aneinandergekoppelt sind. Im Gegensatz zur reinen Neuausweisung von Industriefläche deckt der Standortfaktor IFKW auch in zweifacher Hinsicht die Bodenqualität mit ab. Indirekt lässt sich aus den Ergebnissen auch schließen, dass eine bloße Neuausweisung ins Leere läuft, wenn die neu zur Verfügung gestellte Fläche keine präferierte Raumlage besitzt; die Lagegunst einer Industriefläche kann sich beispielhaft aus einem guten Anschluss an die Verkehrsinfrastruktur ergeben. Diese Aspekte sind in den

Industrieflächen-Kaufwerten häufig mit eingepreist. Sehr preissensibel reagierten über die letzten 30 Jahre die Wirtschaftszweige „Kokerei und Mineralölverarbeitung" (CD) sowie „Herstellung von chemisch-pharmazeutischen Erzeugnissen", (CE+CF) auf Veränderungen im Bodenpreis; hier nimmt die Standortvariable IFKW einen überdurchschnittlich starken Einfluss auf die Gesamtmodelle.

Der dritte allgemeine Standortfaktor, die Beschäftigung, zeigt über die Wirtschaftszweige hinweg ein stark unterschiedliches Bild; bestätigt jedoch grundsätzlich die Hypothese, dass eine höhere Humankapitalausstattung in einer Region eine Standortentscheidung begünstigt. Interessant sind aber vor allem die aufgeschlüsselten Resultate der Indikatorvariablen nach dem Ausbildungsniveau der Beschäftigten und damit nach der Qualität des Standortfaktors. Die Ergebnistabellen verdeutlichen sehr gut, dass die Wirtschaftszweige im Verarbeitenden Gewerbe scheinbar unterschiedliche Zielgruppen der Beschäftigten besitzen, woraus folgt, dass industriezweigspezifisch Arbeitskräfte unterschiedlichen Ausbildungsgrades nachgefragt werden. Erwartungsgemäß spricht der industrielle Sektor stark auf ein sehr gut ausgebildetes Arbeitskräfteangebot an; die Anteile der Beschäftigten mit Fach- und Hochschulausbildung schlägt bei den fünf Wirtschaftszweigen CD, CE+CF, CH, CI+CJ sowie CK hochsignifikant an; im Wirtschaftszweig CA findet sich immerhin noch ein stark signifikanter Zusammenhang. Für Regionen, die Betriebe dieser Industriezweige anziehen wollen, wird die eigene Ausstattung mit hochqualifiziertem Humankapital damit auch zum strategischen Standortvorteil. Ein in der Kausalität erwartungsgemäßes aber nicht abgesichertes Ergebnis besteht für viele Wirtschaftszweige wie CG, die man ohnehin nicht mit einer akademischen Durchsetzung assoziiert. Für den Wirtschaftszweig CB besteht sogar ein negativer Wirkungszusammenhang, der aber argumentativ ähnlich untermauert werden kann. Am stärksten tritt diese Beschäftigungsgruppe in den Modellen der chemisch-pharmazeutischen Industrie, CE+CF, hervor; die Beta-Koeffizienten liegen hier relativ hoch.

Das Arbeitskräftepotenzial im Verarbeitenden Gewerbe, das eine Berufsausbildung und damit ein mittleres Qualifikationsniveau aufweist, bildet bei sechs Industriezweigen einen zentralen Standortfaktor. Dieser Indikator beeinflusst die Branchen CA, CD, CH, CK und CL hochsignifikant. Am wenigsten überrascht dies sicherlich für die letztgenannten Wirtschaftszweige CK und CL, die die beschäftigungsstärksten Branchen in Baden-Württemberg darstellen [vgl. STROTMANN (2005), S. 464]. Im industriellen Zweig CC schlägt dieser Standortfaktor zunächst nur schwach und in den *time lag* - Modellen stark signifikant an. Für die anderen Wirtschaftszweige liegen die Wirkungszusammenhänge in eindeutiger Richtung aber ohne statistische Sicherheit vor. Aus den Ergebnistabellen lässt sich zudem gut ablesen, welche Wirtschaftszweige verstärkt arbeitsintensiv sind. Dies bestätigt die Vermutung, einzelne Wirtschaftszweige orientieren sich eher technisch, andere vielmehr arbeits- oder wissensintensiv. Die Ausschläge der drei Beschäftigungsgruppen deuten stets darauf hin, welche Humankapitalform für diese Branche dominant ist. Das ermöglicht also, die Ergebnisse miteinander direkt zu vergleichen und zu interpretieren. Exemplifiziert kann dies am Wirtschaftszweig CC werden, der Herstellung von Holzwaren, Druckerzeugnissen sowie Pappe und Papier. Für Betriebe dieses Zweiges erscheinen grundsätzlich alle Humankapitalformen bedeutsam, auch wenn sie nicht immer hochsignifikant anschlagen. Die stärkste aller drei

Ausprägungsformen stellen allerdings die Beschäftigten mit Berufsausbildung dar, was den plausiblen Schluss einer etwa nur schwach ausgeprägten Beschäftigtenzahl mit Fach- und Hochschulausbildung zulässt, da diese wohl eher administrative oder dispositive Führungsarbeit verrichten. Bezüglich der Erklärungskraft dieser Beschäftigtenrichtung – am standardisierten Beta-Koeffizienten ablesbar – sticht der Maschinenbau, CK, stark heraus. Innerhalb dieser Modelle besitzt dieser Standortfaktor im Vergleich zu den anderen Indikatorvariablen eine relativ starke Bedeutung.

Interessant sind die unterschiedlichen Ausschläge der Beschäftigten ohne Berufsausbildung, dem fünften allgemeinen Standortfaktor. Der Einsatz von Arbeitskräften ohne formale Berufsbefähigung deutet natürlich in erster Linie darauf hin, dass die jeweiligen Industriezweige vorrangig nicht im Bereich der Spitzentechnologie und anspruchsvoller Produktionsverfahren arbeiten. Die Erwartung, dass man dieser Gruppe produktionstechnisch eine eher untergeordnete Bedeutung einräumen muss, erfüllen die vier Wirtschaftszweigen CA, CD, CE+CF sowie CG. Innerhalb dieser Einzelmodelle schlägt dieser Standortfaktor negativ an; in zwei von vier Fällen sogar hochsignifikant. Für die Standortwahl von Betrieben dieser Industriezweige kann damit direkt abgelesen werden, dass nur Regionen mit relativ hoher Humankapitalausstattung attraktiv sind. Besonders trifft dies auf die Branche CE+CF, Herstellung von chemisch-pharmazeutischen Erzeugnissen, zu; der standardisierte Beta-Koeffizient zeigt einen vergleichsweise hohen Wert. Überraschenderweise geht diese Indikatorvariable aber in den übrigen sechs Wirtschaftszweigen positiv ein. Erstaunlich auch, dass unter den positiven Einflüssen gleich in drei Wirtschaftszweigen stark signifikante Zusammenhänge bestehen. Offensichtlich greifen die Wirtschaftszweige Herstellung von Metallerzeugnissen (CH), Maschinenbau (CK) und Fahrzeugbau (CL) auch auf äußerst schwach qualifiziertes Personal zurück. Insbesondere im Maschinenbau besitzen die Arbeitskräfte ohne formale Berufsausbildung gemessen am Beta-Koeffizienten ein erhebliches Gewicht.

Die Ergebnisse bei der Bedeutung des Verkehrsträgers Straße präsentieren sich erwartungsgemäß einheitlich; die Hypothese, dass eine gute und fahrtzeitnahe Straßenverkehrsanbindung die Standortattraktivität erhöht, wird über alle Wirtschaftszweige gestützt. Für insgesamt acht Wirtschaftszweige zeigen sich stark und hoch signifikante Zusammenhänge. In der Kausalität stimmig aber statistisch nicht signifikant, schlägt diese Indikatorvariable für die Wirtschaftszweige CA und CL an. Dies kann den Grund haben, dass vielleicht für Betriebe dieser Branchen mehrheitlich andere und ergänzende Transportformen stärker ins Gewicht fallen. Bereits an dieser Stelle muss aber der Blick auch auf die anderen Transportformen geweitet werden. In der Interpretation der Ergebnisse ist es wichtig zu beachten, die Transportformen zueinander zu erfassen; aus diesem Grund wurden ja auch alle Anbindungen zu den einzelnen Verkehrsträgertypen einheitlich über die Fahrtzeit normiert. Weiterhin handelt es sich natürlich auch nicht immer nur um sich gegenseitig ersetzende, sondern auch um sich gegenseitig ergänzende Transportformen. Die Standortfaktoren STR, BTR, LTR und WTR kennzeichnen also in gewisser Form den Transport-Mix einer Region. Darüber hinaus decken diese Erreichbarkeitsmodelle natürlich indirekt auch die Erreichbarkeit des Betriebsstandortes selbst ab. Dies gilt nicht nur für Zulieferer, die den jeweiligen Betrieb über das Straßennetz erreichen wollen, sondern auch für die Beschäftigten, die zur Betriebsstätte pendeln müssen. Folgerichtig ist häufig zu erkennen, dass Wirtschaftszweige mit hohen

Ausschlägen in der Beschäftigung auch hohe Ausschläge im Faktor Straßenverkehr aufzeigen. Innerhalb der Wirtschaftszweige, die besonders stark auf den Standortfaktor Straße ansprechen, erreichen die Beta-Koeffizienten, im Vergleich zu den Werten der anderen Standortfaktoren, vergleichsweise hohe Ausschläge. Dies gilt exemplarisch für die Wirtschaftszweige CB, CE+CF und CK. In den vier einzelnen Modellzusammenhängen beim Wirtschaftszweig CB springt der Standortfaktor Straßenverkehrs-anbindung sogar auf Platz zwei.

Der siebte allgemeine Standortfaktor, der Anschluss an den Gütertransport mit der Bahn, bestätigt gleichermaßen die aufgestellte Hypothese. Eine gute und fahrtzeitarme Erreichbarkeit zu den Güterverladestellen für den Schienenverkehr und zu den Terminals für den Kombinierten Verkehr wirkt sich grundsätzlich positiv auf die Standortattraktivität einer Region aus. Bemerkenswert dabei, dass diese Transportform für den industriellen Sektor noch immer eine solch bedeutsame Stellung im Transportwesen spielt. In sechs von zehn Wirtschaftszweigen schlägt dieser Standortfaktor über das geschlossene Model und die *time lag* - Modelle hinweg hochsignifikant an; hierbei handelt es sich um die Branchen CB, CD, CE+CF, CG, CH sowie CK. Ein vergleichsweise hoher numerischer Wert bei den Beta-Koeffizienten und damit ein überaus starkes Gewicht tritt bei dieser Transportform vor allem im Wirtschaftszweig CD und CK auf; hier kann vermutet werden, dass eine Nähe zum Güterumschlag auf das Gleisnetz essenziell bei einer Standortansiedelung ist. Bei den anderen hochsignifikanten Ergebnissen fällt im Vergleich zu den anderen Standortfaktoren im jeweiligen Modell das Gewicht aber deutlich zurück. Diese verhältnismäßig schwache Bedeutung konnte man allerdings bei einigen dieser Wirtschaftszweige, wie etwa CG, auch erwarten. In den übrigen vier Wirtschaftszweigen lässt sich der Einfluss dieses Standortfaktors nicht mit Sicherheit einschätzen. Im Wirtschaftszweig CA, CC und CI+CJ sind immerhin noch schwach signifikante Zusammenhänge ablesbar; für den Wirtschaftszweig CL schlägt die richtige Wirkungsrichtung des Beta-Koeffizienten jedoch statistisch nicht verlässlich an.

Der nächste und sich daran anreihende Standortfaktor, der Anschluss an den Lufttransport, zeigt relativ unterschiedliche Ergebnisse. In den sieben Wirtschaftszweigen CA, CB, CC, CD, CG, CK und CL treten negative Zusammenhänge auf, was ganz der eingangs aufgestellten Hypothese folgt, dass eine fahrzeitnahe Anbindung zu einem Flughafen sich als vorteilhaft erweist. Bei den sieben Wirtschaftszweigen schlagen insgesamt sechs sogar hochsignifikant an. Ob dies vorrangig an der Tatsache liegt, dass über den Luftweg Zwischenerzeugnisse bezogen und Güter versandt werden oder die Nähe zur Wahrung internationaler Geschäftskontakte Vorteile bringen, bleibt eine Mutmaßung. Besonders starke Beta-Werte treten im Wirtschaftszweig CK, Maschinenbau, auf. Für ihn stellen sicherlich beide Motive eine tragende Bedeutung bei der Standortwahl dar. Viele Betriebe dieses Industriezweiges in Baden-Württemberg sind stark exportorientiert, was eine gute Anbindung an eine Flugverkehrsdrehscheibe in jeder Hinsicht zwingend erforderlich macht. Überraschenderweise zeigen die übrigen drei Wirtschaftszweige positive Kausalitäten; ein Standort, entfernt von Flughäfen, bringt demnach für diese Branchen Vorteile. Beim Wirtschaftszweig CH besteht dieser Zusammenhang allerdings nicht signifikant, was seine Aussagekraft weiter schwächt. Die positiven Kausalitäten ermöglichen hintergründig aber auch so eine Interpretation, dass der Zugang zum Lufttransport schlicht nicht von tragender Bedeutung für die betriebliche

Ausrichtung ist. Dieser Zusammenhang kann insbesondere bei dem Wirtschaftszweig CI+CJ vermutet werden. Weitaus interessanter gestaltet sich die Interpretation beim Wirtschaftszweig CE+CF, dessen Betriebe nach den Ergebnissen ebenfalls eher einen räumlichen Abstand denn eine räumliche Nähe zu Flughäfen suchen. Aus reinen Transportgesichtspunkten erscheint dies plausibel, da die Zwischen- und Fertigerzeugnisse dieser Branche weitestgehend über andere Transportformen befördert werden. Vielleicht spielen in diesem Zusammenhang auch sicherheitsrelevante sowie wasserressourcenökonomische Aspekte eine Rolle.

Mit der Anschlussnähe an ein Oberzentrum folgt ein neunter allgemeiner Standortfaktor, der sehr aussagekräftige Ergebnisse über die Standortwahl von Industriebetrieben bereithält. In acht der zehn Wirtschaftszweige stellt sich der in der Hypothese erwartete Zusammenhang dar, dass einer Nähe zu einem Verwaltungssitz und damit zu einer für die Regionalpolitik bedeutsamen Stadt Vorteile innewohnen. Neben dem Argument, nahe an den Entscheidungsträgern zu sein und das Angebot an öffentlichen Dienstleistungen stärker nutzen zu können, stellt das Marktpotenzialmotiv den zweiten starken Erklärungsbaustein dar. Eine fahrtzeitnahe Anbindung an ein Oberzentrum im Raum besitzt demnach besonders für die Wirtschaftszweige CA, CB, CC, CG, CH, CI+CJ, CK sowie CL eine Relevanz. Bei allen genannten Branchen erweist sich der Heimatmarkteffekt zudem als sehr plausibel; insbesondere bei den Wirtschaftszweigen CA und CB war er zu erwarten, da deren Produkte direkt in den Absatzmarkt gehen. Die Stärke dieser Wirkungsrichtung bleibt allerdings über alle sieben Zweige und deren Einzelmodelle hinweg relativ niedrig. Die numerisch höchsten Beta-Werte erreichen erwartungsgemäß die Wirtschaftszweige CA und CB. Grundsätzlich folgt dann für die übrigen sechs Wirtschaftszweige, dass dieser Standortfaktor keine tragende Rolle im Standortfaktorenkatalog spielt. Abschließend geht noch ein Blick auf die zwei Branchen, bei denen dieser Standortfaktor in den Ergebnistabellen etwas widersprüchlich positiv anschlägt. Selbst hier lassen sich die Ergebnisse argumentativ stützen, denn sowohl für den Wirtschaftszweig CD, Kokerei und Mineralölerzeugung, als auch für den Wirtschaftszweig CE+CF, die chemisch-pharmazeutische Industrie, gilt das Absatzmarktmotiv kaum. Zudem liegen die jeweiligen Verfahrens- und Betriebsanlagen üblicherweise eher nicht in unmittelbarer Nähe zu Oberzentren und Städten.

Eng mit dem zuletzt beschriebenen Standortfaktor ist die Bevölkerungsdichte verbunden, eine erste Säule der NEG. In den Ergebnistabellen über alle Wirtschaftszweige hinweg zeigen sich in neun Fällen positive Kausalitäten, was die zu Beginn aufgestellte Hypothese bestärkt. In acht der zehn Fälle liegen stark- und hochsignifikante Ergebnisse vor. Eine Standortansiedelung bedeuten für das Gros der Wirtschaftszweige in relativ dicht bevölkerten Gegenden also Vorteile, als in eher entleerten Regionen. Neben dem Heimatmarktmotiv und den vielen infrastrukturellen Pluspunkten einer Agglomeration treten hier natürlich auch Vorteile im Hinblick auf das Arbeitskräfteangebot zutage. Die neun betroffenen Wirtschaftszweige können noch einmal hinsichtlich des Beta-Wertes separiert werden, denn bezüglich der Stärke des Einflusses sticht dieser Standortfaktor in Relation zu den weiteren Indikatoren bei vielen Modellen sehr stark heraus. Während der positive Einfluss auf die Wirtschaftszweige CA, CB, CG und CI+CJ eher moderat ist, treten starke Einflüsse bei in den Branchen CC und CL auf und sehr starke Beta-Werte bei den Zweigen CD und CE+CF.

Das führt schnell zu der Schlussfolgerung, dass gerade für Betriebe der letztgenannten Wirtschaftszweige dieser Standortfaktor – und alle ihn ergänzenden Effekte – eine überragende Bedeutung für die Standortansiedelung besitzt. Relativ unerwartet springen die Ergebnisse des geschlossenen Modells und der *time lag* - Modelle für den Wirtschaftszweig CH aus dem Rahmen. Dies überrascht vor allem vor dem Hintergrund, dass diese Indikatorvariable die bislang höchste Einflussstärke bei anderen Modellen offenbarte. Die relativ starken und zudem hochsignifikanten Ergebnisse für den Wirtschaftszweig CH, Metallerzeugung und Metallbearbeitung, können damit in Verbindung stehen, dass viele Betriebe dieses Zweiges in Baden-Württemberg eher im stark ländlichen und eher schwach bevölkerten Raum lokalisiert sind.

Die Theorieweilt zweiter Generation, die die Vorteile einer räumlichen Nähe zu anderen Betrieben herausstellt, beleuchtet der Standortfaktor Betriebsdichte näher. Dabei wird zwischen drei Größenkategorien unterschieden. Die Prüfung bezieht sich zunächst darauf, ob eine hohe nachbarschaftliche Betriebsdichte mit Kleinunternehmen positiv mit der eigenen Standortwahl in Verbindung steht. Die Ergebnisse sprechen diesbezüglich eine eindeutige Sprache; für die acht Wirtschaftszweige CA, CB, CC, CG, CH, CI+CJ, CK sowie CL bestehen in der Tat die in der Hypothese vermuteten Wirkungszusammenhänge. Zahlreiche Ergebnisse der verschiedenen Modelle sind sogar stark signifikant und hochsignifikant. Besonders hervor tritt die Bedeutung der betrieblichen Nähe zu Kleinunternehmen des Produzierenden Gewerbes bei den Wirtschaftszweigen CH und CK. In beiden Fällen erscheint der hohe Beta-Wert aber durchaus plausibel, da die betriebliche Ausrichtung stark arbeitsteilig organisiert ist und Lokalisationsvorteile mit anderen Betrieben im erhöhten Maße vermutet werden können. Viele Kleinbetriebe in unmittelbarer Nachbarschaft fertigen in diesen Wirtschaftszweigen wichtige Komponenten und Zwischenprodukte. Nicht selten besteht auch eine vorteilhafte Verbindung durch eine Auslagerung von Arbeitsschritten an nah gelegene und spezialisierte Kleinbetriebe. In den zwei verbleibenden Industriezweigen, CD und CE+CF, bestehen den Ergebnissen nach negative Wechselwirkungen; für den erstgenannten Wirtschaftszweig der Kokerei und Mineralölerzeugung ist dieser Zusammenhang statistisch nicht gesichert; für den Wirtschaftszweig der chemisch-pharmazeutischen Industrie allerdings hochsignifikant. Die Ergebnisse können derart interpretiert werden, dass Betriebe dieser zwei Branchen typischerweise nicht auf unterstützende Kleinbetriebe in der Nachbarschaft angewiesen sind und sich im Pool der übrigen Wirtschaftszweige auch keine klassischen Zulieferer befinden.

Auch die Ergebnisse des vorletzten allgemeinen Standortfaktors tragen interessante Erkenntnisse in sich. Der in der Hypothese vermutete Zusammenhang, dass sich vorteilhafte Lokalisationsvorteile auch bei einer hohen Dichte an Betrieben mittlerer Größe einstellen, wird nur bei sechs Wirtschaftszweigen bestätigt. Interessant dabei, dass die Ergebnisse nur bei den drei Branchen CG, CH und CK hochsignifikant anschlagen; bei den Branchen CB, CI+CJ und CL zeigt sich kein statistisch gesicherter Zusammenhang über die Einzelmodelle hinweg. Als besonders stark stellt sich die in der Hypothese vermutete Kausalität in den Wirtschaftszweigen CH dar CK dar; hier werden vergleichsweise hohe Beta-Koeffizienten angezeigt. Offensichtlich ist gerade für diese zwei industriellen Zweige eine hohe Betriebsdichte mittelgroßer Betriebe von großer Bedeutung. Wiederum interessant, dass dieser Effekt bereits beim vorangegangenen Standortfaktor auftrat. In den verbleibenden vier Wirtschaftszweigen CA, CC, CD und CE+CF liegen negative Einflüsse vor. Für diese vier Branchen erweist sich eine Region, die sich durch eine hohe Betriebsdichte industrieller Betriebe mittlerer Größe kennzeichnet, als eher abträglich. Für die ersten drei Wirtschaftszweige gilt dieser Zusammenhang zudem als statistisch hochsignifikant, nur hinsichtlich des Wirtschaftszweiges CE+CF ist dieses Ergebnis nicht statistisch belastbar. Beim Vergleich fällt auf, dass für die Zweige CA und CC allerdings das kleinbetriebliche Umfeld zuvor positiv anschlug. Da für die Branchen CD und CE+CF bereits auch der vorherige Standortfaktor negative Koeffizienten hervorbrachte, folgt daraus, dass Lokalisationsvorteile bis zu dieser Betriebsgrößenstruktur eine insgesamt eher nachrangige Stellung besitzen. Dies drückt sich schlussendlich auch über den niedrigen Beta-Wert aus.

Der letzte allgemeine Standortfaktor ergründet die Lokalisationsvorteile innerhalb des industriellen Sektors im Hinblick auf großbetriebliche Raumstrukturen. Nach der eingangs aufgestellten Hypothese treten in der Tat für insgesamt neun Wirtschaftszweige positive Wechselwirkungen auf. Vor diesem Hintergrund ist die Wirkungsrichtung dieses Standortfaktors überaus deutlich. Gestärkt wird diese Vermutung durch das Signifikanzniveau, das in sechs Fällen auf dem höchstmöglichen Maß anschlägt. Zu diesen Wirtschaftszweigen zählen CA, CB, CD, CE+CF, CG sowie CL; für die Zweige CC und CH bestehen Schwankungen, für den Zweig CK nur nicht signifikante Zusammenhänge. Im Vergleich zu den anderen Indikatoren im Modell üben großbetriebliche Strukturen auf die Wirtschaftszweige CA, CD und CL, entsprechend ihrer Beta-Werte, einen besonders starken Einfluss aus. Zudem ist interessant, dass für einzelne Wirtschaftszweige wie CD und CE+CF diesem Faktor eine besondere Bedeutung zugemessen werden muss, da er bezüglich der Betriebsdichte zum ersten Mal positiv – und dann erwartungsgemäß auch numerisch hoch – anschlägt. Für die Kokerei und Mineralölverarbeitung sowie für die chemisch-pharmazeutische Industrie sind also insbesondere nahegelegene Großbetriebe des industriellen Sektors von zentraler Bedeutung. Etwas schwer einzuordnen ist der Wirtschaftszweig CI+CJ, der als einziger eine negative Beziehung aufweist, die statistisch auch noch als hochsignifikant eingestuft wird. Für Hersteller elektronischer und optischer Erzeugnisse präsentiert sich eine Betriebslandschaft mit vielen industriellen Großbetrieben also als eher nachteilig. Der verhältnismäßig moderate Beta-Koeffizient zeigt aber auch an, dass man den Einfluss dieses Standortfaktors für die Standortansiedelung insgesamt nicht überinterpretieren sollte.

5.1.2 Interpretation der wasserspezifischen Standortfaktoren

Die Ergebnisse für die Wasserqualität, exakter gesprochen die Grundwasser- und Oberflächenwasserqualität, decken sich mit der in der Hypothese aufgestellten Vermutung. Je höher der Schadstoffeintrag und Verunreinigungsgrad, desto unattraktiver gestaltet sich eine Industrieansiedelung. Für insgesamt neun der zehn Wirtschaftszweige besteht dieser erwartete negative Zusammenhang. Für die acht Branchen CA, CB, CD, CE+CF, CG, CH, CK und CL schlägt diese Indikatorvariable sogar hochsignifikant an, für den Wirtschaftszweig CI+CJ besteht kein statistisch gesicherter Zusammenhang. Dieses Ergebnis erscheint vor dem Hintergrund der Abbildung IV-12 als absolut plausibel; der Wirtschaftszweig CI+CJ greift maßgeblich auf Fremdwasser zurück.

Die Wasserqualität übt im Vergleich zu den anderen Faktoren für den industriellen Sektor einen allgemein relativ geringen Einfluss aus; nicht selten finden sich Beta-Koeffizienten nahe Null. Überraschenderweise fällt allerdings der Beta-Wert im Wirtschaftszweig CB relativ hoch aus, was für eine besondere Wassersensibilität dieses Wirtschaftszweiges spricht. Dieser Wert passt auch ins Bild von Abbildung IV-12, das diesen Wirtschaftszweig als grundwasserorientiert ausweist. Interessant ist auch die Einordordnung des einzig positiven Wirkungszusammenhanges beim Wirtschaftszweig CC. Da die Ergebnisse nicht signifikant sind, könnte zunächst eine nicht standortrelevante Wasserqualität vermutet werden. Führt man sich mittels Abbildung IV-10 indes vor Augen, dass es sich um einen der wasserintensivsten Wirtschaftszweige handelt, führt dies eher zu dem Schluss, dass der Reinheitsgrad von nachgelagerter Bedeutung ist. Für die Herstellung von Holzwaren, Druckerzeugnissen, Papier und Pappe bleibt vorrangig die Quantität und weniger die Qualität ausschlaggebend. Insofern interessiert es sehr zu sehen, wie dieser Wirtschaftszweig auf die kommenden wasserspezifischen Standortfaktoren, die den Wasserpreis abbilden, reagiert.

Die Kosten des Oberflächenwasserbezuges stellen den zweiten wasserorientierten Standortfaktor dar. Die Ergebnisse geben hier ein für den gesamten industriellen Sektor einheitliches Bild; alle zehn Wirtschaftszweige bestätigen grundsätzlich die Hypothese, höhere Bezugskosten beim Rohstoff Wasser wirken sich nachteilig auf eine Standortansiedelung aus. Allerdings muss vor Pauschalurteilen gewarnt werden, da die Preisanalysen stets wirtschaftszweigspezifisch und vor allem vor dem Hintergrund des Fremdwasserbezugspreises einzuordnen sind. Die sechs Wirtschaftszweigen CA, CD, CE+CF, CG, CH und CI+CJ erzielen hochsignifikante Ergebnisse; bezüglich der Wirtschaftszweige CB und CD erweisen sie sich statistisch als eindeutig abgesichert. Dies deckt sich weitestgehend mit den Bezugsmustern in Abbildung IV-12. Für die Wirtschaftszweige CK und CL deutet viel darauf hin, dass die Kosten des Oberflächenwasserbezuges eine untergeordnete Rolle spielen; es liegt kein statistisch gesicherter Zusammenhang vor und die jeweiligen Beta-Koeffizienten sind nahe Null. Ein im Vergleich zu den anderen Standortfaktoren relativ starkes Gewicht zeigt sich in den Ergebnisaufstellungen der Wirtschaftszweige CE+CF, CG und CH. Insbesondere die relativ hohen Beta-Werte beim Wirtschaftszweig der chemisch-pharmazeutischen Industrie überraschen nicht, da diese Branche zu den wasserverbrauchsintensivsten Zweigen im industriellen Sektor zählen. Höhere Bezugsmengen schlagen sich hier unmittelbar als hoher Kostenfaktor nieder. Leider kann von den Daten nicht eingefangen werden, ob spezielle Preisvergünstigungen und/oder etablierte Sonderkonditionen beim Oberflächenwasserbezug für einzelne Betriebe bestehen. Vor dem Hintergrund der Wasserabhängigkeit einzelner Zweige wäre diese Ergänzung interessant. Vor allem den Branchen CC und CD, die nach Abbildung IV-12 im ganz überwiegenden Maße Oberflächenwasser beziehen, würden diese weiterführenden Informationen helfen.

Der Grundwasserbezug, der gegenüber dem Oberflächenwasserbezug einen quantitativ eher nachgelagerten Bezugsweg bildet, stellt den dritten wasserspezifischen Standortfaktor dar. Ähnlich zum vorangegangen Indikator ist auch diese Variable im Kontext zum Fremdwasserbezugspreis zu setzen. Dies nicht zuletzt, da die Reinheitsgrade sehr nah beieinanderliegen. Zunächst kann festgehalten werden, dass die Ergebnisse sich über alle zehn Wirtschaftszweige hinweg grundsätzlich mit der Hypothese decken. Ein stets negativer Wirkungszusammenhang zeigt auf, dass relativ höhere Kosten im Grundwasserbezug die Attraktivität einer Region sinken lassen. Durchweg signifikant tritt dieser Einfluss bei den fünf Wirtschaftszweigen CC, CD, CG, CH sowie CI+CJ hervor, statistisch unterschiedlich stark abgesichert erweisen sich die Ergebnisse für CA, CB, CE+CF, CK und CL. In dieser Stärke wurde der Zusammenhang in der eingangs aufgestellten Hypothese nicht vermutet. Ganz offensichtlich spielen die Kosten des Grundwasserbezuges vereinzelt doch eine große Rolle. Im Verhältnis zu den anderen Standortfaktoren eines jeden Einzelmodells zeigt sich schön, dass jedoch die Einflussstärke weitestgehend gering ist. Für das Gros der Wirtschaftszweige besteht nur ein schwacher Eingang in die geschlossenen und in die *time lag* - Modelle. Vergleichsweise hohe Beta-Koeffizienten finden sich im Wirtschaftszweig CG und CH; dies deckt sich absolut mit der in Abbildung IV-12 gewonnen Erkenntnis, dass Betriebe dieser Wirtschaftszweige vorrangig Grundwasser in der Produktion als direkten und indirekten Input einsetzen. Problemlos lässt sich bereits an dieser Stufe eine auf das jeweilige Wirtschaftszweigmodell zugeschnittene Gegenüberstellung und Interpretation beider Standortfaktoren realisieren. Über die standardisierten Beta-Koeffizienten kann die relative Bedeutung beider Bezugsformen zueinander für das jeweilige Modell direkt abgelesen werden.

Die dritte und mithin den Wasserbezug vervollständigende Bezugsform ist der Fremdwasserbezug; er stellt die insgesamt vierte wasserspezifische Standortvariable dar. Der in der Hypothese formulierte Zusammenhang, wonach niedrigere Kosten im Fremdwasserbezug die Attraktivität einer Region steigern, deckt sich mit den empirischen Ergebnissen. Sogar für alle zehn Wirtschaftszweige konnte dieser Einfluss nachgewiesen werden. Bei den sechs Wirtschaftszweigen CB, CC, CD, CH, CK und CL sind die Ergebnisse hochsignifikant abgesichert, die drei Wirtschaftszweigen CA, CE+CF und CI+CJ bilden die Zusammenhänge überwiegend stark signifikant ab. Einzig bei dem Wirtschaftszweig CG präsentierte sich die erwartete Kausalität statistisch als nicht verlässlich abgesichert. Die Ergebnisse müssen nun wieder im Hinblick auf das Ziel des Wassereinsatzes und bezüglich der Abhängigkeit von hochqualitativem Wasser eingeordnet werden. Zunächst besteht die Möglichkeit – im Rückgriff auf Abbildung IV-12 – zu prüfen, wie die Wirtschaftszweige anschlagen, die besonders stark auf diesen Bezugsweg zurückgreifen. Im Wirtschaftszweig CA zeigt sich anhand der Beta-Koeffizienten das erwartete Bild, zwischen allen drei Bezugsformen besitzt das Fremdwasser die stärkste Stellung. Im Wirtschaftszweig CI+CJ drückt sich die Abhängigkeit vom Fremdwasser nicht so stark wie angenommen in den Koeffizienten aus. Sehr dominant sind die Einflüsse allerdings bei den Branchen CK und CL; beide Wirtschaftszweige beziehen Fremdwasser im erhöhten Maße und für beide stellen diese Variablen im relativen Zuschnitt zu den anderen Standortfaktoren entscheidende Determinanten dar.

Der letzte wasserspezifische Standortfaktor, der Wassertransport, lässt sich interpretatorisch der anderen Transport- und Verkehrsinfrastruktur zuordnen. Die Ergebnisse bei neun Wirtschaftszweigen folgen hier ganz der zuvor aufgestellten Hypothese, wonach ein fahrtzeitennaher Zugang zum Wassertransport vorteilhaft für eine Standortansiedelung ist. Die Bedeutung dieses Faktors kommt auch darin zum Ausdruck, dass für alle neun Wirtschaftszweige hochsignifikante Zusammenhange bestehen. Nur für Betriebe der Branche CI+CJ zeigt sich, etwas widersprüchlich, eine positive und zugleich hochsignifikante Relation. Die Interpretation sollte dabei weniger dem Pfad folgen, dass eine möglichst weite Entfernung des Betriebsstandortes von Umschlagpunkten des

Binnenschifffahrttransports vorteilhaft wäre, also dem Weg, dass die Transportform selbst für diesen Wirtschaftszweig eher unerheblich ist. Bezüglich des Einflussgewichtes ragen innerhalb der Ergebnisse der Einzelmodelle die Beta-Koeffizienten bei allen Branchen nicht sonderlich heraus. Diese Resultate decken sich mit der Vermutung, dass der Schiffstransport zwar keine tragende Rolle mehr spielt, aber dennoch ein merkliches Randdasein besitzt. Im Vergleich zu den anderen Koeffizienten liegen leicht erhöhte Werte für die Wirtschaftszweig CE+CF sowie CH vor. In der weiterführenden Interpretation gilt, anknüpfend an die allgemeinen Verkehrsstandortfaktoren, auch bei dieser Transportform, dass natürlich nicht nur der Abtransport von Zwischenerzeugnissen und Fertigprodukten abgedeckt wird, sondern auch die Erreichbarkeit des Betriebsstandortes für notwenige Produktionsfaktoren und intermediäre Güter. Zuletzt erlauben die Beta-Werte eines jeden Modells auch einen umfassenden und vergleichenden Blick über alle vier Transportformen, da die Koeffizienten zueinander verglichen werden können. Exemplarisch lässt sich hier der Wirtschaftszweig CH herausgreifen. Gegenüber den weiteren Transportformen besitzt der Wassertransport von Metall- und Stahlerzeugnissen offensichtlich eine relativ starke Stellung.

5.2 Wirtschaftspolitische Implikationen und Empfehlungen

Die Standortansiedlung, -beibehaltung und -verlagerung sind das Ergebnis eines vielschichtigen Entscheidungsproblems. Eine Untersuchung kann daher nur einen begrenzten Ausschnitt aller relevanten Indikatoren geben. Erschwert wird die Aufstellung und Prüfung aller entscheidenden Determinanten zudem, da bei industriellen Standortentscheidungen auch Unterschiede zwischen interregionalen und internationalen Standortfaktoren bestehen [vgl. BERLEMANN/TILGNER (2007), S. 14]. Wie die Ergebnisse über die einzelnen Wirtschaftszweige des industriellen Sektors zeigen, sind dabei vor allem branchenspezifische Faktoren des Gründungs- und Verlagerungsverhaltens zu beachten. Für die regionalpolitischen Entscheidungsträger erschwert diese Heterogenität der Branchen zugleich eine zielgerichtete Förderpolitik. Der Eingriff der Wirtschaftspolitik sollte sich infolgedessen daran orientieren, welche grundsätzlich vorteilhaften Standortfaktoren in einer Region bestehen und wie sie diese gegebenenfalls durch Förderpolitiken schützt und langfristig pflegt [vgl. FRITSCH (2012), S. 215]. Bei regional nur unzureichend etablierten Standortfaktoren, die dem industriellen Sektor insgesamt dienen, sollte versucht werden, sie mit intensiveren Förderpolitiken aufzubauen. Gefährlich ist diesbezüglich aber der Spagat zwischen einer angepassten und einer zu intensiven Förderpolitik, die zu Fehlanreizen und langfristigen volkswirtschaftlichen Kosten führen kann [vgl. STROTMANN (2005), S. 471].

5.2.1 Wirtschaftspolitische Einordnung der allgemeinen Standortfaktoren

Im Hinblick auf den Standortfaktor Boden geben die Ergebnisse der empirischen Auswertung eindeutig Auskunft darüber, wo eine regionale Förderpolitik ansetzen sollte. Für die mehrheitlich flächenintensiven Betriebsformen des industriellen Sektors ist die hinreichende Zurverfügungstellung von Industrie- und Gewerbefläche offensichtlich entscheidender, als die Industrieflächenkaufpreise. Diese Erkenntnis deckt sich auch mit anderen Studien [vgl. PIEPER (1994), S. 198, S. 212]. Die Ergebnisse lassen sich auch wirtschaftspolitisch in der Form interpretieren, dass expandierende Betriebe, die neue Zweigbetriebe etablieren wollen oder eine grundsätzliche Betriebsvergrößerung erwägen, in mittelbarer und unmittelbarer Nähe nach räumlichen Erweiterungsmöglichkeiten suchen. Ausreichend große und nah gelegene Industrieflächen scheinen eine größere Bedeutung zu besitzen, als der reine Industrieflächenkaufpreis. Diese Vermutung spricht vor allem für die Industriezweige CA, CB, CH, CI+CJ sowie CK. Ohnehin ist der Preis des Bodenerwerbs gegen die Kosteneinsparungen aufzuwiegen, die dann eintreten, wenn man durch eine standortnahe Expansion auf eine bereits bestehende eigene Betriebsinfrastruktur zurückgreifen kann. In der Gestaltung der Industrieflächenkaufwerte und in der Ausweisung neuer Industrieflächen sollte überdies geprüft werden, inwieweit die Möglichkeit besteht, bereits bei diesen Standortfaktoren ein räumliches Cluster zu initiieren. Um positive Lokalisationseffekte zu generieren, bietet es sich einerseits an, weitere Industrieflächen nahe bestehender Betriebe freizugeben oder gegebenenfalls umzuwidmen; andererseits kann ein Zuzug an Betrieben zu bereits bestehenden Ballungen industrieller Aktivität durch einen vergleichsweise moderaten Industrieflächenkaufpreis gefördert werden. Beide Standortfaktoren sind für die regionalpolitischen Entscheidungsträger teils miteinander verbundene, teils selbstständig einzuordnende Stellschrauben der Regionalplanung.

Bezüglich der regionalen Arbeitsmarkt- und Ausbildungspolitik zeigen die Ergebnisse für die Mehrzahl der Industriezweige, ein zumindest gut ausgebildetes Arbeitskräftepotenzial bildet einen entscheidenden Punkt für die Attraktivität einer Region. Gemäß der älteren und neueren Raumwirtschaftstheorie gehen bei Firmengründungen auch immer die berechtigten Hoffnungen einher, mit ihnen weitere und zukunftsträchtige Arbeitsplätze zu schaffen [vgl. STROTMANN (2000)]. Neben der qualitativen Dimension des Arbeitsmarktes ist natürlich auch die quantitative nicht zu vernachlässigen, die sich indirekt durch den Standortfaktor Bevölkerungsdichte mit abbildet. Die Förderpolitik in Baden-Württemberg müsste sich hier auf zwei Bereiche fokussieren, um den Arbeitskräftepool nachhaltig zu stärken. Zum einen sollte sie das (Weiter-) Bildungsangebot der Hochschulen ausbauen und auch breiter in den ländlichen Raum tragen, so wie es etwa durch den Verbund Dualer Hochschulen im Land bereits angestoßen wird. Zum anderen besteht bei handwerklich und technisch orientierten Ausbildungsberufen des industriellen Sektors der Bedarf, das Arbeitskräfteangebot zu vergrößern, indem das Land äquivalente ausländische Abschlüsse verstärkt anerkennt. Die Ergebnisse stellen für die wirtschaftspolitischen Entscheidungsträger Relevanz dar, da vor allem für die Wirtschaftszweige CH, CI+CJ, CK und CL die Beschäftigungsdeterminante von ganz zentraler Bedeutung ist. An die Regional- und Landespolitik wird ferner die Empfehlung adressiert, wirtschafts- und industrienahe Studiengänge an den Universitäten und Fachhochschulen im Land sinnvoll auszubauen, um zukünftige Technologie- und Wissenstransfers beim regionalen Arbeitskräftepotenzial sicherzustellen [vgl. KARL (2012), S. 272 f.]. Auf diese Weise könnte Baden-Württemberg auch den vor dem Hintergrund der zunehmenden Tertiarisierung langsam schrumpfenden Beschäftigtenanteil für den industriellen Sektor zumindest stabilisieren und zukunftssicher halten.

Die Standortrahmenbedingungen bezüglich der Verkehrs- und Transportinfrastruktur sind entscheidend, um Betriebe aller Wirtschaftszweige für eine Region zu gewinnen. Vor allem bei der Attrahierung der Branchen CB, CC, CD, CG, CK und CL sollte deren starke Transportorientierung berücksichtigt werden. Die nach wie vor dominante Stellung des Transportwesens deckt sich mit anderen Studien, die der Verkehrsinfrastruktur einen hohen Stellenwert beimessen [vgl. *STEIL* (1999), S. 253; *MARTIN/ROGERS* (1995)]. Diesbezüglich verschwimmt auch die regionale Dimension; „space is no longer seen as a nested hierachy moving from ‚global' to ‚local'. This absurd scale-dependent notion is replaced by the notion that what counts is connectivity" [*THRIFT* (2004), S. 59]. Für eine Politikempfehlung weisen die Ergebnisse darauf hin, dass die überdurchschnittlich gute Verkehrsinfrastruktur in Baden-Württemberg über alle drei grundsätzlichen Transportformen erhalten und gepflegt werden muss. Der weitere Ausbau der bestehenden Verkehrsnetze in eher periphere Regionen bietet sich darüber hinaus an. Vor allem in Hinblick auf eine zeitnahe Anbindung an Flughäfen besteht in der Infrastrukturplanung noch etwas Potenzial. Aufgrund der hohen Abhängigkeit beinahe aller Wirtschaftszweige von der Straßeninfrastruktur und wegen des Pendeleffektes der Arbeitskräfte, sollte man diese Transportform auch bei der zukünftigen Verkehrswegeplanung privilegiert behandeln. Nicht zu vernachlässigen sind für die Regionalplanung auch die positiven Wechselwirkungen der unterschiedlichen Transportformen. Typischerweise gewinnen alle Transportformen, wenn nur eine einzelne von ihnen in einem regionalen Zuschnitt einen Ausbau erfährt. Für das multimodale Transportaufkommen des industriellen Sektors in einer Region erweist es sich beispielhaft als Vorteil, wenn durch den Ausbau eines Autobahnanschlusses und die Stärkung dieser Transportform auch zusätzliche Knotenpunkte, wie Binnenhäfen oder Flughäfen, in kürzerer Fahrtzeit erreichbar sind. Insbesondere dem Straßen- und Fernstraßenverkehr werden diese Multiplikatoreffekte im Transportwesen bescheinigt [vgl. *RODRIGUE* et al. (2006), S. 282].

Die Ergebnisse geben weiterhin einen guten Erklärungsbeitrag für die Regionalpolitik, warum (Verwaltungs-) Oberzentren eine abnehmende Stellung im Raum besitzen. Zu Anwerbung von Betrieben bleibt der Anschluss an Oberzentren grundsätzlich nur für den industriellen Wirtschaftszweig CK von erhöhter Bedeutung. Im Zuge einer grundsätzlichen Tendenz zur Agglomerationen im Raum muss kaum mehr zwischen einer verwaltungsorientierten und allgemeinen Agglomeration unterschieden werden. Dadurch, dass auch in behördlichen Arbeitsfeld zunehmend die Informationstechnologie Raum greift, ist ein Standortort in Nähe eines zentralen Verwaltungsortes heutzutage weniger bedeutsam als zu früheren Zeiten. Dennoch sollten regionalpolitische Entscheidungsträger beachten, dass für Betriebe einzelner Industriezweige scheinbar gewisse Anschluss- und Absatzradien bestehen, die sich in einer gewissen Mindestnähe zu Oberzentren und zu höherer Bevölkerungsdichte manifestieren. Um diese Wechselwirkung stärker auszubauen, bietet sich der intensivierte Einsatz wirtschaftsnaher Beratungs-, Informations- und Dienstleistungsangebote in Oberzentren an [vgl. *COOKE* (1999), S. 62 f.]. Eine Trägerrolle nehmen hier sicherlich Haupt- und Zweigniederlassungen der Handwerkskammern und Industrie- und Handelskammern ein. Eine Nebenrolle spielen brancheninstitutionelle und industrieverbandlich organisierte Einrichtungen und Anlaufstellen.

Die marktseitige Verbundenheit ist für alle Betriebe des industriellen Sektors verhältnismäßig hoch. Für die Regionalentwicklung bedeutet dies zunächst, dass das regionale Markt- und Absatzpotenzial durch eine geschickte Flächenausweisung für den industriellen Sektor nahe solchen Ballungsgebieten gefördert werden sollte. Die Ergebnisse zeigen vor allem für die Wirtschaftszweige

CC, CD, CE+CF sowie CL, dass deren Betriebe Urbanisationsvorteile ausschöpfen. Der Auftrag der Förderpolitik geht hier Hand in Hand mit der Verkehrspolitik; er sollte zusätzlich für eine möglichst gute Anbindung ländlicher Regionen an urbane Räume sorgen. Überdies treten auch in diesen Ergebnissen die bereits theoretisch vermuteten Zusammenhänge auf, wonach eine räumliche Nähe zu dem in einem gewissen Pendelradius mobilen Arbeitskräfteangebot ein entscheidender Erfolgsfaktor ist.

Die Ergebnisse der Betriebsdichte belegen anschaulich, dass Lokalisationseffekte vor allem von Klein- und Großbetrieben ausgehen. Als wesentliche Standortdeterminante gilt ein Industriebesatz von Kleinbetrieben, vor allem für die Wirtschaftszweige CA, CB, CC, CH und CK. Eine relativ hohe Dichte an Großbetrieben zieht generell die Branchen CA, CD, CE+CF, CG sowie CL an. Infolgedessen sollte sich die Förderpolitik klar danach ausrichten, die Gründung von Kleinbetrieben zu unterstützen und Großbetrieben einen gewissen Bestandsschutz zu gewährleisten. Ersteres wäre vor allem durch Gründungszuschüsse und behördliche Verfahrenserleichterung bei Betriebsgründungen initiierbar. Letzteres kann gestützt werden, indem die Förderpolitik industriespezifische Industrie- und Gewerbeparks konzipiert, die den Wissens- und Technologietransfer vor allem zwischen Großbetrieben begünstigen. Darüber hinaus ist das öffentliche Dienstleistungsangebot stärker auf Großbetriebe zuzuschneiden, um diese auch in konjunkturell schlechteren Zeiten am Standort zu halten.

5.2.2 Wirtschaftspolitische Einordnung der wasserspezifischen Standortfaktoren

Im Kerninteresse der Untersuchung stehen die wasserspezifischen Prüfpunkte, die in Ergänzung zu den allgemeinen Standortfaktoren in das Modell gesetzt wurden. Grundsätzlich sind alle fünf Indikatorvariablen der Theoriewelt industrieller Standortwahl nach Alfred Weber zuzuordnen, da sie einerseits Qualität und Bezugskosten des direkten und indirekten Produktionsfaktors Wassers abbilden, andererseits mit dem Wassertransport auch eine verkehrsinfrastrukturelle Dimension aufzeigen. Der Einsatz dieser Standortfaktoren in einen Standortfaktorenkatalog ist neu und wurde bislang eher randständig behandelt [vgl. *PIEPER* (1994), S. 148, 188] oder in Analysen gemeinhin nur als allgemeine Ressourcenausstattung eingebracht [vgl. *IW* (2012), S. 2].

Die Ergebnisse der Auswertung zeigen auf, dass die Qualität von Oberflächen- und Grundwasser eine hohe Bedeutung auf das Standortverhalten im industriellen Sektor ausübt. Für Wirtschaftszweige wie CD, CE+CF und CK, die vergleichsweise sensible Produktionstechnologien und -verfahren einsetzen, trifft dies im besonderen Maße zu. Sind lokale Oberflächengewässer zu stark verschmutzt, besteht für Betriebe nur die Ausweichoption, auf das deutlich kostenintensivere Fremdwasser aus Fernleitungssystemen der öffentlichen Versorger zurückzugreifen [vgl. *KAHLENBORN/KRAEMER* (1999), S. 77]. Der regionalen Wirtschaftspolitik kommen daher zwei zentrale Aufgaben zu. Zum einen kann sie mitigative Strategien verfolgen, um die Verschmutzung insgesamt einzudämmen; zum anderen erweisen sich adaptive Strategien als denkbar, um die Wasseraufbereitung der Industriebetriebe zu erleichtern. Die erstgenannte Option setzt natürlich bei allen regionalen Verschmutzungsquellen an und ist daher schwieriger zu koordinieren. Eine schlechte Wasserqualität kann multiple Gründe haben; hauptsächlich aber zählen hier siedlungsstrukturelle und landwirtschaftliche Kausalitäten. Der Sicherstellung einer hohen Wasserqualität begegnet die Regionalpolitik bereits erfolgreich mit der Ausweisung von Wasserschutzgebieten. Die adaptiven Maßnahmen indes zielen direkt auf die Förderung betrieblicher Wasseraufbereitungsanlagen; neben rein pekuniären Unterstützungen können aus wirtschaftspolitischer Perspektive auch Technologietransfers sowie erhöhte Forschungsanstrengungen in diesem Bereich angestrebt und gefördert werden.

Die Wasserabgabe je Kubikmeter Grund- und Oberflächenwasser ist als klassisches Instrument der Umweltpolitik zur Lenkung des Wasserbezuges der Industrie einzustufen [vgl. *GAWEL* et al. (2011)]. Die empirische Untersuchung gibt über alle Wirtschaftszweige hinweg Evidenz, dass sich diese Kostenstaffelung nachteilig auf einen Standort auswirkt. Legitimiert wird dieses ökonomische Instrument über das Nutzerprinzip, wonach der Ressourcennutzer durch seine Zahlungen zumindest einen Teil der Umweltexternalitäten internalisiert [vgl. *KAHLENBORN/KRAEMER* (1999), S. 147]. Da der Zugang zu den Rohstoffpotenzialen der Ressource Wasser für die industriellen Betriebe in der Standortfrage mitentscheidet, greift eine regionale Wirtschaftspolitik, die lediglich die Bezugspreise der Ressource erhöht, zu kurz [vgl. *PIEPER* (1994), S. 213]. Zudem ist eine exakte Überwachung der Grund- und Oberflächenwasserentnahme generell schwierig und mit hohen administrativen Kosten verbunden [vgl. *KAHLENBORN/KRAEMER* (1999), S. 201]. In Hinblick auf den Schutz des sich kaum regenerierenden Grundwassers mag ein zukünftiger Anstieg des Kubikmeter Preises noch gerechtfertigt sein; bezüglich des Oberflächenwasserbezugs wäre ein zukünftiger Preisanstieg aber kritisch zu hinterfragen. Die Politikempfehlung zum Schutz der Oberflächen- und Grundwasserbestände orientiert sich deshalb auch bei diesen zwei Standortvariablen in Richtung der Förderung von Wassereinsparungs-, Mehrfach- und Kreislauftechnologien. Hintergrund dieser Förderpolitik ist, dass die wasserspezifische Technik in der Industrie – anders als bei Haushalten – nicht „von der Stange" gekauft werden kann. Industrielle Betriebe benötigen einzeln abgestimmte und integrierte Technologien und auf die Betriebsstätte und den Produktionsprozess zugeschnittene Verfahren. Alle technologischen Anlagen in diesen Bereichen stellen mehrheitlich Unikate dar. Vor diesem Hintergrund sollte eine Förderpolitik in erster Linie den Wissenstransfer für solche Technologien unterstützen [vgl. *SIMONIS* (1994), S. 51]. Da die Sachkenntnis und Betriebserfahrung vor allem bei Großbetrieben liegt, müsste der Wissens- und Technologietransfer von ihnen ausgehen und Mittel- und Kleinbetriebe unterstützen [vgl. *LEHN* et al. (1996), S. 144].

Baden-Württemberg ist eines der Bundesländer mit dem höchsten Anteil an Versorgungssystemen für Fremdwasser [vgl. *KAHLENBORN/KRAEMER* (1999), S. 78]. Dies hat nicht nur siedlungsstruktureller Ursachen, sondern begründet sich auch in der sehr dispersen Industrieansiedlung und der räumlich divergenten Ressourcenausstattung. Die Ergebnisse der Einzelmodelle, vor allem die Ergebnisse der *time lag* - Modelle, geben die negativen Standorteffekte der gestiegenen Versorgungstarife des Fremdwassers anschaulich wieder. Vor allem für die Wirtschaftszweige CB und CK bestehen hohe Abhängigkeiten. Ein Signal für die Wirtschaftspolitik geht von der Fremdwasserversorgung insofern aus, als dass sie eher peripher gelegene und relativ wasserarme Regionen durch einen Leitungsnetzausbau auch für eine Industrieansiedlung von Kleinbetrieben attraktiv gestaltet. Zur Erweiterung der Versorgung sind auch temporäre Public-Private-Partnerships vorstellbar [vgl. *ELLWEIN/BUCK* (1995), S. 199]. Zugleich aber gestaltet sich die Vergrößerung des Netzes problematisch, da ein gewisser Mindestdurchfluss stets garantiert bleiben muss, um einem Qualitätsverfall vorzubeugen. Darüber hinaus wird dem Ausbau der Infrastruktur die hohe Fixkostenlast zum Verhängnis; der Fixkostenanteil bei der Versorgung über Fernwassersysteme beträgt knapp 80 %, was auch die mitunter erheblichen Abnahmepreise je Kubikmeter erklärt [vgl. *KAHLENBORN/KRAEMER* (1999), S. 81]. Darüber hinaus ist die Versorgung über Fernwasserleitungen stets auch an zwei Nachhaltigkeitsprobleme gekoppelt, die regionalpolitische Entscheidungsträger häufig übergehen. Verlassen Betriebe eine Region oder wünscht die Politik eine Drosselung des Wassereinsatzes der Industrie, kann aufgrund des hohen Investitionsvolumens die Versorgungsinfrastruktur nicht direkt zurückgebaut werden. Ferner besteht vor allem bei wirtschaftlichen Ballungen ein Problem beim überregionalen Transport von Wasser über Fernleitungen; indem eine Entkopplung der Herkunfts- und Verbrauchsregion erfolgt und der Übernutzung der Ressource in der Quellregion womöglich keine Aufmerksamkeit zufällt [vgl. *KLUGE* et al. (1995), S. 19 f.].

Auch in Hinblick auf den Wassertransport untermauert die empirische Untersuchung die hohe Bedeutung der verkehrsinfrastrukturellen Erreichbarkeit von Binnenhäfen. Eine gute und vor allem schnelle Anbindung an die Wasserstraßen wirbt industriepolitisch beinahe alle Branchen, vor allem aber die Wirtschaftszweige CE+CF sowie CH, an. Der bereits bei den anderen Transportformen angestoßene Gedanke, wonach ein Bedeutungsanstieg nicht nur durch den Ausbau der eigenen Infrastruktur erfolgt, sondern gleichsam durch das wachsende Verkehrsnetz aller übrigen Transportformen, trifft hier vielleicht noch stärker zu als zuvor. Vor diesem Hintergrund müssten regionalpolitische Entscheidungsträger die Infrastrukturplanungen danach ausrichten, Binnenhäfen für den Wassertransport noch stärker an das Fernstraßen- und Gleisnetz anzuschließen. Gerade zum Schienensektor könnten Transportkooperationen für Schwerlast- und Massengüter deutlich verbessert werden, indem sie Distributionszentren in direkter Nähe zu Binnenhäfen errichten. Von einem weiteren Ausbau der Binnenschifffahrtswege sollten sie indes Abstand nehmen. So führen weitere Laufbegradigungen und Vertiefungen von Flüssen zur stärkeren Schiffbarmachung eher zu größeren Hochwassergefahren sowie zur Zerstörung der Auenökosysteme [vgl. *KAHLENBORN/KRAEMER* (1999), S. 43]. Ein eher nachgelagerter Eingriff der regionalen Wirtschaftspolitik könnte auf den administrativen Bereich der Binnenschifffahrt entfallen. Indem dieser Wasserstände besser erhebt und genauer vorhergesagt, bestünde die Möglichkeit, das Transportverhalten auf den Wasserwegen besser zu planen und zu steuern [vgl. *KAHLENBORN/KRAEMER* (1999), S. 197].

5.3 Fazit und Ausblick

Die Studie über die Standortwahl von Betrieben des industriellen Sektors hatte zum Ziel, die klassischen Standortfaktoren und die Aspekte des Standortwahlverhaltens im Rahmen der Neuen Ökonomischen Geographie empirisch zu prüfen. Ergänzt wurden diese allgemeinen Standortdeterminanten um wasserspezifische Einflussgrößen und Indikatoren. Als Untersuchungsraum diente das seit jeher stark industriell geprägte Bundesland Baden-Württemberg; mit seinen 44 Stadt- und Landkreisen als Untersuchungsträger. Die Studie umfasste einen Zeitausschnitt von 1980 bis 2010, da über die drei Dekaden konjunkturelle Hoch- und Schwächephasen abgebildet werden konnten. Um branchenspezifische Erkenntnisse zu gewinnen, brach diese Analyse den industriellen Sektor in seine zehn Industriezweige auf.

Obwohl sehr heterogene Industriezweige in die Betrachtung eingingen, besitzen viele Ergebnisse und Wirkungszusammenhänge für den industriellen Sektor insgesamt Gültigkeit. Die Resultate zeigen einen hohen Erklärungsbeitrag klassischer Standortfaktoren über alle Branchen hinweg und einen in Teilen sogar dominanten Erklärungsbeitrag der Standortfaktoren der Neuen Ökonomischen Geographie bei einzelnen Branchen. In viele einzelnen Modellergebnissen tritt aber auch eindrucksvoll hervor, wie unterschiedlich die Standortanforderungen einzelner Wirtschaftszweige mitunter sind.

Die Ressource Wasser bedarf einer auf die Industrie abgestimmte und damit regional differenzierten Umweltpolitik [vgl. *JUNKERNHEINRICH* et al. (1994), S. 228]. Diese Wasserpolitik gründet zunächst auf der Tatsache, dass sich der oft vermutete Wasserreichtum in Baden-Württemberg in vielerlei Hinsicht relativiert. Die verfügbaren Wasserressourcen im Land basieren zu zwei Dritteln auf dem Zufluss von Wasser aus Oberliegern wie Frankreich, Österreich, Schweiz oder Bayern; dieses Wasser wurde häufig in intensivem Maße schon von anderen Akteuren genutzt, bevor es das Bundesland erreicht [vgl. *LEHN* et al. (1996), S. 316]. Zum anderen verteilt sich die Ressource in Baden-Württemberg sehr ungleich – in qualitativer und quantitativer Hinsicht. Der Zentralbereich im Land und die nördlichen Regionen verkörpern Wassermangelgebiete; zudem ist die qualitative Beeinträchtigung der Ressource in manchen Landesteilen enorm. Entlang der Hauptflüsse, vor allem entlang des Neckars, besteht eine nach wie vor starke Verschmutzung, aufgrund des Industrie- und Siedlungsbesatzes. Die Wasserknappheit wiederum zeigt sich beispielhaft am Agglomerationsraum Stuttgart, der sich nicht aus dem eigenen Ressourcenbestand versorgen kann. In dieser, von einem überaus starken Industriebesatz gekennzeichneten Region sollten Einsparungswege durch die Regionalpolitik angestoßen werden.

Eine preisliche Staffelung der Oberflächenwasser- und Grundwasserentgelte im Raum könnte dieses Ziel voranbringen [vgl. *GAWEL/MÖCKEL* (2011)]. Überlegenswert ist auch, in Gebieten mit Wasserknappheit alte Lizenzen und Genehmigungen zum Grundwasser- und Oberflächenwasserbezug aufzubrechen und etablierte Privilegien zu beseitigen. Im Hinblick auf die Verschmutzung sollten die zahlreichen Messstellen im Land ebenfalls erfassen, wer zu den lokalen und regionalen Hauptemittenten zählt. So wird etwa im Schrifttum breit eingeschätzt, dass gemäß dem Verursacherprinzip vor allem beim landwirtschaftlichen und nicht beim industriellen Sektor die

Wasserentnahmeentgelte erhöht werden sollten [vgl. *KAHLENBORN/KRAEMER* (1999), S. 201]. Die industrielle Großregion Stuttgart illustriert das grundsätzliche Dilemma zwischen Lokalisationsvorteilen der Industrie und den Ressourcenbezugsnachteilen, denen grundsätzlich nur mit Fern- und Fremdwasser begegnet werden kann, anschaulich. Der Konflikt zwischen Ursprungs- und Zielregion beim Fernwasser gründet auf der Tatsache, dass in letzterer das Bewusstsein über den Schutz von Wasserreserven zurückfällt, aufgrund des relativ kostengünstigen Bezugs des Rohstoffs [vgl. *KLAUS* (1994)]. Die negativen Folgeeffekte sind dann, dass sich vor diesem Hintergrund eine sukzessive Aufgabe von Wasserschutzgebieten in der Empfängerregion bemerkbar macht. Beispielhaft zeigt sich dies am Stadtkreis Mannheim, dessen Wasserschutzgebiete von 1998 bis 2012 um knapp 27 % abnahmen [vgl. *STALA* (2014)]. Als politische Leitlinie sollte daher gelten, dass Fernwasser die lokalen Wasserressourcen ergänzt, nicht aber ersetzt [vgl. *LEHN* et al. (1996), S. 320].

Der Wassertransport besitzt in Baden-Württemberg eine ungebrochen bedeutsame Stellung für die Industrie. Die Pflege, Instandhaltung und zukunftssichere Unterhaltung dieses Streckennetzes, das wesentlich entlang der zwei Hauptschlagadern Rhein und Neckar verläuft, sollten daher eine hohe Priorität erhalten. Einem verstärkten Ausbau allerdings können Zweifel entgegengebracht werden. Zum einen ist das Wasserstreckennetz nicht an einer Überlastungsgrenze, zum anderen führte der starke Ausbau zur Schiffbarmachung zu vielen kanalisierten Streckenabschnitten und Uferumbauten, was die Selbstreinigungsmöglichkeiten des Flusswassers an den Uferauen unterbindet [vgl. *LEHN* et al. (1996), S. 323]. Insofern zeigt sich auch bei diesem Standortfaktor die Bedeutung der koordinierten Flächenplanung in der Regionalpolitik. Bei der Ausweisung von Industriefläche und Verkehrsfläche sollte sie auch den Schutz flussnaher Ufer- und Auenflächen nicht vernachlässigen [vgl. *KLAUS* (1994)].

Im Zuge der fortschreitenden Tertiarisierung ist ein sukzessives Schrumpfen des industriellen Sektors insgesamt zu beobachten. Diese Tendenz wird verstärkt, durch das Abwandern von Industriebetrieben in das osteuropäische oder asiatische Ausland, das mit niedrigeren Kostenstrukturen aufwartet. Die regionale Förderpolitik sollte zunächst für den Bestandserhalt von Industriebetrieben Sorge tragen [vgl. *PEREIRA/ANDRAZ* (2003)]. Darüber hinaus sind die Standortrahmenbedingungen so auszurichten, um die Gründung von Kleinbetrieben zu forcieren. Von ihnen und von Großbetrieben gehen nach den Ergebnissen deutliche Lokalisationseffekte aus. Eine regionale Förderpolitik sollte daher immer Auge behalten, diese Konzentration industrieller Betriebe, die nicht selten mit einer Konzentration ökonomischer Aktivität insgesamt einhergeht, gemäß der Theorie zentralörtlicher Raumstrukturen zu pflegen. Zur Finanzierung der industriebetrieblichen Förderung könnten – vor dem Hintergrund der schwachen Finanzausstattung in vielen Regionen – auch strukturelle Wege eingeschlagen werden. Einerseits dient eine Übertragung von Kompetenzen von der Länder- auf die Kreisebene dazu, um die Kreise ausreichend leistungsfähig aufzustellen, andererseits wären Verwaltungs- und Kreisgebietsreformen denkbar, mit denen andere Bundesländern bereits gute Erfahrungen machten [vgl. *MÖSGEN* (2008), S. 299].

Die vorliegende empirische Untersuchung eröffnet die Möglichkeit, sie in zahlreiche Richtungen auszudehnen und weiterzuentwickeln. So wäre es sehr gut vorstellbar, sie um eine tiefergehende Analyse zu ergänzen, die die betrieblichen Merkmale stärker unterscheidet. Auf diesem Wege ließe sich in Erfahrung bringen, nach welchen Leistungsdaten, wie Umsatz, Wertschöpfung oder Exportquote, eine Standortansiedlung und -verlagerung erwogen wird. Auf Basis der aktuellen Studie liegt die Vermutung nahe, dass diese Leistungsdaten eine wichtige Rolle für Klein- und Großbetriebe des Verarbeitenden Gewerbes einnehmen. Eine nähere Untersuchung, insbesondere die starke Exportorientierung der industriellen Betriebe in Baden-Württemberg, wäre möglich, da durch eine hohe Exportintensität stets auch eine gewisse Verletzbarkeit von Betrieben bestimmter Industriezweige in konjunkturellen Schwächephasen besteht. Die Exportorientierung könnte als Anteil des Auslandsumsatzes am Gesamtumsatz in einem Jahr als Bestimmungsgröße operationalisiert werden. Es bestünde die Aussicht, diesen Aspekt gegebenenfalls durch die wichtigsten Exportdestinationen zu ergänzen.

Weiterhin ist vorstellbar, die vorliegende Arbeit um eine Untersuchung vergleichender Regionenprofile zu erweitern, was dann natürlich einen gänzlich anderen methodischen Zugang notwendig macht. Auf Basis eines Standortfaktorenkatalogs könnten dann die in Betracht kommenden Standorte zueinander geprüft und verglichen werden [vgl. PIEPER (1994), S. 210]. Für eine großflächige Analyse interregionaler Konkurrenzstandorte bedeutet dies allerdings einen gewichtigen Erhebungsaufwand und ein darauf abgestimmtes und daher ebenfalls sehr komplexes Auswertungsverfahren.

Eine zusätzliche Erweiterung der dargelegten Forschungsperspektive wäre auch über das Hinzuziehen weiterer Standortfaktoren erreichbar. Dieser Modellausbau hätte den Vorteil, dass sich die Strukturen der Einzelmodelle nur unwesentlich veränderten. Problematisch bleibt allerdings, dass ein Aufblähen des Modells dazu führt, die Wahl der Standortfaktoren als beliebig anzusehen. Auf Basis des bestehenden Standortfaktorenkatalogs sind gewinnende Erweiterungen vor allem im Bereich der Exportorientierung der Industrie in Baden-Württemberg und hinsichtlich des – damit letztendlich auch verbundenen – Transportwesens vorstellbar. Diese zwei Facetten könnten deutlich stärker und damit aussagekräftiger eingebunden werden. Ansonsten kommen in der empirischen Studie zahlreiche Standortfaktoren nicht zum Einsatz, die in anderen Forschungsdesigns vorzufinden sind. Aufgrund des Kreiszuschnittes fanden etwa populäre Standortfaktoren, wie der Rechtsrahmen oder die Arbeitsmarktregulierung, keine Berücksichtigung, da sie Allgemeingültigkeit für den gesamten Untersuchungsraum besitzen und wenn überhaupt nur minimal variieren. Ebenfalls erfolgt keine besondere Herausstellung des Faktors Kapital, da dieser nach der neueren und neuen Raumwirtschaftstheorie als vollkommen mobil eingestuft wird [vgl. KRUGMAN (1998a)]. Gerade in Zeiten der Globalisierung stellt dies auch für regionalökonomische Analysen eine absolut nachvollziehbare Einordnung dar. Überdies sind finanz- und steuerorientierte Standortfaktoren in Deutschland und in Baden-Württemberg als Bundesland weitgehend einheitlich geregelt. Vor allem in Hinblick auf kleinräumige Untersuchungen spielen sie keine tragende Rolle [vgl. BERLEMANN/TILGNER (2007), S. 16]; es handelt sich mehr um Artefakte früherer raumwirtschaftlicher Studien [vgl. FUNDENBURG et al. (2013); HANSON/ROHLIN (2011)]. Auch gilt es als evident, dass die Besteuerung in der innerdeutschen Standortwahl unerheblich ist [vgl. *IW* (2003), S. 2], was auch für die oft als pars pro toto herangezogene Gewerbesteuer gilt. Für die Untersuchungsregion Baden-Württemberg wurde bereits aufgezeigt, dass die Gewerbesteuer und die Gewerbesteuerhebesätze keinen Einfluss auf die Standortansiedlung und -verlagerung besitzen [vgl. *KRUMM* et al. (2007), S. 143]. Zudem lassen die vielen verschiedenartigen Ergebnisse bei der Gewerbesteuer über die Grenzen des Bundeslandes Baden-Württemberg hinaus auch keine klaren Schlüsse zu [vgl. *STEIL* (1999), S. 125]. Exemplarisch kann dies an der Wechselwirkung dieses Standortfaktors zur Verkehrsinfrastruktur illustriert werden. So geht dem Standortvorteil eines niedrigen Hebesatzes häufig der Standortnachteil einer mangelhaften Infrastruktur einher, da die Finanzierungsmittel zum Erhalt und Neubau fehlen; umgekehrt ist ein für die Standortansiedelung eher nachteiliger hoher Hebesatz nicht selten ein Indiz für eine sehr intakte Verkehrsinfrastruktur [vgl. *HANSON/ROHLIN* (2011)].

Aus ähnlichen Gründen enthält der Standortfaktorenkatalog keine Standortindikatoren zur fiskalischen Regionalförderung. Einerseits sind diese kaum über einen längeren Berichtsraum zu erfassen, andererseits bestehen erhebliche Interpretationsschwierigkeiten über Wirksamkeit und Unwirksamkeit dieser Förderungsoption [vgl. *BERLEMANN/TILGNER* (2007), S. 18]. Erhalten förderbedürftige Regionen Zuschüsse, so übernimmt dieser Indikator im Grunde eine Dummy-Stellung und indiziert mit einem negativen Vorzeichen allgemein schlechtere Regionen; werden indes die Fördermittel derart hochgesetzt, sodass sie möglicherweise alle anderen Standortvariablen in ihrer Bedeutung übergehen, entstünde, komplett gegensätzlich zum vorab skizzierten Fall, ein positives Vorzeichen.

In den Bereich pekuniärer Hilfen fallen auch Investitionsförderungen und unterschiedliche Formen von Subventionen. Über den gewählten Zeitstrahl allerdings sind diese nicht klar zu erheben und auf die Adressaten abzugrenzen. Besonders bei einer vergleichenden Analyse lassen sich die vielfältigen pekuniären Vorteile nicht stichfest prüfen [vgl. *KRUMM* et al. (2007), S. 65]. Darüber hinaus muss in regionalökonomischen Untersuchungen nicht gesondert darauf eingegangen werden, da diese Förderungen hauptsächlich die bundespolitische Ebene entscheidet [vgl. *MÜLLER* (2012), S. 37].

Zuletzt soll ein abschließender Blick auf Forschungs- und Entwicklungsaktivitäten erfolgen. Dieser intangible Standortfaktor spielt hauptsächlich in der Neuen Ökonomischen Geographie und den zugrundeliegenden berechenbaren Gleichgewichtsmodellen eine tragende Rolle. Von einem Einbau in das Modell dieser Arbeit wurde abgesehen, da die Daten über die unternehmerische Aktivität in diesem Bereich nicht publiziert werden und verlässliche Sekundärdaten anderenorts nicht zu erhalten sind. Eine Approximation über Patentanmeldungen wäre vorstellbar gewesen [vgl. *BERLEMANN/TILGNER* (2007), S. 18], würde aber auch zu zahlreichen Fehlinterpretationen führen, wenn man etwa an die Rolle und Relevanz von Folgepatenten denkt.

Um Probleme, wie die Datenverfügbarkeit bei Forschungs- und Entwicklungsaktivitäten, zu lösen, kann in der Folgeforschung zu dieser Untersuchung ein zweiter und methodisch gänzlich anderer Weg verfolgt werden. Die über direkte Betriebs- und Unternehmensbefragungen, sogenannte Delphi-Studien, gewonnenen Primärdaten ermöglichen ebenfalls, die empirische Bedeutung von

Standortfaktoren zu veranschaulichen [vgl. *MÜLLER* (2012), S. 97; *HU* et al. (2008); *LITZENBERGER* (2006), S. 202; *WEDER* (1996)]. Gerade um die Qualität von Standortfaktoren gesicherter abzuschätzen und weiche Standortfaktoren näher zu untersuchen, bietet sich als Lösungsansatz immer direkte Unternehmensbefragungen an [vgl. *IW* (2012), *GRABOW* (2005); *KOELLREUTER* (1995)]. Direkte Befragungen haben dabei eine etwa gleichrangige Verwendung bei wissenschaftlichen Studien innerhalb der Raumwirtschaftstheorie; beide grundsätzlichen Methoden kennzeichnen aber durchaus gewichtige Vor- und Nachteile [vgl. *BERLEMANN/TILGNER* (2006), S. 15]. Natürlich besteht die Möglichkeit, beide Verfahren auch in Ergänzung zueinander einzusetzen. So kann man die Methode der Unternehmensbefragung immer dann nachschieben, wenn kontraintuitive Ergebnisse einer Sekundärdatenauswertung einer direkten Rückprüfung unterzogen werden müssen. Im vorliegenden Anwendungsfall würde eine nachgeschobene Unternehmensbefragung an vielerlei Punkten ansetzen. Neben der Abfrage des Katalogs an Standortfaktoren, könnte auch der industrielle Spezialisierungsgrad näher in Erfahrung gebracht werden sowie weitere innerbetriebliche Spezifika, wie etwa die exakten Exportverflechtungen. Auch die Schwierigkeit der Revidierbarkeit einer einmal getroffenen Standortentscheidung, wäre in der direkten Befragung sicherlich besser zu erforschen. In der Standortwahl und im Wanderverhalten erweisen sich Unternehmensbefragungen von Einzelunternehmen sogar noch als präziser, da sie die genauen Motive für eine Ansiedlung und Umsiedlung erfassen. Aber nicht nur Neugründungen oder Erweiterungsinvestitionen können Ziel einer Befragung sein, sondern auch die Antwort auf die Frage, welche Betriebe eines in der Schrumpfungsphase befindlichen Unternehmens an welchem Standort verkleinert oder geschlossen werden. Delphi-Studien sind besonders bei Kleinbetrieben interessant, da hier nur wenige Entscheidungsträger existieren und daher vor allem verhaltenstheoretische Aspekte in der Standortwahl einer näheren Betrachtung unterliegen. Mittlerweile entwickelte sich auf Basis dieser behavioristischen Standortmotive ein ganz eigener Forschungszweig [vgl. *DERUNGS* (2008), S. 39 f.; *STÖRMANN* (1993); *WERLEN* (1988)].

Direkte Befragungen im Rahmen der Standortwahl tragen zudem den Vorteil in sich, dass sie nicht zwangsläufig immer auf der exekutiven Betriebsebene ansetzen müssen. Entsprechend dem Forschungsdesign könnten auch die Mitarbeiter in den Forschungsabteilungen der Betriebe und Unternehmen die geeigneteren Adressaten sein [vgl. *BERLEMANN/TILGNER* (2007), S. 18]. Im Fall der empirischen Studie in dieser Arbeit wären, etwa zur näheren Untermauerung der wasserspezifischen Standortfaktoren, auch das Führen von Expertengesprächen zur Einschätzung der qualitativen Dimension der Ressource Wasser mit Mitarbeitern der Umweltmanagementabteilungen möglich. Ein weiterer und nicht selten beschrittener Weg sind zudem qualitative Interviews mit Experten aus Ministerien und Verbänden, die die regionale Förderung maßgeblich steuern und mitgestalten. Durch die Befragung regionaler Einrichtungen zur Existenz- und Wirtschaftsförderung könnten vor allem weiche Standortfaktoren, wie das „Image einer Region", eingefangen werden [vgl. *PIEPER* (1994), S. 195].

Literatur- und Quellenverzeichnis

Acs, Z. / Audretsch, D. (1989), Births and Firm Size, Southern Economic Journal, 56(2), S. 467-475.

Ades, A. / Glaeser, E. (1995), Trade and Circuses: Explaining Urban Giants, Quarterly Journal of Economics, 110(1), S. 195-227.

Aiginger, K. / Rossi-Hansberg, E. (2006), Specialization and Concentration: A Note on Theory and Evidence, Empirica, 33(4), S. 255-266.

Alfredo-Minerva, G. (2007), Natural Advantage Effect, Location and Trade Patterns in Increasing Returns to Scale Industries, Review of Urban & Regional Development Studies, 19(1), S. 21-48

Allison, P. (1994), Using Panel Data to Estimate the Effects of Events, Sociological Methods & Research, 23(2), S. 174-199.

Alonso, W. (1964), Location and Land Use: Towards a General Theory of Land Rent, Cambridge.

Andress, H.-J. / Golsch, K. / Schmidt, A. (2013), Applied Panel Data Analysis for Economic and Social Surveys, Heidelberg.

Angele, J. (1998), Gewerbeanzeigen 1996, Wirtschaft und Statistik, 3(1), S. 239-243.

Angele, J. (2003), Zur Änderung der Gewerbeanzeigenstatistik ab 2003, Wirtschaft und Statistik, 3(1), S. 189-190.

Arauzo, J. (2005), Determinants of Industrial Location. An Application for Catalan Municipalities, Papers in Regional Science, 84(1), S. 105-120.

Arauzo-Carod, J. / Teruel-Carrizosa, M. (2005), An Urban Approach to Firm Entry: The Effect of Urban Size, Growth and Change, 36(4), S. 508-528.

Arauzo-Carod, J. / Liviano-Solis, D. / Manjón-Antolín, M. (2010), Empirical Studies In Industrial Location: An Assessment of their Methods and Results, Journal of Regional Science, 50(3), S. 685-711.

Arthur, B. (1989), Competing Technologies, Increasing Returns, and Lock-In by Historical Events, Economic Journal, 99(394), S. 116-131.

Arthur, B. (1990), Positive Rückkopplung in der Wissenschaft, Spektrum der Wirtschaft, 4(1), S. 122-129.

Arthur (1994), Increasing Returns and Path Dependence in the Economy, Michigan.

Arthur, B. / Ermoliev, Y. / Kaniovski, Y. (1987), Path-Dependent Processes and the Emergence of Macro-Structure, European Journal of Operational Research, 30(3), S. 294-303.

Audretsch, D. / Fritsch, M. (1994), The Geography of Firm Births in Germany Regional Studies, 28(4), S. 359-365.

Audretsch, D. / Fritsch, M. (1999), The Industry Component of Regional New Firm Formation Processes, Review of Industrial Organization, 15(3), S. 239-252.

Auer von, L. (2011), Ökonometrie, 5. Aufl., Heidelberg.

Aulich, U. (2010), Schwere Fracht aus Tegel für China: Industriebetriebe nutzen für Transport den Wasserweg, Berliner Zeitung, 07.06.2010.

Avogadro, E. / Minciardi, R. / Paolucci, M. (1997), A Decisional Procedure for Water Resources Planning Taking into Account Water Quality Constraints, European Journal of Operational Research, 102(2), S. 320-334.

Babin, F. / Willis, C. / Allen, P. (1982), Estimation of Substitution Possibilities between Water and Other Production Inputs, American Journal of Agricultural Economics, 64(1), S. 148-151.

Badri, M. (2007), Dimensions of Industrial Location Factors: Review and Exploration, Journal of Business and Public Affairs, 1(2), S. 1-26.

Baldwin, R. / Forslid, R. / Martin, P. / Ottaviano, G. / Robert-Nicoud, F. (2003), Economic Geography and Public Policy, Princeton.

Baltagi, B. (2013), Econometric Analysis of Panel Data, 5. Aufl., Chichester.

Bartels, D. (1970), Wirtschafts- und Sozialgeographie. Köln.

Bathelt, H. / Glückler, J. (2003), Toward a Relational Economic Geography, Journal of Economic Geography, 3(2), S. 117-144.

Beavon, K. (1977), Central Place Theory: A Reinterpretation, London.

Beckmann, M. J. (1972), Von Thunen Revisited: A Neoclassical Land Use Model, Swedish Journal of Economics, 74(1), S. 1-7.

Behrens, K. (1961), Allgemeine Standortbestimmungslehre, Köln.

Behrens, K. / Thisse, J. (2007), Regional Economics: A New Economic Geography Perspective, Regional Science and Urban Economics, 37(4), S. 457-465.

Benassy, J. (1996), Taste for Variety and Optimum Production Patterns in Monopolistic Competition, Economics Letters, 52(1), S. 41-47.

Berlemann, M. / Tilgner, J. (2006), Determinanten der Standortwahl von Unternehmen – ein Literaturüberblick, ifo Dresden Bericht, 13(6), S. 14-24.

Berlemann, M. / Tilgner, J. (2007), Determinanten der innerdeutschen Standortwahl von Unternehmen – Ergebnisse einer empirischen Analyse, ifo Dresden Bericht, 3(1), S. 14-22.

Berlemann, M. / Göthel, M. (2008), Determinanten der internationalen Standortwahl von Unternehmen – Ergebnisse einer empirischen Analyse, ifo Dresden Bericht, 16(4), S. 33-43.

Betzholz, T. / Wöllper, F. (2010), Verkehrsfläche: Segen oder Fluch? Statistisches Monatsheft Baden-Württemberg, 4(1), S. 49-54.

Betzholz, T. / Wöllper, F. (2011), Flächenverbrauch – Dauerbrenner der umweltpolitischen Diskussion, Statistisches Monatsheft Baden-Württemberg, 1(1), S. 36-43.

Biswas, A. (1987), Inland Waterways for Transportation of Agricultural, Industrial and Energy Products, International Journal of Water Resources Development, 3(1), S. 9-22.

Blair, J. / Premus, R. (1987), Major Factors in Industrial Location: A Review, Economic Development Quarterly, 1(1), S. 72-85.

Blair, J. / Premus, R. (1993), Location Theory, in: Bingham, R. / Mier, R. (Hrsg.), Theories of Local Economic Development – Perspectives from Across the Disciplines, London, S. 3-26.

Blankart, C. (1988), Umweltschutzorientierte Sonderabgaben und ihre Alternativen: Der Wasserpfennig aus ökonomischer Sicht, in: Schmidt, K. (Hrsg.): Öffentliche Finanzen und Umweltpolitik I, Berlin, S. 51-65.

Blien, U. / Blume, A. / Eickelpasch, K. / Geppert, K. / Maierhofer, D. (2001), Neue Bundesländer: Einflussfaktoren der Regionalentwicklung, Bericht des Instituts für Arbeitsmarkt- und Berufsforschung, Nürnberg.

Blonk, W. (1994), Short Sea Shipping and Inland Waterways as Part of a Sustainable Transportation System, Marine Pollution Bulletin, 29(6), S. 389-392.

Blotevogel, H. (2005), Raum, in: Akademie für Raumforschung und Landesplanung (Hrsg.), Handwörterbuch der Raumordnung, 4. Aufl., Hannover, S. 831-841.

Böhm, E. / Hillenbrand, T. (2003), Quantitative und qualitative Aspekte industrieller und gewerblicher Wassernutzung in Deutschland, Zeitschrift für angewandte Umweltforschung, 15(3), S. 511-527.

Boschma, R. / Frenken, K. (2006), Why Is Economic Geography Not an Evolutionary Science? Towards an Evolutionary Economic Geography, Journal of Economic Geography, 6(3), S. 273-302.

Boschma, R. / Lambooy, J. (1999), Evolutionary Economics and Economic Geography, Journal of Evolutionary Economics, 9(4), S. 411-429.

Bosker, M. / Brakman, S. / Garretsen, H. / Schramm, M. (2010), Adding Geography to the New Economic Geography: Bridging the Gap between Theory and Empirics Journal of Economic Geography, 10(6), S. 793-823.

Bosma, N. / Schutjens, V. (2011), Understanding Regional Variation in Entrepreneurial Activity and Entrepreneurial Attitude in Europe, Annals of Regional Science, 47(3), S. 711-742.

Boudeville, J. (1966), Problems of Regional Economic Planning, Edinburgh.

Böventer, E. (1979), Standortentscheidungen und Raumstruktur, Akademie für Raumforschung und Landesplanung, Band 76, Hannover.

Bower, B. (1964), The Location Decision of Industry and Its Relationship to Water, Economics of Water Resources Development, 13(1), 123-141.

Bower, B. (1975), Studies of Residuals Management in Industry, in: Mills, E. (Hrsg.), Economic Analysis of Environmental Problems, New York, S. 275-324.

Brakman, S. / Garretsen, H. (2003), Rethinking the 'New' Geographical Economics, Regional Studies, 37(6), S. 637-648.

Brakeman, S. / Garretsen, H. / van Marrewijk, C. (2009), The New Introduction to Geographical Economics, Cambridge.

Brakman, S. / Garretsen, H. / van Marrewijk, C. (2011), References Across the Fence: Measuring the Dialogue between Economists and Geographers, Journal of Economic Geography, 11(2), S. 371-385.

Brenner, T. (2004), Local Industrial Clusters: Existence, Emergence and Evolution, London.

Breusch, T. / Pagan, A. (1980), The Lagrange Multiplier Test and its Applications to Model Specification in Econometrics, The Review of Economics Studies, 47(1), S. 239-253.

Brixy, U. / Grotz, R. (2007), Regional Patterns and Determinants of Birth and Survival of New Firms in Western Germany, Entrepreneurship and Regional Development, 19(4), S. 293-312.

Brixy, U. / Niese, M. (2004), Analyse von Standorteinflüssen auf das Gründungsgeschehen, in: Fritsch, M. / Grotz, R. (Hrsg.), Empirische Analysen zum Gründungsgeschehen in Deutschland, Heidelberg, S. 111-121.

Bröcker, J. (2002), Schlussfolgerungen aus der Theorie endogenen Wachstums für eine ausgleichende Regionalpolitik, Raumforschung und Raumordnung, 3(4), S. 185-194.

Brouwer, A. / Mariotti, I. / Ommeren, J. (2004), The Firm Relocation Decision: An Empirical Investigation, Annals of Regional Science, 38(2), S. 335-347.

Bruinsma, F. / Rietveld, P. (1998), The Accessibility of European Cities: Theoretical Framework and Comparison of Approaches, Environment and Planning A, 30(3), 499-521.

Brüderl, J. / Preisendörfer, P. / Ziegler, R. (2007), Der Erfolg neugegründeter Betriebe: Eine empirische Studie zu den Chancen und Risiken von Unternehmensgründungen, 3. Aufl., Berlin.

Brülhart, M. (1998), Economic Geography, Industry Location and Trade: The Evidence, World Economy, 21(6), S. 775-801.

Bundesinstitut für Bau-, Stadt- und Raumforschung [BBSR] (2002), INKAR – Indikatoren und Karten zur Raum- und Stadtentwicklung, CD-Rom 2002, Bonn.

Bundesinstitut für Bau-, Stadt- und Raumforschung [BBSR] (2005), INKAR – Indikatoren und Karten zur Raum- und Stadtentwicklung, CD-Rom 2005, Bonn.

Bundesinstitut für Bau-, Stadt- und Raumforschung [BBSR] (2007), INKAR – Indikatoren und Karten zur Raum- und Stadtentwicklung, CD-Rom 2007, Bonn.

Bundesinstitut für Bau-, Stadt- und Raumforschung [BBSR] (2009), INKAR – Indikatoren und Karten zur Raum- und Stadtentwicklung, CD-Rom 2009, Bonn.

Bundesinstitut für Bau-, Stadt- und Raumforschung [BBSR] (2011), INKAR – Indikatoren und Karten zur Raum- und Stadtentwicklung, CD-Rom 2011, Bonn.

Burn, S. (1984), Waterway Freight Transport — Survival or Revival? Land Use Policy, 1(2), S. 134-146.

Büringer, H. (1996), Prognose des Wasserbedarfs der baden-württembergischen Industrie bis zum Jahr 2005, in: Lehn, H. / Steiner, M. / Mohr, H. (Hrsg.), Wasser – Die Elementare Ressource: Materialband, S. 172-243.

Canning, D. (1996), Specialization, Scale Economies and Economic Development, Economics Letters, 52(1), S. 95-100.

Capello, R. (2007), Regional Economics, New York.

Caves, R. (1998), Industrial Organization and New Findings on the turnover and Mobility of Firms, Journal of Economic Literature, 36(1), S. 1947-1982.

Chandra, R. / Sandilands, R. (2006), The Role of Pecuniary External Economies and Economies of Scale in the Theory of Increasing Returns, Review of Political Economy, 18(2), S. 193-208.

Chao-Hsien, L. / Liang-Ching, C. / Li-Mei, C. (2006), Industrial Water Demand with Water Reuse, Journal of the American Water Resources Association, 42(3), S. 593–601.

Chen, L. / Olhager, J. / Tang, O. (2013), Manufacturing Facility Location and Sustainability: A Literature Review and Research Agenda, International Journal of Production Economics, 149(1), 154-163.

Chertow, M. (2007), „Uncovering" Industrial Symbiosis, Journal of Industrial Ecology, 11(1), S. 11-30.

Chertow, M. / Lombardi, R. (2005), Quantifying Economic and Environmental Benefits of Co-Located Firms, Environmental Science and Technology, 2005, 39(17), 653-654.

Cheshire, P. (1999), Trend in Sizes and Structures of Urban Areas, in: Cheshire, P. / Mills, E. (Hrsg.), Handbook of regional and Urban Economics, 3. Aufl., Amsterdam, S. 1339-1373.

Chisholm, M. (1990), Regions in Recession and Resurgence, New York.

Christaller, W. (1933/1960), Die zentralen Orte in Süddeutschland: Eine ökonomisch-geographische Untersuchung über die Gesetzmäßigkeit der Verbreitung und Entwicklung der Siedlungen mit städtischen Funktionen, Nachdruck der ersten Auflage, Jena.

Clark, C. (1945), The Economic Functions of a City in Relation to Its Size, Econometrica, 13(2), S. 97-113.

Clark, G. (1998), Stylized Facts and Close Dialogue: Methodology in Economic Geography, Annals of the Association of American Geographers, 88(1), S. 73-87.

Clemens, R. (2000), Zur Weiterentwicklung der Gründungsstatistik, Schriften zur Mittelstandsforschung, 88(2), S. 149-166.

Clement, D. (2004), Urban Legends, The Region, 18(3), S. 10-13.

Cole, M. (2004), Economic Growth and Water Use, Applied Economics Letters, 11(1), S. 1-4.

Combes, P. / Duranton, G. (2006), Labour Pooling, Labour Poaching and Spatial Clustering, Regional Science and Urban Economics, 36(1), S. 1-28.

Comtois, C. / Slack, B. / Sletmo, G. (1997), Political Issues in Inland Waterways Port Development: Prospects for Regionalization, Transport Policy, 48(4), S. 257-265.

Cronon, W. (1991), Nature's Metropolis: Chicago and the Great West, New York.

Cullinane, K. / Wilmsmeier, G. (2011), The Contribution of the Dry Port Concept to the Extension of Port Life Cycles, in: Böse, J. (Hrsg.), Handbook of Terminal Planning, Heidelberg, S. 359-379.

Dahrenmöller, A. (1987), Existenzgründungsstatistik: Nutzung amtlicher Datenquellen zur Erfassung des Gründungsgeschehens, IFM Schriften zur Mittelstandsforschung, Stuttgart.

David, P. (1985), Clio and the economics of QWERTY, American Economic Review, 75(2), S. 332-337.

Debrie, J. / Gouvernal, E. / Slack, B. (2007), Port Devolution Revisited: The Case of Regional Ports and the Role of Lower Tier Governments, Journal of Transport Geography, 15(6), S. 455-464.

Derungs, C. (2008), Die betriebliche Standortwahl aus einer prozessorientierten Perspektive, Berlin.

Deutsches Statistisches Bundesamt [DESTATIS] (2008), Klassifikation der Wirtschaftszweige, Wiesbaden.

Deutsches Statistisches Bundesamt [DESTATIS] (2014a), Wasserproduktivität, https://www.destatis.de/DE/ZahlenFakten/GesamtwirtschaftUmwelt/Umwelt/UmweltoekonomischeGesamtrechnungen/Begriffserlaeuterungen/Wasserproduktivitaet.html [06-09-2014].

Deutsches Statistisches Bundesamt [DESTATIS] (2014b), Industrie - Verarbeitendes Gewerbe, https://www.destatis.de/DE/ZahlenFakten/Wirtschaftsbereiche/IndustrieVerarbeitendesGewerbe/IndustrieVerarbeitendesGewerbe.html [06-09-2014].

Dinar, A. / Subramanian, A. (1998), Policy Implications from Water Pricing Experiences in Various Countries, Water Policy, 1(2), S. 239-250.

Dinlersoz, E. (2004), Cities and the Organization of Manufacturing, Regional Science and Urban Economics, 34(1), S. 71-100.

Dixit, A. / Stiglitz, J. (1977), Monopolistic Competition and Optimum Product Diversity, American Economic Review, 67(3), S. 297-308.

Drezner, Z. / Klamroth, K. / Schöbel, A. / Wesolowsky, G. (2004), The Weber Problem, in: Drezner, Z. / Hamacher, H. W. (ed.), Facility Location: Applications and Theory, Berlin, S. 1-36.

Dunn, E. (1954), The Equilibrium of Land-Use Patterns in Agriculture, Southern Economic Journal, 21(2), S. 173-187.

Dupont, D. / Renzetti, S. (1999), An Assessment of the Impact of a Provincial Water Charge, Canadian Public Policy, 25(3), S. 361-378.

Dupont, D. / Renzetti, S. (2001), The Role of Water in Manufacturing, Environmental and Resource Economics, 18(4), S. 411-432.

Dziegielewski, B. / Sharma, S. / Bik, T. (2002), Predictive Models of Water Use: An Amalytical Bibliography, Carbondale.

Eickelpasch, A. / Lejpras, A. / Stephan, A. (2007), Hard and Soft Locational Factors, Innovativeness and Firm Performance: An Empirical test of Porter's Diamond Model at the Micro-Level, DIW Discussion Papers, 723, S. 1-22.

Egeln, J. / Erbsland, M. / Hügel, A. / Schmidt, P. / Seitz, H. (1996), Der Wirtschaftsstandort Rhein-Neckar-Dreieck: Standortprofil und Unternehmensdynamik, ZEW Schriftenreihe, Band 9, Baden-Baden.

Ellison, G. / Glaeser, E. (1997), Geographic Concentration in U.S. Manufacturing Industries: A Dartboard Approach, Journal of Political Economy, 105(5), S. 889-927.

Ellwein, T. / Buck, L. (1995), Wasserversorgung – Abwasserbeseitigung: Öffentliche und private Organisation, Landsberg.

Engel, D. (1999), Der Einfluss der Grenznähe auf die Standortwahl von Unternehmen: Eine theoretische Analyse und empirische Befunde für Ostdeutschland, ZEW Discussion Papers, 99(18), S. 1-31.

Enright, M. (1993), The Determinants of Geographic Concentration in Industry, Harvard Business School Working Paper, 93(52), S. 1-39.

Enright, M. (2003), Regional Clusters: What we know and what we should know, in: Bröcker, J. / Dohse, R. / Soltwedel, R. (Hrsg.), Innovation Clusters and Interregional Competition, Berlin, S. 99-129.

Erbguth, W. / Schlacke, S. (2012), Umweltrecht, 4. Aufl., Baden-Baden.

European Environment Agency [EEA] (2009), Water Resources across Europe - Confronting Water Scarcity and Drought, Kopenhagen.

European Environment Agency [EEA] (2010), Use of Freshwater Resources, Kopenhagen.

Ezekiel, M. (1938), The Cobweb Theorem, Quarterly Journal of Economics, 52(2), S. 255-280.

Fallgatter, M. (2006), Standortwahl bei Unternehmensgründungen, WISU, 35(1), S. 75-80.

Farhauer, O. (2001), Folgt aus der Theorie des endogenen Wachstums eine neue Wirtschaftspolitik? Wirtschaftspolitische Relevanz und ihre empirische Bedeutung, Applied Economics Quarterly, 47(3), 214-250.

Farhauer, O. / Granato, N. (2006), Standortfaktoren und Branchenmix entscheidend für Beschäftigung, IAB Kurzbericht, 4(1), S. 1-6.

Farhauer, O. / Kröll, A. (2013), Standorttheorien: Regional- und Stadtökonomik in Theorie und Praxis, Wiesbaden.

Feeley, T. / Skone, T. / McNemar, A. / Nemeth, M. / Schimmoller, B. / Murphy, J. / Manfredo, L. (2008), Water: A Critical Resource in the Thermoelectric Power Industry, Energy, 33(1), S. 1-11.

Figueiredo, O. / Guimaraes, P. / Woodward, D. (2002), Home-Field Advantage: Location Decisions of Portuguese Entrepreneurs, Journal of Urban Economics, 52(2), S. 341-361.

Figueiredo, O. / Guimaraes, P. / Woodward, D. (2009), Localization Economies and Establishment Size: Was Marshall right after all? Journal of Economic Geography, 9(6), S. 853-868.

Flämig, H. / Hesse, M. (2011), Placing Dryports: Port Regionalization as a Planning Challenge – The Case of Hamburg, Germany and the Süderelbe, Research in Transportation Economics, 33(1), S. 42–50.

Forslid, R. / Ottaviano, G. (2003), An Analytically Solvable Core-Periphery Model, Journal of Economic Geography, 3(3), S. 229-240.

Fotopoulos, G. / Louri, H. (2000), Location and Survival of New Entry, Small Business Economics, 14(4), S. 311-321.

Franz, W. / Schalk, H. (1995), Eine kritische Würdigung der Wirksamkeit der regionalen Investitionsförderung in der Bundesrepublik Deutschland, in: Gahlen, B. / Hesse, H. / Ramser, H. (Hrsg.), Standort und Region: Neue Ansätze zur Regionalökonomik, Stuttgart, S. 273-302.

Frémont, A. / Franc, P. (2010), Hinterland transportation in Europe: Combined Transport versus Road Transport, Journal of Transport Geography, 18(4), S. 548-556.

Friedmann, J. (1966), Regional Development Policy: A Case Study of Venezuela, London.

Friedmann, J. (1973), A Theory of Polarized Development, in: Friedmann, J. (Hrsg.), Urbanization, Planning and National Development, London, S. 41-64.

Fritsch, M. (2011), Marktversagen und Wirtschaftspolitik, München.

Fritsch, M. (2012), Entrepreneurship und Regionalentwicklung, in: Bröcker, J. / Fritsch, M. (Hrsg.), Ökonomische Geographie, München, S. 201-217.

Fritsch, M. / Falck, O. (2007), New Business Formation by Industry over Space and Time: A Multidimensional Analysis, Regional Studies, 41(2), S. 157-172.

Fritsch, M. / Schroeter, A. (2011), Why Does the Effect of New Business Formation Differ Across Regions? Small Business Economics, 36(4), S. 383-400.

Fritsch, M. / Wyrwich, M. (2013), The Long Persistence of Regional Levels of Entrepreneurship: Germany 1925-2005, Regional Studies, 48(6), S. 1-19.

Fritsch, M. / Grotz, R. / Brixy, U. / Niese, M. / Otto, A. (2002), Gründungen in Deutschland: Datenquellen, Niveau und räumlich-sektorale Struktur, in: Schmude, J. / Leiner, R. (Hrsg.), Unternehmensgründungen, Heidelberg, S. 1-31.

Fritsch, M. / Grotz, R. / Brixy, U. / Niese, M. / Otto, A. (2004), Der Markterfolg von Gründungen – Sektorale und Regionale Bestimmungsgründe, in: Fritsch, M. / Niese, M. (Hrsg.), Gründungsprozess und Gründungserfolg, Heidelberg, S. 39-62.

Fujita, M. (1996), On the Self-Organization and Evolution of Economic Geography, Japanese Economic Review, 47(1), S. 34-61.

Fujita, M. (2010), The Evolution of Spatial Economics: From Thünen to the New Economic Geography, The Japanese Economic Review, 61(1), S. 1-32.

Fujita, M. / Krugman, P. (1995), When is the Economy Monocentric? von Thünen and Chamberlin Unified, Regional Science and Urban Economics, 25(4), S. 505-528.

Fujita, M. / Mori, T. (1996), The Role of Ports in the Making of Major Cities: Self-Agglomeration and Hub-Effect, Journal of Development Economics, 49(1), S. 93-120.

Fujita, M. / Thisse, J. (2000), The Formation of Economic Agglomerations: Old Problems and New Perspectives, in: Huriot, J. / Thisse, J. (Hrsg.), Economics of Cities: Theoretical Perspectives, Cambridge, S. 3-73.

Fujita, M. / Thisse, J. (2002), Economics of Agglomeration: Cities, Industrial Location, and Regional Growth, Cambridge.

Fujita, M. / Krugman, P. / Mori, T. (1999), On the Evolution of Hierarchical Urban Systems, European Economic Review, 43(2), S. 209-251.

Fujita, M. / Krugman, P. / Venables, A. (1999), The Spatial Economy: Cities, Regions and International Trade, Cambridge.

Funderburg, R. / Bartik, T. / Peters, A. / Fisher, P. (2013), The Impact of Marginal Business Taxes on State Manufacturing, Journal of Regional Science, 53(4), S. 557-582.

Gallagher, R. (2013), Shipping Costs, Information Costs and the Sources of Industrial Coagglomeration, Journal of Regional Science, 53(2), S. 304-331.

Gallup, J. L. / Sachs, J. / Mellinger, A. (1999), Geography and Economic Development, International Regional Science Review, 22(2), S. 179–232.

Garretsen, H. / Martin, R. (2010), Rethinking (New) Economic Geography Models: Taking Geography and History More Seriously, Spatial Economic Analysis, 5(2), S. 127-160.

Gawel, E. / Möckel, S. (2011), Zur regionalen Differenzierung von Wassernutzungsabgaben, Raumforschung und Raumordnung, 69(5), S. 333-345.

Gawel, E. / Köck, W. / Kern, K. / Möckel, S. / Holländer, R. / Fälsch, M. / Völner, T. (2011), Weiterentwicklung von Abwasserabgabe und Wasserentnahmeentgelten zu einer umfassenden Wassernutzungsabgabe, Umweltforschungsplan des Bundesministeriums für Umwelt, Naturschutz und Reaktorsicherheit, Band 67, Dessau-Roßlau.

Geroski, P. (1995), What do we know about entry? International Journal of Industrial Organization, 13(4), S. 421-440.

Geys, B. / Osterloh, S. (2013), Borders as Boundaries to Fiscal Policy Interactions? An Empirical Analysis of Politicians' Opinions on Rivals in the Competition for Firms, Journal of Regional Science, 53(4), S. 583-606.

Ginzky, H. / Bothe, B. / Richter, S. (2005), Wasserentnahmeentgelte: Ökonomische und verfassungs- und europarechtliche Aspekte, Das Gas- und Wasserfach, 146(12), S. 945-952.

Glaeser, E. / Kohlhase, J. (2004), Cities, Regions and the Decline of Transport Costs Papers in Regional Science, 83(1), S. 197-228.

Glaeser, E. / Kolko, J. / Saiz, A. (2001), Consumer City, Journal of Economic Geography, 1(1), 27-50.

Glaeser, E. / Kalla, H. / Scheinkman, J. / Shleifer, A. (1992), Growth in Cities, Journal of Political Economy, 100(6), S. 1126-1152.

Gleick, P. / Cooley, D. / Katz, D. (2006), The World's Water 2006 - 2007: The Biennial Report on Freshwater Resources, Washington, D.C.

Golubev, G. (1993), Sustainable Water Development: Implications for the Future, Water Resources Development, 9(2), S. 127-1547.

Grabow, B. (2005), Weiche Standortfaktoren in Theorie und Empirie - Ein Überblick, in: Thießen, F. / Cemavin, O. / Fuhr, M. / Kaltenbach, M. (Hrsg.), Weiche Standortfaktoren: Erfolgsfaktoren regionaler Wirtschaftsentwicklung, Stuttgart, S. 37-52.

Gramlich, E. (1994), Infrastructure Investment: A Review Essay, Journal of Economic Literature, 32(3), S. 1176-1196.

Granovetter, M. (1985), Economic Action and Social Structure, American Journal of Sociology, 91(3), S. 481-510.

Grebenstein, C. / Field, B. (1979), Substituting for Water Inputs in U.S. Manufacturing, Water Resources Research, 15(2), S. 228-232.

Greulich, M. (2004), Revision von Wirtschaftsklassifikationen bis 2007 – Ein Zwischenbericht, Wirtschaft und Statistik, 4(1), S. 381-390.

Greulich, M. (2009), Revidierte Wirtschaftszweig- und Güterklassifikationen fertiggestellt, Wirtschaft und Statistik, 1(1), S. 36-46.

Hagemann, H. / Christ, J. / Rukwid, R / Erber, G. (2011), Die Bedeutung von Innovationsclustern, sektoralen und regionalen Innovationssystemen zur Stärkung der globalen Wettbewerbsfähigkeit der baden-württembergischen Wirtschaft, Berichte des FZID Hohenheim, Stuttgart.

Haggett, P. (1991), Geographie: Eine moderne Synthese, Stuttgart.

Hanemann, M. (2006), The Economic Conception of Water, in: Rogers, P. / Llamas, M. / Martinez-Cortina, L. (Hrsg.), Water Crisis: Myth or Reality? Abingdon, S. 61-92.

Hansen, P. / Labbe, M. / Peeters, D. / Thisse, F. (1996), Facility Location Analysis, in: Arnott, R. (Hrsg.), Regional and Urban Economics, Amsterdam, S. 441-497.

Hanson, G. (2005), Market Potential, Increasing Returns and Geographic Concentration, Journal of International Economics, 67(1), S. 1-24.

Hanson, A. / Rohlin, S. (2011), Do Location-Based Tax Incentives Attract New Business Establishments? Journal of Regional Science, 51(3), S. 427-449.

Harhoff, D. (1995), Firm Formation and Regional Spillovers – Evidence from Germany, ZEW Discussion Papers, 95(11), S. 1-17.

Harris, C. (1954), The Market as a Factor in the Localization of Industry in the United States, Annals of the Association of American Geographers, 44(4), S. 315-348.

Harrison, J. (2006), Re-Reading the New Regionalism: A Sympathetic Critique, Space and Polity, 10(1), S. 21-46.

Haug, S. (2004), Umweltnutzung durch Einsatz von Wasser in den Bundesländern, Statistisches Monatsheft Baden-Württemberg, 12(1), S. 44-47.

Haug, S. (2005), Forschungsdatenzentrum – Analyse mit Mikrodaten zur Wasserwirtschaft, Statistische Monatshefte Baden-Württemberg, 12(1), S. 36-39.

Hausman, J. (1978), Specification Tests in Econometrics, Econometrica, 46(6), S. 1251-1271.

Hayuth, Y. (2007), Globalisation and the Port-Urban Interface: Conflicts and Opportunities, in: Wang, J. / Olivier, D. / Notteboom, T. / Slack, B. (Hrsg.), Ports, Cities and Global Supply Chains, Aldershot, S. 141–156.

Heaps, T. (1982), Location and the Comparative Statics of the Theory of Production, Journal of Economic Theory, 28(1), S. 102-112.

Heitzmann, D. (2012), Die öffentliche Wasserversorgung in Baden-Württemberg 2010, Statistisches Monatsheft Baden-Württemberg, 5(1), 44-46.

Henderson, J. (2003), Marshall's Scale Economies, Journal of Urban Economics, 53(1), S. 1-28.

Hettige, H. / Mani, M. / Wheeler, D. (2000), Industrial Pollution in Economic Development: The Environmental Kuznets Curve Revisited, Journal of Development Economics, 62(2), S. 445-476.

Hill, E. / Brennan, J. (2000), A Methodology for Identifying the Drivers of Industrial Clusters: The Foundation of Regional Competitive, Economic Development Quarterly, 14(1), S. 67-96.

Hillenbrand, T. / Sartorius, C. / Walz, R. (2008), Technische Trends der industriellen Wassernutzung, Fraunhofer-Institut für System- und Innovationsforschung, 1(1), S. 1-56.

Hirschman, A. (1958), The Strategy of Economic Development, New Haven.

Hoekstra, A. / Chapagain, A. / Aldaya, M. / Mekonnen, M. (2011), The Water Footprint Assessment Manual, London.

Hoffmann, H.-J. (2010), Strukturen von Unternehmen und Betrieben im statistischen Unternehmensregister, Statistisches Monatsheft Baden-Württemberg, 7(1), S. 35-40.

Holländer, R. / Thomas, P. (2004), Die europäische Wasserrahmenrichtlinie als Umweltmanagementsystem und ihr Einfluss auf die Entwicklung der betrieblichen Wasserwirtschaft, Umweltwirtschaftsforum, 12(4), S. 20-26.

Holmlund, B. (2008), Award Ceremony Speech 2008 in Honor of Paul Krugman, The Sveriges Riksbank Prize in Economic Sciences in Memory of Alfred Nobel, http://www.nobelprize.org/nobel_prizes/economics/laureates/2008/presentation-speech.html, 01-09-2014.

Hoover, E. (1937), Location Theory and the Shoe and Leather Industries, Cambridge.

Hoover, E. (1948), The Location of Economic Activity, New York.

Hörner, G. (1996), Aufbereitung von Wasser für die betriebliche Nutzung, in: Pahl, M. / Fettig, J. (Hrsg.), Wasserkreislauf im Betrieb: Versorgen, Reinigen, Wiederverwenden, Paderborn, S. 41-63.

Hospers, G. (2006), Silicon Somewhere? Assessing the Usefulness of Best Practices in Regional Policy, Policy Studies, 27(1), S. 1-15.

Hotelling, H. (1929), Stability in Competition, Economic Journal, 39(153), S. 41-57.

Hu, W. / Cox, L. / Wright, J. / Harris, T. (2008), Understanding firms' relocation and expansion decisions using self-reported factor importance rating, Review of Regional Studies, 38(1), S. 67-88.

Illy, A. / Hornych, C. / Schwartz, M. / Rosenfeld, M. (2009), Urban Growth in Germany: The Impact of Localization and Urbanization Economies, IWH Discussion Papers, Institut für Wirtschaftsforschung Halle (IWH), 19(1), S. 1-53.

Isard, W. (1956), Location and Space-Economy: A General Theory Relating to Industrial Location, Market Areas, Land Use, Trade, and Urban Structure, Cambridge.

Isard, W. (1960), Methods of Regional Analysis: An Introduction to Regional Science, Cambridge.

Institut der Deutschen Wirtschaft [IW] (2003), Standortpolitik – Kosten wiegen am schwersten, iw-dienst, 33(1), S. 1-8.

Institut der Deutschen Wirtschaft [IW] (2012), Standortvergleich – Deutschland gut im Rennen, iw-dienst, 43(1), S. 1-8.

Jia, S. / Yang, H. / Zhang, S. (2006), Industrial Water Use Kuznets Curve - Evidence from Industrialized Countries and Implications for Developing Countries, Journal of Water Resources Planning and Management, 132(3), S. 183-191.

John, B. (2009), Das Gründungsgeschehen in Baden-Württemberg 2008, Statistisches Monatsheft Baden-Württemberg, 7(1), S. 32-35.

Junkernheinrich, M. / Karl, H. / Klemmer, P. (1994), Regionalwirtschaft und Umwelt, in: Junkernheinrich, M. / Klemmer, P. / Wagner, G. (Hrsg.), Handbuch zur Umweltökonomie, Berlin, S. 225-229.

Kadokawa, K. (2013), A Search for an Industrial Cluster in Japanese Manufacturing Sector: Evidence from a Location Survey, Geo Journal, 78(1), S. 85-101.

Kahlenborn, W. / Kraemer, A. (1999), Nachhaltige Wasserwirtschaft in Deutschland, Berlin.

Kaldor, N. (1970), The Case for Regional Policies, Scottish Journal of Political Economy, 17(3), S. 337-348.

Kaldor, N. (1972), The Irrelevance of Equilibrium Economics, Economic Journal, 82(328), S. 1237-1255.

Karl, H. (2012), Regionale Wirtschaftspolitik, in: Bröcker, J. / Fritsch, M. (Hrsg.), Ökonomische Geographie, München, S. 241-300.

Keeble, D. / Walker, S. (1994), New Firms, Small Firms and Dead Firms: Spatial Patterns and Determinants in the United Kingdom, Regional Studies, 28(4), S. 411-427.

Khalili, A. / Mathur, V. / Bodenhorn, D. (1974), Location and the Theory of Production: A Generalization, Journal of Economic Theory, 9(4), S. 467-475.

Klaus, J. (1994), Ökonomie des Gewässerschutzes, in: Junkernheinrich, M. / Klemmer, P. / Wagner, G. (Hrsg.), Handbuch zur Umweltökonomie, Berlin, S. 168-173.

Klepper, S. (2009), Spinnoffs: A Review and Synthesis, European Management Review, 6(3), S. 159-171.

Kluge, T. / Schramm, E. / Vack, A. (1995), Wasserwende – Wie die Wasserkrise in Deutschland bewältigt werden kann, München.

Koch, H. / Vögele, S. (2009), Dynamic Modelling of Water Demand, Water Availability and Adaptation Strategies for Power Plants to Global Change, Ecological Economics, 68(7), S. 2031-2039.

Koellreuter, C. / Kübler, T. / Weder, R. / Peter, R. (1995), Standortattraktivität von Regionen in der Schweiz: Grundlagenbericht, Bundesamtes für Außenwirtschaft, Bern.

Kokott, D. (1982), Wasserverwendung durch die Industrie, in: Institut für gewerbliche Wasserwirtschaft und Luftreinhaltung (Hrsg.), Wasserversorgung der Industrie, Köln, S. 1-31.

Kosfeld, R. / Werner, A. (2012), Deutsche Arbeitsmarktregionen – Neuabgrenzung nach den Kreisgebietsreformen 2007-2011, Raumforschung und Raumordnung, 70(1), S. 49-64.

Krieger-Boden, C. (1995), Neue Argumente für Regionalpolitik? Zur Fundierung der Regionalpolitik in älteren und neueren regionalökonomischen Theorien, Die Weltwirtschaft, 1(1), S. 193-215.

Krugman, P. (1991a), Increasing Returns and Economic Geography, Journal of Political Economy, 99(3), S. 483-499.

Krugman, P. (1991b), Geography and Trade, Leuven.

Krugman (1993), First Nature, Second Nature, and Metropolitan Location, Journal of Regional Science, 33(2), S. 129-144.

Krugman, P. (1995), Development, Geography and Economic Theory, Cambridge.

Krugman, P. (1998a), What's New about the New Economic Geography? Oxford Review of Economic Policy, 14(2), S. 7-17.

Krugman, P. (1998b), Space: The Final Frontier, Journal of Economic Perspectives, 12(2), S. 161-174.

Krugman, P. (2000), Where in the World is the 'New Economic Geography'? in: Clark, G. / Gertler, M. / Feldman, M. (Hrsg.), Oxford Handbook of Economic Geography, Oxford, S. 49-60.

Krugman, P. (2010), The New Economic Geography, now Middle Aged, Presentation to the Association of American Geographers, S. 1-19.

Krumm, R. (2001), Kommunale Wirtschaftspolitik und ökonomischer Standortwettbewerb, Wirtschaftsdienst, 81(2), S. 119-128.

Krumm, R. / Rosemann, M. / Strotmann, H. (2007), Regionale Standortfaktoren und ihre Bedeutung für die Arbeitsplatzdynamik und die Entwicklung von Industriebetrieben in Baden-Württemberg, Tübingen.

Lambooy, J. / Boschma, R. (2001), Evolutionary Economics and Regional Policy, Annals of Regional Science, 35(1), S. 113-131

Lasuen, J. (1969), On Growth Poles, Urban Studies, 6(2), S. 137-161.

Lehn, H / Steiner, M. / Mohr, H. (1996), Wasser – Die elementare Ressource: Leitlinien einer nachhaltigen Nutzung, Berlin.

Lehn, H / Steiner, M. / Mohr, H. (1996), Wasser – Die elementare Ressource: Leitlinien einer nachhaltigen Nutzung - Materialband, Berlin.

Lenton, R. (2011), Management of Water Resources: Integrated Water Resources Management, Treatise on Water Science, 1(1), S. 9-21.

Litzenberger, T. (2006), Cluster und die New Economic Geography, Frankfurt am Main.

Lösch, A. (1944/1962), Die Räumliche Ordnung der Wirtschaft, Neudruck der ersten Auflage von 1944, Stuttgart.

Macharis, C. / Hoeck, E. / Pekin, E. / van Lier, T. (2010), A Decision Analysis Framework for Intermodal Transport: Comparing Fuel Price Increases and the Internalisation of External Costs, Transportation Research Part A: Policy and Practice, 44(7), S. 550-561.

Maier, G. / Tödtling, F. (2012), Regional- und Stadtökonomik I: Standorttheorie und Raumstruktur, 5. Aufl., Wien.

Maier, G. / Tödtling, F. / Trippl, M. (2012), Regional- und Stadtökonomik II: Regionalentwicklung und Regionalpolitik, 4. Aufl., Wien.

Maillat, D. 1995: Territorial Dynamic, Innovative Milieus and Regional Policy, Entrepreneurship and Regional Development, 7(2), S. 157 - 165.

Manjon-Antolin, M. / Arauzo-Carod, J. (2011), Locations and Relocations: Determinants, Modelling and Interrelations, Annals of Regional Science, 47(1), S. 131-146.

Mann, J. / Liu, Y. (1999), Industrial Water Reuse and Wastewater Minimization, New York.

Marshall, A. (1890/1989): Principles of Economics: An Introductory Volume, Neudruck der ersten Auflage von 1890, London.

Martin, R. (1999), The New 'Geographical Turn' in Economics: Some Critical Reflections, Cambridge Journal of Economics, 23(1), S. 65- 91.

Martin, P. / Rogers, C. (1995), Industrial Location and Public Infrastructure, Journal of International Economics, 39(3), S. 335-351.

Martin, R. / Sunley, P. (1996), Paul Krugman's Geographical Economics and Its Implications for Regional Development Theory: A Critical Assessment, Economic Geography, 72(3), S. 259-292.

Martin, R. / Sunley, P. (2001), Rethinking the 'Economic' in Economic Geography: Broadening Our Vision or Losing Our Focus? Antipode, 33(2), S. 148-161.

Martin, R. / Sunley, P. (2003), Deconstructing Clusters: Chaotic Concept or Policy Panacea? Journal of Economic Geography, 3(1), S. 5-35.

Matondo, J. (2002), A Comparison Between Conventional and Integrated Water Resources Planning and Management, Physics and Chemistry of the Earth, 27(11), S. 831-838.

McCann, P. (1995), Rethinking the Economics of Location and Agglomeration, Urban Studies, 32(3), S. 563-577.

McCann, P. (1999), A Note on the Meaning of Neo-Classical Location Theory and its Usefulness as a Basis for Applied Research, Papers in Regional Science, 78(3), 323-331.

McCann, P. (2001), Urban and Regional Economics, Oxford.

McCann, P. (2002), Classical and Neoclassical Location-Production Models, Industrial Location Economics, S. 3-31.

McCann, P. (2007), Observational Equivalence? Regional Studies and Regional Science, Regional Studies, 41(9), S. 1209-1222.

McCann, P. / Sheppard, S. (2003), The Rise, Fall and Rise Again of Industrial Location Theory, Regional Studies, 37(6), S. 649-663.

McCann, P. / van Oort, F. (2009), Theories of Agglomeration and Regional Economic Growth: A Historical Review, in: Capello, R. / Nijkam, P. (Hrsg.), Handbook of Regional Growth and Development Theories, Cheltenham, S. 19-32.

McPherson, E. (1995), Plant Location Selection Techniques, Park Ridge.

Meardon, S. (2001), Modeling Agglomeration and Dispersion in City and Country: Gunnar Myrdal, François Perroux, and the New Economic Geography, American Journal of Economics and Sociology, 60(1), S. 25-57.

Meyer-Stamer, J. (1999), Lokale und regionale Standortpolitik – Konzepte und Instrumente jenseits von Industriepolitik und traditioneller Wirtschaftsförderung Institut für Entwicklung und Frieden (INEF) Report, 1999, 39(1), 1-27.

Miehle, W. (1958), Link–Length Minimization in Networks, Operations Research, 6(2), S. 232-243.

Mikus, W. (1978), Industriegeographie: Themen der allgemeinen Industrieraumlehre, Darmstadt.

Mills, E. / Lav, M. (1964), A Model of Market Areas with Free Entry, Journal of Political Economy, 72(3), S. 278-288.

Moses, L. (1958), Location and the Theory of Production, The Quarterly Journal of Economics, 72(2), S. 259-272.

Mösgen, A. (2008), Regionalentwicklung in Deutschland und ihre Determinanten, Münster.

Mulligan, G. (1984), Agglomeration and Central Place Theory: A Review of the Literature, International Regional Science Review, 9(1), S. 1-42.

Müller, E. (2012), Ressourcenausstattung als strategischer Erfolgsfaktor der Regionalentwicklung: Eine Analyse am Beispiel der Europäischen Metropolregion Rhein-Neckar, Köln.

Myrdal, G. (1957), Economic Theory and Underdeveloped Regions, London.

Neary, J. (2001), Of Hype and Hyperbolas: Introducing the New Economic Geography, Journal of Economic Literature, 39(2), S. 536-561.

Nerlinger, E. (1996), Firm Formation in High-Tech Industries: Empirical Results for Germany, ZEW Discussion Papers, 96(7), S. 1-22.

Niebuhr, A. / Stiller, S. (2003), Standortqualität Norddeutschlands auf dem Prüfstand, Wirtschaftsdienst, 83(4), S. 265-269.

Notteboom, T. (2008), Bundling of Freight Flows and Hinterland Network Developments, in: Konings, R. / Priemus, H. / Nijkamp, P. (Hrsg.), The Future of Intermodal Freight Transport, Cheltenham, S. 66–88.

OECD (1999a), Industrial Water Pricing in OECD Countries, Paris.

OECD (1999b), The Price of Water: Trends in OECD Countries, Paris.

OECD (2008), OECD Environmental Data Compendium 2006-2008: Inland Waters, Working Group on Environmental Information and Outlooks, Paris.

Ohlin, B. (1968), Interregional and International Trade, Oxford.

O'Sullivan, A. (2012), Urban Economics, 8. Aufl., New York.

Ottaviano, G. (2003), Regional Policy in the Global Economy: Insights from New Economic Geography, Regional Studies, 37(6), S. 665-673.

Ottaviano, G. (2011), 'New' New Economic Geography: Firm Heterogeneity and Agglomeration Economies, Journal of Economic Geography, 11(2), S. 231-240.

Ottaviano, G. / Thisse, J. (2004), Agglomeration and Economic Geography, in: Henderson, J. / Thisse, J. (Hrsg.), Handbook of Regional and Urban Economics: Cities and Geography, 4, Amsterdam, S. 2563-2608.

Ottaviano, G. / Thisse, J. (2005), New Economic Geography: What about the N? Environment and Planning A, 37(1), S. 1707-1725.

Page, B. / Walker, R. (1994), Nature's Metropolis: The Ghost Dance of Christaller and von Thunen, Antipode, 26(2), S. 152-162.

Papageorgiou, G. (1978a), Spatial Externalities I: Theory, Annals of the Association of American Geographers, 68(4), S. 465-476.

Papageorgiou, G. (1978b), Spatial Externalities II: Applications, Annals of the Association of American Geographers, 68(4), S. 477-492.

Parr, J. (1973), Growth Poles, Regional Development, and Central Place Theory, Papers in Regional Science, 31(1), S. 173-212.

Parr, J. (1999a), Growth-pole Strategies in Regional Economic Planning: A Retrospective View. Part 1. Origins and Advocacy, Urban Studies, 36(7), S. 1195-1215.

Parr, J. (1999b), Growth-pole Strategies in Regional Economic Planning: A Retrospective View. Part 2. Implementation and Outcome, Urban Studies, 36(8), S. 1247-1268.

Parr, J. (2002), The Location of Economic Activity: Central Place Theory and the Wider Urban System, in: McCann (Hrsg.), Industrial Location Economics, Cheltenham, S. 32-82.

Pereira, A. / Andraz, J. (2003), On the Impact of Public Investment on the Performance of U.S. Industries, Public Finance Review, 31(1), S. 66-90.

Perroux, F. (1990a), Entwurf einer Theorie der dominierenden Wirtschaft, Zeitschrift für Nationalökonomie, 13(1), S. 1-25.

Perroux, F. (1950), Economic Space: Theory and Applications, Quarterly Journal of Economics, 64(1), S. 89-104.

Perroux, F. (1983), A New Concept of Development: Basic Tenets, Paris.

Perroux, F. (1988), Peregrinations of an Economist and the Choice of his Route, in: Higgins, B. / Savoie, D. (Hrsg.), Regional Economic Development: Essays in Honor of Francois Perroux, Boston, S. 77-90.

Pflüger, M. / Südekum, J. (2005), Die Neue Ökonomische Geographie und Effizienzgründe für Regionalpolitik, Vierteljahrshefte zur Wirtschaftsforschung, 74(1), S. 26-46.

Pick, G (1909/1998), Mathematischer Anhang, in: Weber, A. (1909/1998), Über den Standort der Industrie, Neudruck der ersten Auflage von 1909, Marburg.

Pieper, M. (1994), Das interregionale Standortwahlverhalten der Industrie in Deutschland, Göttingen.

Pigram, J. (1997), The Value of Water in Competing Uses, in: Kay, M. / Franks, T. / Smith, L. (Hrsg.), Water: Economics, Management and Demand, London, S. 190-196.

Piore, M. / Sabel, C. (1984), The Second Industrial Divide: Possibilities for Prosperity, New York.

Porter, M. (1990), The Competitive Advantage of Nations, London.

Porter, M. (1998), Clusters and the New Economics of Competition, Harvard Business Review, 76 (6), S. 77-90.

Porter, M. (2000a), Locations, Clusters, and Company Strategy, in: Clark, G. / Gertler, M. / Feldman, M. (Hrsg.), Oxford Handbook of Economic Geography, Oxford, S. 253-274.

Porter, M. (2000b), Location, Competition, and Economic Development: Local Clusters in a Global Economy, Economic Development Quarterly, 14(1), S. 15-34.

Prebisch, R. (1959), Commercial Policy in the Underdeveloped Countries, American Economic Review, 49(2), S. 251-273.

Predöhl, A. (1925), Das Standortsproblem in der Wirtschaftstheorie, Weltwirtschaftliches Archiv, 21(2), S. 294-331.

Prettenthaler, F. / Dalla-Via, A. (2007), Wasser und Wirtschaft im Klimawandel, Joanneum Research, Graz.

Puga, D. / Venables, A. (1997), Preferential Trading Arrangements and Industrial Location, Journal of International Economics, 43(3), S. 347-368.

Raskin, P. / Gleick, P. / Kirshen, P. / Pontius, R. / Strzepek, K. (1997), Comprehensive Assessment of the Freshwater Resources of the World, Stockholm Environmental Institute, Stockholm.

Raumordnungsgesetz (ROG) der Bundesrepublik Deutschland, BGBl. I. S. 2081, 2102.

Redding, S. (2009), Economic Geography: A Review of the Theoretical and Empirical Literature, in: Bernhofen, D. / Falvey, R. / Greenaway, D. / Kreickemeier, U. (Hrsg.), Palgrave Handbook of International Trade, London, S. 497-531.

Redding, S. (2010), The Empirics of New Economic Geography, Journal of Regional Science, 50(1), S. 297-311.

Renzetti, S. (1992), Estimating the Structure of Industrial Water Demands: The Case of Canadian Manufacturing, Land Economics, 68(4), S. 396-404.

Renzetti, S. (2002a), Commercial and Industrial Water Demands, in: Renzetti, S. (Hrsg.), The Economics of Water Demands, Dordrecht, S. 35-50.

Renzetti, S. (2002b), The Economics of Industrial Water Use, Cheltenham.

Renzetti, S. (2005), Economics of Industrial Water Demands, in: Lehr, J. / Keeley, J. / Lehr, J. (Hrsg.) Water Encyclopedia: Domestic, Municipal and Industrial Water Supply and Waste Disposal, New York, S. 549-553.

Renzetti, S. / Dupont, D. (2003), The Value of Water in Manufacturing, Social and Economic Research on the Global Environment, 3(3), S. 1-21.

Richardson, H. (1972), Optimality in City Size, Systems of Cities and Urban Policy: A Sceptic's View, Urban Studies, 9(1), S. 29-48.

Richardson, H. (1973), Theory of the Distribution of City Sizes: Review and Prospects, Regional Studies, 7(3), S. 239-251.

Rock, M. (2000), The Dewatering of Economic Growth - What Accounts for the Declining Water-Use Intensity of Income? Journal of Industrial Ecology, 4(1), S. 57-73.

Rodrigue, J.-P. (2013), The Geography of Transport Systems, New York.

Roeleven, D. / Kokc, M. / Stipdonk, H. / Vries, W. (1995), Inland Waterway Transport: Modelling the Probability of Accidents, Safety Science, 19(2), S. 191-202.

Romanelli, E. / Khessina, O. (2005), Regional Industrial Identity: Cluster Configurations and Economic Developmen, Organization Science, 16(4), S. 344-358.

Roscher, W. (1903), Nationalökonomik des Ackerbaues und der verwandten Urproduktion, Stuttgart.

Rosenthal, S. / Strange, W. (2003), Geography, Industrial Organization, and Agglomeration, Review of Economics and Statistics, 85(2), S. 377-393.

Rosenthal, S. / Strange, W. (2004), Evidence on the Nature and Sources of Agglomeration Economies, in: Henderson, J. / Thisse, J. (Hrsg.), Handbook of Regional and Urban Economics: Cities and Geography, 4, Amsterdam, S. 2119-2171.

Rühl, A. (1938), Einführung in die Allgemeine Wirtschaftsgeographie, Leiden.

Salin, E. (1926), Der isolierte Staat 1826 – 1926, Zeitschrift für die gesamte Staatswissenschaft, 81(3), S. 410-431.

Samuelson, P. (1954), The Transfer Problem and Transport Costs, II: Analysis of Effects of Trade Impediments, Economic Journal, 64(254), S. 264-289.

Samuelson, P. A. (1983), Thunen at Two Hundred, Journal of Economic Literature, 21(4), S. 1468-1488.

Sauer, J. (2005), Economics of Scale and Firm Size Optimum in Rural Water Supply, Water Resources Research, 41(11), S. 1-13.

Saxenian, A. (1990), Regional Networks and the Resurgence of Silicon Valley, California Management Review, 33(1), S. 89-112.

Schätzl, L. (2003), Wirtschaftsgeographie I: Theorie, 9. Aufl., Paderborn.

Schilling, H. (1968), Standortfaktoren für die Industrieansiedlung: Ein Katalog für die regional und kommunale Entwicklungspolitik sowie die Standortwahl von Unternehmen, Schriften des Österreichischen Instituts für Raumplanung, 27, Wien.

Schliebe, K. (1982), Industrieansiedlungen: das Standortwahlverhalten der Industriebetriebe in den Jahren von 1955 bis 1979, Bundesforschungsanstalt für Landeskunde und Raumplanung, Bonn.

Schmenner, R. (1980), Choosing New Industrial Capacity: One-Site Expansion, Branching and Relocation, Quarterly Journal of Economics, 95(1), S. 103-119.

Schmitz, H. / Nadvi, K. (1999), Clustering and Industrialization: Introduction, World Development, 27(9), S. 1503-1514.

Schmude, J. (1994a), Geförderte Unternehmensgründungen in Baden-Württemberg, Stuttgart.

Schmude, J. (1994b), Qualifikation und Unternehmensgründung. Eine empirische Untersuchung über Qualifikationsstrukturen geförderter Unternehmensgründer in Baden-Württemberg, Geographische Zeitschrift, 82(3), S. 166-179.

Schmutzler, A. (1999), The New Economic Geography, Journal of Economic Surveys, 13(4), S. 355-379.

Schoer, K. (1999), Bericht zu den Umweltökonomischen Gesamtrechnungen 1999, Wirtschaft und Statistik, 10(1), S. 820-831.

Schoer, K. / Flachmann, C. (1999), Wasser in den Umweltökonomischen Gesamtrechnungen, Wirtschaft und Statistik, 11(1), S. 891-900.

Schöler, K. (1995), Standorttheorien und Standortfaktoren, in: Akademie für Raumforschung und Landesplanung (Hrsg.), Handwörterbuch der Raumordnung, 2. Aufl., Hannover, S. 923-927.

Schöler, K. (2005), Raumwirtschaftstheorie, München.

Schöler, K. (2010), Ersetzt die Neue Ökonomische Geographie Außenwirtschaftstheorie und Raumwirtschaftstheorie? Volkswirtschaftliche Diskussionsbeiträge der Universität Potsdam, 100, S. 1-16.

Scitovsky, T. (1954), Two Concepts of External Economies, Journal of Political Economy, 62(2), S. 143-151.

Scott, A. (2000), Economic Geography: The Great Half-Century, Cambridge Journal of Economics, 24(4), S. 483-504.

Scott, A. / Storper, M. (2003), Regions, Globalization, Development, Regional Studies, 37(6), S. 579-593.

Seidenfus, H. (1994), Inland Waterway Transport in the Federal Republic of Germany: Situation and Problems, Transportation Research Part A, 28(6), S. 511-515.

Seitz, H. (1995), Infrastruktur und industrielle Entwicklung in Städten, in: Gahlen, H. / Hesse, H. / Ramser, H. (Hrsg.), Standort und Region: Neue Ansätze der Regionalökonomik, Tübingen, S. 125-147.

Seitz, H. / Kempkes, G. (2012), Infrastruktur und regionale Wirtschaftsentwicklung, in: Bröcker, J. / Fritsch, M. (Hrsg.), Ökonomische Geographie, München, S. 221-239.

Selting, A. / Loveridge, S. / Allanach, C. (1995), The Economics of Agglomeration and Firm Location, The Great Lakes Geographer, 2(1), S. 17-30.

Siegfried, J. / Evans, L. (1994), Empirical Studies of Entry and Exit: A Survey of the Evidence, Review of Industrial Organization, 9(2), S. 121-155.

Simonis, U. (1994), Globale Umweltpolitik, in: Junkernheinrich, M. / Klemmer, P. / Wagner, G. (Hrsg.), Handbuch zur Umweltökonomie, Berlin, S. 47-52.

Sims, W. (1979), The Response of Firms to Pollution Charges, Canadian Journal of Economics, 12(1), S. 57-74.

Sinz, M. (2005), Region, in: Akademie für Raumforschung und Landesplanung (Hrsg.), Handwörterbuch der Raumordnung, 4. Aufl., Hannover, S. 919-923.

Smith, D. (1971), Industrial Location: An Economic Geographical Analysis, New York.

Spence, M. (1976), Product Selection, Fixed Costs and Monopolistic Competition, Review of Economic Studies, 43(2), S. 217-235.

Statistisches Landesamt Baden-Württemberg [STALA] (2012), Statistische Berichte Baden-Württemberg, Nr. 3568 11001.

Statistisches Landesamt Baden-Württemberg [STALA] (2013a), Wasserwirtschaft in Baden-Württemberg, CD Rom 05-13, Stuttgart.

Statistisches Landesamt Baden-Württemberg [STALA] (2013b), Flächennutzung in Baden-Württemberg, CD Rom 08-13, Stuttgart.

Statistisches Landesamt Baden-Württemberg [STALA] (2014a), Struktur- und Regionaldatenbank, http://www.statistik.baden-wuerttemberg.de/SRDB/home.asp?R= KR215, 06-09-2014.

Statistisches Landesamt Baden-Württemberg [STALA] (2014b), Statistische Berichte Baden-Württemberg, Nr. 4126 12001.

Steil, F. (1999), Determinanten regionaler Unterschiede in der Gründungsdynamik, ZEW Wirtschaftsanalysen, Baden-Baden.

Steil, F. / Wolf, E. (1997), Welche Bedeutung haben die Unternehmenscharakteristika und regionales Umfeld für die Beschäftigungsdynamik? Eine mikroökonometrische Analyse für das ostdeutsche Verarbeitende Gewerbe, ZEW Discussion Papers, 97(22), S. 1-35.

Sternberg, R. (2001), New Economic Geography und Neue Regionale Wachstumstheorie aus wirtschaftsgeographischer Sicht, Zeitschrift für Wirtschaftsgeographie, 45(3), S. 159-180.

Storm, P. (2006), Umweltrecht, Berlin.

Störmann, W. (1993), Agglomeration aus Sicht der Evolutorischen Ökonomik, Berlin. Storper, M. (2011), Why do Regions Develop and Change? The Challenge for Geography and Economics, Journal of Economic Geography, 11(2), S. 333–346.

Storper, M. / Scott, A. (1992), Pathways to Industrialization and Regional Development, London.

Strotmann, H. (2000), Kleine und mittlere Betriebe als Motoren des Beschäftigungswachstums in der baden-württembergischen Industrie von 1995 bis 1998? Materialien und Berichte des Statistischen Landesamtes Baden-Württemberg, 25(1), S. 5-14.

Strotmann, H. (2005), Zur Gründungs- und Schließungsdynamik im Verarbeitenden Gewerbe – Erkenntnisse aus Betriebspaneldaten der Industriestatistik in Baden-Württemberg, Journal of Applied Social Science Studies, 4(1), S. 451-474.

Tabuchi, T. / Thisse, J. (2006), Regional Spezialization, Urban Hierarchy, and Commuting Costs, International Economic Review, 47(4), S. 1295-1317.

Tellier, L. (1972), The Weber Problem: Solution and Interpretation, Geographical Analysis, 4(3), S. 215-233.

Tellier, L. / Polanski, B. (1989), The Weber Problem: Frequency of Different Solution Types and Extension to Repulsive Forces and Dynamic Processes, Journal of Regional Science, 29(3), S. 387-405.

Thisse, J. (1987), Location Theory, Regional Science, and Economics, Journal of Regional Science, 27(4), S. 519-528.

Thrift, N. (2004), Intensities of Feeling: Towards a Spatial Politics of Affect, Geografiska Annaler Series B: Human Geography, 86(1), S. 57-78.

Thünen, J. H. v. (1842/1966), Der isolierte Staat in Beziehung auf Landwirtschaft und National-ökonomie, Neudruck der ersten Auflage von 1842, Stuttgart.

Tirole, J. (1994), The Theory of Industrial Organization, Cambridge.

Tolliver, D. / Lu, P. / Benson, D. (2013), Comparing Rail Fuel Efficiency with Truck and Waterway, Transportation Research Part D: Transport and Environment, 24(1), S. 69-75.

Train, K. / Wilson, W. (2007), Spatially Generated Transportation Demands, Research in Transportation Economics, 20(1), S. 97-118.

Triebswetter, U. / Wackerbauer, J. (2010), Wasser – Standortfaktor für die bayerische Wirtschaft, ifo Forschungsberichte 47, ifo Institut für Wirtschaftsforschung, München.

Uhlig, H. (1970), Organization and System of Geography, Geoforum, 1(1), S. 19-52.

Umweltbundesamt (2010), Wasserwirtschaft in Deutschland – Teil 1: Grundlagen, Berlin.

Umweltministerium Baden-Württemberg [UMBW] (2012), Anthropogene Spurenstoffe im Gewässer – Spurenstoffbericht Baden-Württemberg 2012, Ministerium für Umwelt, Klima und Energiewirtschaft Baden-Württemberg, Stuttgart.

Unger, K. (1978), Locational Pricing of an Environmental Input, Journal of Environmental Economics and Management, 5(3), S. 207-219.

Unnerstall, H. (2005), Verursachergerechte Kostendeckung für Wasserdienstleistungen: Die Anforderungen des Art. 9 WRRL und ihre Umsetzung, UFZ-Diskussionspapiere, 6(1), S. 1-34.

Varian, H. (2007), Grundzüge der Mikroökonomik, 7. Aufl., München.

Bundesverbandes der Energieabnehmer [VEA] (2013), VEA-Wasserpreisvergleich, Hannover.

Vivarelli, M. (1991), The Birth of New Enterprises, Small Business Economics, 3(3), S. 215-223.

Weber, A. (1909/1998), Über den Standort der Industrie, Neudruck der ersten Auflage von 1909, Marburg.

Weder, R. (1996), Relative Attraktivität von Standorten: Eine empirische Analyse der Schweiz, Swiss Journal of Economics and Statistics, 132(3), S. 441-456.

Weiss, B (2004), Wasser in den Umweltökonomischen Gesamtrechnungen (UGR) der Bundesländer, Statistische Hefte Mecklenburg-Vorpommern, 2(1), S. 1-14.

Weiszfeld, E. (1936), Sur Le Point Pour Lequel La Somme Des Distances De N Points Donn´es Est Minimum, Tohoku Mathematical Journal, 43(1), S. 355-386.

Werlen, B. (1988), From the Spatial- to the Situational-Approach, Geographische Zeitschrift, 76(4), S. 193-208.

Wesolowsky, G. (1993), The Weber Problem: History and Perspectives, Location Science, 1(1), S. 5-23.

Wooldridge, J. (2013), Introductory Econometrics: A Modern Approach, 5. Aufl., Boston.

World Bank (2009), Reshaping Economic Geography, World Development Report 43738, Washington, DC.

Xia, Y. / Tokunaga, S. (2011), Water Resource, Agglomeration and Location Choices of Japanese Textile Manufacturers in China, Studies in Regional Science, 41(3), S. 599-610.

Yeung, H. (2005), Rethinking Relational Economic Geography, Transactions of the Institute of British Geographers, 30(1), S. 37-51.

Young, R. / Haveman, R. (1985), Economics of Water Resources: A Survey, in: Kneese, A. / Sweeney, J. (Hrsg.), Handbook of Natural Resource and Energy Economics, New York, S. 465-529.

Zarth, M. / Crome, B. (1999), Die regionale Infrastrukturausstattung als Indikator für die Auswahl regionalpolitischer Fördergebiete, Mitteilungen aus der Arbeitsmarkt- und Berufsforschung, 32(4), S. 618-630.

Appendix

Appendix 1: Mathematischer Anhang zum Kern-Peripherie-Modell

Die Nachfrageseite im Modell: Agrargut, A

$$\max_{M,A} u(M,A) = M^\mu \cdot A^{1-\mu} \tag{1}$$

$$\text{s.t. } Y \geq p^M \cdot M + p^A \cdot A \tag{2}$$

$$\mathcal{L}(M,A,\nu) = M^\mu \cdot A^{1-\mu} + \nu \cdot (Y - p^M \cdot M - p^A \cdot A) \tag{3}$$

$$\frac{\partial \mathcal{L}(\circ)}{\partial M} = \mu \cdot M^{\mu-1} \cdot A^{1-\mu} - \nu \cdot p^M \stackrel{\text{def}}{=} 0 \tag{4}$$

$$\frac{\partial \mathcal{L}(\circ)}{\partial A} = M^\mu \cdot (1-\mu) \cdot A^{-\mu} - \nu \cdot p^A \stackrel{\text{def}}{=} 0 \tag{5}$$

$$\frac{\partial \mathcal{L}(\circ)}{\partial \nu} = Y - p^M \cdot M - p^A \cdot A \stackrel{\text{def}}{=} 0 \tag{6}$$

(4) / (5)

$$\frac{\mu}{(1-\mu)} \cdot \frac{A}{M} = \frac{p^M}{p^A} \tag{7}$$

(7)'

$$M = \frac{\mu}{(1-\mu)} \cdot \frac{p^A \cdot A}{p^M} \tag{8}$$

in (6)

$$Y = p^M \cdot \left[\frac{\mu}{(1-\mu)} \cdot \frac{p^A \cdot A}{p^M} \right] + p^A \cdot A \qquad (9)$$

(9)′

$$Y = \left[\frac{\mu}{(1-\mu)} \cdot p^A \cdot A \right] + p^A \cdot A \qquad (10)$$

(10)′

$$Y = p^A \cdot A \cdot \left[\frac{\mu}{(1-\mu)} + 1 \right] \qquad (11)$$

(11)′

$$Y = p^A \cdot A \cdot \left[\frac{\mu}{(1-\mu)} + \frac{\mu}{\mu} \right] \qquad (12)$$

(12)′

$$Y = p^A \cdot A \cdot \left[\frac{\mu \cdot \mu}{(1-\mu) \cdot \mu} + \frac{\mu \cdot (1-\mu)}{\mu \cdot (1-\mu)} \right] \qquad (13)$$

(13)′

$$Y = p^A \cdot A \cdot \left[\frac{\mu^2 + \mu - \mu^2}{(1-\mu) \cdot \mu} \right] \qquad (14)$$

(15)′

$$Y = p^A \cdot A \cdot \frac{1}{(1-\mu)} \qquad (16)$$

(16)′

$$A = \frac{(1-\mu) \cdot Y}{p^A} \qquad (17)$$

Die Nachfrageseite im Modell: Industriegut, M

aus (7)

$$A = \frac{(1-\mu)}{\mu} \cdot \frac{p^M \cdot M}{p^A}$$

(18)

in (6)

$$Y = p^M \cdot M + p^A \cdot \left[\frac{(1-\mu)}{\mu} \cdot \frac{p^M \cdot M}{p^A} \right]$$

(19)

(19)′

$$Y = p^M \cdot M + \left[\frac{(1-\mu)}{\mu} \cdot p^M \cdot M \right]$$

(20)

(20)′

$$Y = p^M \cdot M \cdot \left[1 + \frac{(1-\mu)}{\mu} \right]$$

(21)

(21)′

$$Y = p^M \cdot M \cdot \left[\frac{\mu}{\mu} + \frac{(1-\mu)}{\mu} \right]$$

(22)

(22)′

$$Y = p^M \cdot M \cdot \left[\frac{\mu + (1-\mu)}{\mu} \right]$$

(23)

(23)′

$$Y = p^M \cdot M \cdot \left[\frac{\mu + 1 - \mu}{\mu} \right]$$

(24)

(24)′

$$Y = p^M \cdot M \cdot \frac{1}{\mu}$$

(25)

(25)′

$$\boldsymbol{M} = \mu \cdot \frac{Y}{p^M}$$

(26)

Sub-Nutzenfunktion

$$\max_{m_i} M = \left[\sum_{i=1}^{n} m_i^{\frac{\sigma-1}{\sigma}}\right]^{\frac{\sigma}{\sigma-1}} \tag{27}$$

aus (26)

$$\text{s.t.} \quad \mu \cdot Y \geq \sum_{i=1}^{n} p_i^M \cdot m_i \tag{28}$$

$$\mathcal{L}(m_i, m_j, \ldots, v) = \left[\sum_{i=1}^{n} m_i^{\frac{\sigma-1}{\sigma}}\right]^{\frac{\sigma}{\sigma-1}} + v \cdot \left[\mu \cdot Y - \sum_{i=1}^{n} p_i^M \cdot m_i\right] \tag{29}$$

$$\frac{\partial \mathcal{L}(\circ)}{\partial m_i} = \left[\frac{\sigma}{\sigma-1} \cdot \left[\sum_{i=1}^{n} m_i^{\frac{\sigma-1}{\sigma}}\right]^{\frac{\sigma}{\sigma-1} - 1}\right] \cdot \left[\frac{\sigma-1}{\sigma} \cdot m_i^{\frac{\sigma-1}{\sigma} - 1}\right] - v \cdot p_i^M \overset{\text{def}}{=} 0 \tag{30}$$

(30)′

$$\frac{\partial \mathcal{L}(\circ)}{\partial m_i} = \left[\sum_{i=1}^{n} m_i^{\frac{\sigma-1}{\sigma}}\right]^{\frac{\sigma}{\sigma-1} - 1} \cdot \left[m_i^{\frac{\sigma-1}{\sigma} - 1}\right] - v \cdot p_i^M \overset{\text{def}}{=} 0 \tag{31}$$

(31)′

$$\frac{\partial \mathcal{L}(\circ)}{\partial m_i} = \left[\sum_{i=1}^{n} m_i^{\frac{\sigma-1}{\sigma}}\right]^{\frac{\sigma}{\sigma-1} - \frac{(\sigma-1)}{\sigma-1}} \cdot \left[m_i^{\frac{\sigma-1}{\sigma} - \frac{\sigma}{\sigma}}\right] - v \cdot p_i^M \overset{\text{def}}{=} 0 \tag{32}$$

(32)′

$$\frac{\partial \mathcal{L}(\circ)}{\partial m_i} = \left[\sum_{i=1}^{n} m_i^{\frac{\sigma-1}{\sigma}}\right]^{\frac{1}{\sigma-1}} \cdot \left[m_i^{-\frac{1}{\sigma}}\right] - v \cdot p_i^M \overset{\text{def}}{=} 0 \tag{33}$$

analog zu (30) bis (33)

$$\frac{\partial \mathcal{L}(\circ)}{\partial m_j} = \left[\sum_{j=1}^{n} m_j^{\frac{\sigma-1}{\sigma}}\right]^{\frac{1}{\sigma-1}} \cdot \left[m_j^{-\frac{1}{\sigma}}\right] - v \cdot p_j^M \overset{\text{def}}{=} 0 \tag{34}$$

(33)'

$$\left[\sum_{i=1}^{n} m_i^{\frac{\sigma-1}{\sigma}}\right]^{\frac{1}{\sigma-1}} \cdot \left[m_i^{-\frac{1}{\sigma}}\right] = \nu \cdot p_i^M \tag{35}$$

(34)'

$$\left[\sum_{j=1}^{n} m_j^{\frac{\sigma-1}{\sigma}}\right]^{\frac{1}{\sigma-1}} \cdot \left[m_j^{-\frac{1}{\sigma}}\right] = \nu \cdot p_j^M \tag{36}$$

(35) / (36)

$$\frac{\left[m_i^{-\frac{1}{\sigma}}\right]}{\left[m_j^{-\frac{1}{\sigma}}\right]} = \frac{p_i^M}{p_j^M} \tag{37}$$

(37)'

$$\left[\frac{m_i}{m_j}\right]^{-\frac{1}{\sigma}} = \frac{p_i^M}{p_j^M} \tag{38}$$

(38)'

$$\frac{m_i}{m_j} = \left[\frac{p_i^M}{p_j^M}\right]^{-\sigma} \tag{39}$$

(39)'

$$\frac{m_i}{m_j} = \left[\frac{p_j^M}{p_i^M}\right]^{\sigma} \tag{40}$$

(40)'

$$m_i = m_j \cdot \left[\frac{p_j^M}{p_i^M}\right]^{\sigma} \tag{41}$$

in (28)

$$\mu \cdot Y = \sum_{i=1}^{n} p_i^M \cdot \left[m_j \cdot \left[\frac{p_j^M}{p_i^M}\right]^{\sigma}\right] \tag{42}$$

(42)'

$$\frac{\mu \cdot Y}{m_j \cdot \left[p_j^M\right]^{\sigma}} = \sum_{i=1}^{n} p_i^M \cdot \left[\frac{1}{p_i^M}\right]^{\sigma} \tag{43}$$

(43)'

$$\frac{\mu \cdot Y}{m_j \cdot [p_j^M]^\sigma} = \sum_{i=1}^n p_i^M \cdot [p_i^M]^{-\sigma} \tag{44}$$

(44)'

$$\frac{\mu \cdot Y}{m_j \cdot [p_j^M]^\sigma} = \sum_{i=1}^n [p_i^M]^{1-\sigma} \tag{45}$$

(45)'

$$\boldsymbol{m_j} = \mu \cdot Y \cdot \frac{[p_j^M]^{-\sigma}}{\sum_{i=1}^n [p_i^M]^{1-\sigma}} \tag{46}$$

Die Nachfrageseite im Modell: Preisindex für Industriegüter, P

aus (46)

$$m_j^{\frac{\sigma-1}{\sigma}} = [\mu \cdot Y]^{\frac{\sigma-1}{\sigma}} \cdot \left[\frac{[p_j^M]^{-\sigma}}{\sum_{i=1}^n [p_i^M]^{1-\sigma}} \right]^{\frac{\sigma-1}{\sigma}} \tag{47}$$

(47)'

$$m_j^{\frac{\sigma-1}{\sigma}} = [\mu \cdot Y]^{\frac{\sigma-1}{\sigma}} \cdot \frac{[p_j^M]^{-\sigma \cdot \frac{\sigma-1}{\sigma}}}{\left[\sum_{i=1}^n [p_i^M]^{1-\sigma} \right]^{\frac{\sigma-1}{\sigma}}} \tag{48}$$

(48)'

$$m_j^{\frac{\sigma-1}{\sigma}} = [\mu \cdot Y]^{\frac{\sigma-1}{\sigma}} \cdot \frac{[p_j^M]^{-\frac{\sigma^2+\sigma}{\sigma}}}{\left[\sum_{i=1}^n [p_i^M]^{1-\sigma} \right]^{\frac{\sigma-1}{\sigma}}} \tag{49}$$

(49)'

$$m_j^{\frac{\sigma-1}{\sigma}} = [\mu \cdot Y]^{\frac{\sigma-1}{\sigma}} \cdot \frac{[p_j^M]^{-\sigma+1}}{\left[\sum_{i=1}^n [p_i^M]^{1-\sigma} \right]^{\frac{\sigma-1}{\sigma}}} \tag{50}$$

(50)'

$$\sum_{j=1}^{n} m_j^{\frac{\sigma-1}{\sigma}} = [\mu \cdot Y]^{\frac{\sigma-1}{\sigma}} \cdot \frac{\sum_{j=1}^{n} \left[p_j^M\right]^{1-\sigma}}{\left[\sum_{i=1}^{n} \left[p_i^M\right]^{1-\sigma}\right]^{\frac{\sigma-1}{\sigma}}}$$ (51)

(51)'

$$\left[\sum_{j=1}^{n} m_j^{\frac{\sigma-1}{\sigma}}\right]^{\frac{\sigma}{\sigma-1}} = \left[[\mu \cdot Y]^{\frac{\sigma-1}{\sigma}}\right]^{\frac{\sigma}{\sigma-1}} \cdot \frac{\left[\sum_{j=1}^{n} \left[p_j^M\right]^{1-\sigma}\right]^{\frac{\sigma}{\sigma-1}}}{\left[\left[\sum_{i=1}^{n} \left[p_i^M\right]^{1-\sigma}\right]^{\frac{\sigma-1}{\sigma}}\right]^{\frac{\sigma}{\sigma-1}}}$$ (52)

aus (27), (52)'

$$M = [\mu \cdot Y] \cdot \frac{\left[\sum_{j=1}^{n} \left[p_j^M\right]^{1-\sigma}\right]^{\frac{\sigma}{\sigma-1}}}{\sum_{i=1}^{n} \left[p_i^M\right]^{1-\sigma}}$$ (53)

über alle Industriegüter gilt

$$\sum_{j=1}^{n} \left[p_j^M\right]^{1-\sigma} = \sum_{i=1}^{n} \left[p_i^M\right]^{1-\sigma}$$ (54)

(54)'

$$M = [\mu \cdot Y] \cdot \left[\sum_{j=1}^{n} \left[p_j^M\right]^{1-\sigma}\right]^{\frac{\sigma}{\sigma-1}} \cdot \left[\sum_{j=1}^{n} \left[p_j^M\right]^{1-\sigma}\right]^{-1}$$ (55)

(55)'

$$M = [\mu \cdot Y] \cdot \left[\sum_{j=1}^{n} \left[p_j^M\right]^{1-\sigma}\right]^{\frac{\sigma}{\sigma-1}-1}$$ (56)

(56)'

$$M = [\mu \cdot Y] \cdot \left[\sum_{j=1}^{n} \left[p_j^M\right]^{1-\sigma}\right]^{\frac{\sigma}{\sigma-1}-\frac{(\sigma-1)}{(\sigma-1)}}$$ (57)

(57)′

$$M = [\mu \cdot Y] \cdot \left[\sum_{j=1}^{n} [p_j^M]^{1-\sigma}\right]^{\frac{\sigma-\sigma+1}{\sigma-1}} \qquad (58)$$

(58)′

$$M = [\mu \cdot Y] \cdot \left[\sum_{j=1}^{n} [p_j^M]^{1-\sigma}\right]^{\frac{1}{\sigma-1}} \qquad (59)$$

(59)′

$$\mu \cdot Y = M \cdot \left[\left[\sum_{j=1}^{n} [p_j^M]^{1-\sigma}\right]^{\frac{1}{\sigma-1}}\right]^{-1} \qquad (60)$$

(60)′

$$\frac{\mu \cdot Y}{M} = \boldsymbol{P} \equiv \left[\sum_{j=1}^{n} [p_j^M]^{1-\sigma}\right]^{\frac{1}{1-\sigma}} \qquad (61)$$

(61)′

$$\boldsymbol{P}^{1-\sigma} = \sum_{j=1}^{n} [p_j^M]^{1-\sigma} \qquad (62)$$

aus (46)

$$\boldsymbol{m_j} = \mu \cdot Y \cdot \frac{[p_j^M]^{-\sigma}}{\boldsymbol{P}^{1-\sigma}} \qquad (63)$$

Die Nachfrageseite im Modell: Nachfrageelastizität, ε

$$\frac{\partial q^M}{\partial p^M} \cdot \frac{p^M}{q^M} = \varepsilon_{p,q} = \frac{\partial m_j}{\partial p_j^M} \cdot \frac{p_j^M}{m_j} \tag{64}$$

aus (63)

$$\frac{\partial m_j}{\partial p_j^M} = -\sigma \cdot \mu \cdot Y \cdot \frac{\left[p_j^M\right]^{-\sigma-1}}{P^{1-\sigma}} \tag{65}$$

(65)'

$$\frac{\partial m_j}{\partial p_j^M} \cdot \left[\frac{p_j^M}{m_j}\right] = -\sigma \cdot \mu \cdot Y \cdot \frac{\left[p_j^M\right]^{-\sigma-1}}{P^{1-\sigma}} \cdot \left[\frac{p_j^M}{m_j}\right] \tag{66}$$

(66)'

$$\varepsilon_{p,q} = -\sigma \cdot \mu \cdot Y \cdot \frac{\left[p_j^M\right]^{-\sigma-1} \cdot p_j^M}{P^{1-\sigma}} \cdot \left[\frac{1}{m_j}\right] \tag{67}$$

(67)'

$$\varepsilon_{p,q} = -\sigma \cdot \mu \cdot Y \cdot \frac{\left[p_j^M\right]^{-\sigma-1+1}}{P^{1-\sigma}} \cdot \left[\frac{1}{m_j}\right] \tag{68}$$

(68)'

$$\varepsilon_{p,q} = -\sigma \cdot \left[\mu \cdot Y \cdot \frac{\left[p_j^M\right]^{-\sigma}}{P^{1-\sigma}}\right] \cdot \left[\frac{1}{m_j}\right] \tag{68}$$

aus (63)'

$$\varepsilon_{p,q} = -\sigma \tag{69}$$

(69)'

$$\boldsymbol{\sigma} = \left|\varepsilon_{p,q}\right| \tag{70}$$

Die Angebotsseite im Modell: Gewinnmaximierung der Unternehmen

$$L^M = F + c^M \cdot q^M \tag{71}$$

$$C^M(q^M) = w^M \cdot (F + c^M \cdot q^M) \tag{72}$$

$$R^M(q^M) = p^M(q^M) \cdot q^M \tag{73}$$

aus (72) und (73)

$$\max_{q^M} \pi = [p^M(q^M) \cdot q^M] - [w^M \cdot (F + c^M \cdot q^M)] \tag{74}$$

$$\frac{\partial \pi}{\partial q^M} = \left[p^M(q^M) + \frac{\partial p^M(q^M)}{\partial q^M} \cdot q^M \right] - [c^M \cdot w^M] \overset{\text{def}}{=} 0 \tag{75}$$

$$\frac{\partial^2 \pi}{\partial q^{M\,2}} = q^M \cdot \left[\frac{\partial^2 p^M(q^M)}{q^{M\,2}} \right] + 2 \cdot \left[\frac{\partial p^M(q^M)}{\partial q^M} \right] < 0 \tag{76}$$

$$p^M \geq \frac{w^M \cdot (F + c^M \cdot q^M)}{q^M} = \frac{w^M \cdot F}{q^M} + c^M \cdot w^M \tag{77}$$

(75)′

$$p^M(q^M) + \frac{\partial p^M(q^M)}{\partial q^M} \cdot q^M = c^M \cdot w^M \tag{78}$$

(78)′

$$p^M(q^M) \cdot \left[1 + \frac{\partial p^M(q^M)}{\partial q^M} \cdot \frac{q^M}{p^M(q^M)} \right] = c^M \cdot w^M \tag{79}$$

(79)'

$$p^M(q^M) \cdot \left[1 + \frac{1}{\varepsilon_{q,p}}\right] = c^M \cdot w^M \tag{80}$$

(80)'

$$c^M \cdot w^M = p^M(q^M) \cdot \left[1 - \frac{1}{|\varepsilon_{q,p}|}\right] \tag{81}$$

aus (70)

$$c^M \cdot w^M = p^M(q^M) \cdot \left[1 - \frac{1}{\sigma}\right] \tag{82}$$

(82)'

$$\boldsymbol{p^{M^*}} = c^M \cdot w^M \cdot \left[\frac{\sigma}{\sigma - 1}\right] \tag{83}$$

aus (83) und (74)

$$\max_{q^M} \; \pi = \left[c^M \cdot w^M \cdot \left[\frac{\sigma}{\sigma - 1}\right] \cdot q^M\right] - \left[w^M \cdot (F + c^M \cdot q^M)\right] \tag{84}$$

(84)'

$$c^M \cdot \left[\frac{\sigma}{\sigma - 1}\right] \cdot q^M = F + c^M \cdot q^M \tag{85}$$

(85)'

$$c^M \cdot \left[\frac{\sigma}{\sigma - 1}\right] \cdot q^M - c^M \cdot q^M = F \tag{86}$$

(86)'

$$c^M \cdot q^M \cdot \left[\frac{\sigma}{\sigma - 1} - 1\right] = F \tag{87}$$

(87)'

$$c^M \cdot q^M \cdot \left[\frac{\sigma}{\sigma - 1} - \frac{\sigma}{\sigma}\right] = F \tag{88}$$

(88)'

$$c^M \cdot q^M \cdot \left[\frac{\sigma^2 - \sigma^2 + \sigma}{\sigma^2 - \sigma} \right] = F \tag{89}$$

(89)'

$$c^M \cdot q^M \cdot \left[\frac{1}{\sigma - 1} \right] = F \tag{90}$$

(90)'

$$\boldsymbol{q^{M^*}} = (\sigma - 1) \cdot \frac{F}{c^M} \tag{91}$$

Transportkosten und Preisindex

$$p_1^M = p_2^M \cdot T_{21} \tag{92}$$

$$p_2^M = p_1^M \cdot T_{12} \tag{93}$$

$$T_{21} = T_{12} \tag{94}$$

aus (61)

$$P = \left[n \cdot \left[p_j^M \right]^{1-\sigma} \right]^{\frac{1}{(1-\sigma)}} \tag{95}$$

$$\boldsymbol{P_1} = [n_1 \cdot p_1^{1-\sigma} + n_2 \cdot (p_2 \cdot T_{21})^{1-\sigma}]^{\frac{1}{(1-\sigma)}} \tag{96}$$

$$\boldsymbol{P_2} = [n_2 \cdot p_2^{1-\sigma} + n_1 \cdot (p_1 \cdot T_{12})^{1-\sigma}]^{\frac{1}{(1-\sigma)}} \tag{97}$$

Transportkosten und Konsummengen

aus (63)

$$m_j = \mu \cdot Y \cdot \left[p_j^M\right]^{-\sigma} \cdot P^{\sigma-1} \qquad (98)$$

aus (92)

$$m_1 = \mu \cdot Y_1 \cdot \left[p_2^M \cdot T_{21}\right]^{-\sigma} \cdot P_1^{\sigma-1} \qquad (99)$$

aus (99)

$$m_{12} = \left[\mu \cdot Y_2 \cdot \left[p_2^M \cdot T_{12}\right]^{-\sigma} \cdot P_2^{\sigma-1}\right] \cdot T_{12} \qquad (100)$$

$$m_{21} = \left[\mu \cdot Y_1 \cdot \left[p_1^M \cdot T_{21}\right]^{-\sigma} \cdot P_1^{\sigma-1}\right] \cdot T_{21} \qquad (101)$$

aus (100) und (101)

$$q_1 = \left[\mu \cdot Y_2 \cdot \left[p_1^M\right]^{-\sigma} \cdot T_{12}^{1-\sigma} \cdot P_2^{\sigma-1}\right] + \left[\mu \cdot Y_1 \cdot \left[p_1^M\right]^{-\sigma} \cdot P_1^{\sigma-1}\right] \qquad (102)$$

(102)'

$$\boldsymbol{q_1} = \mu \cdot \left[p_1^M\right]^{-\sigma} \cdot \left[Y_1 \cdot P_1^{\sigma-1} + Y_2 \cdot T_{12}^{1-\sigma} \cdot P_2^{\sigma-1}\right] \qquad (103)$$

$$\boldsymbol{q_2} = \mu \cdot \left[p_2^M\right]^{-\sigma} \cdot \left[Y_2 \cdot P_2^{\sigma-1} + Y_1 \cdot T_{21}^{1-\sigma} \cdot P_1^{\sigma-1}\right] \qquad (104)$$

Nominallohn der Industrie

aus (83) und (103)

$$q_1 = \mu \cdot \left[c^M \cdot w_1^M \cdot \left[\frac{\sigma}{\sigma - 1} \right] \right]^{-\sigma} \cdot \left[Y_1 \cdot P_1^{\sigma-1} + Y_2 \cdot T_{12}^{1-\sigma} \cdot P_2^{\sigma-1} \right] \tag{105}$$

(105)′

$$\left[c^M \cdot w_1^M \cdot \left[\frac{\sigma}{\sigma - 1} \right] \right]^{\sigma} = \frac{\mu}{q_1} \cdot \left[Y_1 \cdot P_1^{\sigma-1} + Y_2 \cdot T_{12}^{1-\sigma} \cdot P_2^{\sigma-1} \right] \tag{106}$$

(106)′

$$c^M \cdot w_1^M \cdot \left[\frac{\sigma}{\sigma - 1} \right] = \left[\frac{\mu}{q_1} \right]^{\frac{1}{\sigma}} \cdot \left[Y_1 \cdot P_1^{\sigma-1} + Y_2 \cdot T_{12}^{1-\sigma} \cdot P_2^{\sigma-1} \right]^{\frac{1}{\sigma}} \tag{107}$$

(107)′

$$w_1^M = \left[\frac{\sigma - 1}{c^M \cdot \sigma} \right] \cdot \left[\frac{\mu}{q_1} \right]^{\frac{1}{\sigma}} \cdot \left[Y_1 \cdot P_1^{\sigma-1} + Y_2 \cdot T_{12}^{1-\sigma} \cdot P_2^{\sigma-1} \right]^{\frac{1}{\sigma}} \tag{108}$$

analog (105) bis (108)

$$w_2^M = \left[\frac{\sigma - 1}{c^M \cdot \sigma} \right] \cdot \left[\frac{\mu}{q_2} \right]^{\frac{1}{\sigma}} \cdot \left[Y_2 \cdot P_2^{\sigma-1} + Y_1 \cdot T_{21}^{1-\sigma} \cdot P_1^{\sigma-1} \right]^{\frac{1}{\sigma}} \tag{109}$$

Konsumentenpreisindex und Reallohn

aus (17) und (26)

$$U = \left[\mu \cdot \frac{Y}{P} \right]^{\mu} \cdot \left[(1 - \mu) \cdot \frac{Y}{p^A} \right]^{1-\mu} \tag{110}$$

(110)′

$$U = \left[\mu^{\mu} \right] \cdot Y \cdot P^{-\mu} \cdot \left[(1 - \mu)^{(1-\mu)} \right] \cdot [p^A]^{\mu-1} \tag{111}$$

(111)′

$$\mathbf{KPI} = P^{\mu} \cdot [p^A]^{1-\mu} \tag{112}$$

aus (108)

$$\omega_1^M = \frac{w_1^M}{P_1^{\mu} \cdot [p^A]^{1-\mu}} \tag{113}$$

aus (109)

$$\omega_2^M = \frac{w_2^M}{P_2^{\mu} \cdot [p^A]^{1-\mu}} \tag{114}$$

Modellnormierungen

$$L = L^A + L^M \tag{115}$$

$$L^A \stackrel{\text{def}}{=} 1 - \mu \tag{116}$$

$$L^M \stackrel{\text{def}}{=} \mu \tag{117}$$

$$L^M = L_1^M + L_2^M \qquad L^A = L_1^A + L_2^A \tag{118}$$

$$\lambda_1 = \frac{L_1^M}{L^M} \qquad \lambda_2 = \frac{L_2^M}{L^M} \tag{119}$$

$$\vartheta_1 = \frac{L_1^A}{L^A} \qquad \vartheta_2 = \frac{L_2^A}{L^A} \tag{120}$$

$$\vartheta \stackrel{\text{def}}{=} \frac{1}{2} \tag{121}$$

aus (120) und (121)

$$L_1^A = \frac{L^A}{2} \qquad\qquad L_2^A = \frac{L^A}{2} \tag{122}$$

$$p_1^A = p_2^A \overset{\text{def}}{=} 1 \tag{123}$$

$$n_1 \overset{\text{def}}{=} \frac{L_1^M}{L^M} \qquad\qquad n_2 \overset{\text{def}}{=} \frac{L_2^M}{L^M} \tag{124}$$

aus (117)

$$n_1 \overset{\text{def}}{=} \frac{L_1^M}{\mu} \qquad\qquad n_2 \overset{\text{def}}{=} \frac{L_2^M}{\mu} \tag{125}$$

$$c^M \overset{\text{def}}{=} \frac{\sigma - 1}{\sigma} \tag{126}$$

$$F \overset{\text{def}}{=} \frac{\mu}{\sigma} \tag{127}$$

(127)'

$$\mu = F \cdot \sigma \tag{128}$$

aus (83) und (126)

$$p^M = \left[\frac{\sigma - 1}{\sigma}\right] \cdot w^M \cdot \left[\frac{\sigma}{\sigma - 1}\right] \tag{129}$$

(129)'

$$p^M = w^M \tag{130}$$

aus (71) und (91)

$$L^M = F + c^M \cdot \left[(\sigma - 1) \cdot \frac{F}{c^M} \right] \tag{131}$$

(131)'

$$L^M = F + (\sigma - 1) \cdot F \tag{132}$$

(132)'

$$L^M = \sigma \cdot F \tag{133}$$

aus (124)

$$n_1 \stackrel{\text{def}}{=} \frac{L_1^M}{\sigma \cdot F} \qquad n_2 \stackrel{\text{def}}{=} \frac{L_2^M}{\sigma \cdot F} \tag{134}$$

aus (91) und (126)

$$q^M = (\sigma - 1) \cdot \frac{F}{\left[\frac{\sigma - 1}{\sigma} \right]} \tag{135}$$

(129)'

$$q^M = \sigma \cdot F \tag{136}$$

aus (117) und (133)

$$q^M = L^M = \mu \tag{137}$$

aus (96) und (125) und (130)

$$P_1 = \left[\frac{L_1^M}{\mu} \cdot w_1^{1-\sigma} + \frac{L_2^M}{\mu} \cdot (w_2 \cdot T_{21})^{1-\sigma} \right]^{\frac{1}{1-\sigma}} \tag{138}$$

aus (117) und (119)

$$P_1 = \left[\lambda_1 \cdot w_1^{1-\sigma} + \lambda_2 \cdot w_2^{1-\sigma} \cdot T_{21}^{1-\sigma}\right]^{\frac{1}{1-\sigma}} \tag{139}$$

aus (137)

$$q^M = L^M = M \tag{140}$$

aus (119)

$$M_1 = L^M \cdot \lambda_1 \tag{141}$$

aus (117)

$$M_1 = \mu \cdot \lambda_1 \tag{142}$$

aus (2) und (142)

$$Y_1 = p^M \cdot [\mu \cdot \lambda_1] + p^A \cdot A \tag{143}$$

aus (116) und (123)

$$Y_1 = p^M \cdot [\mu \cdot \lambda_1] + \frac{1-\mu}{2} \tag{144}$$

aus (130)

$$Y_1 = w^M \cdot \mu \cdot \lambda_1 + \frac{1-\mu}{2} \tag{145}$$

aus (108) und (137)

$$w_1^M = \left[\frac{\sigma-1}{c^M \cdot \sigma}\right] \cdot \left[Y_1 \cdot P_1^{\sigma-1} + Y_2 \cdot T_{12}^{1-\sigma} \cdot P_2^{\sigma-1}\right]^{\frac{1}{\sigma}} \tag{146}$$

aus (126)

$$w_1^M = \left[\frac{\sigma-1}{\left[\frac{\sigma-1}{\sigma}\right] \cdot \sigma}\right] \cdot \left[Y_1 \cdot P_1^{\sigma-1} + Y_2 \cdot T_{12}^{1-\sigma} \cdot P_2^{\sigma-1}\right]^{\frac{1}{\sigma}} \tag{147}$$

(147)'

$$w_1^M = \left[Y_1 \cdot P_1^{\sigma-1} + Y_2 \cdot T_{12}{}^{1-\sigma} \cdot P_2^{\sigma-1} \right]^{\frac{1}{\sigma}}$$

(148)

Zielgleichungen des Kern-Peripherie-Modells

$$P_1 = \left[\lambda \cdot w_1{}^{1-\sigma} + (1-\lambda) \cdot (w_2 \cdot T_{21})^{1-\sigma} \right]^{\frac{1}{(1-\sigma)}} \quad ,$$

$$P_2 = \left[\lambda \cdot (w_1 \cdot T_{12})^{1-\sigma} + (1-\lambda) \cdot w_2{}^{1-\sigma} \right]^{\frac{1}{(1-\sigma)}} \quad ,$$

$$Y_1 = \mu \cdot \lambda \cdot w_1 + \frac{(1-\mu)}{2} \quad ,$$

$$Y_2 = \mu \cdot (1-\lambda) \cdot w_2 + \frac{(1-\mu)}{2} \quad ,$$

$$w_1 = (Y_1 \cdot P_1^{\sigma-1} + Y_2 \cdot P_2^{\sigma-1} \cdot T_{21}{}^{1-\sigma})^{\frac{1}{\sigma}} \quad ,$$

$$w_2 = (Y_2 \cdot P_2^{\sigma-1} + Y_1 \cdot P_1^{\sigma-1} \cdot T_{12}{}^{1-\sigma})^{\frac{1}{\sigma}} \quad ,$$

$$\omega_1 = w_1 \cdot P_1^{-\mu}$$

$$\omega_2 = w_2 \cdot P_2^{-\mu} \quad .$$

Preisindex-Effekt

aus (96)

$$P_1{}^{1-\sigma} = n_1 \cdot p_1^{1-\sigma} + n_2 \cdot p_2{}^{1-\sigma} \cdot T_{21}{}^{1-\sigma} \tag{149}$$

(149)'

$$(1-\sigma) \cdot P_1{}^{-\sigma} \cdot dP_1 = p_1^{1-\sigma} \cdot dn_1 + n_1 \cdot (1-\sigma) \cdot p_1^{-\sigma} \cdot dp_1$$
$$+ (p_2 \cdot T_{21})^{1-\sigma} \cdot dn_2 + n_2 \cdot T_{21}{}^{1-\sigma} \cdot (1-\sigma) \cdot p_2^{-\sigma} dp_2 \tag{150}$$

$$dP \overset{\text{def}}{=} dP_1 = -dP_2 \tag{151}$$

aus (151)

$$P = P_1 = P_2 \tag{152}$$

$$dp \overset{\text{def}}{=} dp_1 = -dp_2 \tag{153}$$

aus (153)

$$p = p_1 = p_2 \tag{154}$$

$$dn \overset{\text{def}}{=} dn_1 = -dn_2 \tag{155}$$

aus (155)

$$n = n_1 = n_2 \tag{156}$$

(150)'

$$(1-\sigma) \cdot P^{-\sigma} \cdot dP = p^{1-\sigma} \cdot dn + n \cdot (1-\sigma) \cdot p^{-\sigma} \cdot dp$$
$$- (p \cdot T_{21})^{1-\sigma} \cdot dn - n \cdot T_{21}{}^{1-\sigma} \cdot (1-\sigma) \cdot p^{-\sigma} \cdot dp \tag{157}$$

(157)'

$$(1 - \sigma) \cdot P^{-\sigma} \cdot dP = p^{1-\sigma} \cdot (1 - T_{21}{}^{1-\sigma}) \cdot dn$$
$$+ \, n \cdot (1 - \sigma) \cdot p^{-\sigma} \cdot (1 - T_{21}{}^{1-\sigma}) \cdot dp \tag{158}$$

(158)'

$$(1 - \sigma) \cdot P^{-\sigma} \cdot dP = p^{1-\sigma} \cdot (1 - T_{21}{}^{1-\sigma}) \cdot \frac{n}{n} \cdot dn$$
$$+ \, n \cdot (1 - \sigma) \cdot p^{-\sigma} \cdot (1 - T_{21}{}^{1-\sigma}) \cdot \frac{p}{p} \cdot dp \tag{159}$$

(159)'

$$(1 - \sigma) \cdot P^{-\sigma} \cdot dP = n \cdot p^{1-\sigma} \cdot (1 - T_{21}{}^{1-\sigma}) \cdot \frac{dn}{n}$$
$$+ \, n \cdot (1 - \sigma) \cdot p^{1-\sigma} \cdot (1 - T_{21}{}^{1-\sigma}) \cdot \frac{dp}{p} \tag{160}$$

(160)'

$$(1 - \sigma) \cdot P^{-\sigma} \cdot dP = n \cdot p^{1-\sigma} \cdot$$
$$\left[(1 - T_{21}{}^{1-\sigma}) \cdot \frac{dn}{n} + (1 - \sigma) \cdot (1 - T_{21}{}^{1-\sigma}) \cdot \frac{dp}{p} \right] \tag{161}$$

(161)'

$$(1 - \sigma) \cdot P^{-\sigma} \cdot \frac{P}{P} \cdot dP = n \cdot p^{1-\sigma} \cdot$$
$$\left[(1 - T_{21}{}^{1-\sigma}) \cdot \frac{dn}{n} + (1 - \sigma) \cdot (1 - T_{21}{}^{1-\sigma}) \cdot \frac{dp}{p} \right] \tag{162}$$

(162)'

$$(1 - \sigma) \cdot P^{1-\sigma} \cdot \frac{dP}{P} = n \cdot p^{1-\sigma} \cdot$$
$$\left[(1 - T_{21}{}^{1-\sigma}) \cdot \frac{dn}{n} + (1 - \sigma) \cdot (1 - T_{21}{}^{1-\sigma}) \cdot \frac{dp}{p} \right] \tag{163}$$

$$\hat{P} \overset{\text{def}}{\equiv} \frac{dP}{P} \tag{164}$$

$$\hat{n} \overset{\text{def}}{\equiv} \frac{dn}{n} \tag{165}$$

$$\hat{p} \overset{\text{def}}{\equiv} \frac{dp}{p} \tag{166}$$

(163)'

$$(1 - \sigma) \cdot P^{1-\sigma} \cdot \hat{P} = n \cdot p^{1-\sigma} \cdot$$

$$\left[(1 - T_{21}{}^{1-\sigma}) \cdot \hat{n} + (1 - \sigma) \cdot (1 - T_{21}{}^{1-\sigma}) \cdot \hat{p} \right] \tag{167}$$

aus (96) und (154) bis (156)

$$P^{1-\sigma} = n \cdot p^{1-\sigma} \cdot \left(1 + T_{21}{}^{1-\sigma} \right) \tag{168}$$

aus (167) und (168)

$$(1 - \sigma) \cdot \left[n \cdot p^{1-\sigma} \cdot \left(1 + T_{21}{}^{1-\sigma} \right) \right] \cdot \hat{P} = n \cdot p^{1-\sigma} \cdot$$

$$\left[(1 - T_{21}{}^{1-\sigma}) \cdot \hat{n} + (1 - \sigma) \cdot (1 - T_{21}{}^{1-\sigma}) \cdot \hat{p} \right] \tag{169}$$

(169)'

$$(1 - \sigma) \cdot \left(1 + T_{21}{}^{1-\sigma} \right) \cdot \hat{P} =$$

$$(1 - T_{21}{}^{1-\sigma}) \cdot \hat{n} + (1 - \sigma) \cdot (1 - T_{21}{}^{1-\sigma}) \cdot \hat{p} \tag{170}$$

(170)'

$$\left(1 + T_{21}{}^{1-\sigma} \right) \cdot \hat{P} = \frac{1}{(1 - \sigma)} \cdot (1 - T_{21}{}^{1-\sigma}) \cdot \hat{n} + (1 - T_{21}{}^{1-\sigma}) \cdot \hat{p} \tag{171}$$

(171)'

$$\hat{P} = \frac{1}{(1 - \sigma)} \cdot \frac{(1 - T_{21}{}^{1-\sigma})}{\left(1 + T_{21}{}^{1-\sigma} \right)} \cdot \hat{n} + \frac{(1 - T_{21}{}^{1-\sigma})}{\left(1 + T_{21}{}^{1-\sigma} \right)} \cdot \hat{p} \tag{172}$$

$$Z \stackrel{\text{def}}{=} \frac{1 - T_{21}{}^{1-\sigma}}{1 + T_{21}{}^{1-\sigma}} \tag{173}$$

aus (172) und (173)

$$\hat{P} = \frac{Z}{(1 - \sigma)} \cdot \hat{n} + Z \cdot \hat{p} \tag{174}$$

Der Heimmarkt-Effekt

aus (103)

$$q_1 = \mu \cdot [p_1^M]^{-\sigma} \cdot \left[Y_1 \cdot P_1^{\sigma-1} + Y_2 \cdot T_{12}^{1-\sigma} \cdot P_2^{\sigma-1} \right] \qquad (175)$$

(175)'

$$\mathrm{d}q = -\sigma \cdot \mu \cdot [p_1^M]^{-\sigma-1} \cdot \left[Y_1 \cdot P_1^{\sigma-1} + Y_2 \cdot T_{12}^{1-\sigma} \cdot P_2^{\sigma-1} \right] \cdot \mathrm{d}p$$

$$+ \mu \cdot [p_1^M]^{-\sigma} \cdot P_1^{\sigma-1} \cdot \mathrm{d}Y_1 \;\; + \;\; \mu \cdot [p_1^M]^{-\sigma} \cdot P_2^{\sigma-1} \cdot T_{12}^{1-\sigma} \cdot \mathrm{d}Y_2$$

$$+ \mu \cdot [p_1^M]^{-\sigma} \cdot Y_1 \cdot (\sigma-1) \cdot P_1^{\sigma-2} \cdot \mathrm{d}P_1$$

$$+ \mu \cdot [p_1^M]^{-\sigma} \cdot Y_2 \cdot T_{12}^{1-\sigma} \cdot (\sigma-1) \cdot P_1^{\sigma-2} \cdot \mathrm{d}P_2$$

$$(176)$$

$$\mathrm{d}q \stackrel{\text{def}}{=} \mathrm{d}q_1 = -\,\mathrm{d}q_2 \qquad (177)$$

aus (177)

$$q = q_1 = q_2 \qquad (178)$$

$$\mathrm{d}Y \stackrel{\text{def}}{=} \mathrm{d}Y_1 = -\,\mathrm{d}Y_2 \qquad (179)$$

aus (179)

$$Y = Y_1 = Y_2 \qquad (180)$$

$$\mathrm{d}P \stackrel{\text{def}}{=} \mathrm{d}P_1 = -\,\mathrm{d}P_2 \qquad (181)$$

aus (181)

$$P = P_1 = P_2 \tag{182}$$

$$\mathrm{d}p \stackrel{\text{def}}{=} \mathrm{d}p_1 = -\,\mathrm{d}p_2 \tag{183}$$

aus (183)

$$p = p_1 = p_2 \tag{184}$$

(176)′

$$
\begin{aligned}
\mathrm{d}q &= -\sigma \cdot \mu \cdot p^{-\sigma-1} \cdot \left[Y \cdot P^{\sigma-1} + Y \cdot T_{12}{}^{1-\sigma} \cdot P^{\sigma-1} \right] \cdot \mathrm{d}p \\
&\quad + \mu \cdot p^{-\sigma} \cdot P^{\sigma-1} \cdot \mathrm{d}Y \; - \; \mu \cdot p^{-\sigma} \cdot P^{\sigma-1} \cdot T_{12}{}^{1-\sigma} \cdot \mathrm{d}Y \\
&\quad + \mu \cdot p^{-\sigma} \cdot Y \cdot (\sigma-1) \cdot P^{\sigma-2} \cdot \mathrm{d}P \\
&\quad - \mu \cdot p^{-\sigma} \cdot Y \cdot T_{12}{}^{1-\sigma} \cdot (\sigma-1) \cdot P^{\sigma-2} \cdot \mathrm{d}P
\end{aligned} \tag{185}
$$

(185)′

$$
\begin{aligned}
\mathrm{d}q &= -\sigma \cdot \mu \cdot p^{-\sigma-1} \cdot Y \cdot P^{\sigma-1} \cdot \left[1 + T_{12}{}^{1-\sigma} \right] \cdot \mathrm{d}p \\
&\quad + \mu \cdot p^{-\sigma} \cdot P^{\sigma-2} \cdot \left[1 - T_{12}{}^{1-\sigma} \right] \cdot \mathrm{d}Y \\
&\quad + \mu \cdot p^{-\sigma} \cdot Y \cdot (\sigma-1) \cdot P^{\sigma-2} \cdot \left[1 - T_{12}{}^{1-\sigma} \right] \cdot \mathrm{d}P
\end{aligned} \tag{186}
$$

(186)′

$$
\begin{aligned}
\mathrm{d}q &= -\sigma \cdot \mu \cdot p^{-\sigma-1} \cdot Y \cdot P^{\sigma-1} \cdot \left[1 + T_{12}{}^{1-\sigma} \right] \cdot \frac{p}{p} \cdot \mathrm{d}p \\
&\quad + \mu \cdot p^{-\sigma} \cdot P^{\sigma-1} \cdot \left[1 - T_{12}{}^{1-\sigma} \right] \cdot \mathrm{d}Y \\
&\quad + \mu \cdot p^{-\sigma} \cdot Y \cdot (\sigma-1) \cdot P^{\sigma-2} \cdot \left[1 - T_{12}{}^{1-\sigma} \right] \cdot \frac{P}{P} \cdot \mathrm{d}P
\end{aligned} \tag{187}
$$

(187)′

$$
\begin{aligned}
\mathrm{d}q &= -\sigma \cdot \mu \cdot p^{-\sigma} \cdot Y \cdot P^{\sigma-1} \cdot \left[1 + T_{12}{}^{1-\sigma} \right] \cdot \frac{\mathrm{d}p}{p} \\
&\quad + \mu \cdot p^{-\sigma} \cdot P^{\sigma-1} \cdot \left[1 - T_{12}{}^{1-\sigma} \right] \cdot \mathrm{d}Y \\
&\quad + \mu \cdot p^{-\sigma} \cdot Y \cdot (\sigma-1) \cdot P^{\sigma-1} \cdot \left[1 - T_{12}{}^{1-\sigma} \right] \cdot \frac{\mathrm{d}P}{P}
\end{aligned} \tag{188}
$$

aus (164) und (166)

$$dq = -\sigma \cdot \mu \cdot p^{-\sigma} \cdot Y \cdot P^{\sigma-1} \cdot \left[1 + T_{12}^{\,1-\sigma}\right] \cdot \hat{p}$$

$$+ \mu \cdot p^{-\sigma} \cdot P^{\sigma-1} \cdot \left[1 - T_{12}^{\,1-\sigma}\right] \cdot dY \qquad (189)$$

$$+ \mu \cdot p^{-\sigma} \cdot Y \cdot (\sigma - 1) \cdot P^{\sigma-1} \cdot \left[1 - T_{12}^{\,1-\sigma}\right] \cdot \hat{P}$$

(189)'

$$dq = -\sigma \cdot \mu \cdot p^{-\sigma} \cdot Y \cdot P^{\sigma-1} \cdot \left[1 + T_{12}^{\,1-\sigma}\right] \cdot \hat{p}$$

$$+ \mu \cdot p^{-\sigma} \cdot P^{\sigma-1} \cdot \left[1 - T_{12}^{\,1-\sigma}\right] \cdot \left[dY + Y \cdot (\sigma - 1) \cdot \hat{P}\right] \qquad (190)$$

(190)'

$$\frac{dq}{Y} = -\sigma \cdot \mu \cdot p^{-\sigma} \cdot P^{\sigma-1} \cdot \left[1 + T_{12}^{\,1-\sigma}\right] \cdot \hat{p}$$

$$+ \mu \cdot p^{-\sigma} \cdot P^{\sigma-1} \cdot \left[1 - T_{12}^{\,1-\sigma}\right] \cdot \left[\frac{dY}{Y} + (\sigma - 1) \cdot \hat{P}\right] \qquad (191)$$

$$\hat{Y} \stackrel{\text{def}}{=} \frac{dY}{Y} \qquad (192)$$

(191)'

$$\frac{dq}{Y \cdot \left[1 + T_{12}^{\,1-\sigma}\right]} = -\sigma \cdot \mu \cdot p^{-\sigma} \cdot P^{\sigma-1} \cdot \hat{p}$$

$$+ \mu \cdot p^{-\sigma} \cdot P^{\sigma-1} \cdot \frac{\left[1 - T_{12}^{\,1-\sigma}\right]}{\left[1 + T_{12}^{\,1-\sigma}\right]} \cdot \left[\hat{Y} + (\sigma - 1) \cdot \hat{P}\right] \qquad (193)$$

aus (173)

$$\frac{dq}{Y \cdot \left[1 + T_{12}^{\,1-\sigma}\right]} = -\sigma \cdot \mu \cdot p^{-\sigma} \cdot P^{\sigma-1} \cdot \hat{p}$$

$$+ \mu \cdot p^{-\sigma} \cdot P^{\sigma-1} \cdot Z \cdot \left[\hat{Y} + (\sigma - 1) \cdot \hat{P}\right] \qquad (194)$$

(194)'

$$\frac{dq}{Y \cdot \left[1 + T_{12}^{\,1-\sigma}\right]} = \mu \cdot p^{-\sigma} \cdot P^{\sigma-1} \cdot \left[Z \cdot \left[\hat{Y} + (\sigma - 1) \cdot \hat{P}\right] - \sigma \cdot \hat{p}\right] \qquad (195)$$

aus (175)

$$\frac{1}{Y \cdot \left[1 + T_{12}^{\,1-\sigma}\right]} \cdot q = \mu \cdot p^{-\sigma} \cdot P^{\sigma-1} \qquad (196)$$

aus (195) und (196)

$$\frac{\mathrm{d}q}{q} = Z \cdot \left[\hat{Y} + (\sigma - 1) \cdot \hat{P} \right] - \sigma \cdot \hat{p} \tag{197}$$

$$\hat{q} \stackrel{\text{def}}{=} \frac{\mathrm{d}q}{q} \tag{198}$$

(197)′

$$\hat{q} = Z \cdot \left[\hat{Y} + (\sigma - 1) \cdot \hat{P} \right] - \sigma \cdot \hat{p} \tag{199}$$

aus (174)

$$\hat{P} = \frac{Z}{(1 - \sigma)} \cdot \hat{n} + Z \cdot \hat{p} \tag{200}$$

$$\hat{q} \stackrel{\text{def}}{=} 0 \tag{201}$$

$$\hat{p} \stackrel{\text{def}}{=} 0 \tag{202}$$

(200)′

$$\hat{P} = \frac{Z}{(1 - \sigma)} \cdot \hat{n} \tag{203}$$

(199)′

$$0 = Z \cdot \left[\hat{Y} + (\sigma - 1) \cdot \hat{P} \right] \tag{204}$$

aus (203) und (204)

$$0 = Z \cdot \left[\hat{Y} + (\sigma - 1) \cdot \left[\frac{Z}{(1 - \sigma)} \cdot \hat{n} \right] \right] \tag{205}$$

(205)′

$$0 = \hat{Y} + Z \cdot \hat{n} \tag{206}$$

(206)'

$$-\hat{\boldsymbol{n}} = \frac{\hat{Y}}{Z}$$ (207)

Simulation des Kern-Peripherie-Modells, *T=2,5*

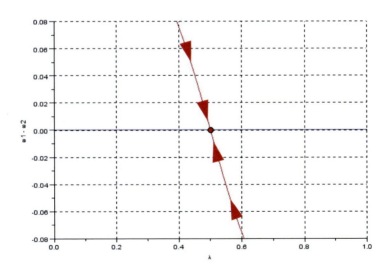

Simulation des Kern-Peripherie-Modells, *T=1,5*

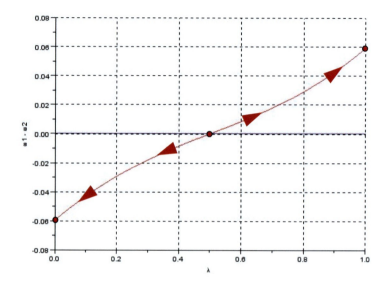

Simulation des Kern-Peripherie-Modells, *T=1,7*

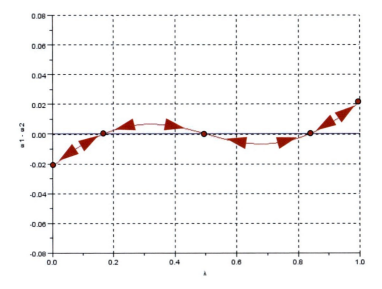